KB249212

통일제국을 위한 비판철학자

# 순자

**순자기기지도**

『순자』 유좌(宥坐) 편에 의하면, 유좌라는 그릇은 비어 있으면 한 쪽으로 기울고,
알맞게 차면 똑바로 서며, 가득 차면 엎어지게 설계된 것인데, 역대 군주가 자신의
오른쪽에 두고 스스로를 경계하였다고 한다.
—『찬도호주순자纂圖互註荀子』(宋, 龔士卨 撰)

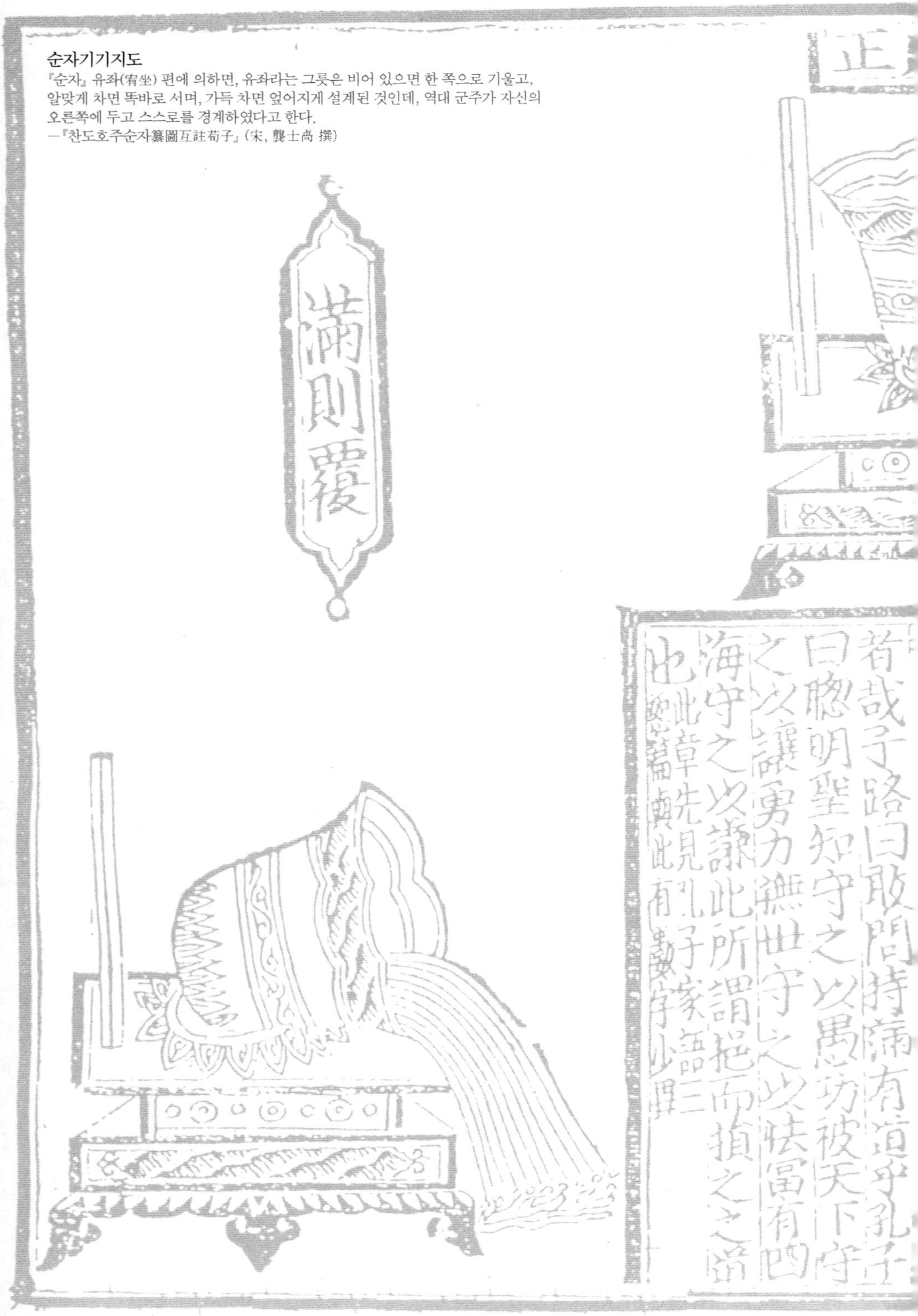

통일제국을 위한 비판철학자

# 순 자

윤무학 지음

성균관대학교
출 판 부

## | 머리말 |

　중국철학사 연구의 범주는 무엇보다 천(天)·인(人) 관계가 대표적이며, 이에 밀접한 연관이 있는 것은 예(禮)와 법(法), 명(名)과 실(實)의 범주이다. 특히 고대철학의 전개과정은 천에서 인으로, 예에서 법으로, 명에서 실로의 전개과정이라고 할 수 있다. 그런데 서양에서 소크라테스, 플라톤, 아리스토텔레스 이후 중세철학을 거치는 것처럼, 중국에서는 공자·맹자·순자 이후에 한대(漢代)라는 중세를 거치게 된다. 한대에는 그 이전의 전개과정과는 달리 천·예·명 등의 범주가 그 주류를 형성하고 있다. 동서철학사의 전개 과정을 비교해 본다면, 특히 순자와 아리스토텔레스는 시대적 상호유사성뿐만 아니라 사상적 측면에서 공통점이 적지 않다.

　이 책은 유가의 입장에서 선진철학을 비판적으로 집대성한 순자의 생애를 개괄하고 그의 철학사상을 앞서 제시한 세 가지 범주를 중심으로 당시 유가와 대립적이었던 묵가·법가·도가와의 비교를 통하여 총체적으로 정리하고자 한 것이다.

　제1부에서는 필자의 문제의식을 바탕으로 현대사회에 있어서 유교의 역할과 그 의의를 살펴보았다. 특히 오늘날 우리가 당면한 정치·사회·경제·교육 등 제반 문제에 대한 근본적 반성을 통해 유교가 어떠한 측면에서 기여할 수 있는지를 생각해보았다.

　제2부에서는 순자의 생애와 그의 저술에 대해 개괄하였다. 특

히 순자의 활동 내용을 순자서와 제자서 및 사서류에 보이는 자료를 통해 그려보고자 하였다.

제3부에서는 천과 인의 범주를 중심으로 순자와 묵가와의 관계를 검토하였다. 주지하는 것처럼 공자로부터 시작된 선진 유가는 공통적으로 천(자연, 신)으로부터 인간의 주체성을 확보하고자 하였으며, 다만 방법에 있어서 차이가 있을 뿐이다. 예컨대 공자는 양자의 분리보다는 상호 조화를 강조하였고, 맹자는 천도를 인성에 내재시킴으로써 상통의 근거를 제시하였으며, 순자에 이르러 상분과 합일이라는 논리로 전개되었다. 반면에 묵가는 당시 일반화된 천·귀 관념의 긍정하에 자신들의 이념 실천의 근거로 활용하고 있다. 필자는 맹자 이후 유가의 천인관계론의 전개는 묵가와의 논전을 통하여 상당한 영향을 받았다고 본다.

제4부에서는 예와 법의 관계를 중심으로 순자와 법가의 관계를 검토하였다. 철학사의 전개과정에서 양자의 개념은 대립적인 의미로 쓰이는 경우도 있지만 넓은 의미에서 본다면 법은 예에 포함된다. 제재(강제)가 있는 예를 법이라 할 수 있기 때문이다. 그러나 선진철학사에서 볼 때 원시종교적 사유로부터 비롯된 신비적이고 윤리적인 예 관념이 객관적 규범적 의미에서의 법으로 발전하는 데에는 양자가 대립적인 경향을 지녔던 것이 사실이다. 그것은 당시 객관적인 현실 변화에 대해서 적극적 수용인가, 아니면 소극적인 수용인가의 차이며 따라서 역사 발전에 대한 관점과도 밀접한 관련이 있다.

제5부에서는 명과 실의 범주를 통하여 순자와 도가와의 관계를

검토하였다. 중국 고대의 철학은 특히 '백가쟁명'이라는 용어가 시사하듯이 '홀로'의 철학이 아니다. 따라서 상호 교섭관계로 이해하는 것이 필수적이다. '백가쟁명'의 상황에서 제가가 사용한 도구가 바로 '명실'의 범주였다. 각 가(家)는 이 범주 관계를 통하여 자신들의 이념을 표출하고 타가(他家)의 이론에 대해 비판하였다. 이 과정에서 그들은 서로의 장단점을 취사선택하게 되며 따라서 표면적으로는 상호 대립되는 상황일지라도 또 다른 측면에서는 오히려 서로의 장점을 흡수하기도 하였다.

제6부에서는 순자 당시 직접 제자인 이사와 한비로부터 청대에 이르기까지의 순자에 대한 평가와 순자 및 그의 사상적 영향을 살펴보았다. 동서철학사에 있어서 고대에서 현대에 이르기까지 순자에 대해서만큼 세인의 평가가 엇갈리는 경우는 드물다고 생각한다. 순자는 본원 유교의 대표적 사상가의 하나이며, 그는 맹자와 마찬가지로 공자의 정통 계승자임을 자임하고, 나아가 맹자를 유가의 정통에서 어긋난다고 비판하였다. 그러나 역사적 전개과정에서 순자는 맹자에 비해 상대적으로 이단시되었던 것이 사실이다.

우리나라의 경우 주자학이 정통이 된 조선조에 있어서도 그러하였으며, 이 점은 오늘날에도 일정한 영향을 미치고 있는 듯하다. 흔히 맹자와 순자를 성선설과 성악설로 대비시킴으로써 양자의 철학적 특징을 부각시키는 경우를 본다. 그러나 맹자의 성선설은 물론이려니와 순자에서의 성악설은 본질적 문제가 아니라 인간 이해의 전제에 있어서 비중을 달리한 표현일 뿐이다. 양자는 공통적으로 인간의 주체성을 어떻게 확보할 수 있는가에 문제의 초점이 맞추어져 있기 때문에 공자 이래의 정통 유가라 하지 않을 수 없다.

제7부에서는 순자서 가운데 명구를 중심으로, 순자철학의 핵심적 내용을 반영한 부분을 선록하였다. 일반 독자들이 원전을 그대로 접하기 어렵다는 점을 감안하여 직역을 위주로 하고 가능한 한 쉽게 번역하고자 하였다.

오늘날 유교의 의미는 무엇인가? 필자의 문제의식은 바로 여기에 있다. 눈부시게 현대과학이 발달하더라도 여전히 전체 인구의 절반은 종교인이라는 것이 우리의 현실적 삶이다. 반면에 아무리 종교가 영향력을 갖더라도 인간의 주체성은 당위적으로 매몰될 수 없는 것이다. 이렇게 본다면 우리의 실존적 삶에 있어서 종교, 과학, 인간의 어느 한 측면의 배제로써 당면한 문제를 해결할 수 없을 것이다. 이러한 점에서 본원 유교의 인간관, 자연관 및 양자의 상호관계론은 재음미할 만한 것이다.

이 책의 화두인 "통일제국을 위한 비판철학자"라는 의미는 무엇인가? 필자가 생각하기에는 순자철학은 한마디로 분석과 비판을 전제로 궁극적으로 인간과 자연의 통일, 인간의 자연성과 인위성의 통일을 지향한 것이 특징이다. 순자철학의 범주에 있어서 천과 인, 예와 법, 명과 실의 통일은 종교, 인간, 과학의 통일이라는 의미를 지닌다. 이 점에서 본원 유교의 전개 과정과 특히 순자철학은 노사분규, 지역갈등, 남북통일 등 당면한 우리의 갈등 해결에 도 시사하는 바 크다고 할 수 있다. 자세한 논의는 본문으로 미룬다.

이 책이 〈유학사상가 총서〉의 하나로 처음 기획되었을 때 필자는 순자의 생애와 사상에 대하여 잡기식으로 정리하고자 하였다. 그러나 이미 출간된 시리즈물의 구성과 전개가 처음과는 상당히 달라진 것처럼 보인다. 따라서 필자도 각주를 그대로 살리면서 가능한 순자 및 순자사상에 관심을 갖는 대학생 이상의 독자들에게 도움을 줄 수 있도록 재정리하였다. 이 책에서 제기된 중국철학의 세 가지 범주는 상호 밀접한 관계를 지니고 있다. 따라서 장별의 구성에 있어서 일부 내용의 중복을 피하기 어려웠음을 밝혀둔다.

필자는 평소 은사 이운구(李雲九) 선생님에 대한 고마움을 잊을 수 없다. 평생을 제자백가 철학 연구에 정열을 바친 선생님의 가르침과 질정이 없었더라면 이 책이 나오기 어려웠을 것이다. 끝으로 난삽한 원고를 깔끔하게 정리하여 책으로 묶어준 성균관대 출판부에 심심한 감사의 마음을 전한다.

2004년 8월

윤무학 씀

**일러두기**

본문에 나오는 그림(사진) 중 일부는 『中國大百科全書』(중국대백과전서출판사, 1987)에 실린 것을 인용했습니다.

제 **1** 부

현대사회와 유교

# 제1장 우리의 현실

지금 우리 사회 전반에 이익집단의 상호대립이 첨예화되고, 그에 따라 정치·경제·사회·문화 등 전반적으로 불안정이 두드러진 느낌이 든다. 역설적이지만 이러한 현상은 우리의 미래를 위해 부정보다는 긍정적인 측면이 더 많다고 본다. 이것은 그동안 양적 발전이라는 미명하에 과속으로 치달려오는 과정에서 누적되어온 수많은 부조리가 표면으로 드러난 것이고, 따라서 그러한 문제 해결을 방안을 찾기 위해서는 오히려 바람직하다고 생각하기 때문이다.

그동안 우리 사회에서의 주류적 인식은 '빨리' 그리고 '무조건' 식의 타협이나 갈등해소 방법을 제일로 치는 것이었다. 구조조정이나 노사문제를 해결하는 방식에서 보면 잘 알 수 있다. 특히 여론을 이끄는 일부 매스컴의 보도내용을 보노라면 울화가 치밀 때가 있다. 갈등과 대립이 발생하면 그것을 무조건 부정적으로 보는 시각 때문이다. 이러한 사고방식에 기초해서는 머지않아 다가올 남북통일은커녕 당면한 정치·경제 현안뿐만이 아니라 지역감정이나 빈부격차 등등의 문제를 해결하기 어려울 것이다. 우리 사회에서 지역감정이라는 용어가 주로 부정적인 의미로 쓰이는 것도 무조건적 해결을 우선시하는 의식 때문이다.

지난 과거 제대로 먹지 못하고 입지 못하던 시절의 우리에게 경제력 신장은 만사를 해결하는 도깨비방망이였는지 모른다. 그것이 우리의 국력신장에 기초가 되었다는 점은 부인할 수 없지만, 한편으로 생각해 보면 오늘날까지도 노사분규의 해결에 있어서 좀 시간이 걸리더라도 상호의 타협이나 절충보다는 무조건 상대를 제압하고자 하는 사고방식은 어디에서 비롯한 것인가 생각해볼 필요가 있다. 경제성장 속도가 비록 더디더라도 점차적으로 단계를 밟으며 오늘에 도달했다면 과연 오늘날의 노사관계의 모습은 어떠할 것인가 생각해 볼 필요가 있다.

세대간의 갈등이나 전통과 현대의 문제를 보는 시각 또한 이와 무관하지 않다. 언제 어디에나 전통과 현대, 각 세대간의 갈등은 존재하기 마련이다. 문제는 그것을 파악하고 대처하는 관점이 어떠한 것인가이다. 필자는 전통의 전면 부정이나 전반서화론(全般西化論) 같은 입장을 지지하지 않는다. 그러나 적어도 우리에겐 이러한 논의는 배척된 경우가 많았던 것을 반성할 필요가 있다고 본다. 그러한 관점 또한 대동(大同)을 이룩하기 위해선 필요하기 때문이다. 대동의 세계는 우연히 다가오는 것이 아니라 소강(小康)을 전제로 하고 있음을 알아야 한다.

우리가 당면한 또 다른 현실로서 통일은 어느 날 단지 휴전선을 없애고 남북 민족이 통합되는 것으로 끝나지 않는다. 거기에는 정치·경제·사회·문화 등 다방면에서 남북의 어울어짐이 있어야 할 것이기 때문이다. 가령 지역적 통일이 된다고 하더라도 단기간 내에 우리가 목표한 대동의 통일이 가능하리라 보지 않는다. 그동안의 단절에서 비롯된 갈등과 대립이 상존할 것이고 이러한 문제를 해결하기 위해서는 수많은 우여곡절이 노정될 것이기 때문이다. 이러한 상황에 접하게 될 때 우리는 과연 어떠한 태도를 취해야 할 것인가? 각 방면의 이론적인 측면뿐만 아니라 실천적인 면에서, 특히 정서적인 면에서 전제를 두는 것이 중요하다고 본다. 어찌 보면 갈등과 대립은 통일을 위한 기본 전제이다.

해방 후부터 지금까지 각 분야에서 과연 주체적인 자각에 기초해서 발전 방향을 제시하면서 전개해왔는지에 대해서 회의적이다. 36년이라는 한 세대가 넘는 기간 동안 일제 치하의 치욕을 겪은 우리로서는 세계의 다른 나라와는 달리 단지 해방만으로 민족의 전통과 주체성을 회복하기 어려웠다. 오히려 해방 직후의 절박한 현실은 우리에게 친일파를 비롯한 왜곡된 지도층이 잔존할 수 있는 배경이 되었으며 이것이 아직까지도 우리 사회에 있어서 일관된 원칙에 기초해서 문제를 근원적으로 해결보다는 현실적 사태수습에 치중하는 의식이 발생한 주요 원인이라고 생각한다. 이것은 우리의 현실과 미래에서 반드시 짚고 넘어가야 할 일이다.

# 제2장 유교에 관한 담론의 허와 실

현재 유교의 현대화와 관련된 담론의 주류는 이른바 '유교자본주의' 나 '유교민주주의', '유교공동체주의' 라는 용어가 시사하는 것처럼 정치 · 경제와 관련된 것들이다. 이것은 담론에 참여한 많은 학자들이 지적하듯이, 유교 자체나 우리의 자생적 논의가 아니라 국내외 정치 경제적 상황과 그로부터 야기된 현실과 이론의 괴리감이 또 다른 이론모색과 대안을 도모하지 않을 수 없도록 만드는 데 근본적 이유가 있다.[1] 이러한 흐름은 학문의 현대화 혹은 실용화라는 점에서 당연하고 바람직한 것이지만, 한편 바로 그러한 전제로 인하여 '유교' 의 본질적 이념 자체가 모호하게 이해될 우려도 있다.

실제로 일부 연구자는 유교의 형이상학적 측면을 배제해야만 유교의 현대화가 가능하다고 한다.[2] 물론 일정한 전제하에 실천성을 강조하

---

[1] 이승환은 아시아적 가치의 담론 분석에 있어서 '의미' 보다는 '용법' 에 초점을 두어야 한다고 본다. 또한 그간의 담론 유형을, 1) 권력과 독재의 정당화, 2) 경제 위기의 원인 규명, 3) 탈근대에서 비롯된 방향감 상실에 대한 대안, 4) 서구 문화의 보편주의적 경향에 대한 비판으로 분류하고 있다(이승환, 「아시아적 가치의 담론 분석」, 함재봉 외, 『유교민주주의, 왜 & 어떻게』, 전통과 현대, 2000).

[2] 김비환은 유교가 자유민주주의와 통합하기 위해서는 유교의 형이상학적 · 우주론적 내용을 배제할 필요가 있으며, 그 이유는 보편적 진리를 추구하는 형이상학적 물음은 다양한 가치관과 인생관이 공존하고 있는 사회에서 '공존의 규칙 모색' 을 위해서는 불필요한 질문이기 때문이며, 유교가 민주주의 구성을 위해 제공할 수 있는 최선의 요소를 '修身' 의 목표로서의 '忠恕' 라고 제시한다(김비환, 「유교민주주의에 있어서 유교, 자유주의, 그리고 가치다원주의」, 『유교문화연구』 제1집, 유교문화연구소 2000). 그러나 다원적 가치가 언제나 합리적 현실을 보장해주는 것은 아니며, 그 정당성은 다원성 자체에 근거할 수 없으므로 '공존의 규칙 모색' 을 도모한다면 자연스럽게 보편을 추구하는 형이상학적, 혹은 우주론과 연계될 수 있다고 본다. 예컨대 유교의 수양론의 목표는 治人(安人)에 있지만, 그것은 기본적으로 天道를 외경하고 실천하고자 하는 데서 출발한다.

는 그러한 가정이 필요하고 가능하다고 하더라도, 그것은 이미 유교의 본질과는 상당한 차이를 지닌 것이 될 것이다.

유교에 있어서는 본질적으로 정치, 윤리, 교육이 별도의 문제가 아니라 자연과 인간에 대한 통일적 이해라는 점에서 하나의 체계이다. 또한 유교는 크게 선진시대의 실천유교와 송명대의 이론유교의 두 가지 측면으로 구별되면서 각각의 현실에 부응하여 일정한 역할을 하였다. 이론유교라 하더라도 그 이념 자체가 현실과 괴리된 것은 아니다. 피상적으로 보면 성리학의 이기론은 단지 형이상학적 체계이지만, 그것은 당시 불교와 도교에 대한 이론적 극복과 이민족에 대한 주체의식을 강조하기 위한 논리체계였다. 경우에 따라서는 두 가지 측면을 구별해서 논의하는 것이 필요하다. 따라서 현재 유교와 관련된 담론 과정에서 현대 사회과학과의 연계성을 성급하게 단언할 필요는 없을 것 같다. 그런데 일부 연구결과의 귀결점으로서 유교적인 것으로 언급되는 내용을 보면, 그것이 과연 유교적 본질인지 아니면 전통 혹은 서양사상에 대한 새로운 이해인지 분간하기 어려운 경우도 있다. 그러한 경우에는 '유교적'이란 용어가 어색해 보이고 차라리 자신의 현실에 이미 내재화된 의식 일반을 전제로 한 민주주의, 혹은 자본주의, 공동체주의라고 보는 편이 나을지도 모른다.

어떠한 이념이든 필연적으로 구체적 현실에 기반하고 있다는 점에서 일정한 한계가 뒤따르기 마련이다. 따라서 유교의 본래 이념이 현대 사회과학과의 연계성에서 반드시 정합성을 갖고 있다거나 우월하다고 볼 수 없을 것이다. 사실 거의 모든 학문 분야가 합리성과 현실적 실용성을 위주로 하는 서구학문 체계에 익숙한 우리로서는 자본주의나 민주주의 이론 자체에 회의를 갖는 경우는 거의 없다고 본다. 문제는 그러한 이론들이 실제에 있어서 서구는 물론이거니와 우리의 현실에도 적합하지 않은 부분이 드러난다는 점이며, 그것에 대한 수많은 대안의 하나로서 전통사상 가운데 유교를 거론하는 것이다.

그런데 유교에 대해서 긍정적 요소를 드러내어 평가하는 경우도 있는 반면에, 오늘날의 부조리한 실제에 근거하여 유교의 본래 이론 자체에 대한 근본적 회의를 보이는 경우도 적지 않다. 한마디로 농경사회를 기반으로 한 유교 이론이 현대 산업사회에 적합치 않다는 것이다. 그렇다면 자본주의나 민주주의라는 이념은 본래 오늘날과 같은 산업사회에서 비롯되었단 말인가? 서구의 모든 이론과 마찬가지로 유교 또한 당대의 현실에 적응하면서 이론적으로 보완과 발전을 거듭하였다. 물론 서구의 이념이 현실적 적용에 있어서 한계를 드러내는 것과 마찬가지로 유교 또한 역사적 조건이 다른 당대의 모든 현실에 부합될 수는 없을 것이다. 그러므로 '유교'라는 용어를 사용할 때 서구의 이념에 대한 비판에 있어서와 마찬가지로[3], '이념'과 '실제'를 구분하는 것은 지극히 당연한 일이다.

오늘날 일반적으로 사용되는 '유교'라는 개념은 애매하고 모호한 경우가 많다. 특히 전통사상 전반을 포괄하는 것으로 이해되어 경직된 상하관념과 정실주의의 근원으로 인식되는 경우에 그러하다. 물론 이러한 관념이 현실적으로 일정한 범위에서 잔존하는 것은 사실이지만 이제까지의 관련된 담론에서 견해가 엇갈리는 것처럼 반드시 긍정적이거나 부정적인 어느 한 측면만을 내포한 것은 아닐 것이다. 다만 오늘날 우리 사회에서의 경직된 상하관념이나 정실주의의 근원이 모두 유교에서 비롯되었다는 관점에 대해선 회의적이다.[4] 또한 가족주의가 유교와 밀접한 관계가 있는 것은 사실이지만, 그간의 역사 조건하에서의 전개와 굴절과정을 배제하고 그것의 역기능적 실제만을 거론하는 것은

---

3 김비환은 그 동안 비판하고 극복하고자 하였던 자유주의가 실상은 이론적으로나 실제로 허구적인 밀집인형에 불과할 수 있다고 본다(앞의 논문). 이것은 유교에 대한 비판적 논의에도 적용시켜야 할 것이다. 데이빗 홀 또한 비교연구에서의 범하기 쉬운 오류 가운데 하나로 어느 한 문화의 이상(ideals)과 다른 문화의 현실(practices)을 비교하는 '잘못 짝지워진 비교(the misplaced comparison)'를 경계하고 있다(데이빗 홀David L. Hall, 「왜 지금 공자인가」, 함재봉 외, 『유교민주주의, 왜 & 어떻게』, 전통과 현대, 2000).

본래적 정신을 왜곡시킬 우려가 있다. 여기에 오늘날 전통사상을 거론할 때는 불교와 도교적 영향을 간과할 수 없으며, 나아가서는 유교·불교·도교가 본래 우리의 것이 아니었던 것처럼 이미 2세기간의 수용과정을 거친 서양 종교의 영향도 고려해야 한다고 본다.[5]

---

4 이승환은 지난 수십 년 동안의 한국의 정치행태나 경제체제는 철저한 '반유교적'으로 왕도보다는 패도에 가까우며, 따라서 '유교자본주의'보다는 '개발독재자본주의', '관료독점자본주의'라는 용어가 한국 자본주의의 특징을 잘 드러낼 것이라 본다(이승환, 「반유교적 자본주의에서 유교적 자본주의로」, 『동아시아 문화와 사상』 제2호, 열화당, 1999).

5 함재봉은 80년대 일부 지식인과 노동운동가 사이에 풍미했던 좌익사상과 기독교사상은 현대 한국인의 정치의식을 규정할 수 있는 주요 요소라고 주장한다(함재봉, 『유교자본주의, 민주주의』, 전통과 현대, 2000).

# 제3장 전통과 현대의 문제

강의 시간에 학생들에게 전통사상이 무엇이냐고 물으면 거의 예외없이 유교를 거론하며, 그것은 예(禮)가 주요 내용이며 특히 거기에 반영된 '상하관념'에 거부감을 느낀다고 토로한다. 분명히 규정하기 어려워도 유교의 영향력이 잔존한다는 것은 확실하다. 주지하다시피 유교의 본령은 '수기치인'의 정치·윤리에 있으며, 시대에 따라 그 현실에 적합한 각각 다른 옷으로 갈아입었다. 그 공과를 차치하고라도 유교가 그만큼 현실성을 갖고 있었다는 것은 틀림없는 사실이다.

그렇다면 과연 지금의 우리에게 이처럼 유교는 살아 있는 것일까? 얼마 전에 『공자가 죽어야 나라가 산다』라는 제목의 책이 화제가 된 적이 있다. 그 제목이 시사하는 것처럼 우리에게 공자는 타도의 대상이 될 만큼 안좋은 영향력을 가진 관념일까? 그가 이해하는 우리나라에서의 '공자'와 '살아 있다'는 무엇을 의미하는 것인가?[6] 이것은 어쩌면 현실의 부조리한 모든 것은 전통에서 비롯된 것이고, 유교가 전통을 대표한다는 발상에서 비롯된 것일지 모른다.

유교는 전통적으로 '양생(養生)과 상사(喪事)에 유감이 없는 것이 왕도의 출발이다'[7]라는 말이 시사하듯이 형식적으로는 관혼상제의 예법이 주요 내용이다. 그런데 오늘날의 현실은 어떠한가? 그래도 유교가 살아 있다고 한다면 그것은 어디에 살아 있단 말인가? 사실 정치 경제

---

6 함재봉은 우리의 국가·정치·경제체제에서 유교는 더 이상 중심 사상이 아니며, 한국인이면 누구나 '유교전문가'로 자처할 정도로 일상생활에서 접하는 유교는 '유기성과 정합성'을 상실한 '파편화된 유교'라고 지적한다(함재봉, 앞의 책).

7 "養生喪死無憾, 王道之始也."(맹자, 梁惠王上)

적 측면에서는 물론이거니와 특히 관혼상제의 측면에서 유교가 주류라고 하기는 어렵다고 본다. 관례가 유명무실해진 것은 물론이거니와 일반적 선입관과 달리 실제의 혼례·상례·제례 또한 유교적 의식이 주도하기보다는 현실적으로는 오히려 불교, 혹은 서양 종교를 비롯한 근현대에 도입된 외래 문화의 영향이 많은 듯하다.[8] 물론 이것은 유교의 관혼상제의 예법이 합리적이고 실용성을 추구하는 현대에 적용되지 못한 바 클 것이다. 그러나 이 경우에도 그 본래의 정신을 되돌아보지 않고 부정하는 것은 그야말로 본말이 전도된 것이라 하지 않을 수 없다.[9]

사실 현실적으로 잔존하는 유교적 예법 가운데에는 형식적으로 고쳐야 할 부분이 있을 것이다. 또한 유교와 현실적 예가 합리적으로 결합된 측면이 있다면, 이러한 현실을 부정적 관점에서만 바라볼 필요는 없다고 본다. 형식적으로 이미 변용된 현실을 본래의 유교적 관혼상제로 되돌린다는 것은 어려운 일이다. 지금 무엇보다 고려해야 할 점은 우리가 공감할 수 있는 본질에 비추어 과연 이러한 변용이 타당하고 합리적인 것인가 하는 것이다.

전통과 현대라는 관계에서 볼 때, 우리의 전통은 어느 시점을 가지고 말하는지 생각해 볼 필요가 있다. 전통을 부정적으로 파악하는 관점에서는 부조리한 현실은 모두 전통에 기초해 있고 과거는 모두 전통이라는 생각하는 경향이 있다. 그렇다면 일제치하의 모든 것도 우리의 전

---

8 관혼상제의 형식과 관련해서 종교가 중요 요소임을 부인할 수 없다. 통계청 자료(1999년도 15세 이상 기준)에 따르면, 우리나라 종교 인구는 전체의 53.6%이며, 이 가운데 불교 49, 기독교 34.7, 천주교 13, 유교 1.2, 원불교 0.4, 천도교 0.1, 기타 1.5이다.

9 이하천은 제사에 관련된 형식적 번거로움과 거기에 반영된 여성 소외 등의 관념에 기초하여 조상을 '세균'으로 비유하고 있다(이하천, 『나는 제사가 싫다』, 이프, 2000). 그러나 그것이 자신의 국내외 문화 경험을 토대로 한 소설가의 문학적 비유일지라도 이른바 '신종추원'(愼終追遠 ; 논어, 學而)의 정신을 망각한 지나친 표현이라 하지 않을 수 없다. 유교적으로 그것은 본래 망자나 조상을 위한 강요된 것이 아니라 오히려 상제례를 당한 이의 심정을 조절하기 위한 것이다. 제사의 형식은 작가가 동학의 '향아설위(向我設位)'를 대안으로 제시하면서 그 자체를 부정하지 않고 있는 것처럼 얼마든지 현실에 맞게 고칠 수 있다고 본다.

통에 포함시켜야 한단 말인가? 심지어 굴절되고 왜곡된 모습에 기초해서 참담하고도 자조적 푸념이 뒤섞여 민족의 현실은 물론 미래에 대해서까지 자긍심을 갖지 못하는 경우도 있다. 이렇게 본다면 현실적으로 길들여진 이념이나 제도에 기초해서 무조건 전통과의 단절을 주장하기에 앞서 참다운 전통에 대한 관념을 정립하는 것은 중요한 일이다.

우리 사회에서 그간의 정치 경제적 현실을 되돌아볼 때, '좋은 것과 옳은 것', '나쁜 것과 그른 것'을 구별하는 가치와 사실의 문제를 혼동하는 경우가 많았다. 예컨대 경직된 상하관념, 폐쇄적 정실주의, 이웃을 믿지 못하는 피해의식, 과정이나 절차보다는 결과 위주로 '빨리'를 최선으로 여기는 의식 등등은 비록 부득이한 현실의 반영이라고 할 수 있을지라도, 우리가 실감하는 현실에서 보면 이른바 '저신뢰 사회'임을 부인하기 어렵다.[10] 다만 이러한 부조리한 현실을 모두 전통사상과 연계시키는 것은 잘못이라고 본다.

지금의 우리 현실은 일제치하로부터 지금까지는 단절된 전통이 제대로 회복되지 못한 시기라고 보아야 한다. 특히 해방 후 발생한 민족상잔은 떳떳하게 민족의 정통성을 말하기 어렵게 만들었을 뿐만 아니라 급박한 정치 경제적 현실은 이른바 '개발독재'와 같은 왜곡된 체제가 생겨날 정도로, 유구한 전통을 주체적으로 논의하고 회복하기에는 그 기간이 너무나 짧았다고 할 수 있다. 물론 전통이 무조건 바람직한 측면만 있는 것은 아니다. 다만 지금의 전통에 대한 논의는 왜곡된 현

---

10 후쿠야마는 자연발생적인 가족애에 기초하는 사회에서는 가족 외의 타인에 대한 신뢰를 어렵게 한다는 점에서 공동체적 연대가 무너진 '저신뢰 사회'라고 규정한다. 그 예로 우리나라를 포함하여 이탈리아, 프랑스, 중국계 국가를 들고, 반면에 일본과 독일 등을 '고신뢰 사회'로 분류한다. 특히 우리나라는 산업구조적인 면에서 거대규모의 기업과 집중된 산업구조를 갖고 있다는 점에서는 일본·독일과 유사하면서도 가족구조에 있어서는 중국쪽에 가까운 특이한 경우로 지적하고 결론적으로 우리 경제의 미래를 비관적으로 보고 있다(프랜시스 후쿠야마, 『트러스트 *Trust*』, 한국경제신문사, 1996). 비록 경제적 측면에서의 분석이긴 하지만 우리의 전통과 현재의 제도가 괴리감이 있다는 점은 공감할 수 있다.

실과 그것이 기초하고 있는 과거에 대한 냉철한 비판과 병행이 되어야
한다는 것이다. 그러나 오늘날 분과학문에서 해방후 유입된 서구이론
에 대해 비판하고 반성하는 것처럼 전통사상을 논의함에 있어서도 단
지 경직된 일부 형식적 측면만을 내세워 그것의 전반을 부정한다면 현
실을 또 한번 왜곡하는 일이 될 것이다.

# 제4장 도덕성의 회복

    우리가 겪은 외환위기의 책임이 금융기관, 재벌과 정부의 '도덕적 해이(moral hazard)' 에 있다고 보는 견해가 많다. 이 용어는 본래 금융 자유화가 앞서 있는 미국에서 금융기관이나 예금자가 자신의 이익을 극대화하기 위해서 비윤리적 수단임을 알면서도 그것에 의존하는 것을 가리키는 것으로 알려져 있지만,[11] 문자적 의미로 볼 때 우리의 정치 경제적 현실의 부조리를 지적하는 데 오히려 합당한 용어처럼 느껴진다. 이와 관련된 예로서 금융기관의 부실대출심사, 기업의 불투명 경영, 관료들의 복지부동, 대형국책사업의 부실화, 공기업의 방만한 경영과 과도한 퇴직금 지급, 기업주의 고의부도 및 재산은닉 등등은 일반인에게도 낯설지 않은 부조리이다. 사실 업무 처리에 있어서 무조건 '빨리' 하고 결과가 번듯하면 능력을 인정받는 왜곡된 현실에 비춰보면 그들만을 탓할 일도 아니다. 이것은 해방 후 과거에 대한 반성보다는 당면한 정치 경제적 측면에서 우선 선진국의 제도를 무비판적으로 수용하면서 발생한 데 근본 원인이 있다고 생각하기 때문이다.

    오늘날의 부조리 해결을 위해서 우리 사회에 가장 시급한 것이 '도덕성 회복' 이라는 것은 공감할 것이다. 그런데 여론조사에 의하면 오늘

---

11 금융자유화에 수반해서 금융기관끼리의 경쟁이 심해지면 신용질서를 유지하기 위해 예금보험제도를 충실히 할 필요가 생긴다. 그러나 예금보험제도가 지나치게 충실하면 대규모 예금자는 경영이 위태롭게 보이는 은행에도 예금을 한다. 한편 경영 불안에 빠지고 있는 은행은 보통보다 높은 이자를 붙여서 자금을 모으려 하기 때문에 예금자는 보다 많은 이자를 벌 수 있으며 높은 이자를 지불하고 자금을 모은 은행은 높은 지출을 메꾸기 위해 다시 위험성이 높은 대출상대에게 높은 금리로 융자해준다(야후 경제용어사전, 모럴 해저드).

날 가장 신뢰하기 어려운 집단이 정치지도자 계층이라고 할 정도로 정치인들의 타락은 의심의 여지가 없는 것처럼 보인다.[12] 더욱 놀라운 사실은 법을 만드는 국회의 구성원인 16대 국회의원 네 명 가운데 한 명 꼴로 선거법 등 실정법을 위반하였다는 것이다.[13]

여기에는 이른바 '보스정치'라는 용어가 시사하는 것처럼 정당이 민주적이지 못하고 변칙적으로 정치자금을 형성하는 등등의 열악한 정치 수준에 관련된 수많은 부수적 이유를 들 수 있겠지만, 근본적으로는 앞서 제시한 것처럼 왜곡된 지난 과거를 제대로 청산하지 못한 데 연유한다고 본다. 이것은 단지 각 분야의 지도자 계층의 타락이나 그에 대한 비판으로 끝나는 문제가 아니다. 일반인들도 자연스럽게 그러한 정치문화에 길들여지고 심지어는 그것을 당연시하는 풍조가 더욱 큰 부조리다. 여기서 시민의식 또한 중요한 문제로 부각되지 않을 수 없다. 정치뿐만 아니라, 사회·교육·문화 등 다른 분야에 있어서도 문제의 본질은 마찬가지다.[14]

그런데 오늘날 논의되는 '도덕성 회복'이란 무엇이고 그것은 어떻게 가능할 것인가. 우선 그 말의 의미를 되새겨 본다면, '회복'이란 말은 과거의 일정한 기준을 전제로 하는 것이다. 그러나 일제치하로부터 지금까지를 되돌아 볼 때 과연 바람직한 기준이 있었는지, 또는 당면한

---

12 한국행정연구소와 현대리서치가 정부와 업무처리 관계상 밀접한 관련이 있는 기업체 직원과 자영업자를 대상으로 한 조사에 따르면, 공직분야 중 부정부패가 가장 심한 계층으로 정치인(67%)을 들고, 다음으로 세무직(7.2), 고위공직자 및 경찰(6.8), 중하위 공직자(5.4)로 들고 있다(한국일보, 2000년 9월 25일자).

13 대법원 발표에 따르면, 현재 각급 법원에 형사재판을 받고 있거나, 지난 16대 총선과 관련해서 형이 확정된 여야의원은 64명으로 전체 273명의 23.4%이다(한겨레신문, 2001년 7월 6일자).

14 국제투명성기구(TI)의 발표에 따르면, 지난 3년간의 자료에 기초해서 평가한 우리나라의 부패지수(CPI ; Corruption Perseptions Index)는 10점 만점에 4.2점으로 조사대상국 91개국 가운데 42위이다. 이것은 지난해 48위보다 다소 상승된 것이긴 하지만, 같은 동아시아권인 싱가포르 4위, 홍콩 14위, 일본 21위, 대만 27위, 말레이지아 36위에 비교해 보아도 부끄러운 기록이다(한겨레신문, 2001년 6월 27일자).

문제해결을 위해서 선진의 제도를 수용하면서 그것이 기반하고 있는 의식까지도 비판적으로 수용하였는지에 대해 회의적이지 않을 수 없다. 그렇다면 회복해야 할 '도덕성'이 무엇인지 애매하다고 하지 않을 수 없다.

오늘날의 '도덕성'이란 용어 또한 이른바 '민주주의와 시장경제'에 결부되어 주로 그와 연관된 법률이나 제도의 운용에 있어서의 합리성을 의미하는 것으로 이해된다. 그러나 막스 베버의 지적처럼, 이른바 '자본주의 정신'이라 일컬어지는 합리적 사고, 천직 관념, 헌신적 노동 등등을 배제하고 단지 법률이나 제도 자체만으로 자본주의가 제대로 운용되어 소기의 목적을 달성할 수는 없을 것이다. 사실 경제적 자유주의를 주창했던 아담 스미스 또한 시장경제 체제가 기능을 제대로 발휘하기 위해서는 경제질서에 상응하는 법체계와 아울러 윤리규범이 정립되어야 함을 역설하였다. 그렇다면 오늘날 우리가 채택하고 있는 정치·경제적 제도에 대한 근거를 되돌아보지 않을 수 없다.

필자가 보기엔 구체적 배경이야 어떻든 오늘날 유교를 비롯한 전통사상과 서구이론과의 연계성을 중심으로 야기된 담론은 유교가 또 다른 옷을 갈아입을 수 있는 좋은 출발점이 될 것이다. 요즈음 '아시아적 가치론'에 관련하여 특히 유교와 민주주의·자본주의·페미니즘 등에 대한 논의가 봇물을 이룬 느낌이다. 사실 유교는 본디 '홀로'의 철학이 아니라 묵가·도가·법가를 비롯한 제자백가와의 천·인, 예·법 등의 범주에 대한 '쟁명'으로부터 정립된 것이다. 내부적으로 한대의 금고문논쟁, 송명대의 주륙논쟁과 주자학·양명학의 논쟁이 있었고, 불교가 유입된 이후 유교는 불교와 도교와의 대립과 통일과정을 거치면서 신유학의 이론체계를 형성하였으며, 근현대 서구학문이 유입되면서 동서문화논쟁 등을 거치면서 이론과 실제에 있어서 보완과 발전을 거듭하였다.

그런데 우리의 경우 여말선초에 성리학이 도입된 이후 이른바 '예

송(禮訟)'이나 '사단 · 칠정', '인심 · 도심', '인물성동이(人物性同異)' 등에 관하여 유교 내부적으로 심화된 논쟁은 있었지만, 중국에 비해 다른 이념과의 대립된 논쟁은 상대적으로 적었다. 여기에 장기간의 일제 강점을 거치면서 서구사상이나 제도를 능동적으로 수용하거나 그것을 전통과 융합시킬 수 없었다. 이 점에서는 해방후 지금까지 별로 달라진 것이 없다. 따라서 현재 진행중인 담론과 그 과정에서 유교를 부정적으로 보든 긍정적으로 보든 간에 그 자체는 역사적 흐름에서 오히려 고무적 현상이다.[15] 비록 유교의 이론이나 실제의 어느 한 측면을 대상으로 한다고 하더라도 이론적 보완을 위한 의미있는 계기가 될 것임은 분명하기 때문이다. 역사적으로 보면, 왜곡된 관념에 입각하여 전통사상 전반을 부정하거나 문화의 특수성을 내세워 지나치게 폐쇄적 입장을 취하는 것은 바람직스러운 일이 아니다. 동서의 구분과 각각의 특수성보다는 글로벌한 현실에 맞추어 인간과 사회에 관한 보편적 가치를 추구하는 일은 오늘날 더 이상 회피할 수 없는 지경에 이르렀기 때문이다.

우리 사회는 서구사상이나 제도의 수용에서 한계를 드러내고 있을 뿐만 아니라 전통의 계승과 발전에 있어서도 본래성으로부터 일탈한 부조리한 측면이 두드러져 있는 상태라고 할 수 있다. 특히 관습이나 법률, 윤리 전반에서 걷잡기 어려운 상황에 직면해 있다. 필자가 보기에, 이것은 특히 해방후 우리사회에 도입된 서구의 이념과 제도의 적용에 적지 않은 문제가 내포되어 있음을 반영한다. 또한 각 분야에서 이에 대한 반성과 비판이 없었던 것은 아니다.[16] 또한 이미 상당 부분 현

---

15 최영진은 1996년부터 2000년까지의 유교에 관련된 담론을 몇 가지 유형으로 분석하면서 유교사상사 가운데 '공동체주의'의 대한 재해석을 통해서 제3의 대안이 가능할 것이라고 낙관하고 있다(최영진, 「한국사회의 유교담론 분석」, 유교문화연구소, 앞의 책).

16 최석만은 20세기에 들어서 무수히 많은 이론이 국내에 소개되어 왔지만 대부분 몇 년이 지나면 흔적도 없이 사라지며, 이것은 외국의 이론이 그 시대상황의 산물로서 토양이 다른 이론은 새로운 변화가 밀어닥치면 무기력해지면서 자생력을 상실하기 때문이라고 본다(최석만, 「현대사회학과 동양사상의 만남」, 유교문화연구소, 앞의 책).

실화되고 유효성이 검증된 부분까지 부정할 수는 없을 것이다. 문제는 앞으로 그것이 전통과 현실적 토양에 과연 얼마나 바람직하게 적용되고 실행될 수 있는가이다. 이러한 작업을 위해서는 먼저 오늘의 실제에 바탕을 두면서도 왜곡된 전통이 아닌 이념의 본래성에 대한 검토가 필요하다.

# 제5장 왜 하필 유교인가?

서양의 자본주의 발달이 극단적인 이기주의나 천민자본주의로 빠지지 않을 수 있었던 것은 청교도의 금욕주의가 저변에 깔려 있어서 상호 보완되었기 때문이다. 서양에서는 상호 모순되는 듯한 '밀림의 사자와 토끼가 먹이를 다투는' 식의 무한 경쟁의 자본주의와 종교적 금욕주의가 현실적으로 조화를 이루며 오늘날에도 기본적인 사회관념을 형성하고 있다. 이에 기초해서 동아시아권의 비약적인 자본주의 경제성장의 이면에 유교적 가치관이 자리하고 있기 때문에 막스 베버가 우려한 바 천민자본주의에 빠지지 않을 수 있었다고 보는 유교자본주의라는 시각도 있다. 또한 적어도 아시아의 경제 위기 상황이 도래하기 전까지는 심지어 유교자본주의가 자본주의적 병폐에 대한 미래의 대안이라는 평가도 있었으니, 그의 우려는 한낱 기우로 끝난 것이라고 평가되기도 하였다.

그렇지만 동아시아의 경제성장과 자본주의 발달이나 경제 위기 상황의 근저에 유교를 비롯한 전통적 가치를 연계시키는 관점은 동아시의 자생적 관점이라기보다는 지극히 서구적인 분석의 틀이었다고 해도 좋을 것이다. 다만 당시 막스 베버의 관점이 유럽 중심이었다면 오늘날은 미국 중심의 이른바 신자유주의라는 점이 다를 뿐이다. 그런데 간과할 수 없는 점은 그들의 이른바 '공정한 경쟁원리'로서의 시장의 논리는 현실적으로 약자나 소외된 계층에게는 착취를 참고 견디라는 말에 불과할 수 있다는 것이다. 사실 오늘날 우리 사회 전반에 적용되는 구조조정 과정에 있어서도 이러한 측면을 배제하기 어렵다. 예를 들어 자유경쟁을 통한 경제적 생산성의 제고라는 미명하에 인문학이 대학에서

설 자리를 잃어 가는 것도 이러한 이유에서가 아닌가 한다.

오늘날 진행되는 유교를 비롯한 전통사상에 대한 논의에 있어서도 과연 어떠한 논리가 적용되고 있는지 되새겨볼 일이다. 중요한 점은 과연 그간의 동아시아권의 경제성장과 오늘날 경제위기를 불러일으킨 근본적인 원인이 유교 혹은 전통적 가치와 어떻게 관련이 있는가 하는 점이다. 한동안 서구 경제학자들이 일본의 경제성장을 분석하면서 유교적인 가족주의적 관념을 연공서열제 등과 연계시킨 경우가 있었다. 분규없는 노사관계는 서양인의 관점으로 볼 때 놀랄 만한 일이었기 때문이다. 또한 자타가 공인하는 경제대국의 위치에 고무된 일본의 후쿠야마의 '권위주의적 시장경제'라는 용어가 시사하듯이, 정부의 일정한 시장간섭이나 통제가 바람직한 것으로 미화되기도 하였다. 이 점은 과거 비약적인 경제성장을 이룩한 우리나라에도 적용 가능한 설명이다.

그러나 오늘날 열악한 경제현실을 반영하여 여전히 아시아적 가치에 대한 회의와 반성이 끊이질 않는다. 사실 아시아 경제위기의 가장 근본적인 원인을 혈연이나 지연 등의 관념 등에 얽매여 공정한 경쟁원리를 왜곡한 데서 비롯한 것으로 보는 견해가 주류이다. 그러기에 이른바 '구조조정'은 공정한 경쟁원리를 도입한다는 명분을 제일로 치고 있다. 물론 혈연이나 학연·지연 등의 관념은 우리 사회에 뿌리깊은 것임을 자인하지 않을 수 없고, 이는 이른바 '관치금융'이나 '정경유착'이라는 용어를 통해서도 확인할 수 있다. 그러나 이러한 관념이 모두 유교적인 혹은 전통적 가치에서 비롯된 것이라고 어떻게 단언할 수 있는가?

앞서 지적한 것처럼 해방 후 지금까지의 과정을 통해 보면, 유교를 비롯한 전통사상에 대한 비판적 수용보다는 서구 민주주의와 자본주의를 무비판적으로 수용하는 데에 적잖은 문제가 있다고 하지 않을 수 없다. 현실의 정치가 부조리하다고 해서 민주주의를 전면 거부할 수 없는 것과 마찬가지로 전통사상 가운데 현실적으로 부조리가 드러난다고 해서 그것을 전면 거부할 수 없는 일이다. 거부하기 이전에 왜 현실적으로 전통사상이나 서구문화가 불합리한 측면이 드러나는가에 대한 반성을 선행해야 한다.

요컨대 당면한 현실문제 해결을 위해서는 제도 개선만이 아니라 그것이 기초한 상호 보완적이고 근원적 의식, 이른바 도덕성이 확보되어야 한다. 앞서 지적한 지도자 계층의 자질 향상이나 시민의식이 단순히 선거가 되풀이됨으로써 가능하리라 보지 않는다. 필자는 이것을 우리의 전통사상 가운데 일차적으로 유교, 그 가운데에서도 순자에서 찾을 수 있다고 본다.

유교는 시대적으로 보면 공자 이래 제자백가의 하나이다. 천자 중심의 권위주의적 체제가 붕괴된 춘추전국이라는 시대적인 상황과 그에 따르는 문제의식은 오늘날 우리가 직면하고 있는 것과 흡사한 면이 많다. 각각의 시대상황이라는 양자의 차별성을 전제로 하더라도 급격한 변동기, 예컨대 인간과 자연, 전통과 현대의 갈등이 두드러진다는 점에서 공통적이다. 특히 내외적으로 분열된 상황을 극복하고 통일체제를 추구한다는 차원에서 한국의 현실상황에 비추어 더욱 참고할 점이 많다고 본다. 다른 점이 있다면 당시에는 백가쟁명과 같은 다양한 방안이 제시된 것에 비해 오늘날의 문제 해결방식이 상대적으로 획일적이라는 것이다.

한비자의 지적대로 당시 유가는 묵가와 함께 세상의 '유명한 학문'(현학)이었지만, 용어가 시사하는 만큼 대중적인 기반은 갖지 못하였다. 당시 지식인들 가운데는 유가도 적지 않았지만 도가와 법가적 경향이 우세했으며, 일반 민중들은 묵가를 선호하였다. 따라서 유가의 개조인 공자를 비롯해서 맹자, 순자 모두는 자신의 현실인식과 그에 대한 방안을 평생 실현해보고자 했지만 끝내 뜻을 이루지 못하였다. 오히려 당시 백가쟁명의 상황은 진나라의 법가적 통일왕조의 성립으로 일단락되고, 유교 사상은 한대 이후 나름대로의 전개과정을 통해 반영되었다.

유교는 '이론보완의 역사'라고 평가되듯이, 시대에 따라서 동중서(董仲舒)로부터 시작되는 한(漢)·당(唐)의 유학, 송대의 정주학(程朱學), 명대의 양명학(陽明學), 청대의 고증학과 실학적 유교로서 당시 현실에 적응하면서 옷을 갈아입었다. 그렇다고 해서 유교의 본질이 시대에 따라 차이가 있는 것은 아니며, 이른바 '일이관지'(一以貫之)하는 도가 없을 수 없다.

그렇다면 유교의 첫째 본질은 무엇인가? 필자가 생각하기에는, "사람도 섬기지 못하면서 어찌 귀신을 섬기겠으며, 삶도 모르는데 어찌 죽음을 알겠는가?"라는 공자의 한 마디 가르침에 함축되어 있다고 본다. 이것은 동서양 어느 사상보다 특징적인 인문주의적이고 현실주의적인 선언이다. 인간의 인식이 아직 자연(상제)의 품에서 벗어나지 못한 원시 종교적 사유가 지배적이었던 당시 시대적 조건을 감안해 보면, 공자의 이러한 선언은 오늘날에도 생명력을 지닐 수 있는 내용을 담고 있다고 본다.

다양한 현실에서 고뇌하는 현대인에게 때로는 종교적 초월성이나 비현실성이 더욱 절실하게 다가올 수도 있다. 오늘날 우리나라에서 세계 어느 나라보다 종교가 비약적으로 신장하고 판타지 계통의 예술작품들이 성행하는 데는 그만한 이유가 있을 것이다. 그러나 그것이 근원적으로 현대인의 좌절과 고뇌를 해결해주지 못한다. 인간은 단순히 종교적이거나 비현실적으로 존재할 수 없기 때문이다. 종교적 엄숙성에서 나약한 자신에 대한 합리화로 위안을 얻거나 비현실적 세계에서 일시적으로 소요를 통해 마음의 평정을 얻을 수 있다 하더라도 그 분위기를 벗어나면 희노애락의 감정을 피할 수 없는게 인간의 현실적인 삶이기 때문이다.

어느 시대이건 현실을 사는 사람이라면 누구나 자기합리성의 근거는 갖고 있기 마련이다. 문제는 그것이 어느 한 면에 치우쳐 본말을 전도시키는 데 있다. 유교는 초월적이거나 비현실성에 안주하는 것이 아니라 주체적이면서 현실적이다. 그렇다고 해서 배타적으로 인간 주체나 현실만을 강조하지 않는다. 인간은 홀로 살 수 없으며, 현실적으로 인간과 자연(신), 개인과 사회, 사람과 사람이 공존하기 때문이다.

유학에서의 지혜로움은 단순히 대상에 대한 객관적 인식의 확보만을 의미하지 않는다. 주체와 현실의 시중적(時中的) 인식을 통해 어우러짐을 강조하기 때문이다. 예컨대 공자는 "귀신을 공경하되 멀리하는 것"이 지혜로운 것이라 하였다. 또한 "괴력(怪力)·난신(亂神)의 문제는 언급하지 않았다"하는 것이나, 이(利)와 명(命)과 인(仁)에 대해서도 드물게 말하고, 따라서 당시 제자들은 성(性)이나 천도와 같은 추상적 관념에 대해서 들을 수 없었다고 한다. 이것은 단순히 초월적인 신을 전제하고 거기에 인간성을 매몰시키는 것이 아니라 주어진 일정한 현실을 반영하면서 주체의 경건성을 확보하고자 하는 공자의 입장이 반영된 것이다. 이른바 우환의식(憂患意識)이 그것이다.

세계 대상에 대한 인간의 주체적인 근거가 공자의 인(仁)이란 덕목이다. 그러나 이것은 자연[上帝]에 대하여 단순히 외경, 혹은 그것에 종속되는 것이 아니며, 또한 그것을 대상화하여 극복하는 것을 능사로 삼지 않는다. 초월성에 매몰되거나 단절되지 않으면서도 현실성의 근거를 확보하는 일이야말로 유교의 가장 큰 장점이자 특징이라 할 수 있다. 이것은 인간과 자연과의 관계에 국한되지 않으며 개인과 사회, 사람과 사람 사이에도 그대로 적용된다.

유교의 인간관은 자연관, 사회관과 유기적으로 연계되어 있다. 가족에서의 부자와 부부, 형제 관계, 사회에서의 장유와 붕우관계 모두는 일방적 상하관계가 아니라 상호간의 인(仁; 사랑)이 전제된 조화의 관계이며, 이것이 이른바 오륜이다. 이것은 인간과 자연이 어느 한 쪽을 단순히 외경하거나 종속되는 것이 아닌 것처럼 각각의 관계도 조화로움을 추구하는 것이다. 물론 유교의 전개 과정에 있어서 때로 무조건적인 권위의 확보를 위해 오륜 관념이 경직되게 적용되는 일이 있었다 하더라도 그것은 유교의 본질 자체와는 구별되는 것이다. 또한 초월성에 권위의 근원을 두는 종교가 아닌 이상 사회 상황에 따라 이론과 실천이 괴리되는 점이 부득이한 경우도 있을 것이다. 이것은 유교뿐만 아니라 앞서 언급한 법가에서도 예외가 아니었다.

가치의 확보를 도모하는 점에서 유가와 법가는 논리적 상통성이 있지만, 보다 중요한 점은 양자가 나름대로의 권위의 확보를 위해 전개한 역사적 사실이다. 상고시대 자연[상제]으로부터 독립된 인간 주체가 현실에서 실천적 근거를 확보하는 일은 용이한 일이 아니었을 것이다. 법가는 결국 인간의 자연성(욕구 본능)을 강제하고 물리력으로써 문제 해결을 도모했지만, 인간 주체의 자발성이 그것을 항구적으로 용인하고 수용할 수 없었다. 유교에서는 인간의 도덕성에 기초하여 자발성의 근거를 확보하는 동시에 대상과의 조화로운 관계를 추구한다. 따라서 정치윤리적으로 일시적 굴절은 피할 수 없다고 하더라도 오늘날에도 여전히 현실적 생명력을 확보할 수 있는 것이다.

유교의 정치적 근본이념은 지도자의 자질을 제일 조건으로 친다. 덕이 있는 사람이 위정자이고, 위정자는 덕이 있어야 한다는 것이다. 따라서 공자는 제자인 자로에게 "정치란 솔선하는 것"이라 하였으며, 계강자에게는 "정치란 바로잡는 뜻이니 그대가 바름으로써 솔선수범한다면 누가 바르지 않겠는가"라 하고, '지도자가 먼저 욕심을 버리면 백성들은 상을 준다고 해도 도둑질하지 않을 것이다'라 하였다. 이렇게 사회적 부조리에 직면해서 형벌로써 통제하기보다는 지도자의 도덕적 수양에 기초해서 백성을 교화시키는 것이 유교의 본질인 덕치사상이다. 군주에 대한 일반인의 권위는 인정되지만 그것은 무조건적이거나 초월적인 근거가 별도로 있어서가 아니라 그 지위에 걸맞는 자질을 갖춤으로써 가능해진다. 이것은 지도자의 경제적 군사적인 식견이나 문제해결 능력보다는 백성의 신뢰에 기초하여 그 지위에 걸맞는 덕이 있어야 한다는 공자의 정명론으로 이론화되며, 맹자와 순자에 이르러 보다 구체화적으로 전개된다.

맹자는 정치에는 군주보다는 상대적으로 백성이 더 중요하다는 민본사상과 인의와 같은 도덕성이 없는 군주를 추방하거나 베어도 그것은 신하로서 군주를 시해한 것이 아니라 필부를 벌준 것에 불과하다는 혁명론을 제기하고, 순자는 지도자의 도덕성뿐만이 아니라 사회적 규범과 제도의 보완을 통해 정명론을 사회 전반에 적용하는 동시에 '백성은 물이며 군주는 배' 라는 비유로써 백성은 군주를 받들기도 하지만 뒤엎을 수 있음을 강조하였다. 유교의 이러한 이론을 감안해 본다면, 오늘날 부조리에 대한 대안으로 제시되는 '도덕성의 회복' 이 단지 지도자 자신만의 각성으로 불가능하며 시민의식과 연계되지 않을 수 없음을 알 수 있다.

그런데 과연 그간에 우리가 정치지도자들을 도덕적 자질에 근거하여 선출했거나, 선출된 인물이 거기에 합당하였는지 자문해보지 않을 수 없다. 이렇게 보면 해방 후 지금까지의 우리의 정치현실은 유교적 정치 이념과는 상당한 거리가 있으며, 이 또한 전통과의 단절의 한 예라고 할 수 있다. 차라리 유교적 전통이 없는 서구에서 자신들의 지도자를 선출함에 있어서 가혹하리만치 철저한 검증을 거치고 있는 현실을 보면 시사하는 바 크다. 요컨대 각 분야의 지도자들이 먼저 자신을 되돌아보고 솔선수범하는 자세와 그에 대한 감시와 견제를 늦추지 않는 시민의식의 고양을 전제하지 않고서는 아무리 개혁을 되풀이한다고 해도 부조리한 현실을 개선하기 어렵다. 또한 변법이라는 제도개혁을 통해 전제왕권의 확립을 도모한 진나라에서 시행된 법가 이론이 통일 후 불과 15년만에 소멸한 사실에서도 확인할 수 있는 것처럼 법이나 제도 자체만으로 정치 사회적 안정을 도모한다는 것은 어려운 일이다.

제2부

순자와 『순자』

# 제1장 순자의 시대와 생애

무왕(武王)이 은(殷)의 폭군 걸(桀)을 치고 창업한 주나라는 처음에 서쪽 호경(鎬京)에 도읍을 두었으므로 이 때의 주나라를 서주라 하고, 평왕(平王)에 이르러 동쪽 낙양으로 천도한 후부터는 동주라 칭한다. 흔히 동주를 다시 전후반으로 나누어 춘추·전국시대라고 칭한다. 춘추시대는 평왕(기원전 770)에서 시작하여 경왕(敬王) 44년(기원전 476)까지이며, 전국시대는 원왕(元王, 기원전 475)에서 시작하여 진시황 26년(기원전 221년)의 천하통일로 막을 내린다.

순자는 전국시대 조(趙)나라 출신이다. 이름은 황(況)이며 자는 경(卿)이다. 순(荀)과 손(孫)의 음이 서로 비슷하기 때문에 손경(孫卿)이라고도 불렸다고 한다. 순자의 생애와 사적에 대해 역사책에 기록된 내용은 아주 간략하다. 가장 믿을 만한 『사기』「맹자순경열전」과 기타 자료에 근거해 추론해보면, 기원전 328년 전후에 태어나 기원전 235년 94세쯤 나이에 세상을 떠난 것으로 보인다.

조나라는 지리적으로는 진(晉)이 셋으로 나뉘면서 한(韓)·위(魏)와 함께 북부지방을 이어받았는데 지금의 산서성 중부와 하북성 남부를 중심으로 하는 지역에 위치하였다. 동으로는 제(齊), 동북으로는 연(燕), 남과 서로는 한·위와 접하고, 북으로는 흉노(匈奴)와 가까웠을 뿐만 아니라, 특히 서쪽으로는 진(秦)의 위협을 받는 위치에 놓여 있었다. 수도인 한단(邯鄲)은 당시 상업과 수공업이 가장 번성한 도시로 교역의 중심지였다. 이하 『사기』와 순자서에 보이는 내용 중심으로 순자의 생애를 정리해보기로 한다.

순자는 어려서부터 총명하고 이상이 높았으며, 15세에 조나라를 떠나 제(齊)나라 직하(稷下)에 유학하였다고 한다. 당시 제나라는 제후국 가운데 비교적 강대국이었으며, 전국칠웅(戰國七雄) 가운데에서도 선두권에 속하였다. 제나라 선왕(宣王)은 자신의 패권적 지위를 유지하고 정치적 영향력을 확대하기 위해서 그의 할아버지 환공(桓公)과 아버지 위왕(威王)을 계승하여 수도를 지금의 산동성 지역에 위치한 임치(臨淄)의 서문(西門), 즉 직문(稷門)으로 옮겨 학관(직하학궁)을 설치하고, 천하의 명사와 학자들을 초빙하여 그들이 자유롭게 학문을 논의하고 정치에 대해 비평할 수 있도록 배려하였다. 이에 직하는 당시 상당히 유명한 학술의 중심이 되었다. 전국시대 유명한 학자, 예컨대 맹자(孟子)·신도(愼到)·전병(田騈)·순우곤(淳于髡)·환연(環淵)·송견(宋銒) 등은 모두 직하에서 이 시기를 전후로 활동한 이들이다. 순자는 여기서 20여 년간 여러 학자들과 교류하면서 학문적으로 많은 영향을 주고받았을 것이라고 생각된다.

순자는 맹자와 마찬가지로 공자의 계승자임을 자칭하였다. 현행본 순자서에서는 공자와 자궁(子弓)을 여러 차례 병칭하여 높이고 있음에 착안하여 흔히 순자를 자궁의 제자로 본다. 그런데 자궁을 공자의 제자인 중궁(仲弓)으로 보는 견해도 있지만, 당대의 한유(韓愈)는 『사기』「중니제자열전」에 보이는 간비자궁(馯臂子弓)으로 보았다. 『사기』의 주석에 의하면, 간비자궁은 자하(子夏)의 문인으로 알려져 있어서 순자와 자하와의 다른 관계를 감안할 때 설득력이 있다고 본다. 자하와 순자의 관계는 한대 경학의 전수관계에 있어서 아주 밀접한 관련이 있는 것으로 알려져 있다. 예컨대 『모시毛詩』는 자하가 순자에게 전하고, 순자가 대모공(大毛公)에 전하였고, 『좌씨전左氏傳』은 자하의 문인인 증신(曾申)이 순자에게 전하고, 순자가 한유(漢儒)에게 전하였다고 한다. 또한 『공양전公羊傳』과 『곡량전穀梁傳』의 저자는 모두 자하의 문인이었으며, 순자가 한유에게 전한 것으로 알려진다.

사실 직하의 학자들은 어느 학파의 사상에 기울기보다는 여러 다양한 사상을 받아들이기 쉬운 상황에 있었고 잡가(雜家)라는 학문적 경향은 이로부터 형성되기 시작한 것으로 생각된다. 순자가 과연 유가인가 법가인가의 문제는 이론의 여지가 있을 수 있겠지만, 스스로는 언제 어디서나 유가임을 자처하고 있다. 이에 대해서는 뒤에서 다시 다루기로 한다.

기원전 286년경, 중년에 접어든 순자는 제나라에 위기가 다가옴을 감지하고 당시 재상에게 건의문을 올렸으나 받아들여지 않자 제나라를 떠나 초나라로 갔다. 기원전 284년 제나라는 과연 연(燕)·진(秦)·초(楚)·한(韓)·위(魏) 등 다섯 나라의 연합공격을 받고 결국 연나라 장수 악의(樂毅)에게 패했다. 일찍이 진(秦) 소왕(昭王)과 함께 동서의 제왕으로 병칭되었던 제나라 선왕의 아들 민왕(閔王)이 피살되고 이로부터 직하의 학사들 또한 다른 나라로 흩어져버리고 말았다.

기원전 275년 제나라가 잃었던 땅을 되찾고 양왕(襄王)이 임치에 직하학궁을 다시 설치하자, 순자는 제나라로 돌아왔다. 선배학자들이 이미 세상을 떠나고, 당시 학술적인 면에서 상당한 지위와 영향을 지녔기 때문에 순자는 학궁에서 가장 존경을 받는 선생으로서 좨주(祭酒)의 지위를 세 번이나 역임하게 되었다.

양왕이 죽은 후 기원전 266년 경 순자는 진나라 소왕(昭王)의 초빙에 받았다. 소왕은 재위 기간 동안 부국강병책을 통하여 상당한 성과를 거둔 인물로 시황제의 증조부가 된다. 그러나 당시 진나라뿐만 아니라 거의 모든 나라가 법가적 이념에 근거하여 농업의 진흥과 전쟁 준비에 혈안이 되어 있었으므로 첫 대면 과정이 순탄치 않았을 것이다. 순자서에는 이 때의 대화 과정이 비교적 상세히 실려 있는데 요점만을 정리하기로 한다.

소왕 : 유자는 국가에 이익을 주지 못하는 겁니까?

순자 : 유자는 군주의 보배입니다. 예컨대 공자가 사구(司寇)의 벼슬에 오른다는 소식이 전해지자, 심유씨(沈猶氏)가 양에게 물먹이던 일을 중단하였고, 공신씨(公愼氏)는 음란한 아내를 추방하였으며, 신궤씨(愼潰氏)는 사치스러운 생활을 하다 국경을 넘어 도주하였고, 소나 말을 팔던 장사꾼들이 더 이상 값을 속일 수 없었습니다. 이것은 자신을 먼저 바로잡고 그들을 대했기 때문입니다. 또한 공자가 궐당(闕黨)에 거처할 때는 그 곳의 자제들이 이익을 배분할 때 부모를 모신 이들에게 좀 더 많이 주었는데, 이것은 효제(孝悌)로써 그들을 교화시켰기 때문입니다. 이처럼 유자가 조정에 있으면 정치가 훌륭해지고 재야에 있으면 풍속이 아름다워집니다.[1]

소왕 : 유자가 높은 지위에 오르면 구체적으로 무엇이 달라집니까?

순자 : 조정에서는 예절이 바르게 되고, 관청에서는 법칙과 도량형이 바르게 되며, 민간에서는 신뢰와 사랑이 싹트게 됩니다. 하나의 불의를 범하거나 한 명의 무고한 이를 죽이는 경우라면 천하를 얻는다 하더라도 하지 않으므로 임금의 의로움이 사람들에게 신뢰를 얻게 되어 사해에 퍼져 천하 사람들이 모두 호응하게 되어 천하가 한 집안처럼 됩니다. 이러하니 어찌 유자가 나라에 쓸모없다고 할 수 있겠습니까?[2]

이에 소왕은 "훌륭한 말씀입니다"라고 하여 대답하지만 그의 실제

---

[1] "秦昭王問孫卿子曰, 儒無益於人之國. 孫卿子曰, 儒者法先王, 隆禮義, 謹乎臣子而致貴其上者也. 人主用之, 則勢在本朝而宜, 不用, 則退編百姓而慤, 必爲順下矣. 雖窮困凍餒, 必不以邪道爲貪, 無置錐之地, 而明於持社稷之大義. 嗚呼而莫之能應, 然而通乎財萬物養百姓之經紀. 勢在人上, 則王公之材也, 在人下, 則社稷之臣國君之寶也. 雖隱於窮閻漏屋, 人莫不貴之, 道誠存也. 仲尼將爲司寇, 沈猶氏不敢朝飮其羊, 公愼氏出其妻, 愼潰氏踰境而徙, 魯之粥牛馬者不預賈, 必蚤正以待之也. 居於闕黨, 闕黨之子弟罔不分, 有親者取多, 孝弟以化之也. 儒者在本朝則美政, 在下位則美俗. 儒之爲人下如是矣." (순자, 儒效)

속마음에서 우러나온 칭찬인지는 의심스럽다. 오히려 이상의 대화는 맹자서 첫머리에 보이는 맹자와 양혜왕(梁惠王)과의 첫 문답이 연상된다. 양혜왕이 맹자를 만나자마자 "우리나라를 어떻게 이롭게 해주시겠습까?' 하고 묻자 맹자는 "하필 이로움을 말씀하십니까, 인의(仁義)가 있을 따름입니다"라 하여 당면한 시국에 대해 서로 엇갈리는 입장을 드러내고 있다. 전국시대 군웅할거의 상황을 감안하면 이익(부국강병)을 추구하는 양혜왕이나 진소왕의 시국인식은 독특한 것이 아니라 오히려 일반적이었을 것이다.

「강국强國」에는 당시 진나라 재상이었던 범저(范雎)와의 문답내용이 실려 있다. 범저는 본래 위(衞)나라 출신인데 소왕의 재상으로서 원교근공책(遠交近攻策)을 주도하여 국력을 신장시킨 공으로 응(應) 땅에 봉해져 응후(應侯)로 높여지던 인물이다. 그가 순자에게 진나라에 와서 본 소감을 묻자, 순자는 진나라가 지세의 유리함과 아울러 소박한 백성, 절도 있는 벼슬아치, 공평무사한 사대부라는 훌륭한 조건을 갖추고 있어서 강대국이 된 것이 우연이 아니라고 칭찬한 반면, 유자를 존중하지 않음으로써 왕도에까지 이르지 못한 것을 단점으로 지적하고 있다. 이것은 은연중 진나라 통치자가 자신의 주장을 받아들이게 하여 천하통일을 이룩하고 태평성대의 봉건국가를 유지하는 중임을 맡아보겠다는 순자의 의도가 엿보이는 대목이다. 그러나 소왕이나 응후가 겉으로 비록 긍정적인 대답을 하고 있지만 순자의 의욕적인 주장과 건의는 끝내 받아들이지 않았다.

기원전 265년 순자는 제나라로 돌아왔다. 그가 조나라 효성왕(孝成王)의 면전에서 임무군(臨武君)과 더불어 병법에 대해 토론하는 내용이

---

2 "王曰, 然則其爲人上何如. 孫卿曰, 其爲人上也, 廣大矣. 志意定乎內, 禮節脩乎朝, 法則度量正乎官, 忠信愛利形乎下. 行一不義, 殺一無罪, 而得天下, 不爲也. 此君義信乎人矣, 通於四海, 則天下應之如讙. 是何也. 則貴名白而天下治也. 故近者歌謳而樂之, 遠者竭蹶而趨之, 四海之內若一家, 通達之屬, 莫不從服, 夫是之爲人師. 詩曰, 自西自東, 自南自北, 無思不服. 此之謂也. 夫其爲人下也如彼, 其爲人上也如此, 何謂其無益於人之國也."(순자, 儒效)

44

『순자』에 보인다. 이 때 그의 제자인 이사(李斯)와 진효(陳囂)가 동반하였다. 이들과의 문답 내용을 요약하기로 한다. 먼저 효성왕이 병법의 요체에 대해 물었다.

임무군 : 위로는 천시(天時)를 얻고 아래로 지리(地利)를 얻으며 적의 변동을 관측하여 나중에 출발하되 먼저 도착하는 것이 용병의 중요한 방법입니다.[3]

순자 : 그렇지 않습니다. 제가 알고 있는 상고의 도에 따르면, 모든 용병과 전쟁의 근본은 민심을 통일하는 데 있습니다. 활과 화살이 어울리지 않으면 아무리 명사수라고 해도 미세한 것을 적중시킬 수 없고, 여섯 말이 조화롭지 못하면 아무리 훌륭한 마부라고 해도 먼 곳에 이를 수 없으며, 병사와 백성이 서로 신뢰하는 마음이 없으면 탕왕이나 무왕이라 해도 필승을 기대하기 어렵습니다. 따라서 백성들이 믿고 따를 수 있도록 하는 것이 용병의 근본이 되는 것입니다.[4]

임무군 : 그렇지 않습니다. 병법에서 중요한 것은 위세로써 이익을 다투는 것이며, 구체적인 실행 방법은 변칙적인 술책으로 상대로 하여금 도무지 종잡을 수 없도록 하는 것입니다. 손무(孫武)와 오기(吳起)가 이것을 사용하여 천하무적이었는데 어찌 반드시 백성의 신뢰를 얻고자 하겠습니까?[5]

---

3 "臨武君與孫卿子議兵於趙孝成王前. 王曰, 請問兵要. 臨武君對曰, 上得天時, 下得地利, 觀敵之變動, 後之發, 先之至, 此用兵之要術也."(순자, 議兵)

4 "孫卿子曰, 不然. 臣所聞古之道, 凡用兵攻戰之本在乎壹民. 弓矢不調, 則羿不能以中微, 六馬不和, 則造父不能以致遠, 士民不親附, 則湯武不能以必勝也. 苦善附民者, 是乃善用兵者也. 故兵要在乎善附民而已."(순자, 議兵)

5 "臨武君曰, 不然. 兵之所貴者勢利也, 所行者變詐也. 善用兵者, 感忽悠闇, 莫知其所從出, 孫吳用之無敵於天下, 豈必待附民哉."(순자, 議兵)

순자 : 그렇지 않습니다. 제가 말하는 것은 인자(仁者)의 군대와 왕자의 뜻이며, 그대가 귀하게 여기는 권모술수와 변칙적인 술책은 제후들이 일삼는 것입니다. 인자의 군대는 그러한 수단에 넘어가지 않습니다. 폭군 걸(桀)과 같은 이는 다행히 속여 넘길 수 있다고 하더라도 요임금 같은 성군을 속이는 것은 마치 계란으로 바위를 치고, 손가락으로 끓는 물을 휘젓거나, 물이나 불에 뛰어들은 것과 같아서 일단 실행된 이상 자신이 패망할 수밖에 없습니다. 인자가 위에 있으면 장군이 백이라도 마음은 오직 하나이며, 전군이 힘을 합치게 됩니다. 또한 신하가 임금을 대하는 것과 아랫사람이 윗사람을 대하는 것이 마치 자식이 부모를 섬기듯, 동생이 형을 섬기듯 하여 변칙적인 술수로 급습해도 그것은 미리 경고하고 공격하는 것과 같습니다. 뿐만 아니라 인자가 십리 땅을 다스릴 때는 사방 백리 땅의 백성들이 모두 그의 눈과 귀가 되어 마치 한 몸뚱이처럼 화합하여 급습할 여지를 남겨 두지 않습니다.[6]

이와 같은 순자의 설명에 효성왕은 물론 임무군도 찬성하였다. 이어서 효성왕이 '왕자의 군대'는 구체적으로 어떠한 방법으로 어떻게 해야 가능한 것인가 물었다.

---

6 "孫卿子曰, 不然. 臣之所道, 仁人之兵, 王者之志也. 君之所貴, 權謀勢利也, 所行, 攻奪變詐也, 諸侯之事也. 仁人之兵, 不可詐也, 彼可詐者, 怠慢者也, 路亶者也, 君臣上下之間滑然有離德者也. 故以桀詐桀, 猶巧拙有幸焉. 以桀詐堯, 譬之若以卵投石, 以指撓沸, 若赴水火, 入焉焦沒耳. 故仁人上下, 百將一心, 三軍同力, 臣之於君也, 下之於上也, 若子之事父, 弟之事兄, 若手臂之扞頭目而覆胸腹也. 詐而襲之與先驚而後擊之一也. 且仁人之用十里之國, 則將有百里之聽, 用百里之國, 則將有千里之聽, 用千里之國, 則將有四海之聽, 必將聰明警戒, 和傳而一. 故仁人之兵, 聚則成卒, 散則成列, 延則若莫邪之長刃, 嬰之者斷, 兌則若莫邪之利鋒, 當之者潰, 圜居而方止則若盤石然, 觸之者角摧, 案角鹿埵隴種東籠而退耳. 且夫暴國之君, 將誰與至哉. 彼其所與至者, 必其民也, 而其民之親我歡若父母, 豈好我芬若椒蘭, 彼反顧其上, 則若灼黥, 若仇讎, 人之情, 雖桀跖, 豈又肯爲其所惡, 賊其所好者哉. 是猶使人之子孫自賊其父母也, 彼必將來告之, 夫又何可詐也. 故仁人之用, 國日明, 諸侯先順者安, 後順者危, 慮敵之者削, 反之者亡. 詩曰, 武王載發, 有虔秉鉞, 如火烈烈, 則莫我敢遏. 此之謂也." (순자, 議兵)

순자 : 대왕의 자리에 계신 분이 군대를 이끄는 일은 말단적인 것입니다. 차라리 왕자와 제후에 있어서 나라가 강해지고 약해지는 것, 존립하고 패망하는 기준과 안정되고 위태로운 형세에 대해 말씀드리고 싶습니다. 군주가 현자이면 그 나라는 다스려지고 군주가 무능하면 그 나라는 어지럽습니다. 예의를 높이면 그 나라는 다스려지고 예를 천시하면 그 나라는 어지럽습니다. 다스려지면 강해지고 어지러우면 약해집니다. 이것이 강약의 기준입니다. 군주로서 자기 백성을 부릴 수 있으면 강해지고, 백성을 부릴 수 없으면 약해집니다. 이것이 강약의 법칙입니다. 예를 높이며 공을 쌓는 것이 가장 좋은 방법이며, 봉록을 후하게 하고 절의를 귀히 여기는 것이 그 다음이며, 공을 높이며 절의를 천시하는 것은 가장 나쁜 방법입니다. 이것이 강약의 대강입니다.[7]

이외에 순자는 강국의 조건으로 1) 선비를 우대해야 한다, 2) 백성을 사랑해야 한다, 3) 정령(政令)이 믿을 만해야 한다, 4) 백성이 하나로 통일되어야 한다, 5) 상을 줄 때 신중히 처리해야 한다, 6) 형벌에 위엄이 있어야 한다, 7) 기계나 병기가 잘 정돈되어야 한다, 8) 용병을 신중히 해야 한다, 9) 권력이 하나의 근원에서 나와야 한다는 것을 나열하고 있는데, 물론 이러한 조목을 갖추지 못하면 약소국이 될 수밖에 없다고 본다.

순자는 이어서 수많은 역사적 사례를 들어 논증하고, 결론적으로 제나라 환공, 진나라 문공, 초나라 장왕, 오나라 합려, 월나라 구천 등의 오패는 모두 잘 조화를 이룬 군대로 거의 왕자의 군대 수준에 도달하였

---

7 "孝成王臨武君曰, 善. 請問王者之兵設何道何行而可. 孫卿子曰, 凡在大王, 將率末事也. 臣請遂道王者諸侯彊弱存亡之效安危之勢. 君賢者其國治, 君不能者其國亂, 隆禮貴義者其國治, 簡禮賤義者其國亂. 治者强, 亂者弱, 是强弱之本也. 上足印則下可用也, 上不印則下不可用也. 下可用則强, 下不可用則弱, 是强弱之常也. 隆禮效功, 上也, 重祿貴節, 次也, 上功賤節, 下也, 是强弱之凡也."(순자, 議兵)

다고 할 수 있지만, 인의 자체에 근본한 것이 아니므로 패자는 될 수 있어도 왕자는 될 수 없었던 것이라고 평가하였다. 이에 효성왕과 임무군이 찬성을 표시하면서 장군으로서의 역할과 군제(軍制)에 대해 질문하자, 순자는 상기 내용에 근거하여 육술(六術)·오권(五權)·삼지(三至) 등의 개념을 제시하면서 명쾌하게 답변하여 역시 임무군의 찬성의 받아내었다. 그러자 옆에서 조용히 이상의 대화를 듣고 있던 진효와 이사가 다음과 같이 질문하였다.

진효 : 선생님께서는 병법을 논의하시면서 늘 인의를 근본으로 해야된다고 하셨습니다. 그런데 인자는 사람을 사랑하고 의로운 자는 이치를 따르는 것인데 하필 병법을 쓸 필요가 있습니까? 모든 군대는 쟁탈을 위한 것이 아닙니까?[8]

순자 : 자네가 잘 모르고 하는 말이네. 인자는 사람을 사랑하기에 사람들이 해로움을 입는 것을 싫어하며, 의로운 자는 이치를 따르기에 사람들이 어지러워지는 것을 싫어한다네. 저 군대는 그러한 해로움과 어지러움을 방지하기 위한 것이지 쟁탈을 위한 것이 아니네. 따라서 인자의 군대가 머물러 있는 곳에서는 늘 존경받고, 지나가는 곳은 모두 교화되어 마치 때에 알맞게 비가 내리는 것과 같아서 좋아하지 않는 이가 없는 것이네. 예컨대 요임금이 환도(驩兜)를, 순임금이 유묘(有苗)를 정벌하고, 탕임금이 하(夏)를, 문왕이 숭(崇)을, 무왕이 주(紂)를 정벌한 예를 들어 모두 인의의 군대를 실행한 것이기에 천하가 호응하였던 것이네.[9]

이사 : 진나라는 지금까지 4대(효공, 혜왕, 무왕, 소왕)에 이르기까지

---

8 "陳囂問孫卿子曰, 先生議兵, 常以仁義爲本. 仁者愛人, 義者循理, 然則又何以兵爲. 凡所爲有兵者, 爲爭奪也."(순자, 議兵)

줄곧 승리를 거듭하여 군대의 막강함을 천하에 떨치고 제후들에게 위엄을 보였는데, 이것은 인의로써 그렇게 된 것이 아니라 편의에 따라 일을 처리하였기 때문입니다.[10]

순자 : 자네가 모르고 하는 말이네. 자네가 말하는 편의는 진정한 편의가 아니네. 내가 이른바 인의가 진정한 편의가 되는 것이네. 저 인의라는 것은 정치를 바로잡기 위한 것인데, 정치가 바로잡히면 백성이 그 군주를 사랑하고 좋아하여 죽음을 무릅쓰는 것이네. 군대에서의 장군이나 졸병의 운용에 관련된 것은 말단적인 일이네. 진나라가 연승을 거듭한 것은 사실이지만 제후들이 연합하여 대항할까봐 하루도 마음을 편히 둔 날이 없었으니 이것은 말세의 군대로서 아직 근본 계통을 갖지 못한 것이네. 예컨대 탕임금과 무왕이 각각 혁명에 성공하였지만, 그것은 하루 아침에 이루어진 것이 아니라 미리 인의로써 행실을 닦아왔기 때문에 가능한 것이었다네. 지금 자네는 근본을 구하려 하지 않고 말단에서 구하고 있으니, 이 것이 바로 세상이 혼란해지는 까닭이네.[11]

그러나 순자의 이러한 주장은 끝내 효성왕의 신임을 받지 못했다.

---

9 "孫卿子曰, 非女所知也. 彼仁者愛人, 愛人故惡人之害之也, 義者循禮, 循禮故惡人之亂之也. 彼兵者, 所以禁暴除害也, 非爭奪也. 故仁人之兵, 所存者神, 所過者化, 若時雨之降, 莫不說喜. 是以堯伐驩兜, 舜伐有苗, 禹伐共工, 湯伐有夏, 文王伐崇, 武王伐紂, 此四帝, 兩王皆以仁義之兵行於天下也. 故近者親其善, 遠方慕其德, 兵不血刃, 遠邇來服, 德盛於此, 施及四極. 詩曰, 淑人君子, 其儀不忒, 其儀不忒, 正是四國. 此之謂也."(순자, 議兵)

10 "李斯問孫卿子曰, 秦四世有勝, 兵强海內, 威行諸侯, 非以仁義爲之也, 以便從事而已."(순자, 議兵)

11 "孫卿子曰, 非女所知也, 女所謂便者, 不便之便也. 吾所謂仁義者, 大便之便也. 彼仁義者, 所以脩政者也, 政脩則民親其上, 樂其君, 而輕爲之死. 故曰, 凡在於君, 將率末事也. 秦四世有勝, 諰諰然常恐天下之一合而軋己也, 此所謂末世之兵, 未有本統也. 故湯之放桀也, 非其逐之鳴條之時也, 武王之誅紂也, 非以甲子之朝而後勝之也, 皆前行素脩也, 此所謂仁義之兵也. 今女不求之於本而索之於末, 此世之所以亂也."(순자, 議兵)

결국 순자는 기원전 264년 다시 제나라로 돌아와서 직하에서 제자들을 모아 가르쳤다. 제나라로 돌아온 후, 양왕의 후비가 농단을 부리자 순자는 "여자 군주가 궁궐을 어지럽힌다"고 비판하였는데, 이에 질시와 모함을 받게 되자 기원전 255년 자의반 타의반으로 초나라로 가게 되었다. 당시 춘신군(春申君) 황헐(黃歇)이 재상이었는데, 순자를 난릉(蘭陵)의 수령으로 임명하였다. 이 때 순자의 나이 74세였다. 얼마 후 어떤 이가 춘신군에게 모함하길, "탕(湯)은 박(亳)에서 시작하고, 무왕은 호(鄗)에서 불과 백리 땅에서 출발해서 천자가 되었습니다. 순자는 현인인데 그에게 백 리 땅을 준 것은 위험한 일입니다"라 하였다. 이에 춘신군이 그 내용을 순자에게 통보하자, 순자는 흔쾌히 사퇴하고 초나라를 떠나 조국인 조나라로 다시 돌아왔다. 조나라에 돌아와서는 평원군(平原君)의 상경(上卿)이 되었지만, 기원전 251년 평원군이 세상을 떠났다.

이 때 초나라의 어떤 사람이 춘신군에게, "옛날 이윤(伊尹)이 하(夏)를 떠나 은(殷)에 가자 은이 천하를 통일하였지만 하나라는 망하였고, 관중(管仲)이 노(魯)를 떠나 제(齊)에 가자 제나라는 점점 강성해졌지만 노나라는 쇠약해졌습니다. 현자가 적당한 자리에 있으면 군주가 백성의 존경을 받으며 국가 또한 번영하는 법입니다. 지금 순자는 천하의 현인인데 그대가 어찌 초빙해서 등용하지 않으십니까?"라고 충고하였다. 이에 춘신군이 순자에게 사신을 보내 다시 초빙하였으나 순자는 사양하는 글과, 초나라 정치에 대한 건의만을 보내고 응하지 않았다. 그러나 춘신군이 거듭 지난 일을 후회하면서 초빙하자, 순자는 이에 초나라로 가서 다시 난릉의 수령 지위에 올랐다. 기원전 238년 춘신군이 피살되고 순자 또한 난릉의 수령에서 파면되었다. 당시 대략 91세가 된 순자는 저술을 통해 자신의 학설을 정리하는 하는 데 힘을 기울이다가, 기원전 235년경 세상을 떠났다. 『사기』의 기록에 따르면, 그는 난릉에 매장되었다.

이처럼 순자는 공자·맹자와 마찬가지로 일관되게 치국·평천하의 포부를 펼칠 수 있기를 바랐지만, 당시 군주들의 신임이나 중요한 지위에 오르지 못하고, 생전에는 자신의 정치적 이상을 제대로 실현시켜 보지 못하였다. 아쉽게도 순자가 그린 천하통일의 설계도는 비록 방법에서 차이가 있었지만, 그가 세상을 떠난 지 14년 후 진나라의 대일통의 군현제국가의 성립으로 이루어졌다. 한대에 이르러서는 동중서(董仲舒)를 비롯한 지식인들에게 순자의 치국방안이 결정적으로 영향을 미쳤다. 이상과 같은 그의 생애와 당시 열국을 돌면서 유세한 내용으로 미루어 볼 때, 순자가 끝까지 유가임을 자처한 것은 결코 근거없는 것이 아님을 알 수 있다.

제2장 『순자』라는 책

순자는 난릉의 수령에서 물러난 후 자신의 사상을 정리하기 시작했다. 『사기』 열전에서는 다음과 같이 적고 있다.

순자는 혼탁한 세상의 정치로 인하여 망국(亡國)과 난군(亂君)이 잇달아 나와, 성인의 큰 도를 배워서 수행하려 하지 않고 무당이나 미신에 현혹되어 길흉의 조짐을 따르고 비속한 선비들은 작은 일에 구애되며, 장자와 같은 무리는 변칙적인 주장으로 풍속을 혼란시키는 것을 미워하였다. 이에 유가·묵가의 도덕과 실천의 장단점을 추구하여 차례로 늘어놓아 수만 언의 저서를 내고 졸하였다.[12]

그러나 구체적으로 어떠한 내용이 이 시기에 저술된 것인지는 추정하기 어렵다. 일설에는 『순자』라는 책은 처음엔 삼백 편이 넘었는데 서한(西漢) 유향(劉向)의 정리와 교정을 거치면서 중복된 290편을 제외한 뒤 32편으로 정리하고 『손경신서孫卿新書』로 불렸다고 한다.

반고(班固)의 『한서』 「예문지」에서는, 『손경신서』의 「성상成相」과 「부賦」를 별도로 분리하여 『손경자』 32편, 손경부 10편, 성상잡사 11편으로 정리하였다. 진대(晉代)에 이르러 순욱(荀勖)과 장화(張華) 등이 유향(劉向)의 『별집정리기적別集整理記籍』을 지을 때는 이미 「손경부」 10편은 없었으므로 『순황집荀況集』 2권으로 편집하였다. 당대(唐代) 중엽에 이르러 양량(楊倞)이 다시 교정하여 주석을 달면서 32편을 20권으로

---

12 "荀卿嫉濁世之政, 亡國亂君相屬, 不遂大道而營於巫祝, 信禨祥, 鄙儒小拘, 如莊周等又猾稽亂俗, 於是推儒墨道德之行事興壞, 序列著數萬言而卒."(사기, 孟子荀卿列傳)

정리하고 『순경자』라 이름하고, 줄여서 『순자』라고 하였다. 현행본 순자는 양량의 편집본이다.

순자서는 『논어』나 『맹자』의 체재와 달리, 각 편마다 한 가지의 주제를 갖고 있는데 대체로 편명과 주제가 일치한다. 현행본 『논어』는 처음 「학이學而」에서 시작하여 「요왈堯曰」 편으로 끝난다. 『순자』는 이 체재를 그대로 모방하여 「권학勸學」에서 시작하여 「요문堯問」 편으로 끝난다. 대부분 순자가 직접 지은 것으로 생각되지만, 이 가운데 「유효儒效」·「의병議兵」·「강국強國」 등의 편은 제자들의 작품으로 여겨지며, 책 끝부분에 붙은 「대략大略」·「유좌宥坐」·「자도子道」·「법행法行」·「애공哀公」·「요문堯問」 등 여섯 편은 제자들이 순자의 언행과 전기를 기록한 것이다. 각편의 자세한 내용은 「부록(순자의 명구)」으로 미루고 32편을 개략적으로 소개하기로 한다.

1. 권학(勸學) : 교육에 대해 전면적으로 논술한 부분이다. 순자는 지식과 재능이 선천적이 것이 아니라 후천적 교육의 결과라고 보았다. '청출어람(靑出於藍)', '적토성산(積土成山)' 이 등의 명언이 수록되어 있다.

2. 수신(修身) : 윤리도덕 및 자기수양에 관해 논술한 부분이다. 순자는 도덕수양을 중시하는가의 여부는 개인의 안위로부터 국가 존망이라는 대사에 관련되어 있다고 보고, 선악의 표준에 관한 자신의 관점을 제기한 뒤 예의(禮義), 사법(師法), 충신(忠信) 등의 문제에 대해 서술하였다.

3. 불구(不苟) : 윤리도덕을 논술한 속편이다. 순자는 사람의 언행과 관련된 도덕규범의 표준을 제시하고, '법후왕(法後王)', '일천하(一天下)' 등의 정치적 주장을 폈다.

4. 영욕(榮辱) : 윤리도덕을 논술한 논문이다. 순자는 영욕과 의리를 결합시켜 고찰하고, "의를 앞세우고 이(利)를 나중에 하는 자는

영예롭고, 이를 앞세우고 의를 나중에 하는 자는 치욕스럽게 된다"고 주장하였다. 또한 "남을 칭찬하는 말은 비단보다 따뜻하고, 남을 해치는 말은 창보다 날카롭다"고 하는 유명한 말을 남겼다.

5. 비상(非相) : 관상술과 복고사상을 비판하는 논문이다. 순자는 수많은 역사적 사례를 열거하여 사람의 외모는 그의 품격과 상관없으며 나아가 길흉화복과는 무관함을 증명하였다.

6. 비십이자(非十二子) : 제자백가 학설을 비평한 논문이다. 순자는 12명의 사상가를 6개로 분류하여 비판하고, 국가통일을 실현하는 정치관을 피력하였다.

7. 중니(仲尼) : 왕자의 치국사상을 천명한 정치 논문이다. 순자는 춘추오패에 대한 평가로부터 패업에 대한 일정한 긍정을 하고 있다.

8. 유효(儒效) : 유자의 역할에 대한 논술한 것이다. 순자는 유자를 대유(大儒), 아유(雅儒), 속유(俗儒)의 세 가지로 나누고, 아울러 치밀한 분석과 평가를 하였다.

9. 왕제(王制) : 정치사상을 논술한 걸작이다. 순자는 왕패(王霸), 안존(安存), 위태(危殆), 멸망(滅亡) 등 서로 다른 정치 상황을 비교 분석하였다.

10. 부국(富國) : 경제사상을 논술한 것이다. 순자는 '융례(隆禮)'와 '중법(重法)'이 국가 부강의 근본으로 보고 있다.

11. 왕패(王霸) : 국가의 기능, 군주의 권위와 치국의 노선을 논술한 것이다. 순자는 국가를 잘 다스리는가 그렇지 않은가의 여부는 '정책의 일관성', '어떠한 것을 표준으로 하는가', '누구에게 맡기는가' 등의 문제에 달려 있다고 보았다.

12. 군도(君道) : 군주의 국가에서의 역할을 논술한 것이다. 순자는 군주의 역할은 '융례'와 '중법' 그리고 '상현사능(尙賢使能)'의 인재선발에 있다고 보았다.

13. 신도(臣道) : 대신의 역할 및 행동 원칙을 논술한 것이다. 순자는 "도를 따르되 군주를 따르지 않는다"는 관점을 제기하여 근본을 위배하는 군주에 대해서는 간쟁할 것을 주장하였다.

14. 치사(致士) : 어떻게 훌륭한 선비를 오게 할 수 있는가 하는 문제를 논술한 것이다. 순자는 능력 있는 선비를 구하기 위해서는 간사한 무리를 내칠 수 있어야 한다고 보았다.

15. 의병(議兵) : 군사 전쟁의 문제를 논술한 것이다. 순자는 전쟁에서의 승리는 민심을 통일하는 데 있고, 용병의 목적은 해악을 제거하는 것이라 보았다.

16. 강국(强國) : 어떻게 국가를 부강하게 하여 천하를 통일할 수 있는가의 문제를 논술한 것이다. 순자는 역사적 경험을 총결하여 국가가 부강하기 위해서는 반드시 '중법'과 '융례'를 해야 한다고 주장하였다.

17. 천론(天論) : 자연관을 피력한 논문이다. 순자의 유명한 '천인상분(天人相分)', '제천명이용지(制天命而用之)'라는 명제가 반영되어 있다.

18. 정론(正論) : 제가의 그릇된 언론관을 비판한 것이다. 순자는 법가계통의 권모술수 이론이나 인간의 자연스러운 정욕을 무시하는 명제들을 제시하고, 다양한 각도에서 비판하였다.

19. 예론(禮論) : 예의 기원과 작용에 대해 논술한 것이다. 순자는 성악을 근거로 해서 체계적으로 예론을 전개시켰다.

20. 악론(樂論) : 음악의 사회적 기능에 대해 논술한 것이다. 순자는 음악을 일상생활에서 필수불가결한 것으로 보고, 예와 함께 중시하였다.

21. 해폐(解蔽) : 인식론과 사유방법에 대해 논술한 것이다. 순자는 제자백가를 비판하면서 동시에 자신의 인식론을 전개시켰다.

22. 정명(正名) : 논리사상을 논술한 것이다. 순자는 명사제정의 목

적, 원칙, 방법 등에 관해 체계적으로 정리하고 아울러 제자백가
의 명제를 '삼혹(三惑)'으로 분류하여 비판하였다.

24. 성악(性惡) : 사람의 본성이 악함을 논술한 것이다. 순자는 사람
의 물질적 욕망에 근거하여 반복하여 인성의 악한 측면을 부각
시키고 있다. 이로부터 순자의 '화성기위(化性起僞)'의 주장이
비롯된다.

24. 군자(君子) : 군주의 권위 및 그 역할을 논술한 것이다. 순자는 신
상필벌과 상현사능을 주장하고, 연좌제나 세습제에 반대하였다.

25. 성상(成相) : 당시 유행하던 민간의 문예형식으로 자신의 정치관
을 서술한 것이다. '법후왕', '융례'와 '중법'의 사상이 반영되
어 있다.

26. 부(賦) : 5편의 부와 2편의 시가로 구성되어 있다. 구름, 누에, 침
등의 사물을 생동감 있게 비유함으로써 자신의 이상적인 도덕관
을 피력하였다.

27. 대략(大略) : 정치사상을 논술한 것이다. 순자는 일관되게 융례·
중법, 상현사능, 수신양성, 학습과 교육의 관계를 강조하였다.

28. 유좌(宥坐) : 정치사상을 논술한 것이다. 순자는 유좌라는 기구
를 통하여 "비면 기울고, 알맞으면 바르며, 차면 엎어진다"는 중
정(中正) 사상을 제기하였다.

29. 자도(子道) : 효제의 윤리를 논술한 것이다. 순자는 "도를 따르되
군주를 따르지 않으며, 의를 따르되 부모를 따르지 않는다"는
관점을 제기하고, 효제 또한 치국의 원칙인 예에 근거해야 한다
고 주장하였다.

30. 법행(法行) : 윤리관을 논술한 것이다. 순자는 공자가 자공에게
회답할 때 사용한 '옥을 덕에 비유한 것'을 통하여, 인의예지 등
의 도덕관을 설명하였다.

31. 애공(哀公) : 정치관을 논술한 것이다. 노나라 애공이 공자에게 치

국과 인재 선발의 방법을 묻는 형식으로, 순자의 정치관이 피력되어 있다. "군주는 배이며, 백성은 물이다. 물은 배를 띄우기도 하지만 물은 배를 뒤엎기도 한다"는 유명한 명제가 실려 있다.

32. 요문(堯問) : 요임금이 순에게 치국의 도리를 묻는 형식으로 서술되어 있다. 순자의 정치관이 피력된 부분이다. 뒷부분에 순자의 제자들이 순자를 찬양하는 글이 덧붙여져 있다.

『순자』의 주석본으로는 양량의 『순자주荀子注』 이외에 청대(淸代) 왕선겸(王先謙)의 『순자집해荀子集解』가 청대 학자들의 훈고와 고증의 성과를 총망라하여 내용이 충실하고 비교적 큰 영향을 미친 것이다. 양계웅(梁啓雄)의 『순자간석荀子簡釋』은 제가의 교석의 성과를 종합하여 간결하게 요점을 정리한 것이 돋보인다.

『순자』라는 책은 크게 두 가지 관점에서 분석할 수 있는데, 첫째는 제자백가를 비판한 동시에 그들의 장점을 받아들여 종합하였다는 것이고, 둘째는 공자사상을 계승하는 동시에 공자사상 가운데 '외왕(外王)'의 측면을 발전시켰다는 것이다. 물론 이것을 일관하는 종지는 대일통 통일국가를 건립하기 위한 구도이다.

순자는 일찍이 직하에 유학할 때 이미 제자백가를 두루 섭렵할 수 있었다. 『순자』라는 책을 읽다보면 거의 모든 제자백가의 논의와 그에 대한 순자의 비판을 접할 수 있다. 특히 「비십이자非十二子」, 「해폐解蔽」 등의 편은 한편으로는 묵가(墨家)·명가(名家)·도가(道家)·전기법가(前期法家)와 유가(儒家)의 사맹학파(思孟學派)를 비판한 것이고, 다른 한편으로는 자신의 표준에 부합하는 제가와 제파의 여러 사상 관점을 긍정적으로 받아들인 것이다. 곽말약(郭末若)은 『십비판서十批判書』 「순자적비판荀子的批判」에서 다음과 같이 평하고 있다.

순자는 선진 제자백가 가운데 최후의 위대한 스승이다. 그는 유가를 집대성했을 뿐만 아니라 제자백가를 집대성했다고 말할 수 있다. (……) 그러나 공정하게 말하면 그는 사실상 잡가(雜家)의 시조로서 제자백가의 학설을 총망라하였다. 선진의 제자백가 가운데 그의 비판을 받지 않은 이는 거의 없다. (……) 이러한 점은 진실로 그가 제자백가에 대하여 초월적인 태도를 지녔음을 드러내지만, 우리는 그의 학설과 사상에서 제자백가의 영향을 분명히 발견할 수 있다. 다만 어떤 경우는 정면에서의 수용과 발전이고 어떤 경우에는 이면에서의 공격과 대립이며, 때로는 종합적인 통일과 변화라는 차이가 있을 뿐이다.

순자가 백가쟁명과 자신의 학술사상을 총결해서 지은 『순자』라는 책은 분명히 선진 사상을 집대성했다는 특징을 지닌다. 그러나 순자는 잡가가 아니라 유가 이외의 다른 학파에 속하지도 않으며 분명히 유가에 속한다. 『순자』는 비록 제자백가의 학설을 널리 수집하고 종합하였지만 가장 근본적인 사상은 오히려 공자 학설의 계승과 발전이다. 사마천(司馬遷)이 순자를 "공자의 업을 따르고 윤색했다"고 평한 것은 상당한 근거가 있다. 『순자』 전편에서 공자의 충실한 계승자임을 자처할 뿐만 아니라 사상적 특성으로 볼 때 공자사상의 가장 기본적인 범주인 '인(仁)'과 '예(禮)'를 강령으로 삼고 있기 때문이다.

주지하다시피 맹자가 공자의 인의(仁義) 사상을 보다 구체화시켰음에 비해 순자는 예악(禮樂) 사상을 구체화시켰다고 평가할 수 있고, 또한 맹자가 내성(內聖)의 측면에 주안점을 두었다고 한다면, 순자는 외왕(外王)의 측면에 주안점으로 둔 것으로 평가되기도 한다. '내성외왕(內聖外王)'이란 용어는 『장자』에 처음 보이는 것이지만, 의미상으로 본다면 '안으로는 성인(도덕), 밖으로는 군주(왕도)를 이룩하는 것'으로 결국 유학의 종지인 '수기치인(修己治人)'과 같은 뜻이다. 맹자가 주로 공자의 '내성'을 발양시켰다면 순자는 '외왕'의 측면을 발전시켰다고 할 수 있다. 이택후(李澤厚)는 『중국고대사상사론』에서 다음과 같이 말하고 있다.

> 맹자는 분명 빛나는 일면을 지니고 있지만, 만일 유가가 완전히 맹자의 노선을 따라서 발전해 왔다면 일찍이 신비주의와 종교로 빠져들었을 것이다. 바로 순자가 강조한 인위(人爲)와 그것으로써 자연을 개조하는 성악설이 맹자가 추구한 선험적 성선론과 선명하게 대립하면서 비로소 이러한 신비주의 방향을 극복하고 맑아질 수 있었다. 동시에 묵가·도가·법가 가운데에서 냉철한 이지와 실제 경험을 중시하는 역사적 요소를 흡수한 것은 유학에서 인위와 사회를 중시하는 전통으로 하여금 더욱 내실을 기하게 하고 따라서 유가의 적극적 낙관적인 인생 이상을 '천지와 함께하는' 세계관의 숭고한 위치로 제고시켰다. (……) 공자 인학(仁學)의 실용이성(實用理性)을 발전시킨 것이다.

순자사상의 이러한 특징은 중국 고대에 유가의 인문주의적이고 현실주의적 경향성을 발전시킨 것으로 후세에 상당한 영향을 주었다. 공자·맹자와 마찬가지로 순자는 강렬한 '입세(入世)'와 '경세(經世)' 사상을 품은 대유이며, 단지 사회현실과 통일국가의 노선과 방법을 좀더 중시했을 뿐이다. 따라서 『순자』라는 책은 치국의 방법, 임금과 신하된 도리만을 강조한 것이 아니라, 널리 천인(天人)·인성(人性)·인식(認識)·명실(名實)·교육(學習)·수양(修養)·예악(禮樂)·병사(兵事) 등등 각개 방면의 문제를 논술함으로써 대일통의 통일국가를 건립하기 위한 총체적인 설계를 하였다. 이것이 바로 『순자』의 궁극적 목표였다고 할 수 있다.

제3부

자연과 인간의 통일

천·인의 범주를 통한 묵가와의 비교 분석

# 제1장 고대철학에서의 자연과 인간

철학하는 방법론을 전일(全一)과 비판의 두 가지로 대별해 볼 수 있다. 전일의 방법론은 어느 특정한 부분만을 선택적으로 문제삼는 것이 아니라, 인간과 자연의 여러 문제들을 하나의 전체적인 안목을 통해서 고찰하기 때문에 종합적 특성을 지닌다. 반면에 비판의 방법은 현실에 대한 일상적이고 상식적 설명에 그치는 것이 아니라 예리한 비판과 추론을 통해 문제의 핵심을 파고들기 때문에 분석적 특성을 지닌다. 사상가에 따라서, 혹은 동서철학의 주안점에 따라서 이러한 두 가지 측면이 다르게 강조되었을 뿐 어느 한쪽이 일방적으로 효과적이고 옳은 것은 아니다.

전일과 비판이라는 철학의 두 가지 방법론은 유학에도 그대로 적용할 수 있다. 특히 선진 유가의 공자와 맹자·순자철학에 이 두 가지 범주는 상당히 의미 있는 적용이 가능하다. 주지하는 것처럼 인간과 자연에 대한 견해를 예로 들어본다면 비록 양자가 포괄하는 천·인 범주의 내포와 외연이 반드시 일치하는 것은 아니라는 점을 전제로 하더라도, 맹자는 합일(合一)의 측면이 두드러진다고 한다면 순자는 상분(相分)의 측면에 서 있다는 점에 별로 이의가 없을 것이다. 그러나 합일은 언제나 상분을 전제로 하는 것이고, 상분은 합일을 위한 방법론이다. 이러한 특성은 순자의 사상체계에 두드러지며, 오늘날 우리가 순자철학을 다시 음미하고자 하는 이유도 여기에 있다.

순자는 선진시기에 유가를 자처하면서 자신의 일정한 논리체계에 근거하여 공자 이래 제자백가의 학문을 거의 예외없이 비판하면서 동시에 제자학을 집대성하였다. 앞서 제시한 전일과 비판이라는 두 가지

방법론은 순자에게 있어서 별개의 문제가 아니었다. 종합과 비판 모두 머지않아 다가올 통일을 위한 필수불가결한 방법론이었기 때문이다. 정치적으로나 사상적으로 분열과 쟁론은 극복되어야 할 과제였다. 따라서 순자의 사상체계에서 두 가지 측면이 경우에 따라서는 모순처럼 보이고, 유가의 맹자와 상당한 노선의 차이가 보이기도 하지만 자신은 공자를 계승한 유가임을 자처하였다.

일반적으로 순자에서의 인간과 자연의 관계는 '천인상분(天人相分)'으로 알려져 있다. 이것은 「천론天論」에서의 '명어천인지분(明於天人之分)'에서 유래한 것이며, 순자서에는 '분(分)'이라는 글자가 100여 차례 보일 정도로 동시대의 사상가에 비해 상대적으로 인식대상의 분별을 유난히 강조하고 있다. 실상 순자사상이 '천인상분'으로 특징지워지는 데에는 고대철학에서 인간과 자연의 분리라는 철학사적 의미가 강조되었기 때문이다. 그러나 이렇게 순자에서의 인간과 자연의 관계를 일면적으로 이해하는 것은 하나의 철학체계에서 볼 때 상당한 문제가 될 수 있다. 상분은 합일(合一)을 도모하기 위한 것이고, 합일은 상분을 전제로 한다고 보기 때문이다.

'천인상분'과 대비되어 맹자의 경우에는 '천인합일(天人合一)'이라는 용어가 적용되고 있지만, 이 역시 그가 직접 사용한 용례는 없고, 다만 '진심(盡心), 지성(知性), 지천(知天)'[1]의 논리에서 천도와 인도의 상통으로 이해될 뿐이다. 맹자의 성선설은 여기에서 추론된 것이다. 만일 순자의 '천인상분'이 그의 철학체계에서 본질적 문제였다면 성악설 또한 자연스러운 추론이라고 할 수 있다. 그러나 순자는 천인 관계를 단순히 분리하는 데 그치는 것이 아니라 인간이 그것을 이용하고 개조하여 어떻게 양자를 통일시킬 수 있는가에 초점을 맞추고 있다. 마찬가지로 그의 인간 이해에서 무엇보다 중요한 것이 '화성기위(化性起僞)'임을 고려한다면 성악설은 부차적 문제일 뿐이다. 따라서 왕선겸(王先謙)

---

1 "孟子曰, 盡其心者, 知其性也, 知其性則知天矣."(맹자, 盡心上)

에 의하면, 당대(唐代)의 한유(韓愈)가 순자를 "대체로 순수하지만 작게
는 흠이 있다"고 평하고 송대(宋代)에 이르러 그를 더욱 공격한 학자들
이 많게 된 것은 성악설 때문이었지만 그것은 순자의 본뜻이 아니었다
고 한다.[2]

철학사의 관점에서 볼 때 순자의 자연관을 선행 유가나 묵가보다는
도가와 연계시키는 경우가 많다. 예컨대 풍우란(馮友蘭)은 순자의 천은
곧 자연계로서 노자(老子)의 '무위이무불위(無爲而無不爲)'의 사상을 개
조하여 장자(莊子)의 "인위로써 자연을 멸하지 말라(無以人滅天)"는 신
비적 관념을 타파함으로써, 공자·맹자의 유심주의적 그것과 대조적인
것이라고 평가하고 있으며,[3] 후외려(侯外廬)는 순자가 도가적 자연천도
관의 영향을 받았으며, 공자·묵자의 의지적 천과는 대립적인 것이라
고 이해하고 있다.[4] 이처럼 기존의 연구에서 순자의 천인 관계를 유
가·묵가와 단순히 대비시키는 경우는 있어도 상호 연계시키는 경우는
드물다.

한편 순자가 "노자는 소극적인 면만 알고 적극적 측면을 보지 못했
다"[5]고 비판한 것처럼 그 사상을 그대로 수용한 것처럼 보이지 않는다.
임계유(任繼愈)는 비록 개괄적 평가이긴 하지만, 순자가 노자의 '도법
자연(道法自然)'에서 소극적 무위 성분을 부정한 것은 맹자의 '인화(人
和)' 중시의 입장을 흡수한 토대에서 비롯된 것이며, 묵가의 「천지天志」
와 「명귀明鬼」를 배척하면서도 그들의 실천경험을 중시하는 인식론을
수용하여 '변합(辨合)'과 '부험(符驗)'을 강조하였다고 보고 있다.[6]

사실 본원유가의 전개과정을 보면, 맹자와 순자는 공통적으로 당시

---

2 "昔唐韓愈氏以荀子書爲大醇小疵. 逮宋, 攻者益衆. 推其由, 以言性惡故. 余謂性惡之說
  非荀子本意也."(王先謙,『荀子集解』, 序文)
3 馮友蘭,『中國哲學史新編』, 人民出版社 1984, 370~374면.
4 侯外廬,『中國思想通史』제1권, 人民出版社 1980, 581~582면.
5 "老子有見於詘, 無見於信."(순자, 天論)
6 任繼愈,『中國哲學發展史』先秦, 人民出版社 1983, 677면.

왕성하게 활동하였던 묵가와의 상호비판을 통해서 사상을 정립하였다. 순자의 천인 관계 또한 예외가 아니라고 본다. 따라서 여기에서는 선행 유가와 묵가의 천인 관계와의 비교를 통해서 순자철학의 근본 의도가 무엇이었는가를 살펴보고자 한다. 방법적으로는 천인 관계를 단순히 '상분'의 측면에 그치는 것이 아니라 양자를 어떻게 관계지우고 궁극적으로 통일시키는가에 초점을 맞출 것이다.

묵가는 중국 고대철학에서 유일하게 천(상제)을 적극적으로 긍정하고 아울러 삼표(三表 : 法)의 논리에 따라 귀신의 존재증명(明鬼)을 시도하였다. 그들은 또한 이에 근거하여 유가의 예악을 부정하는 반면에, '묵수(墨守)'의 고사가 시사하듯이 집단의 공동 규범으로서의 법을 철저하게 실행하였다. 필자가 보기에, 묵가에서의 천(귀)은 그들의 법 관념과 밀접한 관계가 있다. 맹자철학의 전개는 묵가 비판을 전제로 하고 있으며, 특히 그의 천인관념은 묵가사상을 비판적으로 수용한 데서 비롯된 것이다. 사실 유가의 예악 이념의 근거 또한 고래의 천 관념의 발전과정과 밀접한 관계가 있다. 마찬가지로 순자의 경우에도 묵가는 물론 맹자의 입장을 비판적으로 수용한 것으로 생각된다. 따라서 『사기史記』「맹자순경열전孟子荀卿列傳」에서는, 순자가 "유가·묵가·도가의 행사 흥망을 추론하였다(推儒墨道德之行事興壞)"고 평하고 있다.

피상적으로 본다면, 묵가의 천(귀)에 대한 논의는 허황된 미신이라고 하지 않을 수 없을 것이다. 그런데 선진 백가쟁명의 상황에서 유가의 맹자 및 순자가 묵가를 그처럼 철저하게 비판 부정하는 것에 비해, 그들의 천(귀) 관념에 대한 비판은 보이지 않는다는 점이 주목된다. 예컨대 맹자가 묵가를 '무부(無父)'라고 비판하는 주요 내용은 「겸애兼愛」·「절장節葬」이고, 순자가 묵가를 "실용에 가리워 문화를 몰랐다(蔽於用而不知文)"라고 지적한 비판은 「비악非樂」·「절용節用」과 연관된 것이다. 이처럼 맹자와 순자의 묵가 비판은 예악 부정으로 요약된다.

오히려 묵가는 유가에 대해 대표적으로 네 가지 조목을 들어 비판하고 있는데, 그 가운데 첫째가 천·귀를 신령스럽게 여기지 않는다는 것이고, 다음으로 후장구상(厚葬久喪)과 관련된 예와 악, 그리고 유명론(有命論)이다.[7] 그렇다면 당시 유가와 묵가의 천(귀) 관념은 상당한 차이가 있었음을 알 수 있다. 그런데 선진 유가는 무슨 이유에서 묵가를 천·귀 관념과 연계시켜 비판하지 않았을까? 개괄적으로 본다면, 여기에는 그들이 묵가적 천귀 관념에 대한 상당한 이해를 전제로 비판적 수용을 하였기 때문이다. 이하에서는 순자의 자연과 인간의 관계를 선행 유가와 묵가와의 연계시켜 논의를 전개하고자 한다.

---

7 "子墨子謂程子曰, 儒之道足以喪天下者,. 四政焉. 儒以天爲不明, 以鬼爲不神, 天鬼不說, 此足以喪天下. 又厚葬久喪, 重爲棺槨, 多爲衣衾, 送死若徙, 三年哭泣, 扶后起, 杖后行, 耳無聞, 目無見, 此足以喪天下. 又弦歌鼓舞, 習爲聲樂, 此足以喪天下. 又以命爲有, 貧富壽夭, 治亂安危有極矣, 不可損益也. 爲上者行之, 必不聽治矣. 爲下者行之, 必不從事矣. 此足以喪天下."(묵자, 公孟)

# 제2장 천인 관계론의 본질

중국 고대철학을 개괄함에 있어서, 천과 인의 관계는 명과 실, 예와 법의 그것과 함께 대표적 범주이다. 물론 사상가에 따라서 구체적으로 각각의 개념이 의미하는 바에 차이가 있기 때문에 일률적으로 관계 규정을 하기는 어렵다. 다만 제가가 공통적으로 천인 관계의 측면에 주목하여 의론을 전개하였기 때문에 이를 통해서 각각의 특징을 드러낼 수 있다.

갈영진(葛榮晉)에 따르면, 중국 철학사상사에서의 천인 관계는 천과 인의 내포에 따라서 세 가지로 분류할 수 있다. 그 첫째는 신(의지, 혹은 주재적 천)과 인의 관계, 둘째는 자연과 인간의 관계, 셋째는 객관규율성과 사람의 주관 능동성의 관계이다. 또한 천인 관계에 대한 인식의 심화에 따라서 세 가지 모형이 출현하는데, 그것은 천인합일, 천인상분, 천인상승의 관점으로 요약 가능하다는 것이다.[8] 그러나 이것은 상대적이고 논리적 구별일 뿐 특정 사상가에 있어서도 내용상 복합적인 특성이 드러날 수 있다는 데 문제는 남는다.

철제 농기구의 보급으로 인한 농업혁명기로 일컬어지는 춘추전국기에 이르면 서주 초기의 종법제·분봉제·정전제가 붕괴되면서 정치·사회·경제적 측면에서 급격한 변동이 이루어진다. 사상적 측면에서도 기존의 관습, 다시 말해 천 관념에 기초한 예(악)관념 또한 동요를 일으킨다. 이것은 인간이 자연과 신으로부터 독립하는 계기가 되었다는 점에서 발전이라고 할 수 있지만, 다른 한편으로는 사회규범의

---

8 葛榮晉,『中國哲學範疇史』, 黑龍江人民出版社 1987, 163면.

또 다른 정당성의 확보가 요청되기에 이른다. 이러한 일련의 과정에서 유가를 비롯한 제가는 자신의 현실이해를 바탕으로 대안을 제시하는데 이것이 이른바 백가쟁명이다. 제가는 이러한 문제에 대해 천 관념과의 단절을 전제로 또 다른 규범을 제시하거나 아니면 천 관념을 인간의 심·성에 내재시켜 근거를 바꾸거나 아니면 천 관념을 자신들의 이해를 바탕으로 변형시키는 방법으로 해결하고자 하였다. 이 과정에서 주목할 만한 점은 자연에서 인간으로의 전이가 다시 주관에서 객관으로의 전이로 이어지면서 법 관념이 자연스럽게 도출될 수 있었다는 것이다.

자연이나 신에 대한 인간의 반성과 주체성의 확보는 유가철학이 갖는 가장 특징적인 것이다. 춘추 말 전국 초에 활동한 공자는 기존의 예 관념의 근거를 천(자연, 상제)에서 인간으로 전이시키고자 하였다. 공자는 "서술하되 새로 만들지 않는다(述而不作)"는 것을 전제로 서주(西周)를 이상화하면서 고래의 천이나 귀신 관념을 마음속에 품고 있었던 것으로 여겨지지만, 일정한 거리를 두고자 하였다. 『논어』에는 『서경』「탕고湯誥」에서 한 차례 인용된 구절[9] 이외에는 '상제(제)'에 대한 언급이 보이지 않는다. '천'에 대한 언급에 있어서 일정한 신비감이 내포되어 있는 것이 사실이지만, 이전의 복사(卜辭)에 반영되었던 무조건적 외경심이나 신비감이 상당히 불식되고 있음을 알 수 있다.

천(자연, 신)으로부터 인간의 주체성(仁)을 확보하고자 하는 노력은 자연스럽게 인간 자체에서의 자연성과 인위성을 구분하는 논리에도 적용된다. 원시종교적 사유에서는 아직 인성을 인식의 대상으로 간주하지 못하였지만, 공자에 이르면, "사람의 본성은 서로 비슷하지만 습속에 따라 차이가 난다"[10]고 하여 자연성과 후천적 환경이나 습속에 따른

---

9  "舜亦以命禹. 曰, '予小子履敢用玄牡, 敢昭告于皇皇后帝, 有罪不敢赦. 帝臣不蔽, 簡在帝心. 朕躬有罪, 無以萬方, 萬方有罪, 罪在朕躬.'"(논어, 堯曰)
10  "子曰, 性相近也, 習相遠也."(논어, 陽貨)

인위성의 분별을 제기하게 된다. 여기서의 본성이 과연 자연성인지 도덕성인지는 제자들이 "선생께서 성(性)과 천도(天道)에 대해 말씀하시는 것을 들어보지 못했다"고 술회하듯이,[11] 명시되지 않고 있다. 분명한 것은 인간을 단지 자연성에 매몰시키지 않는다는 점이다.

공자가 말하는 인(仁)은 곧 '사람다움(人)'이라는 의미로 천·귀에 대한 인간의 주체성을 가리킨다. 사람다움은 인간의 덕으로 '사랑'을 의미하기도 한다. 지금까지의 초월자에 대한 사랑이 아니라 이제는 인간과 인간 사이의 사랑이며, 그것은 부자·형제·부부·군신·붕우의 관계에 따라 더욱 구체화된다. 공자가 "죽음보다는 삶의 문제, 귀신 섬김보다는 인간을 섬기는 일이 중요하다"는 주장은 바로 이러한 의지의 반영으로, 유가의 현실주의적이고 인문주의적 특성을 가장 잘 드러낸 것이다. 여기서 예는 곧 인(사람다움, 사랑)을 실천하는 형식 내지 수단이라는 의미를 지닌다. 공자는 예를 보다 구체적 형식으로서의 구분(예)과 조화(악)의 측면으로 설명하고, 형식에 앞서 그 바탕으로서의 仁이 중요함을 역설하였다. 요컨대 공자의 천인 관계 논의는 궁극적으로는 사회 규범과 질서의 정당성 확보에 목적이 있었으며, 이 점은 맹자와 순자는 물론 묵가를 비롯한 제가에 있어서도 공통적이다.

---

11 "子貢曰, 夫子之文章, 可得而聞也, 夫子之言性與天道, 不可得而聞也."(논어, 公冶長)

# 제3장 묵가의 법 개념

묵자는 자신이 숙달된 목공이었을 뿐만 아니라, 그의 문도 중에도 민용(民用)과 군용(軍用) 기계를 만드는 전문가들이 많았다. 따라서 공장(工匠)의 기술과 경험은 항상 그들의 변설에 있어서 인용과 비유의 자료로 활용되었음은 물론 실제적인 여러 문제를 논증하는 근거가 되었을 것이다. 다음의 예문에서 이것을 확인할 수 있다.

의(義)를 행하다가 그것이 불가능하다고 해서 그 도를 탓할 수 없는 것은 마치 장인(匠人)이 나무를 자르다가 그것이 불가능하다고 해서 먹줄을 탓할 수 없는 것과 같다.[12]

지금 수레바퀴를 만드는 사람은 컴퍼스로써 천하의 둥근 것과 그렇지 않은 것을 헤아린다. 즉 컴퍼스에 맞으면 원이라고 하고 맞지 않으면 원이 아니라고 한다. 따라서 둥근 것과 그렇지 않은 것을 모두 구분할 수 있다. 그 이유가 무엇인가 하면 원법(圓法 : 원을 만드는 법)이 분명하기 때문이다. 장인도 또한 곡척(曲尺)을 가지고서 천하의 네모진 것과 그렇지 않은 것을 헤아린다. 즉 곡척에 맞으면 네모라고 하고 맞지 않으면 네모가 아니라고 한다. 따라서 네모진 것과 그렇지 않은 것을 모두 구분할 수 있다. 그 이유가 무엇인가 하면 방법(方法 : 네모를 만드는 법)이 분명하기 때문이다.[13]

---

12 "爲義而不能, 必無排其道, 譬若匠人之斲而不能, 無排其繩."(묵자, 貴義)

묵자는 이처럼 각종 생산 활동에 일정한 법도와 표준이 있음에 근거하여 하나의 '法'이라는 보편 규율을 산출하였다. 그는 언행과 사상은 모두 법(法)·의(儀)에 따라야 한다고 보았다.

이 세상에 어떤 일에 종사하는 사람으로서 법·의를 지니지 않을 수 없다. 법·의가 없는데 그 일을 이루었다는 사람은 아직 없었다. 선비가 장군이나 재상이 되는 데에도 모두 법이 있으며, 비록 백공(百工)이 일을 하는 데에도 법이 있다.[14]

여기서 '법'과 '의'는 동일한 개념으로 이해된다. 물론 이것은 묵자서에만 국한되는 것은 아니다.[15] 이에 대한 윤지장(尹知章)의 주에는 '儀, 謂表也'로 되어 있어서 세 가지가 거의 같은 의미로 쓰이고 있음을 보인다.[16] 묵자는 자신의 주장을 합리화하기 위해 제가와 마찬가지로 시를 자주 인용하였는데 그 중 하나를 들어본다.

황의(皇衣) 편에 "상제가 문왕(文王)에게 이르길 나는 그대의 밝은 덕을 생각한다. 겉으로 크게 드러냄이 없이 안으로 그 덕이 깊고 그윽하다. 모르는 사이에 상제의 법칙을 따른다"는 노래가 있다. 이것은 문왕이 상제의 법칙을 따름을 칭찬한 것이다.[17]

---

13 "今夫輪人操其規, 將以量度天下之圜與不圜也. 曰, 中吾規者謂之圜, 不中吾規者謂之不圜. 是以圜與不圜, 皆可得而知也. 此其故何. 則圜法明也. 匠人亦操其矩, 將以量度天下之方與不方也. 曰, 中吾矩者謂之方, 不中吾矩者謂之不方, 皆可得而知之. 此其故何. 則方法明也."(묵자, 天志中)

14 "天下從事者, 不可以無法儀. 無法儀, 而其事能成者無有. 雖至士之爲將相者, 皆有法. 雖至百工從事者, 亦皆有法."(묵자, 法儀)

15 "法者, 天下之儀. 所以決疑而明是非也."(管子, 禁藏)

16 趙守正, 『管子通解』, 北京經濟學院出版社, 1989.

17 "皇衣道之曰, 帝謂文王, 予懷明德, 不大聲以色, 不長夏以革, 不識不識, 順帝之則. 帝善其順法則也."(묵자, 天志中)

여기서 주목할 만한 점은 시의 원문에서의 '칙(則)'을 '법칙(法則)'으로 해석하고 있다는 사실이다. 이처럼 묵자서에 보이는 법의 개념은 인사 또는 객관 사물의 '방법'이나 '법칙'을 의미하며, 이상의 자료를 통해 그가 논리적 법칙의 중요성을 인식하고 있음을 알 수 있다.

묵자는 논의에는 반드시 일정한 표준과 법도가 있어야 한다고 보았다. 「비명非命」에는 세 가지의 표준 즉 '삼표'가 제시되고 있는데, 이것은 「비명중非命中」·「비명하非命下」에서는 '삼법(三法)'으로 표현되어 있다. 이렇게 본다면 묵자에 있어서 표·법·의 등 세 글자는 동의어이며 그 주요 의미는 앞서 보았듯이 표준과 법칙이다.

논의에 반드시 기준을 세워야 한다. 논의에 기준이 없으면, 마치 녹로대 위에서 아침, 저녁의 시간을 헤아리는 것과 같아서 시비와 이해(利害)를 분별할 수 없다. 따라서 논의에는 반드시 세 가지의 기준이 있어야 한다. 무엇을 삼표라고 하는가? 근본을 두는 것, 근원을 정하는 것, 쓰임을 정하는 것이다. 어디에 근본을 두는가? 그것은 위로 옛 성왕의 일에 근본을 둔다. 어디에 근원을 두는가? 그것은 아래로 백성들이 보고 들은 것에 근원을 둔다. 어디에 쓰임을 두는가? 그것은 형정(刑政)으로 베풀어서 국가 백성의 이익에 맞는가를 본다. 이것이 이른바 논의의 삼표이다.[18]

「비명중」·「비명하」에서 제시한 '삼법'에 대한 설명도 「비명상」과 대체로 비슷하다.[19] 다만 「비명중」에서는 근본을 둠에 있어서 '성왕지사(聖王之事)' 외에 '천귀지지(天鬼之志)'를 첨가하였고, 근원을 둠에 있

---

18 "然則明辨此之說, 將奈何哉. 子墨子言曰, 言必立儀. 言而毋儀, 譬猶運鈞之上, 而立朝夕者也. 是非利害之辨, 不可得而明知也. 故言必有三表. 何謂三表. 子墨子言曰, 有本之者, 有原之者, 有用之者. 於何本之, 上本之於古者聖王之事. 於何原之. 下原察百姓耳目之實. 於何用之. 廢以爲刑政, 觀其中國家百姓人民之利. 此所謂言有三表也."(묵자, 非命上)

어서는 백성의 '이목지실(耳目之實)'을 '선왕지서(先王之書)'로 대체하고 있다는 점이 다르다. 여기서 우리는 묵가에서의 '성왕지서(聖王之書)'와 '천귀지지'가 별개의 것이 아님을 유추할 수 있다. 즉 '성왕'은 모두 '천지(天志)'에 따라서 정치를 행한 군주를 가리킨다. 또한 경험적으로 중시하는 백성의 '이목지실'과 '선왕지서'를 대등하게 보려는 것도 모순되는 상황이 아니다. 왜냐하면 묵자는 일단 '천지'에 의거한 성왕의 전문(傳聞)은 백성의 '이목지실'과 마찬가지의 진리 인식 표준으로 삼고 있기 때문이다.

묵변(墨辯)에서는 묵자가 제시하고 운용하였던 법 개념에 대한 구체적 분석과 아울러 '리(理)'의 범주를 제시하고 「대취大取」에서는 '도'의 범주를 제기하였다. 두 가지 모두 의미상에서는 대체로 묵자의 법 개념과 같다.

> 법은 같게 하면 그렇게 되는 것이다.
> 개념 · 컴퍼스 · 원의 세 가지가 모두 法이 된다.[20]

예컨대 "하나의 중심에서 같은 거리(一中同長)"의[21] 원 개념에 의거하여 컴퍼스를 사용하여 하나의 원을 그릴 수 있다. 여기서 개념 · 컴퍼스 · 원은 모두 법에 해당한다. 왜냐하면 하나의 원을 그리는 데 있어서 각각 표준이 되는 것이기 때문이다. 이러한 점에서 '법'은 동류(同類)를

---

19 "凡出言談, 由文學之爲道也, 則不可而不先立義法. 若言而無義, 譬猶立朝夕於員鈞之上也. 則雖有巧工, 必不能得正焉. 然今天下之情僞, 未可得而識也. 故使言有三法. 三法者何也. 有本之者, 有原之者, 有用之者. 於其本之也, 考之天鬼之志, 聖王之事. 於其原之也, 徵以先王之書. 用之奈何. 發而爲刑政. 此言之三法也."(묵자, 非命中)

"子墨子言曰, 凡出言談, 則不可而不先立儀而言. 若不先立儀而言, 譬之猶運鈞之上, 而立朝夕焉也. 我以爲雖有朝夕之辯, 必將終未可得而從定也. 是故言有三法. 何謂言有三法. 曰, 有考之者, 有原之者, 有用之者. 惡乎考之, 考先聖大王之事. 惡乎原之, 察衆之耳目之請. 惡乎用之. 發而爲政乎國, 察萬民而觀之. 此謂三法也."(묵자, 非命下)

20 "法. 所若而然也."(묵자, 經上71), "法. 意規圓三也俱, 可以爲法."(묵자, 經說上)

21 "圓. 一中同長也."(묵자, 經上59), "圓. 規寫交也."(묵자, 經說上)

판별하는 기준이 된다.

> 법을 한 가지로 하는 것은 모두 동류이다. 비유컨대 사각형이 상합
> 하는 것과 같다. 근거는 사각형의 법에 있다.
> 사각형은 모두 동류이다. 모두 법을 지니고 있으나 다른 점이 있다.
> 혹은 나무, 혹은 돌로 된 것도 있으나 사각형으로서 상합하는 것에
> 는 지장이 없다. 왜냐하면 모두 사각형의 류이기 때문이다. 사물이
> 모두 그러하다.[22]

말하자면 '법'의 동이(同異)에 따라서 동류와 이류를 구분할 수 있
다는 것이다. 보다 구체적으로 다음과 같이 설명하고 있다.

> 법이 같으면 그 법을 본다.[23]
> 법이 다르면 그 타당성(宜)을 본다.[24]

그런데 여기서 중요한 것은 경설(經說)에 제시된 구체적 내용이다.
우선 '법'이 같은 경우에 동류임은 확실하지만 양자가 완전히 같은 것
은 아니다. 묵가의 용어로는 '동류지동(同類之同)'일 뿐이지 '중동(重
同)'은 아니라는 말이다.[25] 따라서 경설에서는 그 변형의 차이점은 '고
(故)'에서 구하는 것이 이롭다고 한 것이다. 한편 '법'이 다른 경우에는
물론 이류에 해당한다. 경설에 의하면, 이 경우에 '고'를 살펴야 하는
것은 물론이거니와 아울러 타당성을 검토해야만 한다.

「경상96經上96」에 의하면, '지(止)'는 '별도(別道)'로 하는 것이다.[26]

---

22 "一法之相與也盡類, 若方之相合也. 說在方."(묵자, 經下64) "一. 方盡類, 俱有法而異, 或木或
石, 不害其方之相合也. 盡 類猶方也, 物俱然."(묵자, 經說下)

23 "法同則觀其同."(묵자, 經上94) "法. 法取同, 觀巧轉, 巧轉則求其故. 大利."(묵자, 經說上)

24 "法異則觀其宜."(묵자, 經上95) "法. 取此擇彼, 問故觀宜. 以人之有黑者, 有不黑者, 止黑人, 與
以有愛於人, 有不愛於人, 止愛人, 是執宜."(묵자, 經說上)

25 李雲九‧尹武學,『墨家哲學硏究』, 成均館大 大東文化硏究院, 1995, 291면 참조.

경설의 내용을 참고하면 남이 그러한 것으로써 주장하면 자신은 그렇지 않은 예를 들어서 반박하는 것을 말한다. 여기서의 '법'은 구체적으로, 추론에서의 근거라는 의미이다.

이상에서 보았듯이 묵변에서는 법 개념을 보다 광범위한 의미로 사용하고 있어서, 단지 어떤 사물의 표준·원칙·모형일 뿐만 아니라 사물의 본질·규율, 나아가서는 추론의 근거 또한 '법'이라는 용어를 사용하고 있음을 알 수 있다.


## 1. 묵가의 삼법(三法)

묵가의 이른바 삼법의 첫째는 '본지(本之)'로서 '성왕지사'를 들어 입론의 근거를 구하는 것이다. 따라서 피상적으로는 하나의 일반적 진리 내지 원리(principle)로부터 특수를 추출(판단)하는 연역법에 상당한다. 그러나 이것은 주로 역사상의 사례를 나열하여 결론을 증명하는 것으로서 단순히 연역법만은 아니다. 대체로 고대인은 인식에 있어서 기존의 경험적 사실을 일단 긍정하는 경향을 지니고 있었다. 이것은 결코 기존의 이론체계를 전면적으로 부정하기보다는 오히려 새로운 이론을 거기에 대응시켜 검증하려는 점에서 의의가 있다고 할 것이다.[27]

묵가의 대표적 주장인 「겸애하兼愛下」에서는 겸애설이 옳은 것임을 논증하기 위하여 우(禹)·탕(湯)·문(文)·무(武) 등의 성왕이 겸애를 실천하여 백성을 이롭게 하였다는 사실을 원용하고 있다. 특히 삼표법이

---

26 "止. 因以別道."(묵자, 經上96) "止. 擧彼然者, 以爲此其然也, 則擧不然者而問之."(묵자, 經說上)
27 對應原理(Correspondence Principle)에 의하면 새로운 이론이 낡은 이론을 부정하긴 하지만 형이상학적(형식논리적)으로써가 아니라 변증법적으로써 부정한다. 다시 말하면 새로운 이론은 낡은 이론의 한계성을 드러내는 동시에 그것의 일정한 가치는 자체의 틀 속에 포함시킨다(『哲學大辭典』, 동녘, 262면 참조).

제시되는 일차적 논의인, 유가의 '유명론'을 비판하는 대목을 예를 들
어보기로 하자.

> 옛 걸(桀)이 어지럽힌 세상을 탕(湯)이 바로잡았고, 주(紂)가 어지럽
> 힌 세상을 무왕(武王)이 바로잡았다. 당시를 보면, 시대도 같고 백성
> 도 바뀐 것이 아닌데, 위에서는 정치를 변화시키고 백성은 풍속을
> 개혁한 것이다. 그런데 걸 · 주 시대에는 천하가 어지러워졌고, 탕 ·
> 무 시대에는 천하가 다스려졌다. 따라서 천하의 다스려짐은 탕 · 무
> 의 힘이며, 천하의 혼란은 걸 · 주의 죄이다. 이로써 본다면, 대저 안
> 위(安危) · 치란(治亂)은 위에서의 정치에 달려 있는 것이니, 어찌 명
> (命)이 있다고 할 수 있겠는가?[28]

묵자는 유명론을 비판하기 위하여 이외에도 『시경』과 『서경』 등의
문헌에서 여러 가지 역사적 기술을 인용하여[29] "명이란 말은 폭군이 지
어낸 것이다"라고 주장하였다.[30] 그가 이렇게 역사적 사실을 열거하여
유명론의 허망함을 증명하려는 시도는 여러 가지 개별적인 사례에서
일반적인 진리 혹은 원리을 추출하는 귀납법과 유사하다. 여러 역사적
사실을 가장 우선하여 변론의 표준으로 삼은 것이기 때문이다. 그러나
한편 묵자는 「귀의貴義」 등에서 모든 언동은 삼대(夏 · 殷 · 周) 성왕에
부합하여야 한다고 하여 상고주의적인 입장을 견지하고 있다.[31]

---

28 "昔桀之所亂, 湯治之, 紂之所亂, 武王治之, 當此之時, 世不渺而民不易, 上變政而民改俗, 存乎桀
紂而天下亂, 存乎湯武而天下治, 天下之治也, 湯武之力也, 天下之亂也, 桀紂之罪也. 若以此觀之,
夫安危治亂, 存乎上之爲政也. 則夫豈可謂有命哉."(묵자, 非命下)

29 "仲虺之告曰, 我聞有夏人, 矯天命, 布命于下, 帝式是惡, 用喪厥師. 此語夏王桀之執有命也, 湯與
仲虺共非之. 先王之書, 太誓之言然. 曰, 紂夷之居, 而不肯事上帝, 棄厥先神示而不祀也, 曰, 我民
有命, 毋僇其務, 天亦棄縱而不葆. 此言紂之執有命也, 武王以太誓非之(……) 在於商夏之詩書曰,
命者暴王作之."(묵자, 非命中)

30 "命者暴王所作, 窮人所術, 非仁者之言也."(묵자, 非命中)

무마자(巫馬子)가 묵자에게 말하였다. 지금 사람을 버리고 선왕을 기리는 것은 마른 해골을 기리는 것입니다. 이것은 마치 장인이 마른 나무만 알고 생나무는 모르는 것과 같습니다. 묵자가 말하였다. 천하 사람이 생존하고 있는 것은 선왕의 도덕·교훈 때문이므로, 지금 선왕을 기리는 것은 천하가 생존하는 까닭을 기리는 것이다. 기릴 만한데도 기리지 않는다면 인(仁)이 아니다.[32]

묵자가 이처럼 입론의 근거로서 성왕의 언행 등 역사적 사실에 반드시 부합해야 한다는 것에서 그치는 것이 아니라 고서에 기재된 거의 모든 내용을 사실로 인정하는 것은 분명한 잘못이다. 이러한 오류는 「명귀하明鬼下」에서 더욱 분명하게 드러난다. 예컨대 그는 사서(史書)에서 주선왕(周宣王)·진목공(秦穆公)·연간왕(燕簡王)·송문군(宋文君)·제장왕(齊莊王) 등에 관련된 고사를 나열하고, 귀신이 있음을 의심할 수 없다고 단호히 주장하고 있다.

삼법의 둘째는 이른바 '원지(原之)'로서 대중의 감각 경험에서 입론의 근원을 구하는 것이다. 이것 또한 여러 가지 경험적인 특수한 사실을 전제로 하여 일반적인 진리 혹은 원리로서의 결론을 내리는 귀납법에 상당한다. 「비명하非命下」에서도 "대중의 귀로 듣고 눈으로 보는 실제를 살핀다(察衆之耳目之情)"고 하여 분명히 대중의 경험을 입론의 표준을 삼고 있는 것처럼, 그가 경험을 중시하는 것은 당시의 역사 조건을 감안할 때 상당한 의미가 있다고 본다. 예컨대 그는 "하나의 눈으로 보는 것은 두 개의 눈으로 보는 것만 못하고, 하나의 귀로 듣는 것은 두 개의 귀로 듣는 것만 못하다"라고 하였으며[33] 천자가 사람으로서 귀신

---

31 "凡言凡動, 合於三代聖王堯舜禹湯文武者, 爲之. 凡言凡動, 合於三代暴王桀紂幽厲者, 舍之."(묵자, 貴義)

32 "巫馬子謂子墨子曰, 舍今之人而譽先王, 是譽枯骨也. 譬若匠人然, 知枯木也, 而不知生木. 子墨子曰, 天下之所以生者, 以先王之道敎也. 今譽先王, 是譽天下之所以生也, 可譽而不譽, 非仁也."(묵자, 耕柱)

처럼 밝을 수 있는 것은 여러 사람의 귀와 눈을 빌어 자기가 보고 듣는 데 이용하기 때문이며, 귀와 눈이 가능한 많을수록 그것을 보거나 들을 수 있는 범위가 넓어진다고 설명하고 있다. 이처럼 입론의 근거를 개인의 주관적 경험에 국한시키거나 자신의 권위나 설교에 의해서 상대를 설득하고자 하는 것이 아니라 타인의 경험을 존중하고 집단의 관찰에 의거하려는 태도는 '삼법(三法)'이 지니는 가장 큰 의미로 보아야 할 것이다.

인식에 있어서 경험을 강조하는 것은 선진에서 묵자에 국한되는 것은 아니었지만 집단의 관찰에 의거한 것은 유일한 경우였다고 생각된다. 그러나 이렇게 대중의 감각에 입론의 근거를 두는 것은, 제일법과 마찬가지로 반드시 긍정적인 면만을 지닌 것은 아니다. 「비명중非命中」에는 다음과 같은 논의가 있다.

> 지금 천하의 사군자 중에는 '명'이 있다고도 하고 없다고도 한다. 내가 '명'이 있는가 없는가를 아는 방법은 대중이 보고 듣는 이목의 실정으로써 하는 것이다(……) 옛부터 지금까지 사람이 생겨난 이래로 일찍이 '명'이라는 것을 보았거나 또는 그 소리를 들었다는 사람이 있었는가? 물론 아직 없었다.[34]

여기서 묵자는 결국 단순히 대중이 보고 들은 것을 표준으로 삼아 유명론의 허망함을 증명하고 반면에 귀신의 존재를 증명하고 있다. 이것은 소박한 경험론의 수준을 드러낸다. 그는 '명'을 백성의 감각에 의거해서 보거나 들을 수 없으므로 본래 존재하지 않는 것으로 판단하지만 그것은 본래 추상적인 개념이므로 대중의 감각으로 그 형태나 소리

---

33 "一目之視也, 不若二目之明也, 一耳之聽也, 不若二耳之聽也."(묵자, 尙同下)

34 "今天下之士君子, 或以命爲有, 或以命爲亡. 我所以知命有與亡者, 以衆人耳目之情, 知有與亡 (……) 自古以及今, 生民以來者, 亦嘗有見命之物, 聞命之聲者乎. 則未嘗有也."(묵자, 非命中)

를 파악하여 공유할 수 없는 것이다. 또 다른 예로서 「명귀하明鬼下」에서는 귀신의 유무를 대중의 전통적 미신에 의거하여 입증하고자 하였다.

> (귀신이) 있고 없는 것을 아는 방법은 반드시 중인(衆人)이 보거나 듣는 실정에 근거한다. 그리하여 실제로 사람들이 귀신의 일을 듣고 본 일이 있다면 반드시 귀신이 있다고 여기고, 그러한 일이 없다면 반드시 없다고 단정한다.[35]

그는 이처럼 심지어 대중의 착각과 실제적인 경험을 구별하지 않고 이른바 "눈으로 볼 수 있고 귀로 들을 수 있는 실제(耳目之實)" 모두를 판단의 기준으로 삼고 있다. 이러한 오류의 원인은 우선 당시의 과학 발전 수준의 한계를 지적할 수 있을 것이다.[36] 묵자는 당시까지 알려진 것으로써 모든 사실의 진위 여부를 판단하려고 하지만, 실제로 경험적인 진리는 지속적으로 발전하는 것이기 때문이다.

다음으로 당시 묵가 집단의 구성상의 특수성을 들 수 있다. 대중 집단의 속성상 실천 과정에서 귀납 우위의 기풍에 치우쳐서 그 과정에 당연히 수반되어야 할 연역과 이론 분석을 소홀히 하였을 것이기 때문이다. 이 점에서 후한(後漢)의 왕충(王充)이 묵가를 "사고(心)로써 사물을 탐구하지 않고 다만 듣거나 보는 것만을 믿었으므로 실정을 얻지 못하였다"고 비판한 것은 타당하다.[37]

삼법의 셋째는 이른바 '용지(用之)'로서 국가와 백성의 이익의 유무

---

35 "是與天下之所以察知有與無之道者, 必以衆人耳目之實, 知有與亡, 爲儀者也. 請惑聞之見之, 則必以爲有. 莫聞莫見, 則必以爲無."(묵자, 明鬼下)

36 Needham은 묵자의 이러한 입장은 결국 오류로 귀결되는 것이지만 관찰자 집단에 호소하는 것도 자연과학 체계의 일부이므로 결코 비과학적인 것은 아니며, 다만 비평능력을 지닌 지식인의 역할을 과소평가한 것이라고 보았다(J. Needham, 『中國의 科學과 文明』II, 李錫浩外 共譯, 乙酉文化社, 1988, 241면).

에 입론의 근거를 두는 것이다. 이에 따르면 국가와 백성에게 이로운 말은 옳은 것이고, 해로운 것이면 잘못된 말이다. 이처럼 묵자의 입론의 근원에 있어서는 시비와 이해가 통일되며, 이것은 묵가 변설의 작용과 목적에서 가장 중시되었다. 실제로 그는 앞서의 두 가지 근거(法)와 마찬가지로 자신의 이른바 십대(十大) 주장을 내세울 때는 언제나 국가와 백성의 이익을 고려하고 있다. 예컨대 「절용상節用上」에서는 의식주 등 각개 방면에서 국가와 백성의 이익이 되는 바를 열거한 후에 결론적으로 "쓸모 없는 도를 없애고, 성왕지도를 행하는 것이 천하의 큰 이익이다"[38]라고 하였다.

묵자가 유가의 유명론을 비판하는 근거도 바로 여기에 있다. 묵자에 의하면 유명론은 가난과 망국의 화를 자초하는 것이므로 백성과 국가의 이익에 부합되지 않는다고 본다. 그에 의하면 만일 정치하는 사람들이 '명' 이 있다고 믿고 그대로 따른다면 반드시 게을러질 것이고 농부들도 자신의 처지를 한탄하며 적극적인 노력은 하지 않을 것이므로 국가와 백성의 이익에 좋을 것이 없다고 하고, 다음과 같이 결론을 내리고 있다.

오늘날 천하의 사군자들이 진정으로 천하의 이익을 일으키고 천하의 해로움을 없애고자 한다면 유명론자의 말만은 강력히 배척하지 않으면 안 된다. 말하자면 유명론은 본래 폭군이 지어낸 것이요, 궁색한 백성들이 이어받은 것으로 인자의 말이 아니다. 지금 인의를 실천하는 사람으로서 강력히 배척해야 할 것은 바로 이것이다.[39]

이 부분은 '삼법' 가운데 '비명(非命)' 의 당위성을 가장 논리적으로

---

37 "墨議不以心而原物, 苟信聞見, 則雖效驗章明, 猶爲失實."(論衡, 薄葬) * 王充의 묵가 비판에 대해서는 「諸子의 墨家思想 批判에 대한 考察」(李雲九, 앞의 책, 89~115면 所收)을 참조 바람.
38 "去無用之道, 行聖王之道, 天下之大利也."(묵자, 節用上)

논증한 것이다. 단지 역사적 사실이나 대중의 경험만이 입론의 기준이 되는 것이 아니라 자신의 가설을 세우고 그에 따라서 실제의 효과와 일치 여부에 의해서 판단의 진위를 검증하는 것이기 때문이다.

그러나 묵가의 가설에 의한 추론도 편견으로 나아갈 수 있었다. 예컨대 묵자는 음악이 백성의 고통을 구제할 수 없고 재물을 낭비하는 것이라 하여「비악非樂」을 주장하였는데, 물론 이것은 유가의 예악에 대한 비판이다. 묵가의 입장에서는「비악」이 당시 백성의 이익이라고 본 것은 당연한 일이겠지만 순자가 지적하는 대로 실제의 모든 정황과 부합되는 것은 아니다. 따라서 순자는 묵자의「절용節用」·「절장節葬」·「비악非樂」 등의 논지를 "실용에 가리워 문화를 알지 못하였다"[39]고 비판하고 오히려 음악을 적절하게 사용하여 생산성을 향상시키는 것이 옳다고 보았다.

묵자의 이러한 오류는 당시 국가와 백성의 이익을 구별하지 못한 데서 비롯하는 것이다. 단지 지배층에 의한 백성의 노동 성과의 착취나 국가적 차원의 재물이 낭비되는 것만을 주목하였을 뿐이지 그것이 오히려 백성들의 노동생산의 의욕에 보탬이 되는 측면은 배제하고 있기 때문이다. 이것은 순자의 또다른 비판적 표현, "묵자는 평등만 보고, 차별은 보지 못했다"는 것과도 연관된다고 본다.[41]

삼법은 실천과 경험을 중시하는 일관된 논리로서 묵자서 전반에 운용되고 있다. 단지 그 운용에 있어서 때로는「상현중尙賢中」에서 '상현(尙賢)'이 정치의 근본이 됨을 논증하는 경우처럼 삼법을 동시에 열거하기도 하였으나 대부분의 경우에는 '성왕지사'와 국가 백성의 이익에 입론의 근거를 두고 있다. 따라서 묵자가 의도한 입론의 제일 근거는

---

39 "是故子墨子言曰, 今天下之士君子, 中實將欲求興天下之利, 除天下之害, 當若有命者之言, 不可不强非也. 曰, 命者暴王所作, 窮人所術, 非仁者之言也. 今之爲仁義者, 將不可不察而强非者, 此也."(묵자, 非命下)
40 "墨子蔽於用而不知文."(순자, 解蔽)
41 "墨子有見於齊, 無見於畸."(순자, 天論)

국가와 백성의 이익으로 보인다. 이것은 그 자신을 포함한 묵가 집단의 이익을 대변하는 것이었다고 본다. 이처럼 묵자가 제시하는 '삼법'은 기본적으로 인식 규율에 부합하는 것이라 할 수 있지만 그 운용에 있어서는 앞서 보았듯이 여러 가지 한계를 드러내었다. 한 가지 덧붙이자면 묵가에서 제기한 백성의 '이목지실'과 '성왕지사'가 양립할 수 있는가 하는 문제이다. 당시의 역사적 조건을 감안한다면 이른바 '성왕지사'를 인식할 수 있는 것은 제한된 집단에서만 가능하였을 것이기 때문이다. 또한 '명귀(明鬼)'를 주장함에 있어서 드러나는 한계는 그들이 인식의 작용에 있어서 단지 경험이나 주관적인 표준만을 중시하고 자연 현상 자체에 대하여는 관찰을 소홀히 한 데서 비롯된 것으로 보인다.

앞서 귀신의 존재를 증명하였던 것처럼 「명귀하明鬼下」에서 제시되는 여러 가지의 예는 오늘날의 관점에서 황당한 미신이라고 규정하지 않을 수 없는 것이고, 묵자는 당시 일반적인 미신을 거의 모두 신뢰하는 것처럼 보인다. 그러나 묵자서 가운데에는 미신에 대한 회의와 비판이 적지 않다. 예컨대 「귀의貴義」에는 묵자가 북쪽으로 제나라에 가려고 하였을 때 점쟁이와 문답한 내용이 보인다. 점쟁이가 "상제가 북쪽에서 검은 용을 죽이는 날이므로 검은 피부의 묵자에게 가지 말라"고 하지만 그는 이에 굴하지 않고 길을 떠났는데 치수(淄水)까지 갔다가 우연하게도 다른 일이 생겨 되돌아오게 된다. 그러나 묵자는 점쟁이의 말을 신뢰하기는커녕 검은 피부를 가진 사람으로 북으로 간 사람들이 적지 않을 것임을 예로 들어 비판하고 있다.

또한 「경주耕柱」에 보면, 노나라의 두 대부인 계손소(季孫紹)와 맹백상(孟伯常)이 서로를 불신하여 사당에 가서 서로 믿을 수 있도록 빌었다는 일은 잘못이라고 비판한다. 서로를 믿지 못하고 귀신에게 화목을 비는 것은 마치 스스로는 눈을 가리고 귀신에게 보이게 해 달라고 하는 것과 같다는 것이다. 묵자의 이러한 비판 내용으로 볼 때 귀신의 역할은 인사의 전반에 미치는 것이 아니다.

더욱 분명한 예로 「공맹公孟」에 묵자가 병에 걸렸을 때 제자 질비(跌鼻)가 "귀신이 선한 일을 한 사람에 상을 주고 그렇지 않은 이에게 벌을 준다고 하는데, 선생님은 성인으로서 어찌 질병에 걸렸는가"라고 질문한 데 대하여 묵자는 다음과 답하는 대목이 보인다.

병에 걸리는 원인은 여러 가지가 있다. 더위나 추위에서 얻을 수도 있고 피곤한 데서 비롯할 수도 있다. 백 개의 문 가운데 한 개의 문만을 닫는다면 도둑이 어찌 들어올 수 없겠는가?[42]

사람이 병에 걸리는 원인이 전적으로 귀신 때문이 아니다. 결국 귀신의 인간에 대한 간섭은 부분이지 전체가 아니다. 묵가에서는 귀신의 간섭보다는 오히려 인위적 노력을 훨씬 중요시한다. 이것은 앞서 제기한 「비명非命」의 논의와 마찬가지로 "자기 힘에 의지하는 자는 살고, 자기 힘에 의지하지 않는 자는 살지 못한다"[43]는 적극적 노동 의식의 반영이다.

요컨대 묵가에서의 귀신 관념은 당시 일반적인 것과도 다르며 또한 그것은 오늘날의 종교적인 의미에서의 철두철미한 숭배 대상이 아니다. 만일 묵가에서 귀신을 종교적인 차원에서 높인다면 왕충(王充)이 지적한 대로, 그것은 「명귀明鬼」와 「절장節葬」은 모순처럼 보인다.[44] 그러나 삼법의 입장에서 보면 귀신을 높이는 일과 장례 비용이나 절차를 검소하게 하는 일은 국가와 백성의 이익이라는 점에서 결코 모순되는 일이 아니다.

---

42 "人之所得於病者多方, 有得之寒暑, 有得之勞苦, 百門而閉一門焉, 則盜何遽無從入." (묵자, 公孟)
43 "賴其力者生, 不賴其力者不生." (묵자, 非樂上)
44 "墨家之議, 自違其術, 其薄葬而右鬼." (논형, 薄葬)

## 2. 묵가의 천·귀 관념

묵가의 삼법에 의한 유명론 비판에서 귀신의 존재 증명을 언급하였지만, 묵자서의 내용을 통해 보면 귀신은 물론 천의 주재성과 인격성을 긍정하고 있다는 점은 부인할 수 없다. 또한 삼법으로써 귀신의 증명을 형식적으로 진행하는 데에는 별다른 장애가 발생하지 않는다. 이 점에서는 「천지天志」 또한 마찬가지이다.

「천지」란 하늘의 의지를 말한다. 묵자서 전반에서는 천과 귀를 병칭하고 특히 그 역할면에서는 양자를 동일시하고 있다. 천(상제)은 실제로 귀신이며 다만 그 권위가 상대적으로 높을 뿐이다. 『묵자인득墨子引得』에 의하면 '상제' 개념이 23차례, 주재적인 천의 단독 개념이 총 290여 차례 보이고 있다. 이 가운데 '천·귀'가 병칭되는 것이 24차례이며 이 외에도 천·귀 관념을 강조하는 "천을 높이고 귀신을 섬김(尊天事鬼)"의 용례도 적지 않게 보인다. 이상의 용례로만 본다면 묵자서는 종교적인 관념으로 일관한 책이라 하여도 과언이 아닐 것이다. 따라서 양계초(梁啓超)가 묵자를 종교가로 규정한 것은 타당한 것으로 보인다.[45]

고대인들은 자연과 사회 현상을 막론하고 모두 지고무상한 어떤 것으로부터 유래하며 절대 권위를 가진 상제가 주재하는 것으로 믿었다. 곽말약(郭沫若)에 따르면, 은대(殷代)에 이미 지상신(至上神)의 관념이 있었으며 처음에는 '제(帝)' 혹은 '상제(上帝)'라 칭하였다고 한다. 또한 '천'이라는 명칭은 은주(殷周) 교체기에 이르러 지상신의 개념으로 쓰이게 되었으며 복사(卜辭)에는 보이지 않는 것이라고 한다.[46] 따라서 '천'은 본래부터 신비적인 관념은 아니었던 것으로 생각된다. 다만 고대에는 동서양 공히 천(하늘)은 신이 존재하는 장소로 이해되었으며, 따

---

45 "梁啓超, 『先秦政治思想史』, 130면 및 『子墨子學說』, 2면 참조. 그러나 『墨子學案』(22면)에서는 「천지」를, 「겸애」를 실현하기 위한 수단이었다고 평하고 있다(이상 『飮氷室專集』 제2책 所收).
46 郭沫若, 「先秦天道觀之進展」, 『靑銅時代』, 324면(『郭沫若全集』 제1권, 人民出版社, 1982).

라서 사람들은 자연스럽게 최고신이 있는 곳을 가지고 최고신 자체를 지칭하는 것으로 사용하였다고 할 수 있다.[47]

이러한 변화는 물론 종교적 경건함에서 비롯된 것이다. 또한 복사를 통해 보면 은대인의 지상신은 의지를 가진 일종의 인격신으로서 호오(好惡) 감정을 지니고 인사상의 모든 길흉화복 예컨대 농작물의 작황이나 전쟁의 승패, 성읍의 건축, 관리의 출척(黜陟) 등을 모두 천이 주재하는 것으로 되어 있다고 한다.[48] 이러한 상황에서는 인간은 단지 상제(天)에게 복을 구하는 입장으로서 종속적인 관계일 뿐이다.

'천'과 '인'이라는 글자는 갑골문에도 이미 보이는데, 두 개념이 대립되어 쓰이는 용례는 서주(西周) 초기의 문헌에서 처음 발견된다고 한다.[49] 이것은 이전까지 사람이 '천'에 대한 의식이 없었거나 그에 대해 무조건 순종할 뿐 대립 의식을 갖지 못하였기 때문이다. 그러나 지상신에 대한 무조건적인 순종이라는 관념은 은주 교체기에 이르러 커다란 변화가 일어나게 되며, 서주 말에 이르러서는 심지어 하늘을 의심하거나 원망하는 경우가 발생하게 되고, 결국 천과 그것의 대리자인 주나라 천자는 마찬가지로 하나의 허명으로 전락하기에 이른다.[50]

『시경詩經』 대아(大雅)「문왕文王」에 보이는 "천명은 일정하지 않다(天命靡常)"는 등의 사상은 천이 절대적이고 불변적인 것임을 부정하는 것이다. 곽말약에 따르면 주대인은 은대의 천 숭배 관념을 계승하기도 하였지만 한편으로는 천을 회의하였다.[51] 이것은 표면적으로는 모순처럼 보이지만 사실상 모순이 아니다. 즉 정책적으로는 은대 유민의 일반적 관념을 계승하고 다른 일면으로는 이른바 "덕으로써 천을 짝한다(以

---

47 馮寅, 『천인 관계론』, 김갑수 譯, 신지서원, 1993, 34면.
48 郭沫若, 앞의 책, 324면 참조.
49 馮寅, 앞의 책, 32~33면 참조. 예컨대 『書經』「大誥」에 "天亦惟休于前靈人"이라는 내용이 보인다.
50 천인 관계 변화에 대해서는 姜國柱의 『中國認識論史』, 河南人民出版社, 1989, 20~27면을 참조 바람.

德配天)"는 사상으로 무왕에 의한 왕조 교체를 합리화하였다는 것이다. 이렇게 본다면 주대인의 의식에 기초를 둔 것이 유가이고 은대 유민의 의식에 기초를 둔 것이 묵가라고 할 수 있다. 하지만 묵자서의 내용을 보면 전국기에도 천에 대한 일반적 관념은 여전히 이러한 두 가지 측면이 혼합되어 있다.

한편 앞서 보았듯이 삼법에 의해 '천명' 이란 용어에서 '명' 이 함축한 바의 운명론적인 요소를 제거하고 당시에 이르기까지의 천 관념의 변화를 감안하면 묵가 또한 은대인의 천 관념을 그대로 수용했다고 보기 어렵다. 따라서 문제는 그들이 주장하는 천·귀 관념의 구체적 내용이 무엇이고 그것은 당시의 일반적인 관념과는 어떠한 차별성이 있는가, 차별성이 있다면 그 이유는 무엇이고 궁극적인 목표는 무엇인가 하는가에 있다.

묵가에서는 귀신의 존재를 증명하는 반면에 천에 대해서는 그 역할을 강조할 뿐이다. 이 점에서 주재적이고 인격적인 은대인의 천 관념을 그대로 수용한 것처럼 보인다. 예컨대 "하늘이 귀하고, 하늘은 지혜롭다"[52]고 하였으며 천하는 하늘의 소유일 뿐만 아니라[53] 이 세계의 '천의 읍(邑)' 사람은 '천의 신하' 로서 모두가 천의 주재하에 있다고 주장하였다.[54] 그런데 묵자에서는 천·귀의 주재성에 다음과 같은 예리한 통찰력이 포함된다.

대저 하늘(天)은 아무리 깊은 숲 속이나 한적하여 사람이 없는 곳이라 하더라도 분명히 지켜보고 있다.[55]

---

51 곽말약, 앞의 책, 334면 참조.
52 "天爲貴, 天爲知."(묵자, 天志中)
53 "且夫天之有天下也, 辟之無異以乎國君諸侯之有四境之內也."(묵자, 天志中)
54 "今天下之無大小國, 皆天之邑也. 人無幼長貴賤, 皆天之臣也."(묵자, 法儀)
55 "夫天不可爲林谷幽閒無人, 明必見之."(묵자, 天志)

아무리 깊은 계곡, 우거진 숲 속, 한적하여 사람이 없는 곳에도 행실을 조심하지 않을 수 없는 것은 분명히 귀신이 있어서 지켜보기 때문이다.[56]

천·귀는 인사에 대하여 다음과 같은 호오 감정을 갖고 있다. 여기서 그 대상 내용이 주목된다.

하늘은 반드시 사람들이 서로 사랑하고 서로 이롭게 해주길 바라며, 사람들이 서로 미워하고 서로 해치기를 바라지 않는다.[57]

비록 하늘이라도 빈부와 귀천, 거리가 먼 곳과 가까운 곳, 관계가 친하고 멂을 가리지 않고 현자를 올려서 높이고, 불초(不肖)한 자는 눌러서 제거한다.[58]

하늘의 뜻은 대국이 소국을 침략하는 일, 대가(大家)가 소가(小家)를 어지럽히는 일, 강자가 약자를 괴롭히는 일, 교활한 자가 어리석은 자를 우롱하는 일, 귀한 자가 천한 자를 업신여기는 일을 바라지 않는다(……) 힘있는 사람이 서로 도와주고, 지혜를 가진 사람이 서로 가르쳐 주며, 재물을 가진 사람이 서로 나누어주길 바라며, 또한 윗사람은 열심히 다스리는 데 힘쓰고, 아랫사람은 열심히 일을 하길 바란다.[59]

이상에서 제시된 「천지」의 실제 내용을 검토해 보면 그것은 「겸

---

56 "有深谿博林, 幽閒毋人之所, 施行不可以不謹, 見有鬼神視之." (묵자, 明鬼下)
57 "天必欲人之相愛相利, 而不欲人之相惡相賊也." (묵자, 法儀)
58 "雖天亦不辯貧富貴賤遠邇親疎, 賢者擧而尙之, 不肖子抑而廢之." (묵자, 尙賢中)
59 "天之意不欲大國之攻小國也, 大家之亂小家也. 强之暴寡, 詐之謀愚, 貴之傲賤(……) 欲人之有力相營, 有道相教, 有財相分也. 又欲上之强聽治也. 下之强從事也." (묵자, 天志中)

애」·「상현」·「비공」 등 이른바 묵가의 십대 주장에 포괄된다. 따라서 "천은 의를 바라고, 불의를 미워한다"[60]고 한다. 여기서 '의' 는 묵가의 이념을 가리킨다. 또한 "천의에 따르는 것은 겸(兼)이고, 천의에 어긋나는 일은 별(別)이다" 라고 규정한다.[61] 이 점에서는 귀신의 호오(好惡) 또한 마찬가지이다.

> 대저 귀신이 사람에게 바라는 것은 많다. 높은 벼슬자리에 있는 사람은 현자에게 양보하고 재물이 많은 사람은 가난한 이에게 나누어 주는 것이다.[62]

이처럼 천 · 귀의 의지가 묵가의 이념을 그대로 반영한 것이라면 그것은 그 이념을 실현하기 위한 수단일 뿐이다. 따라서 묵가는 당시 보편적으로 존재하던 관념을 자기 집단의 이념을 실현하는 수단으로 설정한 것으로 이해된다. 그렇다면 인민은 무조건 일방적으로 천의에 따라야만 하는가? 물론 그렇지는 않다. 인민이 천의에 따르게 되면 하늘 또한 사람이 원하는 일을 한다. 반대로 하늘이 원하지 않는 일을 한다면 하늘 또한 사람이 원하지 않는 일을 한다고 한다.[63] 이렇게 천[鬼]과 인이 상호 감응의 관계에 있다. 사람은 누구나 복록(福祿)을 바라고 재화를 바라지 않는다.[64] 따라서 하늘이 사람의 호오 감정을 그대로 이용한다는 것은 천의 통찰력과 그에 의거한 판단에 따라서 상벌을 시행한다는 의미이다. 바로 "현자에게 상을 주고, 폭자에게 벌을 준다(賞賢罰暴)"의 적용이다. 여기서 '현(賢)' 은 천의에 따르는 것이며 '폭(暴)' 은

---

60 "天欲義, 而惡不義."(묵자, 天志上)

61 "順天之意何若. 曰, 兼愛天下之人."(묵자, 天志下) "順天之意者, 兼也. 反天之意者, 別也."(묵자, 天志下)

62 "夫鬼神之所欲於人者多. 欲人之處高爵祿則以讓賢也, 多財則以分貧也."(묵자, 魯問)

63 "我爲天之所欲, 天亦爲我所欲."(묵자, 天志上)
  "有所不爲天之所欲, 而爲天之所不欲, 則夫天亦且不爲人之所欲, 而爲人之所不欲矣."(묵자, 天志中)

64 "我欲福祿, 而惡禍祟."(묵자, 天志上)

천의에 어긋남을 말한다. 귀신의 상벌 또한 마찬가지이다.

> 귀신이 현자에게 상을 주고 폭자에게 벌을 줄 수 있다는 사실을 국
> 가에 알리고 만민에게 알리는 것이 실제로 국가를 안정시키고 만민
> 을 이롭게 하는 방법이 된다.[65]

> 오늘날 천하 사람으로 하여금 모두 귀신이 현자에게 상을 주고 폭
> 자에게 벌을 준다는 사실을 믿게 할 수 있다면 천하가 어찌 혼란스
> 럽겠는가.[66]

이상에서 보면 묵가의 천·귀 관념은 국가와 만민을 이롭게 하고 정
치·사회적 안정이라는 궁극적 목표 달성을 위한 수단임이 분명해진
다. 결국 귀신의 존재 증명 또한 그 상벌 작용의 권위와 정당성을 강화
하기 위한 것으로 이해된다. 상벌 시행은 엄격하여 추호의 예외를 두지
않는다.[67] 하늘에 죄를 지으면 도피할 수 있는 방법이 없다고 한다.[68] 예
컨대 천자라 하더라도 천의의 순응 여부에 따라 상벌의 대상이 된다.[69]
따라서 제후·장군·대부·사가 멋대로 정치를 할 수 없는 것은 물론
이지만 "천자도 자기 맘대로 정치를 할 수 없으며, 하늘이 할 수 있는
일이다"[70]라고 한다. 예컨대 삼대의 성왕인 우(禹)·탕(湯)·문(文)·무
(武)는 '천의를 따른 사람'으로서 상을 받은 경우이고 걸(桀)·주(紂)·
유(幽)·여(厲)는 '천의를 거스른 사람'으로서 벌을 받은 경우이다. 이
것은 묵가의 천 관념이 당시의 역사 조건하에서 군권을 견제하기 위한

---

65 "譬若鬼神之能賞賢與罰暴也, 蓋本施之國家, 施之萬民, 實所以治國家利民之道也."(묵자, 明
鬼下)
66 "今若使天下之人, 偕若信鬼神之能尙賢而罰暴也, 則夫天下豈能亂哉."(묵자, 明鬼下)
67 "鬼神之罰, 不可爲富貴衆强勇力强武堅甲利兵. 鬼神之罰必勝之."(묵자, 明鬼下)
68 "今人皆處天下而事天. 得罪於天, 將無所以避逃之者矣."(묵자, 天志下)
69 "天子有善, 天能賞之. 天子有過, 天能罰之."(묵자, 天志下)
70 "天子未得恣己而爲政, 有天政之."(묵자, 天志上)

수단이었음을 의미한다.

귀신 관념 또한 마찬가지이다. 「명귀하明鬼下」에 제시된 군왕들의 수많은 역사적 사례가 이를 반증한다. 여기서 우리는 「명귀明鬼」 또한 「천지天志」와 마찬가지로 궁극적으로 당시 통치자를 비판하기 위한 것이었다고 추론할 수 있다. 그런데 이처럼 상벌의 시행이 달라진 것은 어디에 근거하는가? 전자는 "위로 천을 높이고, 가운데로는 귀신을 섬겼으며, 아래로는 백성을 사랑한 것"이고 후자는 이와는 반대의 상황이었기 때문이다. 여기서 존천(尊天)·사귀(事鬼)·애인(愛人) 세 가지가 통일된다. 이것은 보다 구체적으로는 "위로 하늘을 이롭게 하며, 다음으로 귀신을 이롭게 하고, 아래로 사람을 이롭게 한다"고 하여 이해(利害)의 측면에서 통일되며 이에 해당되면 '성왕'이라고 한다.[71] 여기서 다시 묵가의 천·귀 관념이 당시의 일반적인 것과는 다름을 알 수 있으며 이 점이 묵가 천·귀 관념의 가장 큰 특징이라고 본다. 물론 이것은 앞 장에서 논의한 삼법의 반영이기도 하다.

요컨대 묵가의 천·귀 관념은 첫째 당시의 통치자들에게 일정한 비판과 견제의 의미를 지니며, 둘째로는 이해(利害)의 측면에서 천·귀·인 세 가지가 통일된다는 점에서 당시의 일반적인 관념과는 구별된다. 물론 묵가가 신비적인 관념을 완전히 탈피했다고 평가할 수 없지만 단순히 전통적인 관념처럼 신비적인 것에 국한되지 않는다. 우리가 묵가의 법 개념에 주목하는 이유도 바로 여기에 있다. 사실 묵가의 천·귀 관념은 그들의 주요 이념을 반영한 하나의 법이었다. 따라서 "내가 천지를 갖고 있는 것은 비유하자면 수레장이나 장인이 규구(規矩)를 지니고 있는 것과 같다"[72]고 한다. 보다 구체적으로 「법의法儀」에 다음과 같이 제시되어 있다.

오늘날 크게는 천하를 다스리고, 다음으로 대국을 다스리면서 표준



---

71 "此必上利於天, 中利於鬼, 下利於人, 三利無所不利, 故擧天下美名加之, 謂之聖王."(묵자, 天志上)

으로 삼을 만한 법이 없다면, 그것은 백공이 분별하는 것만 같지 못하다. 그렇다면 무엇으로써 치법(治法)을 삼아야 좋을까? 가령 모두 그 부모를 본받는 것은 어떠할까? 천하의 부모는 많으나 인자는 적으니, 만일 모두 그 부모를 본받는다면 이것은 불인(不仁)을 본받는 것이다. 불인을 본받는 것을 법으로 삼을 수 없다. 가령 그 학자를 본받는 것은 어떠할까? 천하의 학자는 많으나 인자는 적으니 만일 그 학문을 본받는다면 이것은 불인을 본받는 것이다. 불인을 본받는 것을 법으로 삼을 수 없다. 가령 모두 그 군주를 본받는 것은 어떠할까? 천하의 군주는 많으나 인자는 적으니 만일 그 군주를 본받는다면 이것은 불인을 본받는 것이다. 불인을 본받는 것을 법으로 삼을 수 없다. 따라서 부모·학자·군주 세 가지는 치법으로 삼을 수 없다. 그렇다면 무엇으로 치법을 삼아야 좋을까? 따라서 말하길, '하늘을 본받는 것만한 것이 없다'고 한다.[73]

여기서 '법천(法天)'의 구체적 내용은 앞서 제시된 「천지天志」를 의미한다. 이처럼 묵가에서 전통적인 예 관념을 부정하면서 한편으로 본래 신비적인 관념이었던 천·귀 관념을 재해석하고 나름대로의 법칙이나 표준으로 설정한 것은 철학사적인 면에서 일정한 의미를 지닌다. 그것이 비록 위로 천·귀의 권위에로의 지향이라는 점에서 한계를 갖는 것은 사실이지만 궁극적으로 이해(利害)의 측면에서 천·귀·인의 삼자의 통일이라는 특성을 갖기 때문이다.

요컨대 선진 철학은 예 관념에서 법 관념으로의 발전 과정이다. 이

---

72 "我有天志, 譬若輪人之有規, 匠人之有矩."(묵자, 天志上)
73 "今大者治天下, 其次治大國, 而無法所度, 此不若百工辯也, 然則奚以爲治法而可, 當皆法其父母奚若. 天下之爲父母者衆, 而仁者寡, 若皆法其父母, 此法不仁也. 法不仁不可以爲法. 當皆法其學奚若. 天下之爲學者衆, 而仁者寡, 若皆法其學, 此法不仁也. 法不仁不可以爲法. 當皆法其君奚若. 天下之爲君者衆, 而仁者寡, 若皆法其君, 此法不仁也. 法不仁不可以爲法. 故父母學君三者, 莫可以爲治法. 然則奚以爲治法而可, 故曰莫若法天."(묵자, 法儀)

것은 신비적인 관념으로부터 객관적인 관념으로의 전이 과정이며 이러한 점에서 천·귀 중심에서 인사 중심으로의 의식전환이기도 하다. 사실 양자는 역사적 조건에 따라서 순기능적인 면과 역기능적인 측면을 갖고 있다. 비록 예 관념이 본래 신비적인 관념에서 비롯된 것이긴 하지만 적어도 대중의 의식 기준으로서의 역할과 그로 인한 정치·사회적 안정은 이룩할 수 있었다. 그러나 예 관념의 역기능적인 측면에 대한 비판적 인식과 예(악)의 붕괴, 이에 따른 법 관념으로의 전이 과정에는 피할 수 없는 문제가 발생하기 마련이다. 어떻게 신비적인 관념에서 벗어나서 현실의 다양성에 대한 객관적 표준이나 근거를 설정하고 나아가서는 그 권위와 정당성을 확보할 수 있을까 하는 문제이다. 이것은 우리가 선진 철학의 다양한 의론을 이해하는 데 중요한 근거가 된다고 본다.

묵가에서 제기된 법 관념 또한 바로 이상의 상황을 반영한다. 그러므로 묵가가 운명론을 배척하는 「비명非命」의 논의를 하는 반면에 한편으로 천·귀 관념을 선양하는 「천지天志」·「명귀明鬼」 등의 일견 모순되는 듯한 논의를 하고 있는 것이다. 이것은 앞서 보았듯이 단순히 모순만은 아니다. 다만 철학사의 발전 과정에서 볼 때 묵가의 천·귀 관념에는 여전히 신비적인 요소가 잔존하고 있으며 따라서 완전히 객관화된 법 관념으로 이행된 것이라 볼 수 없다. 사실 이 점은 묵가만의 문제가 아니라고 본다. 예컨대 정도의 차이는 있을지라도 법가의 이론적 완성자인 한비(韓非)의 형명론(刑名論)적 체계가 결국 전제주의적 성격을 띠게 되고 한편으로는 노자의 도 개념을 수용하게 되는 배경도 이와 관련이 있다고 본다. 법 개념이 객관화될수록 그만큼 그 권위와 실행의 근거를 확보하기가 쉽지 않았기 때문이다.

필자는 묵가의 역사관이 법가와 일정한 연관이 있다고 생각한다. 마찬가지로 비록 법 개념이 이른바 법가, 상앙(商鞅)에서 한비에 이르는 과정에서 이론적으로 보다 체계화되는 것은 사실이지만 여기에는 묵가의 상당한 영향이 있었을 것으로 생각된다. 또한 한대 동중서(董仲舒)의 천인감응론(天人感應論)이 지닌 적극적인 의의 가운데 군권을 견제한다는 점을 들 수 있다면, 묵가「상동尙同」에 보이는 일견 전제 권력을 옹호하는 듯한 논의도 실상은 천·귀 관념을 이용하여 군주의 전횡을 견제한다는 부득이한 논리 체계였다고 할 것이다.

# 제4장 순자에서의 자연과 인간

순자의 입장을 살펴보기에 앞서 묵가를 비판한 맹자에서의 천인 관계를 간략히 살펴볼 필요가 있다. 맹자는 "인(仁)이란 사람을 사랑하는 것이다"[74], "인(仁)이란 사람다움이다"[75]라는 전제를 받아들이면서도, 공자의 천·귀 관념과 상당한 차이를 드러내고 있다. 공자는 "천명을 외경한다"[76]거나 "하늘이 나에게 덕을 부여했다"[77]고 하여 고래의 천(상제) 관념을 마음속에 품고 있었던 것으로 여겨지지만, 제자들이 "공자가 천도에 대해 말하지 않았다"고 술회하듯이[78], 일정한 거리를 두고자 하였다.[79]

그러나 맹자는 적극적으로 천에 대해 언급함으로써 자신의 사상체계와 연계시키고 있다. 예컨대 "하늘이 이 백성을 낳음에 먼저 안 자로 하여금 나중에 아는 사람을 깨닫게 하였고"[80], "하늘이 사물을 낳음에 하나의 근본을 두었다"[81]고 한다. 이것은 언뜻 보면 '주재적(主宰的)'이고 인격적인 천 관념의 표명으로 여겨지지만, 실상 여기서 하나의 근본은 사람과 사물에 내재된 법칙을 가리킨다는 점에서 원리적인 의미에서의 천 관념이다. 이러한 전제하에 맹자는 천을 인간의 심·성에 내재화시킴으로써 천과 사람이 상통할 수 있다고 본다.[82] 예컨대 "성

---

74  "仁者, 愛人, 有禮者, 敬人."(맹자, 離婁下)
75  "孟子曰, 仁也者, 人也. 合而言之, 道也.(맹자, 盡心下)
76  "孔子曰, 君子有三畏, 畏天命, 畏大人, 畏聖人之言."(논어, 季氏)
77  "天生德於予."(논어, 述而)
78  "子貢曰, 夫子之文章, 可得而聞也, 夫子之言性與天道, 不可得而聞也."(논어, 公冶長)
79  "天何言哉, 四時行焉, 百物生焉, 天何言哉."(논어, 陽貨)
80  "(伊尹曰…) 天之生此民也, 使先知覺後知."(맹자, 萬章上)
81  "天之生物也, 使之一本."(맹자, 滕文公上)
82  "盡其心者, 知其性也, 知其性, 則知天矣."(맹자, 盡心上) "心之官則思, 思則得之, 不思則不得也, 此天之所與我者."(맹자, 告子上)

(誠)이란 하늘의 도이고, 그 성을 생각하는 것은 사람의 도이다"[83]라고
한다.

맹자는 귀신관(鬼神觀)에 있어서도 공자와 차이를 드러내고 있다.
공자는 "신에게 제사함에 신이 계신 듯하며",[84] "귀신에게 효(孝)를 다
한다",[85] 혹은 "그 귀신이 아닌데 제사지내는 것은 아첨이다"[86]라고 하
여 당시 일반적인 '인격적' 미신 관념을 유지하면서도 일정한 거리를
두고자 하였다. 예컨대 공자가 "괴력(怪力)·난신(亂神)에 대해 말하지
않았다"[87]거나, "아직 사람을 섬기지 못하는데 어찌 귀신을 섬기겠는
가"[88] 혹은 "귀신을 공경하되 멀리하는 것이 지혜다"[89]라고 언급한 것
이 그러한 예이다.

이처럼 공자에 있어서 천 관념과 마찬가지로 귀신에 대한 관념의
이중성이 드러나는 것은 당시 역사 조건에서 부득이한 것으로 보인다.
그러나 현실 정치 윤리이론의 근거로서 천(자연, 상제)에 대한 인간의
주체성(仁)을 강조하기 위한 공자의 입장을 감안하면 "귀신을 멀리 하
라"는 내용이 본질적 의도라고 보아야 할 것이다. 그런데 『맹자』에서
"성스러워 헤아릴 수 없는 것이 신이다"[90]라는 정의가 시사하는 것처
럼, 『논어』에 흔히 언급되는 인격적 '귀·신'이라는 용어 자체가 거의
언급되지 않고 있다.[91] 이것은 '천'을 형이상학적 실체로 규정한 맹자

---

83 "誠者, 天之道也, 思誠者, 人之道也."(맹자, 離婁下)

84 "祭如在, 祭神如神在."(논어, 八佾)

85 "子曰, 禹吾無間然矣. 菲飮食而致孝乎鬼神."(논어, 泰伯)

86 "非其鬼而祭之, 諂也"(논어, 爲政)

87 "子不語怪力亂神."(논어, 述而)

88 "季路問事鬼神. 子曰, 未能事人, 焉能事鬼."(논어, 先進)

89 "樊遲問知, 子曰, 務民之義, 敬鬼神而遠之, 可謂知矣."(논어, 雍也)

90 "大而化之之謂聖, 聖而不可知之之謂神."(맹자, 盡心下)

91 『맹자』에는 '神'이라는 글자가 앞서의 예를 비롯하여, '神農氏', '百神', '所存者神'(盡心上) 등
4번뿐이다. 특히 「진심상」의 朱注에 의하면, "덕이 지극하면 無聲無臭한 묘가 있어서 이목으로
다할 수 없고 심사로 예측할 수 없는 것이 있기 때문에 이것을 '神'이라 일컬으며, 聖人 위에 다시
神人이 있다는 것이 아니다"라 한다.

로서는 어쩌면 당연한 귀결이며, 이 점에서는 공자의 현실주의적이고 인문주의적 특성을 충실히 계승한 것이라 할 수 있다. 바꾸어 말하면, 천·귀관에 있어서 주재적·인격적 특성을 배제한 맹자로서는 천 관념의 형이상학적 실체화는 필연적인 것이었다. 이러한 맹자의 논리는 당시 유가에 비해 상대적으로 현실적 기반을 갖고 있었던 법가·묵가 등의 법 관념과 대비되는 인간 도덕성의 근거를 확보하고자 하는 고심에서 비롯된 것이라고 여겨진다. 특히 묵가의 「천지天志」 관념과 당시 천하의 여론을 양분할 정도의 왕성한 활동은 맹자의 천인관념이 형성되는 데 결정적 영향을 주었다고 생각된다.

맹자가 인성(人性)을 천도(天道)와 연계시켜 인성의 보편적 구분이나 차이보다는 통일성에 주목하는 데서 성선설이 자연스럽게 도출된다. 인간의 본성이 선하다고 할 때의 성의 내용은 사람이 나면서부터 갖춘 이른바 인·의·예·지라는 네 가지 덕이며, 이에 대한 경험적 증거로 제시된 측은지심·수오지심·사양지심·시비지심의 사단(四端)이다.

그런데 이렇게 사단과 사덕을 선천적으로 인성에 내재된 천도로서 긍정하는 것은 공자가 인(仁)과 예(禮)를 본질과 형식으로 연계시킨 것과 상당한 차이가 있다. 특히 '예'는 인의(仁義)를 절문(節文)하는 선천적 도덕성으로 규정되는 동시에, '지' 또한 객관적 사물에 대한 지식의 의미가 아니라 선천적으로 갖추어진 사리 분별능력이라는 의미로 확정된다.[92]

이처럼 자연법적 논리로써 인간의 도덕성과 그로부터 추론된 인간과 인간, 인간과 사회의 규범까지를 천도와 연계시키고, "만물(의 이치)은 모두 나에게 갖추어져 있다"[93]는 주관주의를 강조하게 되면, 자연히

---

92 "孟子曰, 仁之實, 事親是也. 義之實, 從兄是也. 智之實, 知斯二者不去是也. 禮之實, 節文斯二者是也."(맹자, 離婁上)

93 "孟子曰, 萬物皆備於我矣."(맹자, 盡心上)

현실적 · 역사적 변화를 부인하여 이념 자체가 경직될 우려가 있다. 따라서 성선설과 그에 근거한 이념은 당시 고자(告子)를 비롯한 당시 제가의 현실적 비판을 받았을 뿐만 아니라 같은 유가의 반열인 순자에 의해서도 '선왕의 도'를 왜곡한 것으로 평가되었다.[94]

맹자는 논전의 과정에서 예(악)보다는 그 본질이라 생각되는 인 · 의를 병칭하면서 사실적이고 경험적인 것으로써 성선을 증명하고자 하였지만, 그의 본래 의도는 정치 윤리적 이론의 전제와 정당성을 확보하려는 당위의 문제였기에 당시 급격한 변동기에서 현실적 호응을 받기 어려웠다. 맹자가 식(食) · 색(色)과 같은 오관의 감각적 본능도 성임을 부인하지 않으면서도 "군자는 그것을 성이라 하지 않는다" 하고, 인의예지의 도덕성만을 천도와 연계시켜 성이라고 주장할 때[95] 그것은 이미 예고된 것이나 다름없었다.

천의 근본 특성이 곧 인륜의 근원이기에 인이나 예 또한 인위적 제도에 대비되어 '천작(天爵)'이라고 칭한다.[96] 이렇게 천과 인간 도덕성의 통일을 강조한 것은 후대 송명(宋明) 리학(理學)에서의 이른바 '천인합일'의 기본 근거가 된다. 그런데 맹자의 이러한 논리가 앞서 논의한 공자의 사상을 충실히 계승한 것인지는 의문의 여지가 있다. 특히 공자가 제기한 인간의 자연성과 인위성에 대한 구별을 전제하면서도 인간의 자연적 욕망에 대한 대처방안에 대한 논의가 미흡하였고, 결과적으로 양자를 대립적으로 파악하는 계기가 되었다고 보기 때문이다.

순자는 이전의 유가 · 묵가와 마찬가지로 또한 천의 범주를 빌어서

---

94 "略法先王而不知其統, 然而猶材劇志大, 聞見雜博. 案往舊造說, 謂之五行, 甚僻違而無類, 幽隱而無說, 閉約而無解. 案飾其辭而祗敬之曰, 此眞先君子之言也. 子思唱之, 孟軻和之."(순자, 非十二子)

95 "口之於味也, 目之於色也, 耳之於聲也, 鼻之於臭也, 四肢於安佚也, 性也, 有命焉, 君子不謂性也. 仁之於父子也, 義之於君臣也, 禮之於賓主也, 智之於賢者也, 聖人之於天道也, 命也, 有性焉, 君子不謂命也."(맹자, 盡心下)

96 "仁義忠信, 樂善不倦, 此天爵也, 公卿大夫, 此人爵也."(『孟子』, 告子上) "夫仁, 天之尊爵也, 人之安宅也."(맹자, 公孫丑上)

자신의 자연관을 피력하고 있는데, 이에 관한 집중적 논의는 주로 「천론天論」에 실려 있다. 이렇게 별도로 천(상제)에 대한 논의를 전개한 것은 묵가의 「천지」·「명귀」와 마찬가지로 그만큼 당시 이 주제가 중대한 것으로 간주되었음을 반영한다. 그러나 그 전개 과정과 내용에 있어서는 완전히 상반된다.


## 1. 천인상분(天人相分)과 능참(能參)

순자에 이르러 인간과 자연(상제)의 구분은 공자 이래 인간 인식의 발전에 따른 필연적인 귀결이다. 그것은 초월적이고 신비적인 자연(상제) 중심적인 관념으로부터 주체적인 인간 중심으로의 방향 전환이다. 이 과정에서 공자는 처음으로 인간의 주체성을 강조하는 인(仁)이라는 철학적 범주를 제기하였다. 묵가는 오히려 당시 구성원의 대다수가 미신하는 천귀 관념을 자기 집단의 이론적 근거로 승화시켰으며, 반면에 맹자는 천도를 심성에 내재시킴으로써 성선의 이론적 근거를 확보하고자 하였다. 그러나 여기에는 물론 원시종교적 사유형태와는 차원을 달리하는 것이기는 하지만 아직도 일정 부분 신비성이 잔존하였다. 순자는 공자 이래 제가의 천 관념을 비판적으로 수용함으로써 천에 대한 신비성을 완전히 불식시키고 있다.

순자에 의하면, 천은 단지 객관 존재의 자연계 자체이다. 또한 인간을 포함한 천지만물은 실재하는 물질이며 각종 사물은 모두 물질세계의 일부분이다. 즉 "만물은 도의 일부분이며, 일물은 만물의 일부분이다"[97]라는 것이다. 천(자연)의 운행이란 뭇별이 서로 돌고, 해와 달이 교체하여 밝으며, 사시가 차례로 운행하며, 음양(陰陽)이 부단히 변화하

---



97  "萬物爲道一偏, 一物爲萬物一偏." (순자, 天論)

며, 풍우가 널리 퍼져서 만물이 각각 적당한 조건을 얻어 성장하며, 각각 필요한 자양분을 얻어서 성숙하는 과정을 가리킨다.[98] 순자는 나아가 우주만물의 구성을 해석하여, 기(氣)는 천지만물의 본원이며, 천지만물은 기로 구성되지 않은 것이 없다고 한다. 다만 구성요소에 따른 차별이 있다. 예컨대 물과 불은 기로만 구성된 것이지만, 초목은 기와 생명을 가진 것이며, 금수는 기와 생명과 인식능력을 갖고 있고, 사람은 기와 생명, 인식능력과 예의를 갖고 있기에 가장 완전한 존재라고 한다.[99]

순자에 의하면 '천과 인의 구분(天人之分)'에 밝으면 지인(至人)이라고 한다.[100] 여기서 '분'은 직분의 분이며, 분별의 의미이다. 우주 자연과 인간사회는 각각의 직분과 기능이 있어서, 천도가 인사를 주재하지 않으며, 인사 또한 천도에 관여하지 못한다는 것이다. 따라서 "서로의 직분을 다투지 않는다"고 한다.[101] 여기서 천은 자연적 물질적 천일 뿐만 아니라 자기운동을 하며 일정한 법칙을 갖고 있다. 순자의 자연관이 반영된 「천론」의 첫머리는 "하늘에 일정한 법칙이 있다"는 대전제에서 시작하고 있다.

또한 "천은 상도(常道)를 갖고 있고, 땅은 상수(常數)를 갖고 있다"[102]고 한다. 여기서 '도'는 운행과 변화의 규칙이라는 뜻이며,. '수'는 필연성을 의미한다. 결국 천지 자연계는 각기 고유하고 일정한 법칙성과 필연성이 있다는 것이다. 따라서 천지 자연의 법칙은 사람의 의지와 무관하다. 예컨대 계절의 변화와 토지의 원근은 모두 객관적 사실이다.

---


**98** "列星隨旋, 日月遞炤, 四時代御, 陰陽大化, 風雨博施, 萬物各得其和以生, 各得其養以成. 不見其事而見其功, 夫是之謂神. 皆知其所以成, 莫知其無形, 夫是之謂天."(순자, 天論)

**99** "水火有氣而無生, 草木有生而無知, 禽獸有知而無義, 人有氣有生有知亦且有義, 故最爲天下貴也."(순자, 王制)

**100** "明於天人之分, 則可謂至人矣."(순자, 天論)

**101** "不爲而成, 不求而得, 夫是之謂天職. 如是者, 雖深, 其人不加慮焉, 雖大, 不加能焉, 雖精, 不加察焉, 夫是之謂不與天爭職."(순자, 天論)

**102** "天有常道矣, 地有常數矣, 君子有常體矣."(순자, 天論)

순자에 의하면, 사람이 추위를 싫어한다 해서 겨울을 없어지지 않으며, 사람이 먼 거리를 싫어한다 해서 거리가 줄어드는 것이 아니라고 한다.[103] 이것은 천지(天地)의 의지를 배제한 것으로 비록 명시적인 것은 아니지만 묵가의 천귀관을 비판한 것으로 보인다.

고대인들은 일식, 월식, 유성, 운석 등 자연현상의 출현과 가뭄이나 홍수 등 자연재해에 대해 괴이하게 느끼고 두려워하여 재화가 내릴 징조라고 생각하기도 하였다. 순자에 의하면, "그것은 천지·음양의 변화로서 드물게 나타나는 현상일 뿐이므로 괴이하게 여기는 것은 좋지만 두려워하는 것은 잘못이다"[104]라고 지적한다. 그러한 현상은 어느 시대에나 있을 수 있는 것이기 때문이다. 기우제를 지내서 비가 오는 경우가 있다 하더라도 그것은 우연일 뿐이며, 자연법칙에 따라서 비가 내릴 조건이 되었기 때문이다.

순자에 의하면, 일식이나 월식이 있을 때의 행사나 가뭄을 해결하기 위한 기우제, 나아가 복서(卜筮)를 통해서 대사를 처리하는 것은 반드시 그렇게 된다고 믿어서가 아니라 문화행사일 뿐이다. 따라서 군자는 그것은 꾸밈(文)으로 간주하지만, 일반 백성들은 신비스럽게 여긴다고 본다.[105] 이렇게 순자가 당시인의 관습적 행사를 배척하기보다는 문화행사로서 긍정한 것은 묵가에서 당시 구성원들 대다수가 미신하던 천귀관념을 이용하였던 것과 같은 맥락이다.

반면에 순자는 천인상분의 관점에 근거하여 당시 유행하던 각종 미신관념을 비판하였다. 「해폐解蔽」에서는 귀신 관념이 유래하게 된 원인을 사물을 관찰할 때 주변의 불안정한 상황으로 인해 외물이 분명하게 드러나지 않는 데 있다고 분석한다. 예컨대 캄캄한 밤길을 가는 사람은

---

103 "天不爲人之惡寒也, 輟冬, 地不爲人之惡遼遠也, 輟廣."(순자, 天論)
104 "夫日月之有蝕, 風雨之不時, 怪星之黨見, 是無世而不常有之. (……)夫星之墜, 木之鳴, 是天地之
　　變, 陰陽之化, 物之罕至者也. 怪之, 可也, 而畏之, 非也"(순자, 天論).
105 "日月食而救之, 天旱而雩, 卜筮然後決大事, 非以爲得求也, 以文之也. 故君子以爲文, 而百姓以爲
　　神."(순자, 天論)

돌덩이를 보고서 호랑이가 엎드려 있다고 생각할 수 있고, 길가의 나무를 보고 사람이 서 있다고 착각할 수도 있는데, 이것은 어둠이라는 것이 사람의 이목을 혼란시키기 때문이라는 것이다.

귀신 관념 또한 이러한 상황에서 유래하는데, 순자는 이와 관련하여 아주 생동감 있는 예를 들고 있다. 하수(夏水)의 남쪽에 어리석고 겁이 많은 연촉량(涓蜀梁)이라는 사람이 있었는데, 하루는 밤길을 가다가 자신의 그림자를 보고 귀신이 엎드려 있다고 생각하고 자신의 머리카락이 비치는 것을 보고서는 괴물이 서 있다고 생각하여 등을 돌려 달아나다가 자기 집에 도달할 무렵 기절하여 죽었다는 것이다. 이러한 일화를 통하여 순자는 사람들이 귀신이 있다고 여기는 까닭은 대개 우매무지함에서 비롯되는 것임을 시사하고 있다. 이와 같은 점은 묵가에서 적극적으로 귀신의 존재 증명하던 것과는 완전히 상반된다.

순자는 또한 「비상非相」편에서 당시 유행하던 관상(觀相)에 대해 비판하였다. 관상은 사람의 겉모습, 용모에 근거하여 사람의 귀천, 길흉, 화복을 판단하는 방식이다. 순자가 보기에, 우매한 사람만이 관상쟁이를 칭찬하며 그들의 기만적인 술수를 믿고, 학문한 사람은 그러한 것을 믿지 않는다. 왜냐하면 사람의 형체나 기색은 사람의 자연적 속성이며, 사람의 귀천 화복은 사람의 사회적 속성이어서 양자가 필연적 인과관계는 없기 때문이다. 순자에 의하면, 성현 가운데 요임금·문왕(文王)·공자는 키가 컸으나 순임금·주공(周公)·자궁(子弓)은 키가 작았다. 특히 공자의 얼굴은 흡사 우스꽝스러운 탈을 쓴 것 같았으며, 문왕의 아들 주공은 죽은 나무를 베어 놓은 것처럼 등이 굽었다는 것이다. 다음으로 폭군으로 악명이 높은 걸(桀)·주(紂)는 본래 키도 컸거니와 외모 또한 호남형이었다는 것이다. 따라서 그들이 결국 죽임을 당하고 그 나라는 패망하게 된 것은 용모 때문이 아니라 그들이 보고 들은 것이 적고 논의의 수준이 낮았기 때문이었다.

---

106 "天行有常, 不爲堯存, 不爲桀亡."(순자, 天論)

묵가에 의하면, 천은 의지를 갖고 상선벌악(賞善罰惡)하며 정치적 혼란과 안정에 있어서 절대적 권위를 갖고 있다. 이에 비해 순자는 자연계의 규율은 사람의 도덕과 능력에 따라 바뀌는 것이 아니며, 예컨대 "하늘의 운행은 일정한 법칙이 있어서 요(堯)를 위해서 존재하지 않으며 걸(桀) 때문에 없어지는 것이 아니다"[106]라 하였다. 요임금은 순임금과 더불어 유가에서는 성군의 대명사로 지칭될 정도이며, 비록 전설이지만 천자의 지위를 세습하지 않고 덕이 있는 순(舜)에게 양위하였다. 순임금 역시 세습이 아니라 우(禹)에게 천자의 지위를 양위하였으며, 이러한 제도를 선양(禪讓)이라 한다. 맹자는 이것을 천자의 지위를 주고 받은 것이 아니라 천명(天命)이 작용한 것이라고 설명하였다. 다만 천은 말을 하지 않기 때문에 행사로써 보여주었을 뿐이라고 한다.[107] 이것은 물론 공자의 "하늘이 어찌 말을 하겠는가?"[108]는 입장을 충실히 반영한 것이다. 반면에 하대의 걸은 은대의 주(紂)와 더불어 폭군의 대명사로 지칭될 정도이다. 당시 일반 백성들은 폭군에 대한 저주로써 하늘을 원망하는 일이 비일비재하였다.[109] 그러나 순자가 보기에는 요임금과 같은 성군이든 걸임금과 같은 폭군이든 그들의 존재는 하늘의 운행과는 직접적인 관계가 없다는 것이다. 순자는 다음과 같이 말한다.

치란은 하늘에 달려 있는 것인가? 일월성신이 운행하는 것은 우임금 때나 걸임금 때가 마찬가지이지만, 우임금 때는 안정되고 걸임금 때는 어지러웠으니 치란은 하늘에 달린 것이 아니다. 때에 달려 있는 것인가? 봄 여름에는 만물이 성장하고, 가을 겨울에는 거두어져 보관되는 것은 우임금 때나 걸임금 때가 마찬가지이지만, 우임금 때는 안정되고 걸임금 때는 어지러워졌으니 치란은 때에 달려 있는 것이

---

107 "萬章曰, 堯以天下與舜, 有諸. 孟子曰, 否, 天子不能以天下與人. 然則舜有天下也, 孰與之. 曰, 天與之. 天與之者, 諄諄然命之乎. 曰, 否, 天不言, 以行與事示之而已矣."(맹자, 萬章上)
108 "子曰 天何言哉 四時行焉 百物生焉 天何言哉."(논어, 陽貨)
109 "湯誓曰, '時日害喪, 予及女偕亡.'"(맹자, 梁惠王上)

아니다. 땅에 달려 있는 것인가? 땅을 얻으면 살고 땅을 잃으면 죽는 것은 우임금 때나 걸임금 때가 마찬가지이지만, 우임금 때는 안정되고, 걸임금 때는 어지러워졌으니 치란은 땅에 달려 있는 것이 아니다.[110]

말하자면 하늘, 때, 땅 등의 자연계의 조건이 사회혼란의 원인이 될 수 없다는 것이다. 사회의 치란은 위정자가 자연적 조건에 따라 어떻게 다스리는가에 달려 있다. 순자는 또한 천은 사람의 길흉화복을 주재할 수 없고, 사람의 빈부귀천을 결정할 수 없다고 본다. 따라서 만일 사람들이 근본(농업)에 힘쓰고 쓰임을 절약하면 하늘은 사람을 가난하게 할 수 없고, 의식(衣食)을 갖추고 때에 알맞게 행동하면 하늘은 사람을 병들게 할 수 없다고 본다.[111]

이처럼 천인상분은 천을 미신하지 말고 인간의 능력을 발휘하여 자연을 개조함으로써 인간을 위해서 사용하자는 것이다. 순자에 의하면, "하늘을 높이고 사모하기보다는 사물을 길러 제어하는 것이 나으며, 하늘을 따르고 칭송하는 것보다는 천명을 제어해서 이용하는 것이 낫다"[112]고 한다. 이것이 이른바 '능참(能參)' 이다. 사실 순자의 사상적 특질을 드러내는 용어로서는 '천인상분' 보다는 '제천명이용지(制天命而用之)' 가 적당한 것으로 보인다.

하늘에는 때가 있고, 땅에는 재물이 있으며, 사람은 그것을 다스릴 수 있는 능력을 갖고 있다. 대저 이것을 일러 능참이라 한다. 그 참여할 수 있는 근거를 버리고 참여를 바라는 것은 잘못이다.[113]

---

110 "治亂天邪. 曰, 日月星辰瑞歷, 是禹桀之所同也. 禹以治, 桀以亂, 治亂非天也. 時邪. 曰, 繁啓蕃長於春夏, 畜積收藏於秋冬, 是又禹桀之所同也. 禹以治, 桀以亂, 治亂非時也. 地邪. 曰, 得地則生, 失地則死, 是又禹桀之所同也. 禹以治, 桀以亂, 治亂非地也."(순자, 天論)
111 "彊本而節用, 則天不能貧, 養備而動時, 則不能病."(순자, 天論)
112 "大天而思之, 孰與物畜而制之. 從天而頌之, 孰與制天命而用之."(순자, 天論)

여기서 '참'은 인간이 천지 자연을 조절하고 자신의 주관 능동성을 발휘한다는 뜻이다. 말하자면 사람은 자연계의 주인이 될 수 있는 능력을 갖고 있는데, 그것은 첫째 객관적으로 존재하는 천시의 변화와 토지의 자원을 개조할 수 있는 것이고, 둘째 합리적 사회질서를 건립할 수 있다는 것이다. 순자는 이처럼 인간의 자연의 단순한 분리가 아니라 합리적인 통일을 지향한다.

힘은 소보다 못하고 달리기는 말보다 못하지만 소나 말이 부려지는 것은 무엇 때문인가. 말하자면 사람은 사회를 이룰 수 있지만 저들은 그럴 수 없기 때문이다. 사람은 어떻게 사회를 이루는가? 분별이다. 분별은 어떻게 행해지는가? 의이다. 따라서 의로써 분별하면 조화롭고, 조화로우면 통일되며, 통일되면 힘이 세지고, 힘이 세지면 강해지며, 강해지면 사물을 이길 수 있게 된다.[114]

여기서 순자의 분별의 목적이 결국은 자연을 극복하고 사회적 분별과 통일을 이룩하는 데 있음을 알 수 있다. 묵가에서 천귀 관념이 그들의 이른바 10대 주장의 근거가 되었던 것처럼 순자의 천인상분은 순자 철학의 토대라고 할 수 있다. 그렇다면 구체적으로 인간 자체의 자연성은 어떻게 처리할 것인가? 여기서 순자는 인간의 자연성과 인위성을 구분하기에 이른다.

---

113 "天有其時, 地有其財, 人有其治, 夫是之謂能參. 舍其所以參, 而願其所參, 則惑矣."(순자, 天論)
114 "力不若牛, 走不若馬, 而牛馬爲用, 何也. 曰, 人能群, 彼不能群也. 人何以能群. 曰, 分. 分何以能行. 曰, 義. 故義以分則和, 和則一, 一則多力, 多力則彊, 彊則勝物."(순자, 王制)

## 2. 성위지분(性僞之分)과 화성기위(化性起僞)

자연계가 객관적 존재임을 긍정한 순자는 이어서 사람 또한 자연계의 일부로 산출된 것이라고 지적한다. 구체적으로는 자연계의 작용으로 사람이 형체를 지니게 되고, 형체로부터 정신을 지니게 되며, 희노애락 등의 감정이 깃들게 된다는 것이다.[115] 순자는 이어서 인간의 선천적 감각기관을 다음과 같이 설명한다. 흥미로운 점은 순자는 인식기관을 설명함에 있어서도 분리와 통일이라는 도식이 그대로 적용된다는 점이다.

> 귀, 눈, 코, 입, 신체는 각각 접촉하는 대상을 갖고 있지만 서로 간섭
> 할 수 없는데, 이것을 천관(天官)이라 한다. 심은 중허(中虛)에 있으
> 면서 오관을 다스리는데, 이것을 천군(天君)이라 한다.[116]

말하자면 감관이 서로 관통하지 않기에 오관을 통괄하는 것이 필요하며, 그것들이 얻은 감각을 종합하는 것이다. 이러한 종합적 감관이 심(心)이다. 그것은 자연계의 직접적 산물이면서 군주처럼 오관을 다스리기에 천군이라 한다. 이처럼 순자는 인간의 감각기관과 사유기관을 분리하고 각각의 역할을 분담시키고 있다. 그런데 천관의 작용이 사람마다 크게 어긋난다면 객관적 근거가 될 수 없다. 순자는 이에 대하여 "무릇 같은 류, 같은 정상(情狀)에 대해 천관이 그 대상을 인식하는 방식이 같다"고 설명한다.[117] 사람이 형태·빛깔·무늬는 눈으로, 단맛·쓴맛·짠맛 등은 입으로 느끼는 방식이 같다는 것이다.

그러나 단지 오관의 역할만으로는 동이(同異) 분별에 있어서 혼란이

---

**115** "天功旣成, 形具而神生. 好惡喜努哀樂臧焉, 夫是之謂天情."(순자, 天論)
**116** "耳目鼻口形, 能各有接而不相能也, 夫是之謂天官. 心居中虛, 以治五官, 夫是之謂天君."(순자, 天論)
**117** "凡同類同情者, 其天官之意物也同."(순자, 正名)

야기될 수 있다. 따라서 그는 심(心)의 작용을 제시하여 "심이 작용하지 않으면 흑백(黑白)이 앞에 있어도 보이지 않고 뇌고(雷鼓)가 옆에서 울려도 들리지 않는다"고 하였다.[118] 심은 오관을 통제하고 오관이 받아들인 감각자료를 분석하고 종합하는 기능을 한다. 순자는 "심은 육체의 군주요, 신명(神明)의 주체이다. 명령을 내리며 다른 명령을 받지 않는다"고 하였다.[119] 예컨대 입은 억지로 말을 시킬 수 있고 다물게 할 수도 있으며 육체도 억지로 구부리거나 펴게 할 수 있지만, 심은 천관을 주재하는 것이므로 다른 기관이 좌우할 수 없다는 것이다. 이러한 의미에서 심은 '천군'의 역할을 한다. 그는 오관이 수용한 감각자료를 바탕으로 반성하고 추리하는 인식능력을 '징지(徵知)'라고 하였다.

> 심에는 징지가 있다. 징지는 귀에 의거하여 듣는 데 작용하고, 눈에 의거하여 보는 데 작용한다. 그러나 징지는 반드시 천관이 장부에 기록하듯이 작용한 후에 가능하다.[120]

순자에 있어서는 성(性) · 정(情) · 욕(欲)이 모두 자연적인 것으로 상호 연계되고 있다.[121] 이것은 공통적으로 오관(천관)의 작용이기 때문이다. 반면에 심의 사려와 그것의 축적 과정은 인위적인 것으로 규정된다.[122] 요컨대 순자에 있어서 심은 천관의 자연적 기능에 대한 인위적 작용이며, 성은 천관의 자연성을 의미한다고 할 수 있다.

채인후(蔡仁厚)는 순자가 말하는 성의 내용을 1) 감각기관의 본능, 2) 생리적 욕망, 3) 심리적 반응 세 가지로 정리하고 이것은 모두 동물

---

118 "心不使焉, 則白黑在前, 而目不見, 雷鼓在側, 而耳不聞."(순자, 解蔽)
119 "心者, 形之君也, 而神明之主也. 出令而無所受令."(순자, 解蔽)
120 "心有徵知. 徵知則緣耳而知聲可也, 緣目而知形可也. 然而徵知必將待天官之當簿其類, 然後可也."(순자, 正名)
121 "性者, 天之就也, 情者, 性之質也, 欲者, 情之應也."(순자, 正名)
122 "情然而心爲之擇, 謂之慮. 心慮而能爲之動, 謂之僞. 慮積焉, 能習焉, 而後成謂之僞."(순자, 正名)

적 특성에 불과하다고 보았다.[123] 이렇게 생명의 자연적 욕구에 의거하여 성을 말한다면 선이라고 말할 수 없다고 본다. 따라서 순자는 「성악」편의 첫머리에서 "사람의 성은 악한 것이고 그것이 선하게 되는 것은 위(僞)이다"[124] 라고 하여 양자를 대비시키고 있는데, 여기서 '위'는 인위라는 뜻이다. 보다 구체적으로는 다음과 같이 구분하고 있다.

> 배울 수 없고 일삼을 수 없는 것으로 사람에게 있는 것을 성이라 하고, 배워서 능할 수 있고 일삼아 이룰 수 있는 것으로 사람에게 있는 것을 위(僞)라 한다. 이것이 성과 위의 구분이다.[125]

여기서 성은 선천적 자연성으로 모든 사람이 같지만, 위는 후천적 인위성으로서 사람마다 차이가 날 수 있다. 인위성에는 천관에 대한 심의 주재처럼 객관적인 예의(禮義)와 사법(師法)이 포함된다. "성이란 선천적으로 이루어진 것으로 배우거나 일삼을 수 있는 것이 아니다. 예의란 성인이 만든 것으로 인간이 배워서 능하거나 일삼아서 이룰 수 있는 것이다"[126]라고 한다. 그러나 양자의 구분은 합일을 도모하기 위한 전제일 뿐이다. 「예론禮論」에서는 다음과 같이 상호 연계와 아울러 합일을 도모하고 있다.

> 성은 본래적 재질이며, 위는 문리가 융성한 것이다. 성이 없으면 위를 가할 데가 없고, 위가 없으면 성은 스스로 아름다워질 수 없다. 성과 위가 합일된 후에 성인의 이름을 이룰 수 있고 천하를 통일하

---

123 蔡仁厚, 천병돈 역, 『순자의 철학』, 예문서원 2000, 70-71면.
124 "人之性惡, 其善者僞也."(순자, 性惡)
125 "不可學, 不可事而在人者, 謂之性. 可學而能, 可事而成之在人者, 謂之僞, 是性僞之分也.(순자, 性惡)
126 "凡性者, 天之就也, 不可學, 不可事. 禮義者, 聖人之所生也, 人之所學而能, 所事而成者也."(순자, 性惡)

는 공도 여기서 비롯된다. 따라서 말하기를, "하늘과 땅이 합일되어 만물이 생하고, 음과 양이 교접하여 변화가 일어나며, 성과 위가 합일되어 천하가 다스려진다"고 하는 것이다.[127]

이처럼 순자에 있어서는 성과 위의 구분에 그치는 것이 아니라 양자는 상호 의존적이다. 마치 천지나 음양의 상분과 합일에서 만물의 생성 변화가 일어나는 것처럼 인간의 현실적 삶은 '성위지합(性僞之合)'을 통해서 질서지워진다는 것이다. 이것이 이른바 '화성기위(化性起僞)'로서 자연성을 그대로 방치하는 것이 아니라 인위적으로 개조하여 합일시킨다는 논리이다.

눈은 아름다운 색을 좋아하고 귀는 좋은 소리를 좋아하며 입은 맛있는 것을 좋아하고 마음은 이익을 좋아하며 신체는 편안함을 좋아한다. 이는 모두 인간의 정(情)·성(性)에서 비롯된 것으로 외물에 감응하여 저절로 그러한 것이고 일삼아서 생겨난 것이 아니다. 대저 감응해도 그렇게 될 수 없고, 반드시 일삼은 다음에 그렇게 되는 것을 일러 위(僞)에서 비롯된 것이라 한다. 이것이 성과 위가 생겨나는 바로 양자가 다르다는 징표이다. 따라서 성인은 본성을 변화시켜 인위를 일으키며, 인위가 일어나면서 예의가 만들어지고, 예의가 생기면서 법도가 제정된다.[128]

여기서 보면, 본성에 대비되는 인위의 내용은 구체적으로는 예의와 법도이다. 순자는 거의 전편에 걸쳐서 인간의 자연성에 대하여 예의에

---

**127** "性者, 本始材朴也, 僞者, 文理隆盛也. 無性, 則僞之無所加, 無僞則性不能自美. 性僞合, 然後成聖人之名, 一天下之功於是就也. 故曰, 天地合而萬物生, 陰陽接而變化起, 性僞合而天下治."(순자, 禮論)

**128** "若夫目好色, 耳好聲, 口好味, 心好利, 骨體膚理好愉佚, 是皆生於人之情性也, 感而自然, 不待事而後生之者也. 夫感而不能然, 必且待事而後然者, 謂之生於僞. 是性僞之所生, 其不同之徵也. 故聖人化性而起僞, 僞起而生禮義. 禮義生而制法度."(순자, 性惡)

의한 교화를 강조하고 있다. 그런데 「성악」 편을 제외하고는 인성의 악함보다는 선천적 자연스러운 성·정을 제기하고 학습이나 교화를 통해서 조절하고 다스려나가는 일을 강조할 뿐이다. 예컨대 "성이란 내가 어찌할 수 없지만 변화시킬 수 있는 것이고, 정이란 본래 갖고 있지 않지만 조절할 수 있는 것이다. 축적된 습속이 성을 변화시키기 때문이다"[129]라고 한다.

공자의 계승자임을 자처한 순자로서의 대표적 주장은 「예론禮論」과 「악론樂論」에 잘 반영되어 있는데, 이 두 편의 주제는 물론 인간의 자연스러운 성·정을 어떻게 조절하여 현실 정치 사회의 안정을 도모하는가에 있다. 이상에서 살펴본 순자의 「천론」에 반영된 논리는 바로 이러한 치국방안을 제기하기 위한 이론적 근거였다고 할 것이다. 이처럼 순자의 철학 체계는 인간과 자연의 구분, 인간 내부의 자연성과 인위성의 구분, 감각기관의 구분이라는 두 가지 요소의 상분 논리에 그치지 않고 합일 내지 통일을 지향하는 논리로 일관하고 있다. 이러한 점에서 순자의 천인 관계는 묵가와는 비록 방법상으로는 상당한 차이는 있지만, 인간과 자연의 상분보다는 양자를 연계시킴으로써 현실적 이념의 정당성을 확보하고자 하는 면에서 같은 맥락이라고 할 수 있다.

---

129 "性也者, 吾所不能爲也, 然而可化也. 情也者, 非吾所有也, 然而可爲也. 注錯習俗所以化性也."(순자, 儒效)

# 제5장 자연과 인간의 통일

공자와 맹자의 유가나 묵가를 막론하고 선진 제가의 논의에서는 은·주 이래의 천(상제)에 대한 관념의 영향을 완전히 벗어날 수는 없었다. 그러나 제가의 천(귀) 관념과 재정립은 공통적으로 현실적 가치 규범의 정당성을 확보하기 위한 필연적 요청이었다. 따라서 당시의 역사 조건을 고려하지 않고 제가의 논의를 미신으로만 간주할 수 없다. 오늘날의 일반적 관념에 비추어보아도 절박한 상황에 따라서 자신의 나약함으로 인해 하늘이나 혹은 부모에 대하여 무의식적으로 의존하려는 관념이 상존한다. 실상 대자연 앞에서 경외심을 느끼는 것은 오늘날 자연과학의 법칙성을 탐구하는 이들에게도 적지 않게 확인할 수 있다. 또한 이론적으로 보더라도 아무리 객관성을 추구한다 하더라도 실험이나 관측 자체에 가설이 없을 수 없고, 그 가설의 입안이나 실험 장치는 관찰자의 의지가 일정한 정도 반영될 수밖에 없다.

유가의 현실주의와 인문주의가 서양의 그것과 구별되는 근거 또한 여기에 있다. 비록 현실과 그 주체로 인간이 강조되기는 하지만, 자연과 완전히 별개이거나 그것을 상호 무관한 대상으로서만 간주하는 것이 아니다. 오히려 상황의 단계에 따라서 자연(상제)은 현실과 인간의 존립 근거로 작용할 수도 있다.

그러나 인간과 자연의 관계에 있어서 자연 쪽에 치우친다면 현실적 인간의 주체성을 확보하기 어렵다. 이러한 점을 의식하고 상대적으로 자연에 대한 인간의 주체성과 능동성을 강조한 사상가가 순자이다. 요컨대 순자는 물론 제가의 천인 관계 논의의 핵심은 공통적으로 현실적 규범과 가치의 정당성의 확보라는 데 있었다. 특히 묵가는 맹자 당시부터 천하 여론을 양분하는 위세를 떨치고 있었고, 이것은 당시의 역사적 조건에 따른 그들 집단의 이념적 토대의 현실성을 반영한 것이었다.

맹자는 물론 순자 또한 이러한 이해를 전제로 묵가의 이념을 비판하면서도 그것이 근거한 묵가적 천귀 관념에 대해서는 명시적인 언급은 피하였던 듯하다. 따라서 선진 유가는 공통적으로 묵가에서 천(귀)를 단순히 초월적 신비적 관념으로서 미신한 것이 아님을 파악하였기 때문이다. 따라서 순자는 장자를 "하늘에 가리워 인위를 몰랐다"고 비판하면서도[130] 묵가의 천인 관계에 대해서는 침묵하였던 것이다. 이것은 공자가 제기한 '경이원지(敬而遠之)'의 태도의 반영이라고 할 만하다.

비록 기존의 연구에서처럼 순자의 천인상분이 도가의 자연천도관의 영향이라고 하여도, 그 실제 내용은 묵가의 천귀 관념의 현실적 유용성에 대한 대응이라고 보아도 좋을 것이다. 유가로서 공자의 후계자임을 자처하는 순자로서는 묵가의 예악부정과 그들의 법 관념의 근거로서의 천귀 관념에 안주할 수 없었기 때문이다. 따라서 순자의 천인관은 공자 이후 묵가의 이념과 근거에 대한 맹자의 천인상통과는 상반된 대응방식이라고 할 수 있다.

다시 말하면, 맹자가 천인의 연계를 통해서 자신의 성선의 이론적 근거를 확보하고자 하였다면, 순자는 양자의 분리를 현실적으로 긍정하고, 나아가서 그러한 논리를 인간의 자연성과 인위성을 구별에 적용하였다는 점이다. 여기서 인간의 자연성이 성악설로 표현된다. 이러한 점에서 순자의 성악설은 맹자사상에서 성선설이 차지하는 위치와 상당한 차이가 있다고 본다.

순자서 전반을 일관하는 논리는 표면적으로는 '상분(相分)'이라고 할 수 있지만, 그것의 궁극적 목적은 인간과 자연의 통일성의 확보라는 의미에서 '능참(能參)'이다. 또한 순자는 이러한 논리를 인간 자체에 그대로 적용하여 인간의 자연성과 인위성을 구분한다. 여기서 자연성은 성악(性惡)의 측면을 가리키며, 그러한 분리를 방치하는 것이 아니라

'화성기위' 를 통하여 극복하고자 한다. 마찬가지로 인식과정에 있어서 오관에 의한 경험적 감각을 그대로 수용하는 것이 아니라 심에 의한 징지(徵知)를 강조한다. 이처럼 순자의 철학체계에서 인간의 자연성과 인위성의 구분이나 분리에 그치는 것이 아님을 감안한다면 순자의 성악설이 그의 철학 전반에서 지니는 의미는 기존의 평가와는 달리 상당 부분 달라져야 할 것이다.

요컨대 순자서에서의 '상분' 이라는 의미는 단순히 인간과 자연의 분리에 그치는 것이 아니라 '천인 관계를 분명히 함' 으로써 양자의 통일을 지향하는 순자철학의 대전제로 보아야 할 것이다. 이것은 그가 전국기의 정치 사회적 분열상을 목도하면서, 한편으로는 그 자신의 표현처럼 다가오는 '천하일가(天下一家)' [130]의 통일제국을 염두에 두고 정치 사회적 대안을 제시하기 위한 것이었다고 할 수 있다. 이상의 내용을 다음과 같이 도식화 할 수 있다.

|  | 相 分 |  | 合一 |
|---|---|---|---|
| 자연관 | 天(자연) | 人(인간) | 能參 |
| 인간관 | 자연성(性) | 인위성(僞) | 化性起僞 |
| 인식론 | 五官(天官) | 心(天君) | 徵知 |

이 도식에서 일견 모순되는 것처럼 보이는 배치는 상분의 내용에서 악으로 규정되는 자연성과 '천군' 으로 지칭하여 기능적인 면에서 자연성을 강조하였던 심과의 관계이다. 나아가서 순자에게 "합일의 가능성은 자연적인가 아니면 인위적인가?" 라고 묻는다면 자기모순에 빠질 수도 있다. 차라리 인간의 본성 선악을 구분하기 어렵다고 답하는 것이 논리적 일관성을 갖는 것처럼 보인다. 그러나 순자의 상분은 합일을 도모하기 위한 전제였다. 또한 여기에는 당시 백가쟁명의 상황에서 무엇

---

130 "莊子蔽於天而不知人." (순자, 解蔽)
131 "四海之內若一家" (순자, 儒效, 王制, 議兵)

보다 자연성에 대한 개조의 당위성을 상대적으로 강조하고자 하였던 선진 유가의 입장이 선명히 반영된 것으로 보인다.[132] 요컨대 순자철학의 궁극적 의도는 상분이 아니라 합일이며, 그것의 구체적 내용은 각각 능참, 화성기위, 징지에 있었다고 할 것이다.

덧붙여 말하자면, 순자의 '천인상분'의 논리를 과학적 사유의식과 연계시켜, 그러한 논리가 후세에 지속적으로 발전하지 못한 데 대해 아쉬움을 표하는 경우가 있다. 예컨대 채인후는 순자의 천론은 과학적 색채가 강하지만 도가의 천인 관계는 과학적 의미가 전혀 없다고 평가한다.[133] 그러나 순자에서의 '천'이 자연적 물질적 것은 분명하지만, 상분을 통하여 자연 혹은 자연성 그 자체에 대한 탐구가 목표가 아니라 인간, 혹은 인위성과의 연계성 내지 통일성만을 일관되게 추구하였기에 과학적 사유로 발전하는 데에는 한계가 있었다고 보는 것이 타당할 것이다.

이러한 점은 단순히 순자의 한계라고 하기보다는, 니이담의 표현대로 선진 유가의 과학과의 관계에는 모순상극의 일면이 있다고 보는 것이 좋을 듯하다.[134] 그에 따르면, 역사적으로 볼 때 중국에서뿐만 아니라 이성주의가 반드시 신비주의보다 과학의 진보에 도움을 준 것은 아니며, 유가는 기본적으로 이성주의여서 종교 또는 미신적인 형식이나 어떤 초자연적 형태에도 반대하지만 한편으로는 인간의 현실생활에 대한 보다 강렬한 관심으로 인하여 그것과 관계가 적다고 여겨지는 탐구를 부정하였다는 것이다. 이러한 평가는 현존본 『묵경墨經』에 반영된 것처럼, 귀신을 존재 증명한 묵가가 오히려 후기에 이르면서 선진 자연과학의 대표적 성과를 이룩하였다는 점을 감안할 때 시사하는 바가 상당하다고 본다.

---

132 니이담은 순자의 人本主義는 도가 지나친 것으로 그의 문하에서 법가의 이론가(韓非)와 실천가(李斯)가 배출된 것이 우연이 아니라고 평하고 있다(Joseph Needham, 『中國의 科學과 文明』(II), 李錫浩 外 譯, 乙酉文化社, 1988, 36면, 40면).
133 채인후, 앞의 책.
134 조셉 니이담, 앞의 책, 16면 참조.

제 **4** 부

# 유가와 법가의 통일

예 · 법의 범주를 통한 법가와의 비교 분석

# 제1장 유가와 법가의 범주

순자가 활동하던 전국 말에는 각국이 변법을 통해서 국가 체제를 새롭게 정립시키고 경제적으로는 철기의 보편화로 인하여 생산과 교환이 촉진되고 상호 연계가 강화되었다. 순자의 이상대로 "천하가 마치 한 집안처럼" 되는 단계가 점차 무르익게 되었다.[1] 이러한 과정에 이르기까지 각국의 첨예한 대립과 그로 인한 빈번한 겸병전쟁은 인민에게 막대한 재난을 가져다주었다. 따라서 당시 분열과 대립 상태로부터 통일 정권을 확립하고 사회 전반의 안정을 도모하는 일이 대체적인 추세이자 인심의 향배였다.

정치 · 경제적인 면에서의 통일 요구에 상응하여 사상적인 측면에서도 통일을 지향하게 된다. 한비(韓非)의 지적대로 전국시대의 학파로는 유가와 묵가가 '현학(顯學)'으로서 양대 세력을 형성하고 있었고 여기에 정치 사상적인 경향성을 감안해 본다면 이른바 도가와 법가 계통을 들 수 있다. 전국 말의 사상계는 대체적으로 이상의 네 학파의 상호 비판과 종합의 과정이라고 할 수 있으며, 우리가 순자의 사상사적 위치를 주목하는 것도 바로 이 점에서이다.

순자의 학문적 연원은 물론 그의 후학과 학문적 계승에 대하여도 구체적인 자료가 많지 않다.[2] 「요문堯問」에는 그가 만일 시운을 만났더라면 공자보다 높은 세평을 얻었을 것이라는 주장이 보인다.[3] 물론 이 편

---

1 "四海之內若一家"(순자, 儒效, 王制, 議兵).
2 곽말약에 따르면 순자는 저명한 유가이지만, 제자백가를 融會貫通하기 때문에 공정하게 말한다면 잡가의 시조라고 한다. 또한 연대를 감안하면, 子弓을 사숙한 제자일 것이라 추론하고 있다(「荀子的批判」, 『十批判書』, 古楓出版社, 1986년판, 209면).

은 내용상 그 자신의 직접 저술로 보기는 어려우며 순자 후학의 입장이
반영된 것이다. 『사기』의 열전(列傳)에 따르면 그의 직접 제자로 한비와
이사(李斯)가 있었다. 이사는 진(秦)나라의 실제 정치에 참여하여 이른
바 분서갱유(焚書坑儒)를 주도한 것으로 알려지며, 한비는 이론적으로
유가에 반대하면서 법가를 체계적으로 정리하였다. 이렇게 순자의 직
접적인 후학은 공통적으로 이론과 실천면에서 유가와는 상당한 거리가
있었다. 따라서 사상사적으로 순자를 평가할 때 이들의 법가적 특성에
근거하는 경우가 많았던 것이 사실이다.

순자는 유가의 자사(子思)와 맹자를 포함한 선행 제가를 거의 예외
없이 비판하였지만[4] 반면에 공자를 높이고 유가임을 자처하였다. 예컨
대 그는 진소왕(秦昭王)의 "유자는 나라에 아무런 쓸모가 없는 사람인
가?"라는 질문에 공자의 행적을 예로 들어 적극적으로 해명하고 결국
소왕의 긍정을 받아내고 있다.[5] 또한 진의 재상 응후(應侯)와의 문답에
서는 진나라가 지세의 유리함과 아울러 소박한 백성, 절도 있는 벼슬아
치, 공평무사한 사대부라는 훌륭한 조건을 갖추고 있어서 강대국이 된
것이 우연이 아니라고 칭찬하는 반면에 유자를 존중하지 않음으로써
왕도(王道)에까지 이르지 못한 것을 단점으로 지적하고 있다.[6] 이것은
당시 순자의 현실 이해와 정치·사회적 통일의 염원을 엿볼 수 있는 자
료로 생각된다.

필자가 생각하기에는, 순자가 유가인가 법가인가의 문제보다 오히
려 그가 자처한 '유'의 본질이 무엇인지가 보다 중요하다. 정명론으로

---

3 "爲說者曰, 孫卿不及孔子, 是不然(……) 今之學者, 得孫卿之遺言餘教, 足以爲天下法式表儀. 所存者
神, 所過者化. 觀其善行, 孔子弗過, 世不詳察, 云非聖人, 奈何. 天下不治, 孫卿不遇時也."(순자, 堯問)
4 "略法先王, 而不知其統, 然而猶材劇志大, 聞見雜博(……) 子思唱之, 孟軻和之(……) 是則子思孟軻
之罪也."(순자, 非十二子)
5 "秦昭王問孫卿子曰, 儒無益於人之國. 孫卿子曰, 儒者法先王, 隆禮義, 謹乎臣子, 而致貴其上者也
(……) 昭王曰, 善."(순자, 儒效)
6 "應侯問孫卿子曰, 入秦何見. 孫卿子曰(……) 然而縣之以王者之功名, 則偶偶然其不及遠矣. 是何也.
則其殆無儒也. 故曰, 粹而王, 駁而霸, 無一焉而亡. 此亦秦之所短也."(순자, 彊國)

대표되는 현실적이고 합리적인 논리 체계를 감안할 때,[7] 그가 공자를 높이고 유자를 자처한 사실이 단순히 유가의 개조라는 명분 때문이라고 보이지 않기 때문이다. 이러한 작업을 위해서는 선행 유가인 공자와 맹자, 순자 이전까지의 이른바 초기 법가의 입장을 전제하지 않을 수 없다.

선진철학 특히 순자사상의 범주는 천·인, 예·법, 명·실의 관계로 대별할 수 있다.[8] 이 가운데 순자와 법가를 비교할 경우에는 예·법과 명·실의 범주를 중심으로 검토하는 것이 보다 효과적이라고 생각한다. 예는 유가, 법은 법가의 기본 범주이기 때문이다. 양자의 개념은 대립적인 의미로 쓰이는 경우도 있지만 넓은 의미에서 본다면 법은 예에 포함된다. 제재(강제)가 있는 예를 법이라 할 수 있기 때문이다. 그러나 선진 철학사를 보면 원시종교적 사유로부터 비롯된 신비적이고 윤리적인 예 관념이 객관적 규범적 의미에서의 法으로 발전 과정에 있어서는 양자가 대립적인 경향을 지녔던 것이 사실이다. 그것은 당시 객관적인 현실 변화의 적극적 수용인가, 아니면 소극적인 수용인가의 차이이며 따라서 역사 발전에 대한 관점과도 밀접한 관련이 있다.

이상의 문제가 모두 순자에서 발단된 것은 아니지만 순자에 이르러 그것이 비판적으로 종합되는 단계에 도달한 것으로 보인다. 필자가 명실론의 측면에서 한비와 순자를 비교해 보건대 명·실의 가치론적 측면에서 유가의 정명론과 법가의 형명론이 일치하는 면이 있다고 본다.

---

7 순자서에서는 『논어』나 『맹자』와 달리 편명이 대체로 주제를 함축하고 있다. 여기서 '현실적'이라는 것은 당시 부국강병과 관련된 논의를 의미하며, '합리적'이라는 것은 제가 비판과 관련하여 사용하였다. 물론 두 가지를 별도로 분리하기는 어렵지만 이러한 논리 체계는 전편을 일관한다. 참고로 편명을 소개하면, 勸學, 修身, 不苟, 榮辱, 非相, 非十二子, 仲尼, 儒效, 王制, 富國, 王霸, 君道, 臣道, 致士, 議兵, 彊國, 天論, 正論, 禮論, 樂論, 解蔽, 正名, 性惡, 君子, 成相, 賦, 大略, 宥坐, 子道, 法行, 哀公, 堯問 등 총 32편이다.
8 裵大洋 主編, 『中國哲學史便覽』, 靑海人民出版社, 1988, 14면 참조.

이에 따른다면, 예·법은 가치론의 문제이므로 양자가 통일될 수 있다고 일단 가정할 수 있다.

# 제2장 공자의 예와 덕치(德治)

　　원래 예(禮)는 제기에 제물을 담아서 신에게 올리는 외경심의 표현이었다고 한다. 이렇게 신에 대한 인간의 경외와 신비성에서 비롯한 예는 주대에 이르면서 그러한 성격이 많이 감소되었지만 여전히 신비적인 색채를 지니고 있었다. 이러한 관념은 『좌씨전左氏傳』에 공자의 제자로서 당시 노나라의 재상이었던 자공(子貢)의 대화에서 구체적으로 드러난다.

　　공자가 졸하였을 때 노애공(魯哀公)이 자신만을 남기고 떠난 그를 애도하자 자공은 "예를 잃으면 혼미해지고, 명을 잃으면 허물이 된다(禮失則昏, 名失則愆)"는 공자의 말을 인용하면서 살아 있을 때 등용하지 않고 애도하는 것은 예가 아니며, 천자만이 사용할 수 있는 '일인(一人)'을 자칭하는 것은 명분에 어긋나는 것이므로 "예에 어긋나고 명분

공자가 노자에게
예를 묻는 장면

에 어긋난다(非禮非名)"고 비판하고 애공이 군위(君位)를 제대로 유지할 수 없는 것으로 보았다.[9] 이것은 당시 예와 명이 공통적으로 일정한 신비적인 요소를 함축하고 있음을 보여주는 자료이다.

춘추 말 전국 초에 이르러 주왕실(周王室)은 단지 명목만 존재할 뿐 실제로는 열강에 의해 천하의 형세가 좌우되었다. 이와 아울러 이전의 예 관념을 새로운 것으로 대치할 것을 요구하는 진통이 따르게 되었다. 공자가 직접 목격한 상황이 『논어』의 도처에서 나타나고 있다. 이것은 「팔일八佾」에 보이는 계씨(季氏)에 대한 평에서 보다 분명해진다. 계씨 는 맹손(孟孫)·숙손(叔孫)과 함께 신흥 세력의 대표였으며 공실(公室)을 삼분하여 징세제도를 새로 채택함으로써 기존의 질서를 유지하려는 계층에게 큰 위협을 가했던 사람이다.[10] 공자의 입장에서 보면 그가 대부(大夫)의 신분으로서 천자만이 행할 수 있는 팔일무(八佾舞)를 추게 함은 명분에 어긋나는 일이다.[11] 또한 산천에 제사를 지내는 것은 제후의 명분에 맞는 예법이다.[12] 이렇게 당시 신흥 세력을 대표하던 이른바 '삼가(三家)'는 천자만이 행할 수 있는 거의 모든 의식을 행하고 있었다. 이것을 보면 적어도 예의 형식적 측면에서 당시 현실과 상당한 괴리가 있었음을 확인할 수 있다.

공자는 서주(西周) 이래의 예악(禮樂)의 붕괴를 '천하무도(天下無道)'의 상황으로 규정한다.[13] 그것은 예·악의 근원이 천자에 있지 않고 당시 제후나 대부에게서 비롯되는 상황을 반영한다. 이것은 예 관념의 현실적인 변질에 대한 부정적인 견해의 표명이다. 물론 공자도 고래의 문

---

**9** "夏, 四月乙丑, 孔丘卒. 公誄之曰, 旻天不弔. 不憖遺一老, 俾屏余一人以在位. 煢煢余在疚. 嗚呼, 哀哉尼父. 無自律. 子贛曰, 君其不沒於魯乎. 夫子之言曰, 禮失則昏, 名失則愆. 失志爲昏, 失所爲愆. 生不能用, 死而誄之, 非禮也. 稱一人, 非名也. 君兩失之."(左氏傳, 哀公 16年)

**10** 이운구, 앞의 책, 118면 참조.

**11** "孔子謂季氏, 八佾舞於庭, 是可忍也, 孰不可忍也."(논어, 八佾)

**12** "季氏旅於泰山. 子謂冉有曰, 女不能救與. 對曰, 不能. 子曰, 嗚呼, 曾謂泰山不如林放乎."(논어, 八佾)

**13** "孔子曰, 天下有道, 則禮樂征伐, 自天子出. 天下無道, 則禮樂征伐, 自諸侯出."(논어, 季氏)

물 제도를 그대로 묵수하는 입장은 아니다. 그는 이전의 하례(夏禮)·은례(殷禮)에 대하여 다음과 같은 입장을 표명하였다.

> 은(殷)은 하(夏)의 예에 근거하였으니 덜고 보탠 것을 알 수 있으며, 주(周)는 은(殷)의 예에 근거하였으니 덜고 보탠 것을 알 수 있다. 혹 시라도 주(周)를 잇는 자가 있다면 비록 백세(百世) 뒤에도 알 수 있을 것이다.[14]

공자는 역사 발전에 따라서 형식적인 면에서 예의 변화를 인정하였지만 자신의 일정한 기준에 어긋나는 것에 대해서는 받아들이지 않았다. 예컨대 그는 본래 베로 만든 마면(麻冕)이 예에 맞지만 당시 실로 짠 것도 검소하다는 측면에서 대중과 함께 하면서도 당상(堂上)에서 절을 하는 것은 교만한 것이기 때문에 비록 대중과 어긋나더라도 예를 지키겠다고 하였다.[15]

또한 공자는 초하룻날 사당에 고유하면서 바치는 희생인 양을 없애려는 자공(子貢)에 대해 "그대는 양을 아끼지만 나는 그 예를 아낀다"고 하였으며[16] 재아(宰我)가 삼년상이 너무 길어서 예·악이 붕괴될 우려가 있다는 의견을 제시하자 "사람이 태어나서 3년이 지난 후에야 부모의 품을 떠날 수 있다"는 논리를 내세워 질책하였다.[17] 이상의 예들은 당시 예 관념에 대한 공자와 그의 제자들의 입장 차이를 반영하며 한편으로는 예가 단지 형식으로 치우치는 것에 반대하는 공자의 입장이 드러난 것이다.

---

**14** "子曰, 殷因於夏禮, 所損益, 可知也. 周因於殷禮, 所損益, 可知也. 其或繼周者, 雖百世, 可知也." (논어, 爲政)

**15** "子曰, 麻冕禮也, 今也純, 儉. 吾從衆. 拜下禮也, 今拜乎上, 泰也. 雖違衆, 吾從下." (논어, 子罕)

**16** "子貢欲去告朔之餼羊. 子曰, 賜也, 爾愛其羊, 我愛其禮." (논어, 八佾)

**17** "宰我問, 三年之喪期已久矣. 君子三年不爲禮, 禮必壞. 三年不爲樂, 樂必崩(……) 宰我出. 子曰, 予之不仁也. 子生三年然後, 免於父母之懷. 夫三年之喪, 天下之通喪也." (논어, 陽貨)

예라 예라 말하지만 옥백(玉帛)을 이르는 것이겠는가? 악이라 악이
라 말하지만 종고(鐘鼓)를 이르는 것이겠는가?[18]

여기서 옥백이나 종고는 예·악의 형식이나 수단을 의미하며 단지
이에 그쳐서는 예악이라 볼 수 없다는 것이다. 따라서 공자는 노나라의
임방(林放)이 예의 근본을 묻자 훌륭한 질문이라고 하면서 "예는 사치
하기보다는 차라리 검소해야 하고 상(喪)은 형식적으로 잘 치르기보다
는 차라리 슬퍼해야 한다"[19]고 대답하였다. 이렇게 예의 형식이 아니라
본질적 측면이 강조된다. 결국 예는 마치 "그림은 바탕(흰색)이 있고 나
서의 일이다(繪事後素)"[20]라는 비유처럼 '인(仁)' 이라는 사람으로서의
바탕이 서고 난 후의 문제라고 본다.

사람으로서 인(仁)하지 못하면 예를 어떻게 하겠으며, 사람으로서
인하지 못하면 악을 어떻게 하겠는가?[21]

이처럼 공자에 있어서 예와 인은 불가분의 관계를 지니고 있는 관념
이다. '인' 이라는 글자는 공자 사상의 기본 범주로서 『논어』에 백여 차
례 보이며 '예' 는 70여 차례 나타나 상대적으로 적다. 그러나 『논어』의
상당수의 구절 특히 「향당鄕黨」이나 「팔일八佾」을 보면 비록 글자는 명
시되지 않더라도 예에 대한 논의가 중심 내용이라는 것을 알 수 있다.
이것은 당시 종법제의 붕괴 과정에서 예의 형식적 측면이 주요 문제로
부각되었음을 반영한다.

'인' 이라는 범주도 '예' 와 마찬가지로 공자 이전부터 있었다고 한

---

18 "子曰, 禮云禮云, 玉帛云乎哉. 樂云樂云, 鐘鼓云乎哉."(논어, 양화)
19 "林放問禮之本. 子曰, 大哉問. 禮與其奢也, 寧儉. 喪與其易也, 寧戚."(논어, 팔일)
20 "子夏問曰, 巧笑倩兮, 美目盼兮, 素以爲絢兮, 何謂也. 孔子曰, 繪事後素. 曰, 禮後乎. 子曰, 起予者
　　商也. 始可與言詩已矣."(논어, 팔일)
21 "子曰, 人而不仁, 如禮何. 人而不仁, 如樂何."(논어, 八佾)

다. 그러나 당시 예 관념의 변천 과정에서 그것의 자각적이고 실천적 주체로서의 인간의 본질 규정이라는 의미에서 ‘인’을 사용한 것은 공자에서 비롯되었다. 이 점에서 보면 인은 예의 본질이며 예는 인이 실천적으로 발현된 것이다. 따라서 “자신을 이기고 예를 실천하는 것이 인이다(克己復禮爲仁)”라고 한다.

여기서 공자의 예는 단지 서주(西周) 이래의 종법적 등급 질서 이상의 의미를 담게 된다. 기본적으로 정치 질서 내지 수단이라고 할 수 있는 예를 인간의 본질 규정(비록 추상적인 것이라 할지라도)과 연계시키기 때문이다. 이로부터 공자는 서주 이래 덕치의 전통을 계승하여 “덕으로 정치해야 한다(爲政以德)”고 제기한다.[22] 이에 대한 자세한 논의가 있다.

> 정령(政令)으로 이끌고 형벌로써 가지런히 한다면 백성들이 모면하면서 부끄러움이 없을 것이다. 덕으로 이끌고 예로써 가지런히 하면 부끄러워하기도 하고 또 선에 이르게 될 것이다.[23]

여기서 정과 형은 덕과 예에 대비되는 범주이다. 덕치는 위정자의 도덕성에 근거한 이념이며 결국 정치와 도덕을 결합시킨 통치 방안이다. 이에 비해 예치는 인간의 도덕성에 근거하여 설정된 규범에 따르는 정치라고 할 수 있다. 따라서 예치가 덕치에 비해 상대적으로 수단적인 의미를 함축하고 있지만 양자는 공통적으로 인간의 도덕성과 자발성에 기초한다. 예컨대 공자는 자로(子路)가 정치에 대해 물었을 때 “솔선할 것이며 부지런히 해야 한다”라고 하였으며[24] 계강자(季康子)가 정치에 대해 묻자 “정치란 바로잡는다는 뜻이니 그대가 바름으로써 솔선수범 한다면 누가 감히 바르지 않겠는가”[25]라고 하였다. 계강자가 이에 도둑

---

22 “子曰, 爲政以德, 譬如北辰居其所, 而衆星共之.”(논어, 위정)
23 “子曰, 道之以政, 齊之以刑, 民免而無恥. 道之以德, 齊之以禮, 有恥且格.”(논어, 爲政)
24 “子路問政. 子曰, 先之勞之.”(논어, 子路)

의 문제를 예를 들자 공자는 "그대가 먼저 욕심을 내지 않으면 상을 준다고 하더라도 도둑질이 없을 것이다"라 하였다. 이렇게 사회적인 악에 대해서도 형벌로써 통제하기보다는 위정자가 그것을 도덕적으로 교화시키는 문제가 정치의 본질이라고 본다.[26]

공자는 물론 덕치를 보다 강조하지만 그에 대비되는 정(政)과 형(刑)을 완전히 배제하지는 않는다.[27] 따라서 그는 자신의 정치·윤리적 논리(正名)에 대해 우활(迂闊)함을 지적하는 자로를 질책하면서 예·악을 형벌보다 우선할 것을 강조하고 형벌이 적중하지 않으면 백성들이 손발을 둘 곳이 없다고 보았다.[28] 이것은 당시 현실적으로 법치(政, 刑)가 행해지고, 공자도 자로와 마찬가지로 일정한 범위에서 이것을 의식하고 있었음을 반증한다.

---

25 "季康子問政於孔子. 孔子對曰, 政者正也. 子帥以正, 孰敢不正."(논어, 顏淵)

26 "季康子患盜, 問於孔子. 孔子對曰, 苟子之不欲, 雖賞之, 不竊. 季康子問政於孔子曰, 如殺無道, 以就有道, 何如. 孔子對曰, 爲政, 焉用殺. 子欲善, 而民善矣. 君子之德風, 小人之德草. 草上之風必偃."(논어, 顏淵)

27 『左氏傳』에서도 덕과 형이 병용되어 상호 보완적인 정치 수단으로 간주된다(小野澤精一, 『中國思想槪論』, 조성을 역, 이론과실천사, 1987, 232면 참조).

28 "子路曰, 有是哉. 子之迂也, 奚其正. 子曰, 野哉, 由也. 君子於其所不知, 蓋闕如也(……) 禮樂不興, 則刑罰不中. 刑罰不中, 則民無所措手足."(논어, 顏淵)

# 제3장 유가와 법가의 대립

법가는 법률·형벌을 정치의 근본 수단으로 삼아야 한다고 주장하는 일파이다. 본래 '법가'라는 명칭은 『사기史記』에 육가(六家)의 하나로서 처음 보이며 『한서漢書』 「예문지藝文志」에서는 이회(李悝)·상앙(商鞅)·신불해(申不害)·신도(愼到)·한비(韓非) 등을 이러한 분류에 포함시키고 있다. 그러나 선진 당시에는 그들이 학파로서 유가·묵가처럼 분류되어 타가의 비판 대상이 되었던 일은 없었다. 순자는 자신의 비판 대상에 거의 모든 제가를 포함하였지만 여기에도 이른바 '법가'로서의 분류는 보이지 않으며 다만 그들을 궤변가로서 치국에 도움이 되지 않는다고 보고 있을 뿐이다.

호적(胡適)에 따르면, 중국 고대에는 단지 법리학이나 법치의 학설이 있을 뿐이었으며, BC 3세기 무렵에 가장 발달하였으므로 유명한 정치가인 관중(管仲)·상앙·신불해 등에 부회하여 법치를 논한 책들을 만들어 낸 것으로 본다.[29] 그렇지만 이들도 나름대로의 특성이 있었다고 보여지며, 그 특성은 공통적으로 정치·경제·군사적인 면에서 변법을 추진하였다는 점이다. 따라서 이른바 병가(兵家)나 종횡가(縱橫家)도 이러한 범주에 포괄할 수 있다. 여기에서 사용하는 법가의 의미 또한 바로 이 점에 근거한 것이다.

법가는 정치 제도적인 면에서 분봉제 대신 군현제를, 경제적인 면에서 정전제 대신 부세제를 지향하였다.[30] 또한 사회 안정과 통치 방법에 있어서는 기존의 예 관념이 아니라 객관적인 법에 따르며, 그것의 구체

---

29 胡適, 『中國古代哲學史』, 송긍섭 外 공역, 대한교과서주식회사, 1983, 400면 참조.
30 牟宗三, 「法家의 興起와 그 사상」, 鄭仁在 역, 『中國哲學特講』, 螢雪출판사, 1991, 186-190면 참조.

적인 내용은 형벌이 위주였다.[31] 천하 통일의 방법에 있어서는 왕도보다는 패도를 지향하였다. 물론 이들이 처음부터 덕치와 대립되는 ‘법치’를 주장한 것은 아니며 이러한 용어에 명실상부하게 부합되는 것은 전국 중기 이후에야 가능한 것이었다.

공자 당시부터 일련의 정치·사회의 제도적 개혁을 통하여 현실 변화에 능동적으로 대처하고자 하는 경향이 있었다. 우리가 흔히 전기 ‘법가’라고 칭하는 일파가 이에 해당한다. 그들은 각국의 부국강병이라는 시대적 요청에 부응하여 실제 정치에 적극적으로 참여한 이들이다. 유가는 대체적으로 예 관념의 정치·윤리적 이론화에 주안점을 두고 있었으므로 전기 법가의 현실 이해와 그 대안의 제시라는 점에서 대립적인 경향을 띠었던 것이 사실이다. 예컨대 공자는 당시 각국이 부국강병책의 일환으로 진행하던 경제적 군사적인 노력에 대하여 상대적으로 소극적인 입장을 취한다. 따라서 위영공(衛靈公)이 진법(陣法)에 대해 물었을 때 공자는 제례에 대해서는 들어본 적이 있지만 군사에 관한 일은 들어본 적이 없다고 말한 뒤 다음날 위나라를 떠남으로써 그에 대한 불만을 표시하였다.[32]

공자가 정치·경제적인 현실의 변화 추세를 완전히 부정하는 것은 물론 아니다. 예컨대 염유(冉有)가 위나라에 인구가 많음을 보고 무엇을 더하면 좋겠느냐고 묻자 공자는 교화에 앞서 우선 그들을 부유하게 해 주는 일이 중요하다고 하였다.[33] 그러나 공자의 현실에 대한 정치·윤리적 대안이라는 견지에서 보면 부국강병이 최선의 절대적 방법은 아

---

31 小野澤精一에 따르면 상벌은 거슬러 올라가면 전쟁 때의 서약에 근거한 것이며 따라서 상보다는 벌 쪽에 중점이 두어졌다고 한다(小野澤精一, 「法家의 本質」, 김진욱 역, 『中國의 思想』, 열음사, 1986, 389면 참조).

32 “衛靈公問陳於孔子. 孔子對曰, 俎豆之事, 則嘗聞之矣. 軍旅之事, 未之學也. 明日遂行.”(논어, 衛靈公)

33 “子適衛, 冉有僕. 子曰, 庶矣哉. 冉有曰, 旣庶矣, 又何加焉. 曰, 富之. 曰, 旣富矣, 又何加焉. 曰, 敎之.”(논어, 子路)

니다. 따라서 자공(子貢)이 정치를 물었을 때 공자는 군사적 문제보다는 백성의 의식주 해결이 중요하며 나아가서는 백성의 신뢰를 얻는 것이 가장 중요함을 밝히고 있다.[34]

보통 법가의 경향성은 춘추시대 관중(管仲)으로부터 비롯된 것으로 본다. 따라서 그에 대한 유가의 평가를 살펴볼 필요가 있다. 관중은 춘추(春秋) 오패(五覇)의 우두머리였던 제나라 환공(桓公)의 재상으로 패업(覇業)을 도왔던 정치가이다. 공자는 관중에 대해서 그 그릇이 작다고 평하고 제자들과의 문답 과정에서 구체적인 예를 열거하면서 그가 검소하지도 못하고 예를 몰랐다고 비판한 일이 있다.[35] 그러나 관중이 자신이 모시던 공자(公子) 규(糾)가 죽었을 때 따라 죽지 않음을 들어 불인(不仁)함을 주장하는 자로(子路)의 주장에 대해서, 공자는 환공이 제후들을 규합할 때 무력을 쓰지 않았던 것은 관중의 힘이라고 칭찬하였다. 이에 자공이 다시 관중의 불인함을 주장하자 공자는 관중이 환공을 도와 패업을 이룸으로써 자신들이 오랑캐에게 수모를 당하지 않은 공을 인정하고 있다.[36]

이처럼 공자는 부국강병이라는 현실적 요청에 대하여 순전히 윤리적 대안(禮, 德)만을 제시한 것이 아니라 방법적으로 무력의 필요성을 인정하고 있다. 따라서 공자에 있어서는 예와 형(法)이 이론적으로는 분명히 대립적인 범주였지만 그것의 현실적 적용에 있어서는 보완적인 일면이 있다고 본다. 이 점은 우리가 맹자 및 순자와 비교할 때 중요한 문제로 본다.

---

34 "子貢問政. 子曰, 足食, 足兵, 民信之矣. 子貢曰, 必不得已而去, 於斯三者, 何先. 曰, 去兵. 子貢曰, 必不得已而去, 於斯二者, 何先. 曰, 去食. 自古皆有死, 民無信不立."(논어, 顏淵)

35 "子曰, 管仲之器小哉. 或曰, 管仲儉乎. 曰管氏有三歸, 官事不攝, 焉得儉. 然則管仲知禮乎. 曰邦君樹塞門, 管氏亦樹塞門. 邦君爲兩君之好 有反坫, 管氏亦有反坫. 管氏而知禮, 孰不知禮."(논어, 八佾)

36 "子路曰, 桓公殺公子糾, 召忽死之, 管仲不死, 曰未仁乎. 子曰, 桓公九合諸侯, 不以兵車, 管仲之力也. 如其仁, 如其仁. 子貢曰, 管仲非仁者與. 桓公殺公子糾, 不能死, 又相之. 子曰, 管仲相桓公覇諸侯, 一匡天下, 民到于今, 受其賜. 微管仲, 吾其被髮左袵矣."(논어, 憲問)

정나라 자산(子産)이 집정(執政)의 지위에 있을 때 형법(刑法)을 정(鼎)에 새겼다는 기록이 『좌씨전左氏傳』, 소공(昭公) 6년(BC 536년) 조목에 보이며 이에 대한 진(晉)의 숙향(叔向)이 보낸 편지가 덧붙여져 있다.

옛날 선왕이 일을 의논하여 제재를 하고, 형법을 쓰지 않은 것은 백성들이 다투는 마음을 가질까 염려했기 때문입니다(……) 백성들이 법이 있는 줄 알면 윗사람을 꺼리지 않고, 모두 다투는 마음을 가지며, 법에서만 근거를 찾아서 요행히 성공하면, 다스릴 수 없게 됩니다. 옛날 하나라의 정치가 혼란해지자 우임금의 법을 만들었고, 은나라의 정치가 혼란해지자 탕임금의 법을 만들었으며, 주나라의 정치가 혼란해지자 구형(九刑)을 만들었습니다. 이 세 가지 법이 생겨난 것은 말세의 일입니다. 그런데 지금 당신은 정나라 재상으로서 봉혁(封洫)을 만들고, 방정(謗政)을 세웠으며, 참벽(參辟)을 만들어서 그 법문을 새겨 백성들을 안정시키려 하지만, 어렵지 않겠습니까?(……) 백성들이 다툼의 시초를 알아 장차 예를 버리고 형서(刑書)에만 의지하여 송곳이나 칼끝 만한 것도 모두 다투게 될 것이고, 어지러운 감옥은 늘어나며 뇌물이 성행할 것이니, 당신의 세상이 끝나면 정나라는 반드시 망할 것입니다.[37]

이상의 숙향의 비판에 대하여 자산은 자신의 재주가 자손 대까지 미치지 못할 것이지만 형서를 만든 일은 부득이한 일이라고 간단히 답하고 있다. 그런데 숙향의 비판에 대한 자산의 구체적인 반박 내용이 보이지 않으며 따라서 전적으로 숙향의 원문이라고 믿기는 어렵지만 당

---

37 "三月, 鄭人鑄刑書. 叔向使詒子産書曰(……). 昔先王議事以制. 不爲刑辟. 懼民之有爭心也(……) 民之有辟, 則不忌於上, 竝有爭心, 以徵於書. 而徼倖以成之, 不可爲矣. 夏有亂政而作禹刑. 商有亂政而作湯刑. 周有亂政而作九刑. 三辟之興皆叔世也. 今吾子相鄭國, 作封洫, 立謗政. 制參辟, 鑄刑書, 將以靖民, 不亦難乎(……) 民之爭端矣, 將棄禮而徵於書. 錐刀之末, 將盡爭之. 亂獄滋豊, 賄賂竝行, 終子之世, 鄭其敗乎."(좌씨전, 昭公 6년)

시 성문법의 공포와 시행에 관련하여 유가의 입장을 알 수 있는 대목이다. 『좌씨전』의 인용문은 기본적으로 공자의 덕치 이념이 충실히 반영된 것이다.

당시 진의 숙향이나 제의 안영 등도 자산과 마찬가지로 부국강병을 추진하던 집정의 지위에 있었다. 특히 정나라는 지리적으로 북쪽으로 진나라, 남쪽으로 초나라 등의 강대국 사이에 있어서 대외적으로 핍박을 받고 있었으므로 부국강병책이 절실하였다. 따라서 자산에 대하여 비판적인 입장을 취한 숙향의 고국인 진나라에서도 그의 사후 조앙(趙鞅)과 순인(荀寅)이 형정(刑鼎)을 만들고 거기에 범선자(范宣子)가 만든 형서를 새겼다. 이에 대해 『좌씨전』에서는 숙향이 정나라가 멸망할 것이라고 예측한 것과 마찬가지로 "법도를 잃었기 때문에 진나라는 멸망할 것"이라는 공자의 말을 인용하고 그 근거로 백성들이 권위를 형정에서 구하여 결국 귀천의 질서가 무너져서 다스릴 수 없다는 점을 들었다.[38] 이를 보면 당시 실제 정치가들의 현실 이해에 근거한 정치 이념과 유가의 덕치와는 일정한 괴리가 있었음을 알 수 있다.

법가는 적극적으로 겸병 전쟁을 통해 전국을 통일할 것을 주장하였다. 특히 상앙은 역사 발전의 원천을 전쟁에서 찾았다.[39] 예컨대 그는 "대저 현명한 군주의 다스림에는 그 힘에 의하며 그 덕에 맡기지 않는다"[40]고 하였다. 맹자도 당시 만연된 전쟁 자체를 반대하는 것은 아니지만 상앙의 입장과는 분명히 구별된다.

어떤 이가 "나는 진을 잘 치고, 나는 전쟁을 잘한다"고 한다면 큰 죄가 된다. 군주가 仁을 좋아하면 천하에 적이 없을 것이다(……) 정벌

---

38 "冬, 晉趙鞅荀寅帥師城汝濱, 遂賦晉國一鼓鐵, 以鑄刑鼎, 著范宣子所爲刑書焉. 仲尼曰, 晉其亡乎. 失其法度(……) 今棄是度也, 而爲刑鼎, 民在鼎矣. 何以尊貴, 貴何業之守. 貴賤無序, 何以爲國."(좌씨전, 昭公 29년)

39 李雲九,「戰爭哲學 批判」,『墨家哲學硏究』, 成均館大 大東文化硏究院, 1995, 85-86면 참조.

40 "凡明君之治也, 任其力, 不任其德."(상군서, 錯法)

이란 바로잡는다는 뜻이니, 제각기 바로잡고자 한다면 무엇 때문에 전쟁을 하겠는가?[41]

맹자는 정벌을 하더라도 그 대상 국가를 정벌할 만한 자격을 우선한다.[42] 오히려 그는 교화로써 통일이 가능하며 천하통일은 살인을 좋아하지 않는 사람이 이룰 것이라고 본다.[43]

맹자의 강의장면

『서경書經』「무성武成」에 무왕(武王)이 은을 멸망시킬 때의 전황이 "피가 흘러 절굿공이가 떠내려가는(血流漂杵)" 참혹한 상황으로 그려져 있다. 이에 대해 맹자는 "책의 내용을 다 믿는다면 책이 없는 것이 낫다"고 하면서 다음과 같이 말한다.

인자는 천하에 적이 없다. 그 지극한 인으로 그 불인함을 정벌하는데 어찌 피를 흘려 절굿공이가 떠내려가게 할 이유가 있겠는가?[44]

맹자의 입장에서는 무왕과 같은 성왕이 그렇게 참혹한 전쟁을 하지 않았다고 보며 설령 그것이 경전에 기록된 사실이라 하더라도 받아들

---

41 "孟子曰, 有人曰, 我善爲陳, 我善爲戰, 大罪也. 國君好仁, 天下無敵(……) 征之爲言, 正也. 各欲正己也, 焉用戰."(맹자, 盡心下)

42 예컨대 그는 연나라를 정벌하는 일 자체는 옳은 일이지만 똑같이 무도한 제나라가 연나라를 치는 것은 옳지 않은 것이라 한다. "齊人伐燕. 或問曰, 勸齊伐燕, 有諸. 曰, 未也(……) 今以燕伐燕, 何爲勸之哉"(맹자, 公孫丑)

43 "卒然問曰, 天下惡乎定. 吾對曰, 定于一. 孰能一之. 對曰, 不耆殺人者能一之."(맹자, 梁惠王)

44 "孟子曰, 盡信書, 則不如無書. 吾於武成取二三策而已矣. 仁人無敵於天下. 以至仁伐至不仁, 而何其血之流杵也."(맹자, 盡心下)

맹자

이지 않겠다는 강력한 의지의 표명이다. 따라서 이것은 전쟁에 대한 맹자의 기본 관점이라 해도 좋을 듯하다.[45]

공자의 사후 자하(子夏)는 위문후(衛文侯 : BC 445~396)의 스승이 되었고 그의 제자인 이회와 오기는 모두 저명한 법가로서 위나라와 초나라의 변법을 주도하였다.[46] 또한 맹자 당시에는 제나라에서 손빈(孫臏)과 전기(田忌)를 등용하여 부국강병과 합종연횡(合縱連橫)을 추진하였다. 맹자는 이들에 대하여 다음과 같이 비판하였다.

전쟁을 좋아하는 자는 최고 형벌로 처단하고, 제후와 연맹을 맺는 자는 그 다음이요, 황무지를 개간하고 토지를 나누어주는 자는 그 다음에 해당한다.[47]

이상의 내용은 대체로 농(農)·전(戰)을 위주로 하는 법가의 부국강병책에 대한 비판으로 보인다. 이처럼 당시 유가와 법가의 관점은 대립적이었다. 특히 이회의 문하였던 상앙이 주도하던 진나라에서의 변법은 당시 감룡(甘龍)과 두지(杜摯)로 대표되는 보수파의 반대를 받았다.

---

**45** 西田太一郎은 본래 이러한 입장이 선진 유가의 전쟁·형벌에 대한 기본 관점이었으며 한대 이후 경서가 유가에 독점되고 형벌을 중시할 필요가 생겼을 때에 비로소 경전에 나타난 이러한 사상을 부각시켰다고 본다(西田太一郎, 『中國刑法史硏究』, 岩波書店, 1974, 7면 참조).

**46** 곽말약은 전기 법가로서 子産·李悝·吳起·商鞅·申不害를 들고 이러한 경향이 子夏에서 비롯한 것으로 본다. 또한 한비의 유가 분류에서 그가 제외된 것도 그가 法家로 간주되었기 때문이라고 추론하였다(곽말약, 앞의 책, 338-339면 참조).

**47** "善戰者服上刑, 連諸侯者次之, 辟草萊任土地者次之."(맹자, 離婁上) 朱子에 따르면 여기서 '선전자'는 孫臏과 吳起, '연제후자'는 蘇秦과 張儀, '벽초래·임토지자'는 李悝와 商鞅을 가리킨다. 그런데 '벽초래·임토지'에 대해서는 제가의 설이 일정하지 않다. 楊伯峻은 당시 제후들이 인민을 위해서가 아니라 사리사욕을 위해서 하였기 때문에 맹자가 비판한 것이라 보고, 王夫之의 '田畝科稅' 說(『孟子稗疏』)을 비판하였다(楊伯峻, 『孟子譯註』 下, 中華書局, 1988, 176면 참조).

『상군서商君書』의 첫머리에는 상앙이 이들과 효공(孝公) 앞에서 변법에 대해 토론하는 내용이 보인다.

여기서 감룡은 말하기를 "지자는 변법을 하지 않고 다스린다"고 하고 만일 진의 옛 제도를 바꾸면 오히려 백성들이 반대할 것이라고 보았다.[48] 또한 두지는 "옛것을 본받으면 허물이 없고 예를 따르면 사악함이 없다"고 주장하였다.[49] 이와 같은 법고(法古)·순례(循禮)의 주장은 맹자의 입장에 근접한 것으로 보인다. 이에 상앙은 "옛날의 가르침이 다르니 무엇을 본받겠으며 제왕이 다시 태어나지 않을 것이니 어떠한 예를 따를 것인가?"라고 반박하였다.[50] 그는 역대 제왕 모두가 각각 당시의 현실에 알맞게 법을 세우고 일에 따라 예를 정했다고 본다. 예컨대 탕·무는 '순고(循古)' 하지 않았기에 흥했고 하·은은 오히려 '예'를 바꾸지 않았기에 망했다는 것이다.[51] 따라서 상앙은 결론적으로 "나라를 다스림에 일정한 도가 없으며, 나라를 편하게 함에 반드시 법고(法古)할 필요는 없다"[52]고 하였다.

맹자는 관중과 같은 패업을 이룬 정치가들에게 대해 공자보다 더욱 비판적이었다. 예컨대 그는 불소지신(不召之臣)을 논의하면서 탕임금이 이윤(伊尹)을, 환공(桓公)이 관중을 함부로 부르지 못한 예를 들면서 "관중과 같은 짓을 한 사람도 함부로 부르지 못한 군주가 있는데 하물며 자신을 거기에 비교할 수 있겠느냐"고 반문하고 있다.[53] 또한 관중이나 안영(晏嬰)에 자신이 비교되는 일을 대단히 언짢아 하였다. 따라서 관중이 자신의 군주를 패업을 이루게 하고 안영이 자신의 군주의 이름을 드날리게 한 것이 본받을 만하다는 공손추(公孫丑)의 주장에 대해서는 제

---

48 "甘龍曰(……) 知者不變法而治(……) 今若變法, 不循秦國之故, 更禮而敎民, 臣恐天下之議君. 願孰察之."(商君書, 更法)

49 "杜摯曰(……) 臣聞之, 法古無過, 循禮無邪."(상군서, 更法)

50 "商鞅曰, 前世不同敎, 何古之法. 帝王不相復, 何禮之循."(상군서, 경법)

51 "湯武之王也, 不循古而興. 夏殷之滅也, 不易禮而亡."(상군서, 경법)

52 "商鞅曰(……) 治世不一道, 便國不必法古."(상군서, 경법)

53 "湯之於伊尹, 桓公之於管仲, 則不敢召. 管仲且猶不可召, 而況不爲管仲者乎."(맹자, 公孫丑)

나라 왕의 현실적 조건으로써는 그러한 일들이 손바닥을 뒤집는 것처럼 쉽다고 반박하였다.[54]

안영은 제나라 대부로서 경공(景公) 때 재상의 지위에 올라 부국강병책을 주도했던 유명한 정치가이다. 공자는 일찍이 그에 대하여 "남과 잘 사귀고 오래되어도 공경하였다"[55]고 칭찬한 바 있다. 이처럼 공자가 일정한 범위에서 관중이나 안영의 정치적 역할이나 성과를 인정한 데 비해 맹자는 의도적으로 무시하였다. 따라서 제선왕(齊宣王)이 제환공(齊桓公)과 진문공(晉文公)에 관한 일을 물었을 때 공자 문하에서는 그러한 일을 논의하는 사람이 없어서 전해 들은 것이 없다고 대답함으로써 자신의 의지를 확인하고 있다. 오히려 그에 반대되는 왕도에 대한 논의를 전개하고 있다.[56]

힘으로 인(仁)을 가장하는 자가 패자인데, 패자는 반드시 큰 나라를 가져야 한다. 덕으로 인을 행하는 자가 왕자(王者)인데, 왕자는 큰 것을 기대하지 않는다. 탕왕은 70리, 문왕은 백 리로써 천하를 차지하였다. 힘으로 남을 복종시키면 마음으로 복종하는 것이 아니라 힘이 모자라기 때문이다. 덕으로 남을 복종시키면 마음으로 기뻐하면서 진심으로 복종하게 되니, 마치 70 제자가 공자에게 복종하는 것과 같다.[57]

이것은 공자가 덕치의 필요성을 제기했던 것과 같은 맥락으로 보인다. 맹자도 한편으로는 정(政) · 형(刑)의 필요성을 인정하고 있기도 하

---


54 "公孫丑問曰, 夫子當路於齊, 管仲晏子之功, 可復許乎. 孟子曰, 子誠齊人也. 知管仲晏子而已矣(……) 曰, 管仲以其君霸, 晏子以其君顯, 管仲晏子猶不足爲與. 曰, 以齊王由反手也."(맹자, 公孫丑上)

55 "子曰, 晏平仲善與人交, 久而敬之."(논어, 公冶長)

56 "齊宣王問曰, 齊桓晉文之事, 可得聞乎. 孟子對曰, 仲尼之徒無道桓文之事者. 是以後世無傳焉. 臣未之聞也, 無以則王乎."(맹자, 梁惠王上)

57 "孟子曰, 以力假仁者霸, 霸必有大國. 以德行仁者王, 王不待大. 湯以七十里 文王以百里. 以力服人者, 非心服也, 力不瞻也. 以德服人者, 中心悅而誠服也. 如七十子之服孔子也."(맹자, 公孫丑上)

다. 그러나 이 경우 왕도 내지 덕치가 선행 조건이 된다.[58] 또한 왕도는 실제로 '선왕의 도'에 근거한 것이다. 예컨대 그는 "선왕의 법을 따르면서 잘못된 것은 아직 없었다"[59]라고 단언하기도 하고 "성선을 말할 때 반드시 요·순을 언급하였다"[60]고 하여 모든 가치 기준을 선왕에 두고 있다. 결국 맹자의 입장에서는 그들이 모두 왕도와 대립되는 패도로 규정되고, 따라서 오패는 삼왕(三王)의 죄인이라고 본다.[61]

왕도는 기본적으로 공자의 덕치를 보다 구체화한 정치 이념이다. 그렇다고 맹자가 순전히 '선왕의 도'만을 고집한 것이 아니다. 오히려 자신이 이해하는 정치 수단인 인정(仁政)을 강조한다.

> 요·순의 도로도 인정이 아니면 천하를 다스리지 못한다(……) 단순히 착하다는 것만으로 정치를 할 수 있는 것이며, 단순히 본받는 것만으로 저절로 행해지는 것이 아니다.[62]

> 삼대가 천하를 얻은 것은 인정 때문이요, 천하를 잃은 것은 인정에 어긋나기 때문이다.[63]

인정은 인간에 보편적으로 존재하는 도덕성을 정치상에 구현하고자 한 것이다. 물론 이것은 사람들이 모두 지니고 있다는 "남에게 차마 하지 못하는 마음"[64]에 근거한 성선설로부터 추론된다. 또한 무력으로

---

58 "莫如貴德而尊士. 賢者在位, 能者在職, 國家閒暇. 及其時, 明其政刑, 雖大國必畏之矣."(맹자, 公孫丑上)

59 "遵先王之法而過者, 未之有也."(맹자, 離婁上)

60 "孟子道性善, 言必稱堯舜."(맹자, 滕文公上)

61 "孟子曰, 五霸者, 三王之罪人也. 今之諸侯, 五霸之罪人也. 今之大夫, 今之諸侯之罪人也."(맹자, 告子下)

62 "堯舜之道, 不以仁政, 不能平治天下(……) 故曰, 徒善不足以爲政, 徒法不能以自行."(맹자, 離婁上)

63 "孟子曰, 三代之得天下也以仁. 其失天下也以不仁."(맹자, 離婁上)

64 "人皆有不忍人之心."(맹자, 公孫丑上)

써 일시적으로 흥할 수는 있어도 항구적인 안정을 기약할 수 없으며 "불인자(不仁者)로서 나라를 얻는 자는 있어도 불인자로 천하를 얻은 사람은 아직 없었다"[65]고 한다. 요컨대 맹자의 왕도 내지 인정은 법가의 농(農)·전(戰)과 대립적인 정치 방안이었음을 알 수 있다. 이것은 서론에서 언급하였듯이 양가(兩家)의 현실과 역사에 대한 인식의 차이를 반영한다.

---

65 "孟子曰, 不仁而得國者, 有之矣. 不仁而得天下者, 未之有也."(맹자, 盡心下)

# 제4장 본원유교에서의 예(禮)와 법(法)


## 1. 천(자연, 신)에서 인(인간, 인위)으로


유교는 공자 이래 이른바 '백가쟁명'을 통해서 점차적으로 이론이 보완되었다. 당시 천자 중심의 권위주의적 체제가 붕괴된 춘추전국이라는 정치 경제적 상황과 그에 따르는 문제의식에 있어서 오늘날 우리가 직면하고 있는 현실과 흡사한 면이 많다. 양자의 시대적 차별성을 전제하더라도 급격한 변동기, 예컨대 인간과 자연(신), 전통과 현대의 갈등이 두드러진다는 점에서 공통적이다. 특히 내외적으로 분열된 상황을 극복하고 통일체제를 추구한다는 점에서 지금의 현실 상황에 비추어 더욱 참고할 점이 많다고 본다.

다른 점이 있다면 당시 정치 경제적 부조리에 대해 제자백가의 다양한 방안이 제시된 것에 비해 오늘날의 문제 해결방식이 상대적으로 획일적이라는 것이다. 순자철학에서 천과 인의 범주는 예와 법의 범주와 밀접한 관련이 있다. 따라서 앞장에서의 천과 인의 범주를 통한 분석과 일부 중복을 무릅쓰고 다시 정리해보기로 한다.

원시종교 사회에서는 인간과 자연, 사람과 신(상제)의 구별이 뚜렷하지 못하였으므로 자연과 사회 현상을 막론하고 모두 지고무상한 어떤 것으로부터 유래하며 절대 권위를 가진 초월자가 주재하는 것으로 믿었다. 예컨대 천둥이나 번개, 가뭄이나 홍수 등등의 자연현상을 인간에 대한 자연(상제)의 노여움의 표시로 간주하고 그에 대해 외경심을 갖고 일정한 의식을 거행하기도 하였다. '신에게 드리는 의식'이라는 예의 원초적 의미는 바로 여기서 유래한 것이다. 이렇게 보면 최초의 예는 인간과 자연의 미분리를 상징하는 의식에 기초한 규범이며 제도라고 할 수 있다.

주대(周代)에 이르면서 인간의 자연에 대한 신비적 관념이 감소된다. 주나라 정권은 "천명은 일정한 것이 아니다(天命靡常)" 혹은 "덕으로써 천명에 짝한다(以德配天)"는 이념과 "백성이 바라는 것은 하늘이 반드시 따른다"[66]는 구호로써 은주(殷周) 혁명을 합리화하였다. 이것은 단순히 자연 즉 '천명'이나 '상제' 중심이 아닌 인간의 주체성에 대한 원초적 자각과 의지의 표명이라고 할 수 있다.

주나라 초기에는 『주례』로 대표되는 분봉제 · 종법제 · 정전제 등의 제도를 통하여 안정된 통치질서를 유지할 수 있었다. 그러나 여기엔 아직도 천에 대한 객관적 합리성보다는 일정한 신비감이 내포되어 있기에 가능한 것이었다. 춘추말에 이르면서 주왕실은 단지 명목만 존재할 뿐 실제로는 열강에 의해 천하의 형세가 좌우되었다. 이와 아울러 이전의 신비감에 기초한 관습이나 제도를 객관적인 것으로써 대치할 것을 요구하는 진통이 따르게 되었다. 이것은 주로 이른바 신흥계층의 이익을 대변하는 '법가'에 의해 주도되었지만 기존의 자연과 인간의 관념에서 일층 현실적 인간 중심으로의 전환은 필연적인 것이었다. 따라서 당시 법가뿐만이 아니라 유가를 비롯한 거의 모든 사상가들이 이에 대한 나름대로의 대안을 제시하였다.

법가와 마찬가지로 유가와 대립적인 학파로서 묵가가 있었다. 묵가는 한비자가 지적한 대로 당시 유가와 더불어 양대 현학의 하나였다.[67] 그들에 의하면, 유가의 예(악)은 지배계층이 노동자의 이익을 착취하는 수단에 불과한 것으로 철저한 부정의 대상이다. 그들은 또한 적극적으로 상제를 존재 증명할 정도로 원시종교적 신앙을 수용한 반면에 '묵수(墨守)'라는 고사가 시사하듯이 엄격한 법에 의한 공동집단 생활에서의

---

66 "民之所欲, 天必從之." (서경, 泰誓)
67 "世之顯學, 儒墨也. 儒之所至, 孔丘也. 墨之所至, 墨翟也." (한비자, 顯學)

효율성을 도모하였다. 묵가에서의 법은 곧 천·귀 관념의 반영이기에 정당성의 확보는 확고한 것이었다.[68] 맹자가 당시 "천하 여론이 묵자 아니면 양주(楊朱)로 귀결된다"[69]고 표현할 정도로 유가의 정치 이념은 당시 현실에서 수용될 수 없었던 반면에 묵가의 위세는 대중의 전폭적 지지를 받았던 것으로 알려진다.

이러한 상황은 공자를 사숙함으로써 그의 정통 계승자임을 자처한 맹자에게 상당한 영향을 미쳤을 것이다. 당시 가장 큰 영향력을 지녔던 법가와 묵가에서는 공통적으로 전통적 예(악) 관념에 비판적이었다. 맹자서는 특히 '묵가비판서'라고 칭할 정도로 묵가 비판이 주류이다. 맹자가 보기에, 묵가가 영향력을 가질 수 있었던 것은 그들이 고래의 전통적 신앙을 수용하면서 예(악)보다는 현실적으로 엄격한 질서의식을 유지하였다는 점이다. 이것은 그가 또 다른 차원에서 공자 이래의 인간 도덕성의 근원을 확보하고자 하는 문제의식을 지녔던 것으로 생각된다.


## 2. 천과 인의 조화

공자는 일단 서주 이래의 정치질서(禮·樂)의 붕괴를 '무도(無道)'의 상황으로 규정하지만[70], 예 관념을 포함한 고래의 문물 제도를 묵수하자는 것은 아니다. 역사 발전에 따라서 형식적인 면에서 예의 형식적 변화를 인정하지만 거기엔 일정한 원칙이 있어야 한다고 본다.[71] 『논어』에서 당시 예 관념의 변화에 대하여 공자와 상대적으로 현실 변화에 민감

---

68 윤무학, 「묵가의 법 개념과 그 운용」, 『중국철학방법론』, 한울, 1999.
69 "楊朱墨翟之言盈天下. 天下之言不歸楊, 則歸墨."(맹자, 滕文公下)
70 "孔子曰, 天下有道, 則禮樂征伐, 自天子出. 天下無道, 則禮樂征伐, 自諸侯出."(논어, 季氏)
71 "子曰, 殷因於夏禮, 所損益, 可知也. 周因於殷禮, 所損益, 可知也. 其或繼周者, 雖百世, 可知也."(논어, 爲政)

했던 제자들간의 이해의 차이를 쉽게 찾아볼 수 있다. 공자는 특히 예가 단지 형식으로 치우치는 것에 반대하였다. '인(仁)'이라는 범주도 '예'와 마찬가지로 공자 이전부터 있었다. 그러나 자연(상제)에 대한 인간의 자각적이고 실천적 주체로서의 규정이라는 의미에서 '사랑' 혹은 '사람다움'으로써 '인'을 사용한 것은 공자에서 비롯되었다. '인'은 초월자에 대한 외경이 아니라 '사람을 사랑하는 것'[72]이며, '사람다움'은 '자연'이나 '상제'를 일단 객관화시키는 데서 출발한 것이기 때문이다. 또한 인과 예가 연계된다는 것은 예 관념이 자연(상제) 중심에서 인간 중심으로 전환하는 논리적 근거를 확보하는 의의를 지닌다.

여기서 예의 내용은 자연(신)과 인간 사이의 의식이나 관계에 제한되지 않고 인간과 인간, 인간과 사회와의 관계라는 내용을 담게 된다. 『논어』에서 이에 관련된 언급이 가장 많은 「팔일八佾」편을 보면, 제사 등의 의식으로서의 예와 교제 때에서의 예절이라는 의미로 혼용되어 쓰이고 있음을 알 수 있다. 요컨대 예는 인간과 인간의 관계일 때 포괄적으로 윤리적 내용을 담게 되고, 인간과 사회관계일 때 법률이나 제도의 내용을 담게 된다. 그러므로 유교에서의 윤리와 법률, 제도는 인간의 주체성인 인이라는 차원에서 통일된다고 하겠다. 그러므로 '극기복례(克己復禮)'가 인(仁)이라 한다.[73]

천(자연, 신)으로부터 인간의 주체성을 확보하고자 하는 노력은 자연스럽게 인간 자체에서 자연성과 인위성을 구분하는 논리에도 적용된다. 원시종교적 사유에서는 아직 인성을 인식의 대상으로 간주하지 못하였지만, 공자에 이르면, "사람의 본성은 서로 비슷하지만 습속에 따라 차이가 난다"고 하여 자연성과 후천적 환경이나 습속에 따른 인위성의 분별을 처음으로 제기하게 된다. 여기서의 본성이 과연 자연성인지 도덕성인지는 제자들이 "선생께서 성(性)과 천도(天道)에 대해 말씀하

---

72 "樊遲問仁. 子曰, 愛人."(논어, 顔淵)
73 "顔淵問仁. 子曰, 克己復禮爲仁. 一日克己復禮, 天下歸仁焉. 爲仁由己, 而由人乎哉."(논어, 顔淵)

시는 것을 들어보지 못했다"고 술회하듯이[74], 명시되지 않고 있지만 분명한 것은 인간을 단지 자연성에 매몰시키지 않는다는 점이다. 여기에 바탕을 둔 공자의 정치 이론에서는 지도자의 자질을 제일 조건으로 하는 덕치를 제시하는 것이다.

공자 당시에는 이미 신흥계층이 주도하는 성문법의 제정과 법치는 회피할 수 없는 대세였다. 공자는 상대적으로 덕치를 강조하지만, 현실적으로 그에 대비되는 정(政: 令)과 형(刑: 罰)을 완전히 배제하지는 않으며, 다만 그것은 부차적 수단일 뿐이었다. 따라서 가능한 법률과 형벌의 적용을 전제로 하는 소송을 적게 하는 것이 최선이라고 본다.[75] 또한 공자는 자신의 정치 윤리적 논리(正名)에 대해 우활함을 지적하는 제자(子路)를 질책하면서, 예·악을 형벌보다 우선할 것을 강조하고, 형벌이 적중하지 않으면 백성들이 손발을 둘 곳이 없다고 보았으며[76], 군자의 네 가지 악행 가운데 첫 번째로 교화를 전제하지 않고 처벌하는 것을 들고 있다.[77]

이것은 당시 현실적으로 법치가 행해지고, 공자도 일정한 범위에서 이것을 의식하고 있었음을 반증한다. 사실 모든 부조리를 덕으로 대처할 수는 없으며 명확히 잘못된 부조리에 대한 응징은 엄격히 된다는 것이다. 이것이 이른바 '이직보원(以直報怨)'이다.[78] 공자가 맹자와 달리 일정한 범위에서 법치에 대하여 긍정적으로 평가하고 있다는 점은 법가의 원조격인 춘추시대 관중에 대한 평가에서도 이를 확인할 수 있다. 그러나 공자의 자신을 등용하는 이가 있다면 "1년이면 가시적인 성과를 거두고, 3년이면 완성할 수 있겠다"[79]거나 "동쪽의 주나라를 만들 수

---

74 ""子貢曰, 夫子之文章, 可得而聞也, 夫子之言性與天道, 不可得而聞也."(논어, 公冶長)
75 "子曰, 聽訟, 吾猶人也. 必也使無訟乎."(논어, 顏淵)
76 "禮樂不興, 則刑罰不中. 刑罰不中, 則民無所措手足."(논어, 顏淵)
77 "子張曰, 何謂四惡. 子曰, 不教而殺謂之虐, 不戒視成謂之暴, 慢令致期謂之賊, 猶之與人也, 出納之吝謂之有司."(논어, 堯曰)
78 "或曰, 以德報怨 何如. 子曰, 何以報德, 以直報怨 以德報德."(논어, 憲問)
79 "子曰, 苟有用我者, 朞月而已可也, 三年有成."(논어, 子路)

있다"[80]는 치국안정에 대한 자신감과 당시 현실은 제자들의 지적처럼 일정한 거리가 있었다.


## 3. 천과 인의 합일

맹자는 "인(仁)이란 사람을 사랑하는 것이다"[81], "인이란 사람다움이다"[82]라는 전제를 받아들이면서도, 공자의 천·귀 관념과 상당한 차이를 드러내고 있다. 공자는 "천명을 외경한다"[83]거나 "하늘이 나에게 덕을 부여했다"[84]고 하여 고래의 천(상제) 관념을 마음속에 품고 있었던 것으로 여겨지지만, 제자들이 "공자가 천도에 대해 말하지 않았다"고 술회하듯이[85], 일정한 거리를 두고자 하였다.[86]

그러나 맹자는 적극적으로 천에 대해 언급함으로써 자신의 사상체계와 연계시키고 있다. 예컨대 "하늘이 이 백성을 낳음에 먼저 안 자로 하여금 나중에 아는 사람을 깨닫게 하였고"[87], "하늘이 사물을 낳음에 하나의 근본을 두었다"[88] 고 한다. 이것은 언뜻 보면 '주재적(主宰的)'이고 인격적인 천 관념의 표명으로 여겨지지만, 실상 여기서 하나의 근본은 사람과 사물에 내재된 법칙을 가리킨다는 점에서 원리적인 의미에서의 천 관념이다. 이러한 전제하에 맹자는 천을 인간의 심성(心性)에

---

80  "子曰, 夫召我者, 而豈徒哉. 如有用我者, 吾其爲東周乎."(논어, 陽貨)

81  "仁者, 愛人, 有禮者, 敬人."(맹자, 離婁下)

82  "孟子曰, 仁也者, 人也. 合而言之, 道也.(맹자, 盡心下)

83  "孔子曰, 君子有三畏, 畏天命, 畏大人, 畏聖人之言."(논어, 季氏)

84  "天生德於予."(논어, 述而)

85  "子貢曰, 夫子之文章, 可得而聞也, 夫子之言性與天道, 不可得而聞也."(논어, 公冶長)

86  "天何言哉, 四時行焉, 百物生焉, 天何言哉."(논어, 陽貨)

87  "(伊尹曰……) 天之生此民也, 使先知覺後知."(맹자, 萬章上)

88  "天之生物也, 使之一本."(맹자, 滕文公上)

내재화시킴으로써 천과 사람이 상통할 수 있다고 본다.[89] 예컨대 "성(誠)이란 하늘의 도이고, 그 성을 생각하는 것은 사람의 도이다"[90]라고 한다.

맹자는 귀신관에 있어서도 공자와 차이를 드러내고 있다. 공자는 "신에게 제사함에 신이 계신 듯하며"[91], "귀신에게 효(孝)를 다한다"[92], 혹은 "그 귀신이 아닌데 제사지내는 것은 아첨이다"[93]라고 하여 당시 일반적인 '인격적' 미신 관념을 유지하면서도 일정한 거리를 두고자 하였다. 예컨대 공자가 "괴력·난신에 대해 말하지 않았다"[94]거나, "아직 사람을 섬기지 못하는데 어찌 귀신을 섬기겠는가"[95], 혹은 "귀신을 공경하되 멀리하는 것이 지혜다"[96]라는 표현이 그것이다. 이처럼 공자에 있어서 천 관념과 마찬가지로 귀신에 대한 관념의 이중성이 드러나는 것은 당시 역사 조건에서 부득이한 것이라고 보인다.

그러나 현실 정치 윤리이론의 근거로서 천(자연, 상제)에 대한 인간의 주체성(仁)을 강조하기 위한 공자의 입장을 감안하면 상대적으로 "귀신을 멀리 하라"는 내용이 본질적 의도라고 보아야 할 것이다. 그런데 『맹자』에서 "성스러워 헤아릴 수 없는 것이 신이다"[97]라는 정의가 시사하는 것처럼, 『논어』에는 흔히 언급되는 인격적 '귀·신'이라는 용어 자체가 거의 언급되지 않고 있다.[98] 이것은 '천'을 형이상학적 실체로 규정한 맹자로서는 어쩌면 당연한 귀결이며, 이 점에서는 공자의 현실주의적이고 인문주의적 특성을 충실히 계승한 것이라 할 수 있다.

---

89 "盡其心者, 知其性也, 知其性, 則知天矣."(『孟子』, 盡心上) "心之官則思, 思則得之, 不思則不得也, 此天之所與我者."(맹자, 告子上)
90 "誠者, 天之道也, 思誠者, 人之道也."(맹자, 離婁下)
91 "祭如在, 祭神如神在."(논어, 八佾)
92 "子曰, 禹吾無間然矣. 菲飲食而致孝乎鬼神."(논어, 泰伯)
93 "非其鬼而祭之, 諂也"(논어, 爲政)
94 "子不語怪力亂神."(논어, 述而)
95 "季路問事鬼神. 子曰, 未能事人, 焉能事鬼."(논어, 先進)
96 "樊遲問知, 子曰, 務民之義, 敬鬼神而遠之, 可謂知矣."(논어, 雍也)
97 "大而化之之謂聖, 聖而不可知之之謂神."(맹자, 盡心下)

바꾸어 말하면, 천·귀 관에 있어서 주재적·인격적 특성을 배제한 맹자로서는 천 관념의 형이상학적 실체화는 필연적인 것이었다. 이러한 맹자의 논리는 당시 유가에 비해 상대적으로 현실적 기반을 갖고 있었던 법가·묵가 등의 법 관념과 대비되는 인간 도덕성의 근거를 확보하고자 하는 고심에서 비롯된 것이라고 여겨진다.

맹자는 인성을 천도와 연계시켜 인성의 보편적 구분이나 차이보다는 통일성에 주목한다. 여기서 성선설이 자연스럽게 도출된다. 인간의 본성이 선하다고 할 때의 성의 내용은 사람이 나면서부터 갖춘 이른바 인·의·예·지라는 네 가지 덕이며, 이에 대한 경험적 증거로 제시된 것이 측은지심·수오지심·사양지심·시비지심의 사단(四端)이다. 그런데 이렇게 사단과 사덕을 선천적으로 인성에 내재된 천도로서 긍정하는 것은 공자가 인과 예를 본질과 형식으로 연계시킨 것과는 상당한 차이가 있다. 특히 '예' 는 인의를 절문(節文)하는 선천적 도덕성으로 규정되고, '지' 또한 객관적 사물에 대한 지식의 의미가 아니라 선천적으로 갖추어진 사리 분별능력이라는 의미로 확정된다.[99]

이처럼 자연법적 논리로써 인간의 도덕성과 그로부터 추론된 인간과 인간, 인간과 사회의 규범까지를 천도와 연계시키고, "만물(의 이치)은 모두 나에게 갖추어져 있다"[100]는 주관주의를 강조하게 되면, 자연히 현실적·역사적 변화를 부인하여 이념 자체가 경직될 우려가 있다. 따라서 성선설과 그에 근거한 이념은 당시 고자(告子)를 비롯한 당시 제가의 현실적 비판을 받았을 뿐만 아니라 같은 유가의 반열인 순자에 의해서도 '선왕의 도' 를 왜곡한 것으로 평가되었다.[101]

---

**98** 『맹자』에는 '神' 이라는 글자가 앞서의 예를 비롯하여, '神農氏', '百神', '所存者神' (盡心上) 등 4번뿐이다. 특히 「진심상」의 朱注에 의하면, "덕이 지극하면 無聲無臭한 묘가 있어서 이목으로 다할 수 없고 심사로 예측할 수 없는 것이 있기 때문에 이것을 '神' 이라 일컬으며, 聖人 위에 다시 神人이 있다는 것이 아니다" 라 한다.

**99** "孟子曰, 仁之實, 事親是也. 義之實, 從兄是也. 智之實, 知斯二者不去是也. 禮之實, 節文斯二者是也." (맹자, 離婁上)

**100** "孟子曰, 萬物皆備於我矣." (맹자, 盡心上)

맹자는 논전의 과정에서 예(악)보다는 그 본질이라 생각되는 인·의를 병칭하면서 사실적이고 경험적인 것으로써 성선을 증명하고자 하였지만, 그의 본래 의도는 정치 윤리적 이론의 전제와 정당성을 확보하려는 당위의 문제였기에 당시 급격한 변동기에서 현실적 호응을 받기 어려웠다. 맹자가 식(食)·색(色)과 같은 오관의 감각적 본능도 성임을 부인하지 않으면서도 "군자는 그것을 성이라 하지 않는다"하고, 인의예지의 도덕성만을 천도와 연계시켜 성이라고 주장할 때[102] 그것은 이미 예고된 것이나 다름없었다.

천의 근본 특성이 곧 인륜의 근원이기에 인(仁)이나 예(禮) 또한 인위적 제도에 대비되어 '천작(天爵)'이라고 칭한다.[103] 이렇게 천과 인간 도덕성의 통일을 강조한 것은 후대 송명 리학에서의 이른바 '천인합일'의 기본 근거가 된다. 그런데 맹자의 이러한 논리가 앞서 논의한 공자의 사상을 충실히 계승한 것인지는 의문의 여지가 있다. 특히 공자가 제기한 인간의 자연성과 인위성에 대한 구별을 전제하면서도 인간의 자연적 욕망에 대한 대처방안에 대한 논의가 미흡하였고, 결과적으로 양자를 대립적으로 파악하는 계기가 되었다고 보기 때문이다.

맹자는 성선설로부터 추론하여 '왕도(王道)', '인정(仁政)'의 정치사상을 제기하는데, 이것은 물론 공자의 덕치 관념을 계승 발전시킨 것이다. 그런데 맹자에 의하면, 천자의 지위는 어느 개인이 사사로이 부여하는 것이 아니라 천거할 수 있을 뿐이며, '하늘이 주는 것'으로 보이지만 실제로 말이 아니라 행사로써 보여줄 뿐이며, 백성들이 그것을 받아

---

**101** "略法先王而不知其統, 然而猶材劇志大, 聞見雜博. 案往舊造說, 謂之五行, 甚僻違而無類, 幽隱而無說, 閉約而無解. 案飾其辭而祇敬之曰, 此眞先君子之言也. 子思唱之, 孟軻和之."(순자, 非十二子)

**102** "口之於味也, 目之於色也, 耳之於聲也, 鼻之於臭也, 四肢於安佚也, 性也, 有命焉, 君子不謂性也. 仁之於父子也, 義之於君臣也, 禮之於賓主也, 智之於賢者也, 聖人之於天道也, 命也, 有性焉, 君子不謂命也."(맹자, 盡心下)

**103** "仁義忠信, 樂善不倦, 此天爵也, 公卿大夫, 此人爵也."(『孟子』, 告子上) "夫仁, 天之尊爵也, 人之安宅也."(맹자, 公孫丑上)

들이는가의 여부가 중요하다고 본다.[104]

여기서 '행사'는 제례에 대한 흠향과 실제 정치적 효과로써 백성들이 안정되느냐의 여부를 가리킨다. 이 점에서 공자의 덕치 이론에 비해 천과의 연계성이 다시 강화되는 양상을 보인다. 다만 "하늘은 우리 백성이 보는 것으로부터 보며, 하늘은 우리 백성이 듣는 것으로부터 본다"[105]는 고래의 민본사상을 구체화한 것은 분명하다. 이렇게 천보다 민의를 강조하는 것은 이른바 '부국강병'의 주요 내용인 농업이나 전쟁 등 구체적 현실에서의 대중의 힘에 대한 인식의 변화를 반영하는 것이다. 따라서 이 점은 맹자의 독창적 인식이 아니라 정도의 차이는 있을지라도 당시 지식인들의 공통적인 것이라 할 수 있다.

그러나 당시 각국이 이른바 '부국강병'에 혈안이 된 현실은 맹자가 희구하는 인간에 대한 신뢰나 도덕성의 확보와는 거리가 먼 것이었다. 이에 맹자는 덕이 없는 군주를 교체하거나 베어도 무방하다는 '역위(易位)', '방벌(放伐)' 사상을 통하여 현실적 한계를 보완하고자 하였다. 또한 치국의 이념에 있어서 부분적으로 정·형의 필요성을 인정하고 있다. 맹자에 의하면, 측은지심을 비롯한 사단이 없는 사람은 사람이 아니다.[106] 따라서 길을 막고 재화를 뺏고 거리낌없이 살인한다면 가차없이 벨 수 있으며[107], 특히 유덕자가 제자리에 있을 경우 법치를 통하여 대국을 상대할 수도 있다고 한다.[108] 다만 일정한 경제적 토대를 갖지 못한 백성을 교화하기에 앞서 단지 법률에 따라 형벌을 가하는 것은

---

**104** "萬章曰, 堯以天下與舜, 有諸. 孟子曰, 否, 天子不能以天下與人. 然則舜有天下也, 孰與之. 曰, 天與之.(……) 天不言, 以行與事示之而已矣.(……) 敢問薦之於天, 而天受之, 暴之於民, 而民受之, 如何. 曰, 使之主祭, 而百神享之, 是天受之, 使之主事, 而事治, 百姓安之, 是民受之也."(맹자, 萬章上)

**105** "太(泰)誓曰, 天視自我民視, 天聽自我民聽."(맹자, 萬章上)

**106** "無惻隱之心, 非人也. 無羞惡之心, 非人也, 無辭讓之心, 非人也, 無是非之心, 非人也."(맹자 公孫丑上)

**107** "康誥曰, 殺越人于貨, 閔不畏死, 凡民罔不譈, 是不待教而誅者也."(맹자, 萬章下)

**108** "莫如貴德而尊士. 賢者在位, 能者在職, 國家閒暇. 及其時, 明其政刑, 雖大國必畏之矣."(맹자, 公孫丑上)

'백성을 그물질하는 짓'이라 비판하고[109], "훌륭한 정치(法度·禁令)는 훌륭한 교화로써 민심을 얻는 것만 못하다"[110]고 본다. 요컨대 맹자는 인성과 천도를 연계시킴으로써 근거를 확보하고자 하였지만, 인간의 현실적 욕구의 배제를 전제하고 성선설에 기반한 그의 정치 윤리적 이념은 당대에 실현될 수 없었다.


## 4. 천과 인의 분리와 통일


자연에 대한 인간 주체성의 확보는 순자에 이르러 또 다른 계기를 맞게 된다. 순자는 맹자와 마찬가지로 적극적으로 천에 대한 논의를 하고 있지만, 그 의도와 내용의 측면에서 완전히 상반된다. 그는 맹자가 천을 심성에 내재화시킴으로써 도덕성의 근거를 확보하려던 것과는 달리 오히려 천과 인의 구분을 명확히 해야 한다고 주장한다. 「천론天論」편의 첫머리에 보면 "하늘의 도는 일정해서 요임금 때문에 있는 것도 아니고, 걸임금 때문에 없어지는 것도 아니다"[111]라 하여, 자연법칙과 인간의 법칙의 연계성을 근본적으로 부정하고 있다.

이른바 '천인상분(天人相分)'은 자연(천지)과 인간이 각각 그 직분을 갖고 서로 간섭하지 않는다는 것이다.[112] 곧 자연은 자연 나름대로 일정한 법칙이 있는 것이지 인간의 현실과 상호 영향을 주고받는 것이 아니다. 여기서의 천은 예컨대 궤도를 따라 도는 별이나 교대로 뜨고 지는 해와 달, 주기적으로 바뀌는 사계절처럼 일정한 법칙에 따라 운행되

---

**109** "無恒產而有恒心者, 惟士爲能. 若民則無恒產, 因無恒心. 苟無恒心, 放辟邪侈, 無不爲已. 及陷於罪, 然後從而刑之, 是罔民也. 焉有仁人在位罔民而可爲也."(맹자, 梁惠王上)
**110** "善政不如善敎之得民也. 善政, 民畏之, 善敎, 民愛之. 善政, 得民財, 善敎, 得民心."(맹자, 盡心上)
**111** "天行有常, 不爲堯存, 不爲桀亡. 應之以治則吉, 應之以亂則凶."(순자, 天論)
**112** "天有其時, 地有其財, 人有其治. 夫是之謂能參."(순자, 天論)

는 객관적 자연일 뿐이다.[113]

　이것은 첫째 고래의 천(자연, 상제)에 대한 신비적 관념과 그에 기초한 미신에서 탈피한다는 의의를 지닌다. 순자에 의하면, 사회의 치란과 길흉화복 또한 천지나 때(時)에 달려 있는 것이 아니라 사람의 노력에 달려 있다고 본다.[114] 특히 그가 귀신 관념과 관련하여 취하는 입장은 "선을 실천하고 정치를 잘하는 것이 신이다"[115]라 하여 주재성이나 인격성을 배제한다는 점에서 맹자의 정의와 유사하지만, 그에 대해 적극적으로 비판하고 있다는 점에서 맹자는 물론 공자와도 다르다. 따라서 가뭄이나 홍수 등 자연재해는 단지 자연 법칙 자체에 따른 것이기에 그것에 대해 원망하는 일은 어리석은 일이라고 지적하고[116], 당시 일반화된 기우제를 비롯한 관상 등 민간에서의 미신에 대해 비판하였다.[117] 관상에 대한 비판은 「비상非相」편의 논의가 자세하다.

　다음으로 순자의 천인상분은 맹자의 천인상통적 관점을 비판하는 동시에 공자의 천에 대한 주체성의 확보를 완성한다는 의의를 지닌다. 그러나 자연과 인간이 전혀 무관한 것은 아니라 "천명을 제어해서 이용해야 한다"고 하여 자연에 대한 개조를 주장한다. 순자는 "자연을 위대하다고 여기고 사모하는 것과 만물을 비축해서 조절하는 것 가운데 어느 것이 나은가? 자연에 순응하여 칭송하는 것과 천명을 제어해서 이용하는 것 가운데 어느 것이 나은가?"[118] 반문한다. 그가 강조하는 이른바 '능참(能參)'은 인간의 주체성을 능동적으로 발휘해야 한다는 표명이

---

113　"列星隨旋, 日月遞炤, 四時代御, 陰陽大化, 風雨博施(……) 皆知其所以成, 莫知其無形, 夫是之謂天."(순자, 天論)

114　"治亂天邪. 曰, 日月星辰瑞歷, 是禹桀之所同也, 禹以治, 桀以亂, 治亂非天也. 時邪. 曰, 繁啓蕃長於春夏, 畜積 收臧於秋冬, 是又禹桀之所同也, 禹以治, 桀以亂, 治亂非時也. 地邪. 曰, 得地則生, 失地則死, 是又禹桀之所同也, 禹以治, 桀以亂, 治亂非地也."(순자, 天論)

115　"曷謂神, 曰, 盡善挾治之謂神."(순자, 儒效)

116　"水旱未至而飢, 寒署未薄而疾, 祅怪未至而凶. 受時與治世同, 而殃禍與治世異, 不可以怨天, 其道然也."(순자, 天論)

117　"雩而雨, 何也. 曰, 無何也, 猶不雩而雨也."(순자, 天論)

118　"大天而思之, 孰與物畜而制之. 從天而頌之, 孰與制天命而用之."(순자, 天論)

다. 특히 그가 무위자연을 표방하는 장자(莊子)에 대해 "자연에 가리워 사람(인위)을 몰랐다"[119]고 비판한 것처럼 인간을 자연에 매몰시킬 수 없다고 본다.

자연과 인간을 구분하는 논리는 인간 자체에 대해서도 자연(본성)과 인위를 구분하는 논리로 이어진다. 순자에 의하면, 맹자 성선론의 잘못은 자연적 본성과 인위를 구분하지 못한 데 있다.[120] 말하자면 선천적 생리기관의 생리 및 의식성색(衣食聲色)에 대한 정욕(情欲)과 후천적으로 형성된 품격의 구분을 무시하였다는 것이다. 자연에 대한 인간의 참여와 개조를 전제한 논리는 인간의 자연성에 대한 개조로 이어진다. 이른바 '화성기위(化性起僞)'[121]는 악한 본성을 방치하는 것이 아니라 어떻게 하면 선하게 개조할 수 있는가의 문제이다. 인간의 정욕은 절대적으로 바꿀 수 없는 것이 아니라 인위적으로 개조가 필요하고 가능하다고 보기 때문이다. 결국 순자가 인간의 자연성과 인위성을 구분하는 근원적 의도는 인간에 대한 자연성에 대한 분석과 비판을 통하여 인위성을 정당화하는 데 있다. 여기서 순자의 「예론禮論」이 비롯된다.

'예'는 순자철학의 가장 기본적 범주이다. 그러나 그것은 맹자처럼 천과 연계되는 선천적 도덕관념이 아니라 인간과 사회 자체에서 필요에 의해 생성된 사회규범이다. 천(자연)과의 연계성을 부정하는 순자로서는 현실에서의 정당성을 추구하기 위해서 맹자와는 달리 인간의 감각적 욕망에 주목하지 않을 수 없었다.

앞서 보았듯이 공자는 인과 예를 인간의 본질과 형식으로서 불가분의 관계로 파악하였고 맹자는 예보다는 인(의)을 중시하여 정치적으로

---

119 "莊子蔽於天而不知人." (순자, 解蔽)

120 "孟子曰, 人之學者, 其性善. 曰, 是不然. 是不及知人之性, 而不察乎人之性僞之分者也." (순자, 性惡) "孟子曰, 人之性善, 曰, 是不然. 凡古今天下之所謂善者, 正理平治也, 所謂惡者, 偏險悖亂也. 是善惡之分也已.(순자, 性惡)

121 "聖人化性而起僞, 僞起而生禮義, 禮義生而制法度." (순자, 性惡)

왕도 내지 인정론(仁政論)을 전개하였다. 순자는 오히려 외면적 규범 내지 형식이라고 할 수 있는 예에 대하여 따로 편을 설정하고 그것의 기원과 작용 등에 대하여 심도 깊게 논의하였다.[122]

순자는 인간이 다른 사물과 구별되는 본질을 예의(禮義)라는 규범과 사회성(能群)에서 찾고 있다.[123] 이렇게 인간을 사회성을 중심으로 규정하는 것은 동물과의 차별성을 인륜에 두고[124] 사단을 지니지 않으면 사람이 아니라고 보는 맹자와 기본적으로 차이가 있다. 순자는 예의 기원을 일정한 사회에서 사람의 무한한 욕망과 제한된 재화를 조절하는 데서 비롯한 것으로 설명한다.[125]

사람의 본성이 악하다는 의미에는 사람이 예의법도에 어긋나는 각종 정욕을 갖고 있다는 것이다. 이러한 열악한 본성의 존재는 정치 사회적으로 본다면 극복의 대상이다. 인성에 따르면 이익을 좋아하고 해로움을 피하기 때문에 제한된 의식주 문제를 둘러싸고 싸우게 되고 결국에는 혼란을 가져올 수 있기 때문이다. 이렇게 보면, 맹자의 예는 금수와의 차별성을 통하여 인간 도덕성의 확보가 목적이라면, 순자의 예는 차별성에 기초하면서도 궁극적으로 현실적으로 사회적 통합을 이루기 위한 것이었다고 할 수 있다.

순자철학은 현실적으로 정치 사회의 혼란을 수습하는 것이었지만, 그의 궁극적 의도는 통일을 이루는 데 있다. 그래서인지 그가 말하는 예의 내포와 외연은 대단히 넓다. 예컨대 예는 '강한 나라의 근본'[126],

---

122 兒玉六郎은 순자사상의 본질은 형이하의 기술에서가 아니라, 예의를 주지로 하는 형이상의 유가 정신에서 찾아야 한다고 본다(兒玉六郎, 『荀子の思想』, 風間書房, 1992).

123 "水火有氣而無生, 草木有生而無知, 禽獸有知而無義, 人有氣有生有知亦且有義, 故最爲天下貴也. 力不若牛, 走不若馬, 而牛馬爲用, 何也. 曰, 人能群, 彼不能群也."(순자, 王制)

124 "孟子曰, 人之所以異於禽獸者幾希. 庶民去之, 君子存之. 舜明於庶物, 察於人倫."(맹자, 離婁下)

125 "禮起於何也. 曰, 人生而有欲, 欲而不得, 則不能無求, 求而無度量分界, 則不能不爭. 爭則亂, 亂則窮, 先王惡其亂也, 故制禮義以分之, 以養人之欲, 給人之求, 使欲必不窮乎物, 物必不屈於欲, 兩者相持而長, 是禮之所起也."(순자, 禮論)

126 "禮者, 治辨之極也, 强國之本也."(순자, 議兵)

혹은 "나라의 운명은 예에 달려 있다"[127]고 하여 인간의 사회성과 사회 규범을 강조하는 반면에, '인도의 표준'[128]이라 하여 인간 상호 관계성에 주목하여 의례의 의미로써 사용되기도 한다. 또한 예의 세 가지 근본을 제시하고 있는데, 그것은 삶의 근본으로서 천지(자연), 생명의 근원으로서 선조, 정치의 근본으로서 군주와 스승이라고 한다.[129] 그러므로 사람이 예가 없으면 살 수 없고, 일을 할 때 예가 없으면 성취시킬 수 없으며, 나라에 예가 없으면 안정될 수 없다고 한다.[130] 결국 순자의 예는 인간과 인간, 인간과 사회, 인간과 자연의 관계를 모두 포괄하는 규범 내지 제도라는 의미로 사용된다고 하겠다.

순자에게서 무엇보다 주목할 만한 점은 예와 형(법)을 치국의 두 가지 기본 원칙이라고 보는 것이다.[131] 이것은 비록 작용면에서 인간의 성악(性惡)에 대한 처방에서 비롯한 것이지만,[132] 양자가 별다른 구별이 없는 것처럼 보인다.[133] 이것은 기본적으로 공자와 맹자에 있어서 예와 법이 확연히 구분되는 것과는 차이가 있다. 그러나 상대적으로 예가 법의 기준이 되고 있다[134]는 점에서 법가의 견해와는 근본적으로 다르다. 법 자체에만 의존하기보다는 법의 근거와 정당성을 의식하면서도 인간의 주체성을 잃지 않는 일이 중요하다고 보고, 이 점에서 사(士), 군자, 성인이 구분된다고 한다.[135] 요컨대 순자에 의하면, 법 자체는 독립될 수 없으며, 법은 치국의 단서이지만 법의 원천은 군자라고 강조한다.[136]

순자가 치국의 수단으로 예와 법을 병용하면서도 예를 법에 비해 효

---

**127** "人之命在天, 國之命在禮."(순자, 天論)

**128** "禮者, 人道之極也."(순자, 禮論)

**129** "禮有三本, 天地者, 生之本也, 先祖者, 類之本也, 君師者, 治之本也."(순자, 禮論)

**130** "人無禮則不生, 事無禮則不成, 國家無禮則不寧."(순자, 修身)

**131** "治之經, 禮與刑. 君子以修, 百姓寧. 明德愼罰, 國家旣治, 四海平."(순자, 成相)

**132** "古者, 聖王以人之性惡, 以爲偏險而不正, 悖亂而不治, 是以爲之起禮義, 制法度."(순자, 性惡)

**133** "禮義者, 治之始也."(순자, 王制), "法者, 治之端也."(순자, 君道)

**134** "禮者, 法之大分, 類之綱紀也."(순자, 勸學)

**135** "好法而行, 士也, 篤志而體, 君子也, 齊明而不竭, 聖人也."(순자, 修身)

과적인 것으로 보는 관점은 왕도와 패도의 관계에 대한 논의와 연계된다. 맹자는 패도에 반대하고 왕도를 주장하였지만, 순자는 천하통일의 방법으로 두 가지를 모두 인정하고 있다.

순자에 따르면 예를 높이고 현자를 높이는 것이 왕도이며, 법을 중시하고 백성을 사랑하는 것이 패도라고 한다.[137] 예를 기준으로 말한다면 그것을 완전하게 실행하면 왕도, 불완전하게 실행하면 패도이며, 완전히 예를 폐기하면 나라가 망하게 된다고 본다.[138] 따라서 왕도와 패도를 대립적으로 파악하지 않는다.[139] 패도는 왕도를 실현하기 어려울 때 써야 하는, 다시 말해 왕도의 보조 수단이다. 여기서 순자의 왕도는 예의 실천과 연계된다. 이것은 맹자가 왕도를 "덕으로 인을 실천하는 것(以德行仁)"이라는 '도덕성의 실현'으로 정의한 것과 분명히 구별된다.

요컨대 공자의 덕치와 예치에 대한 논의 가운데에서, 맹자는 인(의) 관념에 기초해서 왕도로써 덕치 관념을 계승 발전시켰다고 한다면, 순자는 상대적으로 예치 관념을 계승 발전시켰다고 할 수 있겠다. 그런데 이 과정에서 한 가지 흥미로운 점은 공자가 인의 실천 형식으로써 예와 악을 대등한 차원에서 논의하고 있는 데 대한 맹자와 순자의 차이이다. 맹자는 인간의 정욕을 조절하는 음악에 관해 관심이 거의 없었던 데 비해, 순자는 예는 물론이거니와 음악에 관해서도 별도의 「악론樂論」이 설정되어 상당히 비중 있게 다루고 있다. 이것은 우리가 만일 본원유교의 전개과정에서 긍정적인 요소를 전제할 수 있고, 자연에 대한 인간의 주체성의 확보와 아울러 인간과 인간, 인간과 사회 관계에 있어서 양자

---

**136** "法不能獨立, 類不能自行, 得其人則存, 失其人則亡. 法者, 治之端也, 君子者, 法之原也. 故有君子, 則法雖省, 足以徧矣, 無君子, 則法雖具, 失先後之施, 不能應事之變, 足以亂矣. 不知法之義而正法之數者, 雖博, 臨事必亂."(순자, 君道)

**137** "人君者, 隆禮尊賢而王, 重法愛民而覇."(순자, 强國)

**138** "粹而王, 駁而覇, 無一焉而亡."(순자, 强國)

**139** "彼王者則不然. 致賢能而以救不肖, 致彊而能以寬弱. 戰必能殆之, 而羞與之鬪(……) 有災繆者然後誅之. 故聖王之誅也纂省矣."(순자, 仲尼)

의 바람직한 조화를 지향한다면 예이든 법이든 차별성에 근거하는 규범과 더불어 성정의 조화를 추구하는 별도의 보완적 수단이 필요함을 시사하는 것이라 하겠다.

# 제5장 순자의 유·법 통일

    여기서는 순자에 있어서 1) 선왕과 후왕, 2) 예와 법, 3) 왕도와 패도의 관계에 대한 논의를 통하여 순자와 유가 혹은 법가와의 관계를 검토하기로 한다. 그런데 이제까지의 논의에서 알 수 있듯이 이 세 가지 문제는 서로 긴밀한 관계를 지니며 실상 이것은 유가와 법가의 차이라 해도 과언이 아니다. 앞장에서 살펴본 바와 같이 유가와 법가의 대립은 그 근본적인 원인이 양자의 역사관의 차이에서 비롯된 것이다. 적어도 법가의 진보적 입장에서 보면 유가의 역사관은 보수적이고 심지어는 복고적인 성격으로 규정된다.


## 1. 선왕과 후왕

    순자 역사관의 특징을 반영하는 것으로서 순자서에는 '후왕' 이라는 용어가 자주 등장한다.

후왕이야말로 천하의 군주이다. 후왕을 버리고 상고(上古)를 말하는 것은 제 임금을 버리고 남의 임금을 섬기는 것과 같다. 따라서 말하기를, 천년 전을 보려면 오늘을 헤아려야 하고, 억만(億萬)을 알고자 하면 하나 둘부터 세어야 하며, 오랜 옛날을 알고자 하면 주(周)나라 도를 살펴야 하고, 주나라 도를 알고자 하면 그 사람들이 군자를 귀히 여긴 바를 살펴야 한다.[140]

154

여기서 '후왕'이라는 용어 자체는 공자나 맹자에게서는 찾아볼 수 없는 것이다.[141] 맹자는 오히려 '선왕의 도'라는 용어를 자주 사용하였으며 이에 대해 법가 계통의 맹렬한 공격을 받았던 것이 사실이다. 그렇지만 순자를 포함한 선진의 제자백가 또한 거의 공통적으로 자신들의 이념적 근거를 제시할 때 '선왕'이라는 용어를 채택하였다. 심지어 순자는 '복고(復古)'를 내세우기도 했지만 그것 또한 '후왕'에 근거한 것이었다.[142] 따라서 순자에게서는 선왕이나 후왕이라는 용어가 모두 '순자식'으로 이해된 이상형으로 볼 수 있을 것이다. 그렇지만 순자와 맹자를 비교해 보면 용어상의 차이뿐만 아니라 내용상으로도 상당한 차이가 드러난다.

순자는 맹자를 비판하는 논거의 하나로서 "옛것을 잘 말하는 자는 반드시 현재를 기준으로 한다"는 것을 내세웠다. 그는 이어서 변합(辨合)과 부험(符驗)의 방법을 제시하고 성선설이 이러한 근거를 지니지 못한 것이라 본다.[143] 여기서 변합은 분석과 종합의 방법이며 부험은 현실에 근거해서 징험하는 방법이다.[144] 이에 대해 좀더 자세하게 설명한다.

군자는 가까운 것을 직접 보고 들어서 먼 데 있는 것까지 알게 된다. 이것은 무슨 까닭인가? 취하는 방법 때문이다. 따라서 천 사람 만 사

---

140 "彼後王者天下之君也. 舍後王而道上古, 譬之是猶舍己之君, 而事人之君也. 故曰, 欲觀千歲, 則數今日, 欲知億萬, 則審一二, 欲知上世, 則心周道, 欲知周道, 則審其人所貴君子."(순자, 非相)

141 『순자』에서 '선왕'과 '후왕'이 혼용되어 쓰이고 있다는 점에서 맹자의 '선왕'과의 비교에 여러 견해가 있을 수 있다. 예컨대 곽말약은 양자가 일치한다고 보며(앞의 책, 202면), 풍우란은 양자는 모두 文·武를 가리키는 것이라 본다(『中國哲學史新編』 제2권, 365면). 또한 '폭군과 상대적이면서 당시 신흥지주의 이상적 정치를 구현할 수 있는 군주'를 의미한다고 보는 견해도 있다 (王杰, 「荀子歷史觀基本特徵新探」, 『中國哲學史研究』 第2期, 1989).

142 "王者之制, 道不過三代, 法不貳後王(……) 夫是之謂復古, 是王者之制也."(순자, 王制)

143 "善言古者, 必有節於今, 善言天者, 必有徵於人. 凡論者, 貴其有辨合, 有符驗. (……) 今孟子曰, 人之性善. 無辨合符驗."(순자, 性惡)

144 馮契, 『中國古代哲學的邏輯發展』(上), 上海人民出版社, 1985, 167면 참조.

람의 정(情)이 한 사람의 정과 같은 점을 알고, 천지의 시초가 오늘과 같은 점을 알며, 이전의 여러 왕(先王)이 후왕과 같은 점을 안다. 군자는 후왕의 도를 자세히 살핀 다음에 이전의 여러 왕들과 비교해서 논하기 때문에 마치 두 손을 마주잡듯이 쉽게 논의할 수 있다.[145]

여기서 선왕과 후왕은 통일된다. 이것은 과거와 현재를 단절시켜서 볼 수 없다는 말이다. 물론 순자의 후왕은 현재에서 성왕의 업적을 보고자 하는 수단이라는 의미가 강하다. 따라서 그는 또한 '대유(大儒)'의 장점으로 "비근한 것으로써 넓은 것을 알고 옛 것으로써 현재 것을 알며, 하나로써 여러 가지를 안다"는 것을 제시하기도 했다.[146] 그러나 한편 순자도 유가의 전통을 계승하여 '선왕의 도'를 내세우는 경우가 적지 않았으며 나아가서 그는 「비상非相」에서 '후왕'을 논한 대목을 바로 이어 다음과 같이 밝히고 있다.

대저 망령된 사람이 말하기를 '옛날과 지금은 사정이 다르므로 치란을 이루는 도가 다르다'고 하여 대중이 미혹된다(……) 도로써 모든 것을 본다면 옛날과 지금은 그 척도가 마찬가지이다.[147]

이상은 앞서의 '후왕'의 논의와 모순되는 것처럼 보인다. 한편 순자는 도와 법을 구별하여 "왕자의 제도에 있어서 도는 삼대를 벗어나지 않으며 법은 후왕에 어긋나지 않는다"[148]고 한다. 여기서도 앞서의 인용문에서와 마찬가지로 도 자체가 고금(古今)을 일관하는 것임을 강조한다. 그렇다면 순자는 법 자체는 현실에 따라 변하는 것이고 도 자체

---

**145** "(君子)聽視者近, 而所聞見者遠. 是何也. 則操術然也. 故千人萬人之情, 一人之情是也, 天地始者, 今日是也, 百王之道, 後王是也. 君子審後王之道, 而論於百王之前, 若端拜而議."(순자, 不苟)

**146** "以淺持博, 以古持今, 以一持萬(……) 是大儒者也."(순자, 儒效)

**147** "夫妄人日, 古今異情, 其以治亂者異道. 而衆人惑焉(……) 以道觀盡, 古今一度也."(순자, 非相)

**148** "王者之制, 道不過三代, 法不貳後王."(순자, 王制)

는 불변하는 것이라고 본 것이 된다. 그에 의하면 도라는 것은 하늘의 도, 땅의 도가 아니라 사람의 도이다.[149] 인도(人道)의 구체적인 표준이 되는 것은 예이다. 따라서 예는 형식으로 변할 수 있는 것이지만 그 본질로서의 인도는 변치 않으며 다만 시대에 따라서 그것을 실행하는 방법(禮)이 달라진다고 보는 듯하다. 그렇다면 이것은 마치 공자가 인과 예를 불가분의 관계로 설정하고 인(仁)의 실현태로서의 예의 형식적 변용을 인정한 것과 같은 맥락이다.


## 2. 예와 법


왕선겸(王先謙)에 따르면 당대(唐代)의 한유(韓愈)가 순자를 "대체로 순수하지만 작게는 흠이 있다(大醇小疵)"고 평하고 송대에 이르러 그를 공격한 학자들이 더욱 많게 된 것은 물론 성악설 때문이었지만 그것은 순자의 본 뜻이 아니며 학문과 정치를 논할 때는 모두 예로써 종지를 삼았다고 하였다.[150]

'예'는 순자철학의 가장 기본적 범주로서 전편을 통하여 삼백여 차례 보인다. 앞서 보았듯이 공자는 인과 예를 인간의 본질과 형식으로서 불가분의 관계로 파악하였고 맹자는 예보다는 인을 중시하여 정치적으로 왕도 내지 인정론(仁政論)을 전개하였다. 또한 사덕(四德)의 하나로서 예 개념은 인의(仁義)를 절문(節文)하는 것이기 때문에 맹자에서는 인과 예가 대등한 관계가 아니다.[151]

---

149 "道者非天之道, 非地之道, 人之所以道也."(순자, 儒效)

150 "昔唐韓愈氏以荀子書爲大醇小疵. 逮宋攻者益衆. 推其由, 以言性惡故. 余謂性惡之說, 非荀子本意也(……) 荀子論學論治, 皆以禮爲宗."(荀子集解, 서문)

151 "孟子曰, 仁之實, 事親是也. 義之實, 從兄是也. 智之實, 知斯二者不去是也. 禮之實, 節文斯二者是也."(맹자, 離婁上)

순자는 오히려 외면적 규범 내지 형식이라고 할 수 있는 예에 대하여 따로 편을 설정하고 그것의 기원과 작용 등에 대하여 심도 깊은 논의를 전개하였다.[152] 맹자는 대부분의 경우 인의를 병칭하였다. 그런데 순자서에서는 예의가 백여 차례 병칭되는 것에 비해 인의는 30여 차례로 상대적으로 적다. 물론 이러한 차이보다 본질적인 것은 맹자가 인의 내지 예의를 선천적으로 갖추어진 것으로 보고 성선설의 기반으로 삼고 있는 데 비해 순자가 말하는 예의는 후천적 교화나 학습에 말미암는다는 데 있다.

순자는 인간이 다른 사물과 구별되는 본질을 예(禮·義)라는 규범과 사회성[能群]에서 찾고 있다. 그에 따르면 물이나 불은 기(氣)만을 갖고 있으며 초목은 기와 생명을 갖고 있으나 인식 능력이 없으며 금수는 인식 능력을 갖고 있지만 사회규범[禮義]을 갖고 있지 않으며 사람만이 유독 그 규범을 갖고 있기에 가장 귀한 존재라고 한다. 또한 힘으로는 소를 이길 수 없고 달리기로는 말을 앞설 수 없지만 인간이 소나 말을 부리는 이유는 사회생활[能群]을 할 수 있기 때문이라고 하였다.[153] 이렇게 인간을 사회성을 중심으로 규정하는 것은 동물과의 차별성을 인륜에 두고[154] 사단을 지니지 않으면 사람이 아니라고 보는 맹자와 기본적으로 차이가 있다. 요컨대 맹자가 인간을 도덕적인 존재로 보는 데 비해 순자는 상대적으로 사회적 존재임을 강조하였다.

순자의 예는 공자가 말하는 예와 마찬가지로 그 의미하는 범위가 대단히 넓다. 그는 예를 '강한 나라의 근본',[155] '인도의 표준'[156]이라 하기도 하고 "나라의 운명은 예에 달려 있다"[157]고도 한다. 그는 예의 기

---

152 兒玉六郎은 순자사상의 본질은 형이하의 기술에서가 아니라, 예의를 주지로 하는 형이상의 유가 정신에서 찾아야 한다고 본다(兒玉六郎, 『荀子の思想』, 風間書房, 1992, 387면 참조).

153 "水火有氣而無生, 草木有生而無知, 禽獸有知而無義, 人有氣有生有知亦且有義, 故最爲天下貴也. 力不若牛, 走不若馬, 而牛馬爲用, 何也. 曰, 人能群, 彼不能群也."(순자, 王制)

154 "孟子曰, 人之所以異於禽獸者幾希. 庶民去之, 君子存之. 舜明於庶物, 察於人倫."(맹자, 離婁下)

155 "禮者, 治辨之極也, 强國之本也."(순자, 議兵)

156 "禮者, 人道之極也."(순자, 禮論)

원을 사람의 무한한 욕망과 제한된 재화를 조절하려는 데서 비롯한 것으로 설명한다.[158] 물론 그것은 사회의 혼란을 방지하고 통일을 이루는 데 궁극적 목적이 있다.

순자에게서 무엇보다 주목할 만한 점은 예와 법을 연계시키고 있다는 것이다.[159] 심지어 양자를 일치시키는 경우도 있다.[160] 이것은 비록 그 작용면에서의 논의이기는 하지만 양자가 별다른 구별이 없는 것처럼 보인다. 그는 구체적으로 예와 형(법)을 치국의 두 가지 기본 원칙이라고 보았다.[161] 이것은 기본적으로 인간의 성악(性惡)에 대한 처방에서 비롯한다.[162] 그러므로 선한 이에 대해서는 예로, 불선(不善)한 이에 대해서는 형벌로 다스린다.[163] 또한 "사(士) 이상은 반드시 예악으로 조절하고 일반 백성은 반드시 법수(法數)로 제어한다"고 한다.[164] 이것은 그가 기본적으로 공자의 예악 사상의 영향을 받았음을 의미한다.

순자가 비록 공자와 그 기준은 달랐더라도 정치·윤리적 차별에 근거해야만 정치·사회가 안정될 수 있다고 본 점에서는 동일하다. 그가 논의하는 예의 내용은 구체적으로 귀천(貴賤)의 구별, 장유(長幼)의 차이, 빈부(貧富) 경중의 문제였기 때문이다.[165] 또한 그는 "임금은 임금답고 신하는 신하다우며, 부모는 부모답고 자식은 자식다우며, 형은 형답고 아우는 아우다운 것이 하나이며, 농부는 농부답고 선비는 선비다우며, 공인은 공인답고 상인은 상인다운 것이 하나이다"라고 하였다.[166]

---

157 "人之命在天, 國之命在禮."(순자, 天論)

158 "禮起於何也. 曰, 人生而有欲, 欲而不得, 則不能無求, 求而無度量分界, 則不能不爭. 爭則亂, 亂則窮, 先王惡其亂也, 故制禮義以分之, 以養人之欲, 給人之求, 使欲必不窮乎物, 物必不屈於欲, 兩者相持而長, 是禮之所起也."(순자, 禮論)

159 "禮者, 法之大分, 類之綱紀也."(순자, 勸學)

160 "禮義者, 治之始也."(순자, 王制) "法者, 治之端也."(순자, 君道)

161 "治之經, 禮與刑. 君子以修, 百姓寧. 明德愼罰, 國家旣治, 四海平."(순자, 成相)

162 "古者, 聖王以人之性惡, 以爲偏險而不正, 悖亂而不治, 是以爲之起禮義, 制法度."(순자, 性惡)

163 "聽政之大分. 以善至者, 待之以禮. 以不善至者, 待之以刑."(순자, 王制)

164 "由士以上, 則必以禮樂節之. 衆庶百姓, 則必以法數制之."(순자, 富國)

165 "禮者, 貴賤有等, 長幼有差, 貧富輕重皆有稱者也."(순자, 富國)

그런데 이러한 차별 내지 구별은 절대적인 것이 아니다. 따라서 "비록 왕공 사대부의 자손이라도 예의에 따르지 않으면 서인(庶人)으로 귀속시킨다. 비록 서인의 자손이라도 문학 행실을 쌓아서 예의에 따른다면 경상(卿相) 사대부로 귀속시킨다"고 하였다.[167] 예(禮)의 구별은 임의로 만드는 것이 아니라 개인의 현능(賢能)으로 결정되기 때문이다.[168] 따라서 순자는 '덕'과 그에 해당하는 '위(位)'와 '록(祿)'이 일치되어야 한다고 본다.[169]

요컨대 순자는 비록 치국의 수단으로 예의와 법도를 병용할 것을 주장하였지만 예가 법에 비해 효과적인 것으로 본다. 이것은 그의 왕도와 패도의 관계에 대한 논의와 연계된다.


## 3. 왕도와 패도


맹자는 패도에 반대하고 왕도를 주장하였지만 순자는 천하통일의 방법으로 두 가지를 모두 인정하였다. 순자에 따르면 예를 높이고 현자를 높이는 것이 왕도이며, 법을 중시하고 백성을 사랑하는 것이 패도이다.[170] 예를 기준으로 말한다면 그것을 완전하게 실행하면 왕도, 불완전하게 실행하면 패도이며, 완전히 예를 폐기하면 나라가 망하게 된다고 본다.[171] 따라서 왕도와 패도를 대립적으로 파악하지 않는다.

---

166 "君君 · 臣臣 · 父父 · 子子 · 兄兄 · 弟弟一也. 農農 · 士士 · 工工 · 商商一也."(순자, 王制)

167 "雖王公士大夫之子孫也, 不能屬於禮義, 則歸之庶人. 雖庶人之子孫也, 積文學, 正身行, 能屬於禮義, 則歸之卿相士大夫."(순자, 王制)

168 "王者之論, 無德不貴, 無能不官, 無功不賞, 無罪不罰. 朝無幸位, 民無幸生. 尙賢使能, 而等位不遺, 折愿禁悍, 而刑罰不過."(순자, 王制)

169 "德必稱位, 位必稱祿, 祿必稱用."(순자, 富國)

170 "人君者, 隆禮尊賢而王, 重法愛民而霸."(순자, 强國)

171 "粹而王, 駁而霸, 無一焉而亡."(순자, 强國)

왕도는 그렇지 않다(무력으로 사람을 복종시키는 패도와 다르다). 현자와 능자(能者)를 쓰면서도 불초한 사람을 구제해 주고, 강국이 되도록 힘쓰면서도 약소국에 대해서 관용을 베풀며, 싸우면 반드시 적국을 위태롭게 할 수 있는데도 싸우기를 주저한다(……) 그러나 (그것으로 감화를 입지 못하고) 여전히 도리에 벗어난 행위를 한다면 그 나라를 벌주어 멸해 버린다. 그러므로 성왕이 남의 나라를 벌주는 일은 드물었다.[172]

여기서 패도는 왕도를 실현하기 어려울 때 써야 하는 다시 말해 왕도의 보조 수단이다. 따라서 무력보다는 덕(예)으로써 남을 제압하는 것이 우선이다. 무력을 사용하면 끝내 자신이 약해질 수밖에 없기 때문이다. 따라서 겸병은 차라리 쉬운 것이고, 그것을 견고하게 지키는 것이 어렵다고 한다.[173] 순자에 따르면 제나라가 송나라를 병합할 수 있었지만 끝내는 그 땅을 위나라에게 빼앗기고 말았던 것이 그 좋은 예가 된다. 그는 선행 법가에 대하여 다음과 같이 평하고 있다.

(위나라) 성후(成侯)와 사공(嗣公)은 세금 거두는 데 능란한 군주였지만 민심을 얻지 못했다. 정나라 자산(子産)은 민심을 얻었지만 정치를 잘하지 못했다. (제나라) 관중(管仲)은 정치를 잘했지만 예를 닦지는 못했다. 따라서 예를 높이는 사람은 왕이 되고, 정치를 잘하면 강하게 되며, 민심을 얻으면 편해지고, 세금을 거두는 사람은 멸망한다.[174]

---

172 "彼王者則不然. 致賢能而以救不肖, 致彊而能以寬弱. 戰必能殆之, 而羞與之鬪(……) 有災繆者然後誅之. 故聖王之誅也綦省矣."(순자, 仲尼)

173 "以德兼人者王, 以力兼人者弱, 以富兼人者貧, 古今一也. 兼幷易能也, 唯堅凝之難焉."(순자, 議兵)

174 "成侯嗣公聚斂計數之君也, 未及取民也. 鄭子産取民者也, 未及爲政者也. 管仲爲政者也, 未及修禮者也. 故隆禮者王, 爲政者彊, 取民者安, 取斂者亡."(순자, 王制)

　여기서 순자의 왕도는 예의 실천과 연계된다. 따라서 앞서 맹자가 왕도를 정의하면서 "덕으로 인을 실천하는 것(以德行仁)"이라 한 것과 구별된다. 앞서 제기된 덕치와 예치에 대한 공자의 논의 가운데에서 맹자는 왕도로써 공자의 덕치 관념을 계승한 반면에 순자는 공자의 예치 관념을 계승 발전시켰다고 할 수 있겠다.

　왕도는 예치이고 패도는 법치에 해당한다. 이와 관련하여 앞장에서 관중과 환공에 대한 공·맹의 입장을 살펴본 것과 마찬가지로 순자의 입장을 살펴볼 필요가 있다. 「중니仲尼」에 공자 문하에서는 아이들까지 오패(五霸)의 이야기를 입에 담기를 부끄러워한다는 말에 대한 순자의 해명이 실려 있다. 이에 따르면 환공은 자기 형인 규(糾)를 죽이고 나라를 차지했고 사생활이 사치스러웠으며 무력으로 35개국을 병합했다는 등의 근거를 제시하며 무도한 점이 있기 때문에 공문(孔門)에서 그를 내세우지 않는 것은 사실이라고 한다.

　그러나 한편으로는 그가 남들이 갖지 못한 커다란 절의(節義)가 있었기 때문에 오패(五霸)의 우두머리가 될 수 있었다고 본다. 예컨대 자신의 목숨을 노렸던 관중을 미워하기보다는 오히려 재상으로 삼고 중보(仲父)로 높였다는 점 등이다. 따라서 순자는 환공이 패자가 된 것은 우연이 아니라 당연한 것이라고 보았다. 한편 그는 신하를 태신(態臣)·찬신(簒臣)·공신(功臣)·성신(聖臣)의 네 등급으로 분류하고 관중을 공신의 하나로 열거하였다.[175] 또한 관중이 환공을 보필한 것은 주공(周公)이 성왕(成王)을 보필한 것처럼 '대충(大忠)'이라 할 수는 없어도 '차충(次忠)'에 해당한다고 하며[176] 결론적으로 관중의 인물됨을 "공(功)에 힘을 쓰고 의(義)에 힘쓰지 않은 것"으로 평가하였다.[177]

---


**175** "齊之蘇秦, 楚之州侯, 秦之張儀, 可謂態臣者也. 韓之張去疾, 趙之奉陽, 齊之孟嘗, 可謂簒臣也. 齊之管仲, 秦之咎犯, 楚之孫叔敖, 可謂功臣矣. 殷之伊尹, 周之太公, 可謂聖臣矣."(순자, 臣道)

**176** "若周公之於成王也, 可謂大忠矣. 若管仲之於桓公, 可謂次忠矣."(순자, 臣道)

**177** "管仲之爲人也, 力功不力義."(순자, 大略)

이상에서 보면 순자의 패도(覇道)에 대한 관점은 맹자와는 다르지만 대체로 공자와 유사한 것처럼 보인다. 양자가 공통적으로 관중이 예의 실천(왕도)에는 미흡하다고 보면서도 그가 이룬 패업에 대해서는 일정한 긍정을 하고 있기 때문이다.

# 제6장 순자의 후기 법가 비판

앞장에서 순자의 예(禮)와 법(法)의 관계를 중심으로 그가 전기 법가의 합리적인 성분을 자신의 사상 범주와 통일시켰음을 살펴보았다. 여기서는 순자와 후기 법가의 관계를 검토하기로 한다.

현존본 『한비자』에는 한비가 자신의 스승으로서 순자에 대한 언급이 거의 보이지 않으며 그것 또한 긍정적인 면에서가 아니라 오히려 비판적인 시각에서이다. 한비는 유가 분파의 하나로서 '손씨(순자)지유(孫氏之儒)'를 들고 있는데 결론적으로 유(儒)·묵(墨) 전체를 "어리석고 거짓된 학문, 잡동사니를 뒤섞은 행동"으로 평가하기 때문에[178] 순자도 당연히 그의 비판 대상에 포함된다. 이것은 한비가 법가(法術之士)와 제자백가를 모순 관계[勢不兩立]로 파악하는 그의 학문적 특성에 근거한 것으로 설명할 수도 있겠지만 사승(師承) 관계로 볼 때 쉽게 이해할 수 없는 대목이다.

그렇지만 실제 정치가로서 별다른 저술을 남기지 않은 이사(李斯)는 순자의 말을 회고하는 내용이 역사서에 전할 뿐만 아니라[179] 「의병議兵」에는 그와의 문답 내용도 실려 있다. 여기서 이사는 진나라가 잇달아 부국강병에 성공한 것은 '인의(仁義)'가 아니라 편의에 따라 일을 처리했기 때문이라 주장하는데 이에 대해 순자는 인의가 오히려 편의 중의 편의라고 반박한다.[180]

---

**178** "世之顯學, 儒墨也(……) 自孔子之死也, 有子張之儒, 有子思之儒, 有顏氏之儒, 有孟氏之儒, 有漆雕氏之儒, 有仲良氏之儒, 有孫氏之儒, 有樂正氏之儒(……) 愚誣之學, 雜反之行, 明主不受也."(한비자, 顯學)

**179** "李斯喟然嘆曰, 嗟乎. 吾聞之荀卿曰, 物禁大盛."(사기, 李斯列傳)

이른바 '백가쟁명(百家爭鳴)'이라는 용어가 시사하듯이 선진에서는 제가가 상호 비판 과정을 거치면서 각각의 학문적 경향이 성립하였다. 따라서 비록 이념적으로는 대립되었더라도 논리적으로는 오히려 영향을 주고받는 경향이 많았다. 예컨대 맹자가 양주(楊朱)와 아울러 묵자를 '선왕지도'에 어긋난 것으로 맹렬하게 비판하였지만 자신의 논지를 전개시키는 과정에서는 오히려 묵가의 논리적 범주를 채용하여 광범위하게 운용하였다. 이러한 점에서 본다면 한비 자신이 비록 명시적으로 순자를 계승한 것은 아니더라도 양자가 일정한 관련을 맺는 것은 당연한 귀결이다.[181]

순자는 실제로 이른바 후기 법가와 전국 말이라는 시대를 공유했다. 신불해(申不害)·한비(韓非)·이사(李斯) 등이 바로 그들이다. 따라서 순자서에는 이들을 의식하고, 나아가 비판하는 대목이 적지 않으며 여기에는 이들보다 조금 앞선 신도(愼到)와 전병(田駢)까지 포함된다. 그런데 신불해와 거의 동시대인 상앙(商鞅)에 대해서는 순자가 실제로 상당한 영향을 받았으리라 추측되지만 거의 언급하고 있지 않으며 다만 그를 세속적 용병가의 하나로 제시할 뿐이다.[182] 우선 그가 신도와 전병을 비판하는 대목을 인용한다.

법을 숭상하지만 참된 법이 아니며 수양을 가볍게 여기면서 지어내기를 좋아한다(……) 그런데 그 주장에는 그럴 만한 근거가 있고, 그 변론에는 조리가 정연하여 우매한 대중을 현혹시키기에 충분하다. 여기에 속하는 사람이 바로 신도와 전병이다.[183]

---

180 "李斯問孫卿子曰, 秦四世有勝, 兵强海內, 威行諸侯. 非仁義爲之也, 以便從事而已. 孫卿子曰, 非也. 吾所謂仁義者, 大便之便也."(순자, 議兵)

181 勞思光은 양자의 관계를, 1) 師法의 개조, 2) 성악설, 3) 권위주의의 세 가지 측면으로 나누어 설명하고 있다(勞思光, 『중국철학사』(古代), 鄭仁在 역, 探求堂, 1991, 359-361면 참조).

182 "齊之田單, 楚之莊蹻, 秦之衛鞅, 燕之繆蟻, 是皆世俗之所謂善用兵者也."(순자, 議兵)

183 "尙法而無法, 下修而好作(……) 然而其持之有故, 其言之成理, 足以欺惑愚衆, 是愼到田駢也."(순자, 非十二子)

만물은 도의 일부분이며, 한 사물은 만물의 조각인데, 어리석은 자들이 스스로 도를 안다고 여긴다(……) 신도는 뒤만을 보고 앞을 보지 못하였다(……) 뒤만을 보고 앞을 보지 못하면, 백성들이 지향할 바를 모르게 된다.[184]

여기서 "뒤만을 보고 앞을 보지 못한다"는 관점은 상대적으로 법의 강제성과 사후 보복형의 성격에 대한 비판이라고 생각한다.[185] 이것은 자발성과 교화에 기초한 예치(禮治)와는 대립적인 측면이기 때문이다. 따라서 순자는 신도가 법을 도라고 보는 입장은 술수만을 다한 것에 불과하며 신불해가 세를 도라고 하는 입장은 편리함만을 다한 것에 불과하다고 본다.[186] 결론적으로는 "도(道)의 체(體)는 일정하지만 끊임없이 변화하는 것"이라 하고 이들이 도라고 주장하는 것들은 실상 '한 모퉁이'에 불과하다고 비판하였다.[187]

이상의 법가에 대한 비판 내용을 종합하면, 법 자체만으로는 천하를 안정시킬 수 없다는 것이다. 이 점에 국한시킨다면 법(法) · 술(術) · 세(勢)를 통일적으로 파악하려는 한비가 순자를 충실히 계승한 것으로 보아야 한다. 그러나 이상의 비판 내용은 기본적으로 치국의 수단으로서 법과 예의 통일 내지는 법보다 예를 중시하는 순자의 입장이 반영된 것이다.

순자에 의하면 법은 다스림의 시작이며 군자는 법의 원천이다. 따라서 군자가 있으면 법이 비록 간단하더라도 충분히 천하를 다스릴 수 있

---

184 "萬物爲道一偏, 一物爲萬物一偏, 愚者爲一物一偏, 而自以爲知道(……) 愼子有見於後, 無見於先(……) 有後而無先, 則群衆無門."(순자, 天論)

185 "禮者禁於將之前, 而法者禁於已然後."(大戴禮記, 禮察)

186 『한비자』「定法」에는 신불해가 術을, 상앙이 법을 말한 것으로 되어 있다.

187 "愼子蔽於法而不知賢, 申子蔽於勢而不知知(……) 由法謂之道盡數矣, 由勢謂之道盡便矣(……) 道常而盡變, 一隅不足以擧之."(순자, 解蔽)

지만, 군자가 없으면 법이 비록 갖추어져 있다고 하더라도 선후를 가리지 못하고 응변(應變)을 하지 못하여 혼란하게 된다.[188] 또한 "좋은 법을 가진 나라가 혼란스러운 경우는 있어도 군자가 있는데도 혼란스러웠다는 나라는 아직 들어보지 못했다"고 한다.[189] 여기서 '군자'는 예·법을 제정하고 동시에 그것을 시행하는 주체를 말한다. 따라서 순자는 법보다는 예를, 예보다는 그 주체를 근원적으로 상정하고 있으며 아울러 삼자를 통일적으로 파악한 것이 된다. 그렇다면 후기 법가는 순자의 이러한 기준에 어긋난다.

순자의 후기 법가에 대한 비판의 내용은 이외에도 그 대상이 명시되지는 않지만 순자서의 여러 편에 산견(散見)된다. 「정론」의 첫머리에는 "군주의 도는 은밀한 것이 이롭다(主道利周)"는 정치술을 비판하는 대목이 실려 있다. 그 근거는 윗사람은 아랫사람의 귀감이므로 위에서 숨기면 아래에서도 숨길 것이므로 오히려 분명하게 드러내는 것이 좋다는 것이다. 그렇게 되면 아래 사람들은 윗사람의 장점을 본받아서 결국 국가의 치평(治平)을 이룬다고 본다. 순자의 이러한 논리는 공자의 덕치(예치) 이념과 유사하며, 군주가 신하에게 자신의 감정을 드러내지 않는다는 술을 중시하는 신불해 계통과 반대되는 내용이다.

순자는 이어 탕(湯)·무(武)가 걸(桀)·주(紂)를 방벌(放伐)한 것에 대해서 그것은 그들이 자초한 것이지 결코 시해가 아님을 장황하게 논증하고 있다. 그 대표적인 근거는 걸·주가 비록 천자의 지위에 있었던 것은 사실이지만 민심이 그들에게 있었던 것은 아니었으므로 이미 천하를 잃은 평범한 사람에 불과하다는 것이다. 이것은 마치 맹자 방벌론의 부연 설명처럼 보인다. 다른 점이 있다면 맹자가 걸·주를 '인의(仁義)'를 해쳤으므로 필부로 여기는 데 비해, 순자는 그들이 '예의(禮義)'

---

188 "有亂君, 無亂國, 有治人, 無治法(……) 法者, 治之端也, 君子者, 法之原也. 故有君子, 則法雖省, 足以遍矣, 無君子, 則法雖具, 失先後之施, 不能應事之變, 足以亂矣."(순자, 君道)
189 "故有良法而亂者, 有之矣. 有君子而亂者, 自古及今, 未嘗聞也."(순자, 王制)

에 어긋나서 민심이 이반되어 이미 천자가 아니라고 설명하는 것이다. 이와 연관하여 「부국富國」에서는 부국강병을 위한 군주의 자질론이 구체적으로 전개된다. 그가 말하는 군주는 대체로 현실적으로 부국강병을 추구하면서, 예의를 통한 정치·사회의 안정을 도모하는 역할의 중심일 뿐이다.

> 하늘이 백성을 낳은 것은 군주를 위한 것이 아니며, 하늘이 군주를 둔 것은 백성을 위한 것이다.[190]

이와 같은 군주론이 비록 순자의 독창적인 것은 아니라 할지라도[191] 적어도 절대 왕권을 전제로 통일을 목표로 하는 한비 계통에 대한 비판적인 의미를 지닌 것으로 보인다. 요컨대 순자는 전기 법가를 비판적으로 수용한 것과는 반대로 후기 법가에 대해서는 신랄하게 비판하였다. 물론 한비에 대한 논의가 전제되긴 하지만 적어도 순자와 후기 법가와는 치국 방안에 있어서 근본적인 차이가 있었던 것으로 보인다.

이상에서 볼 때 유가의 본질을 어떻게 규정하느냐에 따라 다소의 차이는 있을지라도 순자는 이에 크게 어긋나는 것으로 보이지 않는다. 공자의 현실 인식과 그에 기초한 정치·윤리적 이론 체계를 유가라고 규정한다면 순자는 대체로 이에 충실하였다. 예컨대 그는 유자를 속유(俗儒)·아유(雅儒)·대유(大儒)로 구분하고 가장 이상적인 '대유'의 특징으로서 "선왕을 본받아 예의에 통달하고 제도를 통일하며 얕은 것으로써 깊은 것을 알며, 옛것을 미루어 현재를 알고, 한 가지로써 만 가지를 안다"는 것을 들고 있다.[192] 이어서 군주가 '대유'를 쓰면 백 리 땅의 나

---

**190** "天之生民, 非爲君也. 天之立君, 以爲民也."(순자, 大略)

**191** 이에 대한 구체적인 논의는 미루지만 순자서에는 맹자의 민본사상과 같은 내용이 상당 부분에 달하며 『묵자』「尙同」 등에도 군주의 賢能이나 爲民의 필요성을 토대로 하는 군주론이 전개되고 있다. 이것은 전국시대 사상가들이 천하 통일에 대한 구체적 방법에 있어서 차이는 있어도, 일정한 범위에서 그들의 공통적인 인식이 반영된 것으로 본다.

라에서 출발해도 삼 년이면 천하를 통일하여 제후를 신하로 삼을 수 있다고 한다. 요컨대 순자는 일관되게 유자를 자처하면서 목전에 다가온 천하 통일의 추세를 자신의 사상 체계에 반영하였으며 나아가서 단지 통일에만 국한하지 않고 이후의 치국 방안에 대해서도 관심을 두었을 것이라 생각한다.

---

192 "有俗儒者, 有雅儒者, 有大儒者(……) 法先王, 通禮義, 一制度, 以淺持博, 以古持今, 以一持萬
(……) 是大儒者也."(순자, 儒效)

# 제7장 유교 예론의 현대적 의의

선진 철학은 예 관념에서 법 관념으로의 발전 과정이다. 이것은 신비적인 것에서부터 객관적 관념으로의 전이이며, 동시에 자연(신)에서 인간 중심으로의 의식전환이기도 하다. 사실 양자는 역사적 조건에 따라서 순기능적 측면과 역기능적 측면을 동시에 갖고 있었다. 본래의 예가 신비적 관념에서 비롯된 것이긴 하지만 적어도 서주시대까지는 대중의 의식 기준으로서의 역할과 그로 인한 정치 사회적 안정은 이룩할 수 있었다. 그러나 예 관념의 역기능적 측면에 대한 비판적 인식과 예(악)의 붕괴, 이에 따른 법 관념으로의 전이 과정에는 피할 수 없는 문제가 발생하기 마련이다. 어떻게 신비적 초월적 관념에서 벗어나면서도 현실의 다양성에 대한 객관적 표준이나 그 근거를 설정하고, 나아가서는 그 권위와 정당성을 확보할 수 있을까 하는 문제이다. 이하 앞장에서의 논의를 간추리고 오늘날의 문제와 관련하여 몇 가지 시사점을 추출하고자 한다.

공자는 당시 예 관념의 변화와 붕괴에 직면하여 천(자연, 신)에 대한 인간 주체성으로서의 덕(인)을 연계시키고, 전통적 관습이나 규범의 근거를 마련함으로써 현실적 문제를 해결하고자 하였다. 또한 인간 자체에 대해서는 초보적으로 자연성과 인위성에 대한 구별을 제기하고, 나아가서 법률이나 제도보다는 덕(인)과 예를 우선하였지만, 궁극적으로는 형식적 규범·제도와 인간 자발성의 통일을 지향하였다. 따라서 공자의 궁극적 관심은 사회적 제도나 규범보다는 그것의 근거 확보였다고 할 수 있다. 세계 대상에 대한 인간의 주체적 근거가 유교의 인(仁)이란 덕목이다. 이것은 자연(상제)에 대하여 단순히 외경, 혹은 그것에 종속되는 것이 아니며, 또한 그것을 대상화하여 극복하는 것을 능사로 삼지 않는다. 단순히 초월성에 매몰되거나 그것을 완전히 배제하지 않으면서도 현실적 근거를 확보하는 것이야말로 공자 이래 유교의 일관된 논리라고 할 수 있다. 이것은 맹자와 순자에 의해 각기 다른 방식으로 구체화된다.

맹자는 이미 변법이 일반화되는 상황에 직면하여 묵가 · 법가 등의 법 관념에 대비되는 인간 도덕성의 근거를 확보하기 위해 천도를 인간의 심성에 내재시켰다. 이것은 특히 고래의 주재적이고 인격적 천 · 귀 관념으로부터 형이상학적 실체로의 전이를 의미한다. 맹자는 이를 통하여 인간 도덕성의 권위와 정당성은 확보될 수 있었지만, 적극적으로 자연적 욕망에 대해 주목하지 않음으로써 대처 방안에 있어서는 상대적으로 미흡하였다. 맹자에 있어서의 예는 사덕의 하나로서 선천적 관념이며, 법은 상대적으로 난세에 일시적으로 제기된 강제 규범일 따름이다. 따라서 현실적으로 패도를 완전히 배제하고 제시된 왕도 · 인정의 사상은 현실적으로 호응을 받기 어려웠다. 결과적으로 맹자가 지향한 천인상통의 논리는 적어도 현실적 인간에 대한 이해에 있어서의 이원적 대립을 해소하지 못하였다.

순자는 인간과 자연의 이해에 있어서 공자와 맹자의 이론을 비판적으로 계승 발전시키고 있다. 우선 인간을 자연으로부터 완전히 독립시킴으로써 공자의 인간 주체성의 확보를 완성하며, 동시에 인간 이해에 있어서도 맹자보다는 상대적으로 자연성에 주목함으로써 인간의 자발성과 사회적 규범과의 통일을 지향하였다. 따라서 그가 강조하는 예는 인간과 자연, 인간과 인간, 인간과 사회의 관계를 유기적으로 연계시키는 규범이며, 법 또한 이러한 구조 속에서 배제시킬 수 있는 것이 아님을 의식하였다. 이로부터 순자는 현실적 통일 방안으로써 공자의 덕치를 구체화시킨 왕도와 패도를 동시에 긍정하게 되었다. 이것은 그가 공자 이래의 유가뿐만 아니라 묵가 · 도가 · 법가 등 제자백가의 사상을 비판적으로 수용함으로써 현실적 부조리를 해결하고 다가오는 통일 이후의 치국 방안을 제시하고자 한 데서 비롯한 것이다. 순자서를 통해보면,「천론天論」·「예론禮論」·「악론樂論」의 편명이 시사하는 것처럼 이른바 '천하일가(天下一家)'라는 사상적 통일과 아울러 제도적 통일을 지향하는 염원이 곳곳에 스며 있는 사실이 이것을 반증한다.

역사적 사실에 비추어 보면, 유가를 비롯한 제자백가의 상호 치열한 사상과 제도에 관련된 논전은 일단 법치를 내세운 진나라에 의한 통일로 귀결된다. 이것은 본원유교의 현실적 부조리에 대한 대안과 통일방안이 당시의 역사적 조건에서 수용될 수 없었기 때문이다. 그러나 법 관념의 권위와 정당성의 확보 또한 유교에서의 주체성과 도덕성의 확보 과정만큼이나 순조롭지 못하였다. 오히려 진보적인 변혁을 통하여 객관적 합리성에 기반하고자 하였던 법치 이념은 당시 일정한 범위에서 전통적 관습에 기초한 유교적 이념보다 일반 대중에게는 수용되기 어려웠기 때문이다. 따라서 법가는 법의 권위와 정당성을 확보하기 위한 획일적 전제주의로 흐르지 않을 수 없었고, 이것은 진나라의 단명으로 막을 내리게 된다. 또한 농민혁명을 통하여 진나라를 이어 들어선 한나라의 정치 이념은 이른바 '양유음법(陽儒陰法)'이라는 평가가 시사하는 것처럼 이념적으로 유교요, 실제로는 법가라는 양면성을 지니게 되었다.

이상의 과정에서 몇 가지 주목할 만한 사실이 있다. 첫째, 진나라의 법치를 이론적으로나 실천적으로 주도한 것은 모두 공자 이래 정통 유가를 자처하는 순자의 제자였다는 것이다. 후대 유가에서는 이와 함께 성악설에 근거하여 순자 및 그의 사상을 명시적으로 배척하였다. 그러나 인간과 자연의 상분(相分)을 통하여 양자의 통일을 지향하는 사상체계에서의 성악설은 결코 본질적 문제가 될 수 없다고 본다. 오히려 순자가 법가와의 연관성이 거론되는 것은 그의 치국방안이 적어도 당시에 현실성을 갖고 있었음을 반증한다. 한비자는 상앙을 비롯한 선행 법가를 집대성하였으며, 이사는 진시황의 재상으로서 통일후 분서갱유를 주도한 것으로 알려진다.

그런데 한비자의 경우 인간을 오로지 '이해(利害)의 동물'로 파악함으로써 인간에 대한 주체성과 신뢰를 전제로 하는 본원유교는 물론 순자의 인간관과도 기본적으로 다르다. 또한 선행 법가로부터 시작되어 한비자에 의해 집대성된 이른바 법·술·세라는 세 가지 범주는 당시예에서 법으로의 전환과 법에 대한 권위의 확보 과정이 순탄치 않았음을 반증하는 것이다. 순자가 비판하는 것처럼, 특히 '술'이나 '세'는 군주가 은밀하게 장악하고 신하와 백성을 통제하는 수단으로써 보면, 본래 객관성을 지향하는 법 관념과는 상충되는 것이라 하지 않을 수 없다.

둘째, 진나라의 법치를 이어 한대에 유교가 국교의 지위를 확보하는데 결정적 기여를 한 동중서(董仲舒)를 통해 보면, 이른바 '천인감응설(天人感應說)'이 그 이념적 기초가 되고 있다는 것이다. 또한 『춘추번로春秋繁露』를 보면, 동중서의 사상의 기저에는 한비자를 비롯한 법가의 영향이 짙게 깔려 있다. 이것은 물론 한초 유행한 도가와 법가의 결합인 황로학의 영향이라는 측면도 있지만, 명실론의 가치론적 측면에서보면 유가와 법가가 상통하는 면이 있기 때문이다. 그러나 이것은 비록 당시 역사조건에서 절대왕권국가 확립을 위한 이념의 정당성을 확보하고자 하는 부득이한 귀결이었다 하더라도 인간과 자연의 관계로 보면본원유교의 이념에서 오히려 후퇴한 것이라 하지 않을 수 없다. 초월적이고 신비적 관념에 의해 현실의 정당성을 연계시키고 있기 때문이다. 또한 이로부터 예 관념은 강상(綱常)의 논리로써 법과 마찬가지로 절대적인 지위를 확보하게 되지만, 이것은 본원유교의 전개 과정에 비추어본다면 본질적으로 어긋난 것이다.

마지막으로 당시의 실제 유교와 법가의 이념이 실현되지 못하고 경직성을 드러낸 것에 대해서 냉철한 비판은 선행되어야 하겠지만, 각각의 이념이 지닌 적극적인 측면과 본래성을 전반적으로 부정할 수 없다는 것이다. 유교는 물론이거니와 법가 이론 또한 이론적 보완을 통해서 발전하였으며, 특히 법률과 제도는 필요에 따라 일시적 개폐가 가능하지만, 한 사회의 관습이나 윤리는 하루아침에 형성되거나 소멸될 수 있는 것이 아니기 때문이다. 요컨대 이상의 과정은 인간의 자발성에 기초한 예이든 객관적 합리성에 기초한 법이든, 그 근거의 정당성의 확보가 용이하지 않음을 반영한다. 이것은 법률이나 제도 등 현실적 문제와 관련하여 몇 가지 시사하는 바가 있는데, 이하에서는 유교 예론이 지닌 본질적 의미인 인간 · 사회 · 자연의 상호관계론을 통해서 살펴보기로 한다.

첫째 예와 법은 모두 형식으로써 현실과 일정한 괴리감이 없을 수 없다는 것이다. 예와 법은 공통적으로 차별성에 근거한 규범이다. 물론 이러한 차별은 이념적으로 '만민 앞에 평등하다' 는 전제를 가정하거나 그러한 목적을 실현하기 위한 것이지만 그것의 실제 적용에 있어서는 반드시 그렇게 될 수만은 없다.

유교에서 보면, 그것은 형식이지 본질이 아니기에 현실에 맞지 않은 예와 법은 과감히 고칠 필요가 있다. 그런데 이러한 괴리감은 이념 자체의 부조리에서 기인하기보다는 예나 법을 실행하는 주체의 문제에서 비롯되는 경우가 더 많다. 이 경우 법률이나 제도적 보완보다는 그들의 각성에 의해서 괴리감을 해소하는 방법이 형식적 개변보다 효과적일 수 있다.

그러기에 공자를 비롯한 본원유교에서 예와 법을 제정하고 실천하는 '군자' 혹은 '대장부' 의 인간형과 그들의 수양(修養)을 강조하는 이론이 나오게 된다. 예컨대 공자는 '안인(安人)' 에 앞서 '수기(修己)' 를, 맹자는 존심(存心) · 양성(養性)과 아울러 호연지기(浩然之氣)를 기를 것을 제기하였으며, 순자는 심(心)의 '허일이정(虛壹而靜)' 을 통하여 대청명(大淸明)의 경지에 이르기 위한 인위적 노력(積習)을 강조하고 있다. 유교에서 이러한 경지는 "누구나 요 · 순이 될 수 있다" 는 구호가 시사하듯이 일반인이 결코 도달할 수 없는 비현실적인 것이 아니다. 자기 자신이 합리적인 도를 실천하지 못하면 남들은커녕 처자식도 추스릴 수 없다고 보기 때문이다.[193] 필자는 이러한 측면이 유교의 현대화 과정에서 법률이나 제도적 측면보다는 적극적인 역할을 할 수 있고, 더욱 강조될 필요가 있다고 본다. 이것은 특히 오늘날 일반화된 가치로 여겨지는 개인주의의 부정적 측면을 보완하는 데 효과적일 수 있다.

둘째 관습, 법, 윤리의 사회규범은 상보적이며 현실적 조건에 적응하면서 순기능을 발휘하는 것이지만, 본래의 이념에서 일단 일탈하여 경직되면 오히려 부조리를 초래한다는 것이다. 본래의 이념이란 무엇인가? 유교적으로 보면, 아무리 사회규범이라 하더라도 인간의 주체성과 자발성을 전제로 해야 한다는 것이다. 물론 이념의 정당성과 권위를 확보를 통해서 강한 실천성을 획득하기 위한 논리로써 초월적 신비적 관념에 의존할 수 있다.[194]

그러기에 종교가 생명력을 가질 수 있는 것이다. 그러나 우리는 종교적 엄숙성에서 나약한 자신에 대한 합리화나 위안을 얻거나 초월적 세계에서 일시적으로 소요를 통해 마음의 평정을 얻을 수 있다 하더라도, 일단 그 분위기를 벗어나면 희노애락의 감정을 피할 수 없는 것이 현실적 삶이다. 따라서 비록 보편적이고 절대적 권위를 얻을 수 없을지라도 끊임없이 인간과 자연, 인간과 사회, 인간과 인간의 관계에 대한 현실주의적이고 인문주의적인 논리를 개발해 내야 할 것이다. 한 연구에 의하면, 우리나라는 세계에서 유례 없는 '다종교국가' 라는 그간의 통념과는 달리 무종교율이 가장 높다고 한다.[195] 이러한 사실은 우리의 현실과 미래가 비관적이 아니라 오히려 희망적일 수 있음을 반영하는

---

**193** "身不行道, 不行於妻子, 使人不以道, 不能行於妻子"(맹자, 盡心下)

**194** 후쿠야마는 사회규범의 기원을 위계적인 것과 자발적인 것으로 나누고, 종교처럼 이성적 토의를 거치지 않은 규범이 사회질서를 만들고 경제를 성장시킬 수 있는 반면에 이성적 토의를 거친 규범이 오히려 규범을 만든 사람들의 이해 관계를 성공적으로 반영하지 못할 수 있다고 본다(프랜시스 후쿠야마(Francis Fukuyama), 『대붕괴 신질서(The Great Disruption)』, 한국경제신문사, 2001).

것이라고 본다.[196] 역사적으로 볼 때, 우리 나라에서는 종교간의 본질적 갈등보다는 상호 비판과 조화를 통해서 정치 사회적으로 순기능의 역할을 하였다.[197]

여기에는 우리 의식으로 잠재된 유교가 일정한 작용을 하였으며, 미래에도 이러한 기능적인 측면은 바람직한 것이라고 생각한다. 이미 경험과학적 인식이 상식화된 현재 시점에서 보면 인간은 단지 종교적 세계에 만족할 수 없다. 유교는 단순히 초월적이거나 비현실성에 안주하는 것이 아니라 주체적이면서 현실적이다. 그렇다고 해서 배타적으로 인간 주체나 현실만을 강조하지 않는다. 인간은 홀로 살 수 없으며, 현실적으로 인간과 자연(신), 개인과 사회, 사람과 사람이 공존하기 때문이다.

유교에서의 지혜로움은 단순히 대상에 대한 객관적 인식의 확보만을 의미하지 않는다. 주체와 현실의 시중적(時中的) 인식을 통해 어울어짐을 강조하기 때문이다. 이 점에서 유교의 예론은 천인 관계뿐만 아니

---

195 한국갤럽의 89년 통계자료에 의하면, 한국인의 무종교율이 45%로 세계에서 가장 높으며, 다음으로 네덜란드 36, 일본 35, 프랑스 26, 벨기에 15, 서독 · 스페인 · 영국의 9%의 순이다. 이것은 우리 사회에서 불교와 기독교 등 기성 종교에 대한 비판과 동시에 무속 등 민간신앙 쪽으로 확대되는 경향을 반영한 것이라고 한다(강인철, 「한국 무종교인에 대한 연구」, 『사회와 역사』, 문학과 지성사, 1997).

196 헌팅턴은 탈냉전 후 그동안 이념간의 갈등에 잠복해 있던 종교간의 갈등이 중요 문제로 부각될 것이라 보고[새뮤얼 헌팅턴(Samuel P. Huntington), 『문명의 충돌(The Clash of Civilizations)』, 김영사, 1997], 뚜 웨이밍은 한 인터뷰에서, "외래 종교가 한국에 들어오면 종교 본래의 모습으로 거듭나고 있으며, 따라서 종교간의 갈등과 마찰의 소지도 많다"고 지적하고 있다(한국일보, 2000년 9월 22일자). 그러나 이것은 실제 우리의 현실에 그다지 부합되지 않는 진단이라고 본다. 헌팅턴이 우리나라를 중국이나 일본과 별도의 문명권으로 설정하지 않은 것이나, 뚜 웨이밍이 하나의 유교문화권으로 포괄하는 것은 모두 우리의 특수한 현실을 제대로 반영한 것이라 보기 어렵다고 보기 때문이다.

197 이동연(인천온누리교회 목사)는 「밀레니엄사회의 종교철학」이라는 논문에서 기복신앙을 비판하면서, "21세기에는 인간의 자율성이 극대화되어 개체의 주체성이 그 어느 때보다 강화될 것이므로, 교회가 산업사회 시절의 패러다임에 향수를 갖고 과학기술문명이 가져다준 패러다임의 대변혁에 적응하지 못하고 신앙이라는 이름으로 사실과 배치되는 전통의 교리들을 신자들에게 수용할 것을 강요하다가는 기독교는 소수종교로 전락할지도 모르며, 교회의 성장이 다소 더디더라도 진실과 선, 바른 가치관 등 종교의 본질적 과제인 형이상학적인 영역에 충실해야 한다."고 지적하고 있다(문화일보, 1999년 8월 20일자). 이것은 비단 기독교만의 문제만은 아닐 것이다.

라 유전자조작까지 가능하게 된 현대과학과의 관계론에도 시사하는 바가 있다고 생각한다. 그것은 천에 대한 이해와 인간에 대한 이해가 불가분의 관계에 있었던 것처럼, 인간의 주체성을 전제로 하지 않는 과학에 대한 맹신은 원시종교적 사유에 있어서 천(자연, 신)에 대한 미신과 다를 바 없으며, 인간과 과학을 무조건적 합일 내지 상통의 원리로 파악하는 것도 일정한 한계가 있다는 점이다.

마지막으로 원시종교적 사유처럼 자연에 대한 맹목적 순종이나 인간에 대한 무조건의 도덕적 신뢰를 긍정하기 어려운 현실이며, 또한 그러한 전제를 기반해서는 현실적 인간의 다양한 개체의 독립성을 확보하기 어렵다는 것이다. 이 점에서 본원유교 가운데에서도 순자사상이 특히 오늘에 시사하는 바가 크다고 본다. 고대사회에서 욕망의 긍정은 인간에 대한 신뢰를 손상시킬 우려가 있다는 점에서 용이한 일이 아니었기 때문이다.

역설적으로 말하자면 성선설보다는 성악설이 오히려 인간에 대한 강한 신뢰를 전제하는 것이며, 이로부터 개체성이나 다양성의 가치가 추론될 수 있다고 본다. 순자는 개인적인 욕망을 긍정하면서도 공동체적 윤리를 갖춘 인간형을 '군자'로 보고, 예와 법의 주체로 설정하고 있다. 이것은 오늘날 시민의식의 전형으로 수용할 만한 점이다. 자신의 이익이나 욕망의 실현을 배제하지 않으면서 수양을 통한 타자에 대한 배려와 책임도 강조하기 때문이다. 여기서 타자는 단지 부자·형제·군신의 윤리적 관계에 국한되는 것이 아니라 농(農)·사(士)·공(工)·상(商)의 사회규범의 관계로 확대될 수 있다.[198]

주목할 만한 점은 앞서 보았듯이, 이러한 사상은 인간과 자연, 인위성과 자연성의 '합일'보다는 '상분(相分)'의 논리를 통하여 개체성을 긍정하고 또 다른 차원에서의 통일(能參)을 추구한 논리에서 비롯되었

---

198 "君君臣臣父父子子兄兄弟弟一也, 農農士士工工商商一也."(순자, 王制)

다는 것이다. 상보성을 전제로 하지 않는 합일(合一)의 논리는 오히려
이원화를 가져올 수 있다. 예컨대 가정이나 사회관계에 있어서 각자의
특색 없는 '조화'나 무조건적 '합일'의 지향은 이른바 '동이불화(同而
不和)'[199] 이며, 이것은 상대적으로 약자의 자발성보다는 반발을 일으키
는 계기가 되고 오히려 상분으로부터 대립과 갈등을 초래할 수 있다.

　이것은 오늘날 탈냉전시대라 하면서도 아직도 왜곡된 이념갈등의
분위기가 남아 있는 우리의 현실에 시사하는 바 크다. 구체적으로는 현
재 만연된 계층간의 갈등이나 집단이기주의, 지역갈등, 노사갈등 등등
의 문제를 단순히 덮어버리는 식의 일시적 해결에 집착할 것이 아니라
각각의 개체성과 다양성을 인정하는 전제로부터 미래의 통일을 위한
적극적인 계기로 삼을 수 있어야 할 것이다.[200] 요컨대 유교의 예론(禮
論)은 분별의 논리이자 화합(통일)의 논리이며, 따라서 예와 악은 서로
분리될 수 없는 것이다. 화합의 정신은 단지 악의 영역에 머무는 것이
아니라 예에도 적용되기 때문이다.[201] 이 점은 앞서 논한 바 천과 인의
관계론에 근원한 것으로 오늘날 법 관념에 대한 이해에 있어서도 일정
한 시사를 준다.

---

199  "子曰, 君子和而不同, 小人同而不和"(논어, 子路)
200  "惟齊非齊, 有倫有要"(서경, 呂刑)
201  "禮之用, 和爲貴, 先王之道, 斯爲美."(논어, 學而)

제 **5**부
제가비판과 사상적 통일
명·실의 범주를 통한 도가와의 비교 분석

# 제1장 제자(諸子)의 변설과 그 원인

순자가 활동하던 전국말은 정치·사회 전반의 변동에 수반하여 제가의 상호비판이 극도에 달한 상황이었다. 공자의 명실일치로의 희구였던 정명론이나 노자의 명실 자체의 분별을 넘어서고자 하였던 무명론도 현실의 제반 문제 해결에 도움을 주지 못하였다. 순자는 사회혼란의 원인이 잡다한 제가의 변설에 있다고 생각하였다.

> 지금 세상에 사설을 꾸미고 간언을 꾸며서 천하를 혼란시키고, 괴이하고 번쇄한 말을 늘어놓아 사람들로 하여금 시비·치란의 기준을 모르게 하는 자들이 있다.[1]

순자의 제가 비판은 「정명正名」을 중심으로 각각의 제목이 시사하듯이 「정론正論」·「해폐解蔽」·「비십이자非十二子」 등 순자서 거의 전편에 걸쳐 있으며 비판 대상으로는 공자를 제외한 거의 모든 제자가 포함되어 있다. 따라서 순자의 사상체계는 제가 비판을 통하여 한층 풍부한 내용을 담게 되었으며 사상사적으로는 선진철학을 집성한 것이라 할 수 있다. 구체적인 분석은 본론으로 미루기로 하고, 개괄적으로 비판 내용을 우선 나열해 보기로 한다.

순자는 「해폐」에서 "천하에는 두 가지 도가 없고 성인은 두 마음이 없는 것"인데 제후들의 정치가 각각 다르고 백가가 이설을 제기하는 것은 한 모퉁이에 가려서 큰 이치를 모르는 데서 기인한다고 보고[2] 이것

---

1 "假今之世, 飾邪說, 文姦言, 以梟亂天下, 欺惑愚衆, 矞宇嵬瑣, 使天下混然, 不知是非治亂之所存者, 有人矣."(순자, 非十二子)

을 십폐(十蔽)로 분류하였다. 그가 제시한 십폐는 '욕오(欲惡)·시종(始終)·원근(遠近)·박천(博淺)·고금(古今)'이며 이에 대한 역사적 실례로서 '인군(人君)·인신(人臣)·빈맹(賓孟)'의 세 가지 유형을 제시하였다. 이른바 '빈맹'은 당시 각국을 왕래하며 자신의 정치적 포부를 펼친 변자들을 가리키는 말로서 순자가 비판하는 주요 대상이다.[3] 여기서는 '묵자(墨子)·송자(宋子)·신자(愼子)·신자(申子)·혜자(惠子)·장자(莊子)' 등을 들고 있다.

> 묵자는 실용에 가리워 문화를 몰랐고, 송자는 욕망에 가리워 덕을
> 몰랐으며, 신자는 법에 가리워 현자를 몰랐고, 신자는 세에 가리워
> 지혜를 몰랐으며, 혜자는 말에 가리워 실제를 몰랐고, 장자는 자연
> 에 가리워 인위를 몰랐다.[4]

순자는 이들이 도라고 주장하는 것들은 실상 '도의 한 모퉁이'에 불과한 것이며 "도의 체는 일정하지만 끊임없이 변화하는 것"이므로 한 모퉁이로서 도를 거론할 수 없다고 반박하였다.[5]

「천론」에서도 신자(愼子)·노자·묵자·송자(宋子)를 예로 들어 "만물은 도의 일부분이며, 한 사물은 만물의 한 조각인데 어리석은 자들은 이것을 도라고 여긴다"고 비판하였다.[6]

> 신자는 뒤만을 보았을 뿐 앞을 보지 못했고, 노자는 굽힘을 보았을
> 뿐 펼침을 보지 못했으며, 묵자는 평등만 보았을 뿐 차별은 보지 못

---

2 "天下無二道, 聖人無兩心. 今諸侯異政, 百家異說."(순자, 解蔽)

3 『荀子集解』 참조.

4 "墨子蔽於用而不知文, 宋子蔽於欲而不知得, 愼子蔽於法而不知賢, 申子蔽於勢而不知知, 惠子蔽於辭而不知實, 莊子蔽於天而不知人."(순자, 解蔽)

5 "夫道者, 體常而盡變. 一隅不足以擧之."(순자, 解蔽)

6 "萬物爲道一偏, 一物爲萬物一偏. 愚者一物一偏, 而自以爲知道."(순자, 天論)

했고, 송자는 적음만 보았을 뿐 많음을 보지 못했다.[7]

「비십이자」에서는 '묵자(墨子)·송자(宋子)·혜시(惠施)·등석(鄧析)·타효(它囂)·위모(魏牟)·진중(陳仲)·사추(史鰍)·신도(愼倒)·전병(田駢)·자사(子思)·맹자(孟子)'를 여섯 류로 나누어 비판하였다. 특이한 점은 공자와 자궁(子弓)에 대해서는 높은 평가를 하면서도, 자사와 맹자를 묶어서 공자의 도를 왜곡시켰다고 비판한 것이다. 이것은 아마도 공자의 사후, 유가의 분파 가운데 순자는 맹자와 다른 분파에 속하였던 데서 연유한 것으로 보인다. 따라서 순자는 열 두 제자백가를 비판하기 위해서는 "위로 순임금과 우임금의 제도를 본받고, 아래로 공자와 자궁의 의리를 본받아야 한다"고 본다.[8] 한편 순자는 자사와 맹자를 제외한 나머지 다섯 부류에 대해서는 공통적으로 "그 말이 이치에 맞는 듯하면서 대중을 기만한다"는 점을 근거로 제시하고 있다.[9]

순자는 이상의 모든 제가의 잡다한 변설이 결국 명실의 혼란에서 비롯된 것으로 보고 "말을 분석하여 멋대로 명을 만들어 정명을 혼란시켜 백성들을 의혹시키고 사람들로 하여금 변송을 일삼게 한다"고 비판하였다.[10] 그는 제가를 비판하기 위한 기준으로 왕제를 제시하여 다음과 같이 말하였다.

무릇 논의는 반드시 정당한 표준(隆正)을 세운 뒤에야 가능하다. 정

---

7  "愼子有見於後, 無見於先, 老子有見於詘, 無見於信, 墨子有見於齊, 無見於畸, 宋子有見於少, 無見於多."(순자, 天論)

8  "上則法舜禹之制, 下則法仲尼子弓之義, 以務息十二子之說, 如是則天下之害除, 仁人之事畢, 聖王之跡著矣."(순자, 非十二子)

9  "其言之成理, 足以欺惑愚衆. 是它囂魏牟也. (……)其言之成理, 足以欺惑愚衆. 是陳仲史鰍也. (……)其言之成理, 足以欺惑愚衆. 是墨翟宋銒也. (……)其言之成理, 足以欺惑愚衆. 是愼到田駢也. (……)其言之成理, 足以欺惑愚衆. 是惠施鄧析也. (……)世俗之溝猶瞀儒嚾嚾然不知其所非也, 遂受而傳之, 以爲仲尼子弓爲茲厚於後世. 是則子思孟軻之罪也."(순자, 非十二子)

10  "析辭擅作名, 以亂正名, 使民疑惑, 人多辨訟."(순자, 正名)

당한 표준이 없으면 시비가 분별되지 않고 변송(辯訟)이 해결되지 않는다. 따라서 내가 알기로는 큰 표준은 시비의 경계이며 분직(分職)과 명상(名象)이 유래하는 바인데, 왕제가 바로 이것이다.[11]

순자가 보기에는 군권으로써 일정한 기준을 설정하여 시행하면 제자의 변설은 불가능하다는 것이다. 다만 그는 "지금 성왕이 몰하여 천하가 혼란하고 간언이 일어나서 군자가 위세로써 임할 수 없고 형벌로써 금할 수 없어서 변설한다"고 하여 자신의 제가 비판을 합리화하고 있다.[12] 그러나 변설의 기준으로 삼아야 할 왕제는 이미 오래되었고 성왕도 무수히 많다. 따라서 그는 "후왕(後王)을 버리고 상고(上古)를 말하는 것은 비유하자면 자기 임금을 버리고 남의 임금을 섬기는 것이다"라고 하였다.[13] 이 같은 입장에서 「정명正名」을 "후왕이 명을 완성하였다(後王之成名)"는 전제하에 자신의 제가 비판을 위한 입론으로 삼았다.

「정명」편은 흔히 '순자의 논리학'이라고 일컬어지며 실제로 명가가 중국의 궤변학파로서 규정되었던 것도 여기서 비롯된 것이라 한다. 여기서는 첫째로 「정명」에 보이는 제가 비판의 이유와 근거를 살펴봄으로써 그 정합성을 검토하고, 둘째로 그것의 예로 제시된 명제들의 타당성 여부와 의의를 살펴보고자 한다.

우선 순자의 논리사상의 연원이라고 할 수 있는 공자의 정명론과 이와 대비되는 도가의 무명론을 검토하기로 한다.

---

11 "凡議必將立隆正, 然後可也, 無隆正, 則是非不分, 而辨訟不決. 故所聞曰, 天下之大隆, 是非之封界, 分職名象之所起, 王制是也." (순자, 正論)
12 "今聖人沒, 天下亂, 姦言起. 君子無勢以臨之, 無刑以禁之. 故辨說也." (순자, 正名)
13 "舍後王而道上古, 譬之是猶舍己之君, 而事人之君也." (순자, 非相)

# 제2장 공자의 정명론

　　상고시대에서 하나의 명(名)은 단지 어떤 부호로서가 아니라 반드시 특정한 사물의 실체를 전제하는 것이었다. 예컨대 종교에서 주문을 외움으로써 신에 대한 자비와 사랑을 희구하는 데에도 바로 이러한 관념이 반영되어 있다. 중국의 원시종교에서도 이것은 예외가 아니었다. 정치적인 면에서 통치자의 명(名)이 있으면 반드시 그에 상응하는 통치권력이 존재하고 인민은 반드시 그에 복종해야 하는 것으로 인식되었다. 이 점에서 명은 당시 정치 · 윤리적 질서인 예(禮)와 불가분의 관계에 있는 것이며, 양자는 본래 신비적인 요소를 지니고 있었다. 이러한 상황에서 명은 곧 참(眞)이므로 명의 정 · 부정의 문제가 일어나지 않는다.[14] 그러나 정치 · 사회의 변혁기 예컨대 춘추전국기와 같은 대혼란기에 있어서는 절명(竊名) · 절위(竊位)하는 상황이 필연적으로 수반되었으며 이것이 공자의 정명론의 배경이라고 생각된다.

　　공자는 당시 '무도(無道)'의 상황을 "고가 고답지 않다(觚不觚)"고 비유하였다.[15] 원래 '고(觚)'는 의례 · 의식에 쓰이는 주기(酒器) 혹은 목간(木簡)이었던 것인데 시대가 지나면서 모양이나 기능이 변했다면 '고'라는 명칭을 그대로 붙일 수 없다는 것이다. 공자가 볼 때 하나의 예기(禮器)의 사용과 그 형태에는 엄격한 법도가 있는데 당시 '고'의 쓰임이 거기에 어긋났음을 "고불고"라고 탄식했던 것이다. 이런 점에서 정명은 사물의 불변적인 상태에 상응하여 명명하는 것이며 따라서 공자는 사회가 확고부동한 질서의 토대 위에 서기를 갈망하였던 것으로

---

14　徐復觀,「先秦學與名家」,『徐復觀先生文集』제6권, 臺灣學生書局, 1977, 2-4면 참조.

15　"子曰, 觚不觚, 觚哉觚哉." (논어, 雍也)

보인다.

> 고(觚)가 그 형제를 잃었다면 고가 아니다. 한 기구에서부터 천하의
> 모든 사물이 그렇지 않은 것이 없다. 따라서 임금이 임금으로서의 도
> (道)를 잃으면 임금이 아니요, 신하가 신하로서의 직분을 잃으면 허
> 위(虛位)가 된다.[16]

이것은 상하 신분질서를 바르게 회복하려는 공자의 입장을 잘 설명해 주는 것으로 당시 사람들이 예법을 모른다는 비유인데 정치적이고 윤리적인 명, 곧 이전의 명분을 회복해야 한다는 것을 암시한다.

우리는 사회질서를 유지하기 위한 객관적으로 승인된 규율을 가지고 있다. 이것의 제정과 시행은 인간관계에서부터 시작되는데 공자는 이것을 예라고 하였다. 한편 예는 일상생활의 태도에서 국가의 의식에 이르는 정치적인 질서까지도 포괄하는 넓은 의미로 확대시킬 수 있다. 여기서 사적인 욕망은 배제된다. 곧 "극기복례가 인(仁)이다"[17]라고 한다. 여기서 '기(己)'는 인간의 생물적 욕망[嗜慾]이며, '극(克)'은 자기 욕망에 대한 '극복(勝)'으로 객관적 표준인 '예'에 의한 자기 속박이다.[18]

공자가 당시 사회의 혼란상을 목격하면서 느낀 예의 혼란과 그로부터 야기된 명분의 파괴는 심각한 것이었다. 따라서 당시 "아침에 도를 들으면 저녁에 죽어도 좋다"[19]라고 자신의 절박한 심경을 토로하였으며, 계강자(季康子)가 정치에 대해 물었을 때 다음과 같이 대답하였다.

---

16 "程子曰, 觚而失其形制, 則非觚也. 擧一器而天下之物, 莫不皆然. 故君而失其君之道, 則爲不君. 臣而失其臣之職, 則爲虛位."(論語集注, 雍也)
17 "克己復禮爲仁."(논어, 顔淵)
18 李雲九, 앞의 책, 13면 참조.
19 "朝聞道, 夕死可矣."(논어, 里仁)

정치는 바로잡는다는 뜻이니, 그대가 바름으로써 솔선수범한다면 누가 감히 바르지 않겠는가?[20]

여기서 "정치란 바로잡는 것이다(政者, 正也)"라고 규정한 것은 정치에 있어서 가장 시급한 일이 정명임을 뜻한다. 또한 정명의 방식은 솔선수범, 즉 개인의 정명으로써 객관적 현실을 바로잡으려는 것이다. 따라서 「자로子路」편에서는 "자기 자신이 바르면 명령하지 않아도 행해지고, 자신이 바르지 않으면 비록 명령한다 하더라도 따르지 않는다"[21]고 하였다. 말하자면 주관적이고 개인적인 올바름으로부터 객관적이고 집단적인 사회의 교화에까지 미친다는 "자신을 미루어 남에게 미친다(推己及人)"는 이상적인 표현이다.

여기서 중요한 것은 과연 무엇을 어떻게 바로잡는가 하는 문제이다. 만일 현실의 상황을 기준으로 한다면 이제까지의 예 관념은 파괴될 것이고, 한편으로 명분을 기준으로 그것을 고집한다면 결국 고정적 신분질서에 얽매이는 결과를 초래할 것이다.

공자는 자로가 다시 정치에서 가장 먼저 해야 할 일을 묻자 "명(名)을 바로잡겠다"고 단호하게 밝히고 있다.[22] 이에 대하여 자로는 공자의 생각이 현실을 도외시한 우원(迂遠)한 것이라고 불만을 토로한다. 왜냐하면 이제까지 종법질서 아래에서 귀족의 통치수단이었던 신비적이고 고정적인 예 관념으로는 혼란스럽고 붕괴되어 가는 사회질서를 유지할 수 없다고 보았기 때문이다. 사실상 명분은 이제 더 이상 고정적인 것일 수 없었다. 그렇지만 공자는 자로의 비루함을 탓하며 보다 구체적으로 정명의 필요성을 강조하고 있다.

---

20 "季康子問政於孔子. 孔子對曰, 政者, 正也. 子帥以正, 孰敢不正."(논어, 顏淵)
21 "子曰, 其身正, 不令而行. 其身不正, 雖令不從."(논어, 子路) 참고로 『大學』에는 "其所令, 反其所好, 而民不從. 是故, 君子有諸己而後, 求諸人. 無諸己而後, 非諸人"의 논의가 보인다.
22 "子路曰, 衛君待子而爲政, 子將奚先. 子曰, 必也正名乎. 子路曰, 有是哉, 子之迂也, 奚其正."(논어, 子路)

명이 바르지 않으면 말이 순조롭지 못하고, 말이 순조롭지 못하면 일이 이루어질 수 없고, 일이 이루어지지 않으면 예악이 흥하지 못하며, 예악이 흥하지 못하면 형벌이 공평하지 못하고, 형벌이 공평하지 못하면 백성들이 손발을 편히 둘 곳이 없다.[23]

여기서 공자는 비록 직접적으로 명의 기원이나 실(實)과의 관계를 논술하고 있지는 않지만 서주의 등급·명분제도를 표준으로 하고 있음을 알 수 있다. 후한의 마융(馬融)은 여기서 제기된 '정명'의 의미를 "백사(百事)의 명을 바로잡는다"는 것으로 해석하지만[24] 자로와의 문답을 감안한다면 사실상 "명분을 바르게 한다"는 뜻으로 위나라 군주의 명분이 바르지 못함을 비꼬는 의미에서 나온 말이다. 따라서 "명이 바르지 않으면 말이 순조롭지 못하다(名不正則言不順)"의 의미는 군주가 만일 군도(君道)를 제대로 실행하지 못하면 정령(政令:言)이 제대로 백성에게 시행되지 못한다는 것이다. 물론 이것을 명실론으로 분석할 수도 있을 것이다.[25] 그러면 구체적으로 정명은 어떻게 가능한가?

공자는 제경공(齊景公)이 정치에 대해서 묻자 "임금은 임금답고 신하는 신하다우며, 부모는 부모답고 자식은 자식다워야 한다"[26]고 대답하였다. 이것은 정명의 구체적 내용으로, 두 가지 측면에서 분석할 수 있다. 우선 군(君)·신(臣)·부(父)·자(子)의 관계가 문란해져서 본래의 모습에서 벗어났다는 의미이다. 주자(朱子)의 설명대로 당시 경공(景公)이 처첩을 많이 거느리고 태자(太子)를 세우기가 어렵게 될 정도로 군·신·부·자 사이의 도가 없음을 빗대어 지적하는 말이다.[27]

다음으로는 정명은 명에 합당한 덕(德)을 가져야 한다는 의미이다.

---

23 "名不正, 則言不順. 言不順, 則事不成. 事不成, 則禮樂不興. 禮樂不興, 則刑罰不中. 刑罰不中, 則民無所措手足."(논어, 子路)

24 "馬曰, 正百事之名."(論語集解, 子路)

25 "楊氏曰, 名不當其實, 則言不順. 言不順, 則無以考實而事不成."(論語集注, 子路)

26 "君君, 臣臣, 父父, 子子."(논어, 顏淵)

말하자면 임금된 자는 반드시 군도에 부합해야 하며 마찬가지로 신하와 부자(父子)는 각각 반드시 그 명분이 규정하는 도덕규범에 부합해야 한다. 그렇지 않으면 '군·신·부·자' 라고 칭할 수 없다는 것이다. 이것이 이른바 "임금이 임금답지 못하고, 신하가 신하답지 못하며, 부모가 부모답지 못하고, 자식이 자식답지 못하다"[28]는 것이다. 여기서 명의 정·부정은 명 자체 즉 정치상의 지위가 아니라 그 지위에 합당한 德과의 일치 여부에 달려 있음을 알 수 있다.

이러한 측면에서 공자의 정명은 자로의 지적대로 기존의 명위를 그 자체로 인정하고 고수하려는 것이 아니라, 명 자체에 새로운 해석을 가하여 당시의 정치·사회적 혼란을 바로잡으려는 노력으로 해석할 수 있을 것이다. 이것은 어느 정도 고래의 명 개념의 신비성을 타파하고 당시 통치자가 단지 기존의 명분으로 권력을 유지하려는 것에 대한 비판적 의미를 지닌다.[29] 정명의 기준을 명(位) 자체가 아니라 도(德)와의 일치 여부에서 구하므로 도가 없는 경우에는 허명(虛名)과 허위(虛位)에 불과하기 때문이다. 여기서 보다 중요한 것은 명위(名位)에 대응하는 실(實)로서 공자가 제시하는 도(德)의 본질이 과연 무엇인가의 문제이다.

공자의 정명 원칙은 우선 명의 확정성을 필요로 한다. 예컨대 '군명(君名)' 은 반드시 어떠한 도덕규범을 지녀야만 정치상으로 그러한 대우를 받을 수 있는가를 알아야 한다. 그런 후에 이러한 명이 규정한 내용으로 실제의 군주에게 다시 적용하는 것이다. 말하자면 정명으로부터 정실(正實)에 도달한다. 물론 이것은 인식론적 주장이 아니다.

공자는 『주례』를 가장 완전한 제도로 보고 그것을 계승·유지하는

---

27 "是時, 出公不父其父而禰其祖, 名實紊矣. 故孔子以正名爲先."(논어집주, 子路)

28 "公曰, 君不君, 臣不臣, 父不父, 子不子, 雖有粟, 吾得而食諸."(논어, 顔淵)

29 서복관은, 유가에서 정치상으로 혁명의 권력을 인정하는 것은 공자의 정명론과 밀접한 관련이 있으며 따라서 당시의 위정자의 입장에서는 수용되기 어려운 것이었다고 보았다. 또한 그는 宋代 司馬光이 『資治通鑑』에서 표명한 명분론은 공자의 정명을 '守名' 으로 오해한 것이라고 비판하고, 이것은 그가 정치적으로 지나치게 보수적이었다는 사실에서 비롯된 잘못이라고 보았다(徐復觀, 앞의 책, 4면 참조).

것으로 평생 자신의 임무로 삼았다.[30] 이 점에서 정명은 『주례』의 규정을 척도로 하여 명분을 바로잡는다는 것으로 해석된다.[31] 따라서 안연(顔淵)이 인의 실천 조목을 물었을 때 "예(禮)가 아니면 보지 말고, 예가 아니면 듣지 말며, 예가 아니면 말하지 말며, 예가 아니면 움직이지 말라"[32]고 하였다. 이것은 공자가 결국 『주례』의 신분질서에 의거하여 당시의 여러 현실 문제를 해결하고자 하는 신념을 지니고 있었음을 드러내는 것이다. 이러한 공자의 신념과 노력은 『춘추春秋』의 저술로 나타난다.[33] 춘추사관(春秋史觀)은 바로 신흥세력에 의해 진행되는 모든 움직임을 '비례(非禮)'라고 단죄하고 비판함으로써 상하 질서를 다시 확인하려는 윤리정신의 전형이었다.[34]

> 세태는 시들고 희미하여 사설과 폭행이 일어나서 신하가 임금을 죽이기도 하고 자식이 아비를 죽이는 자가 있었다. 공자가 이를 저어하여 『춘추』를 지었다.[35]

맹자의 이런 설명은 『장자莊子』에 보이는 "『춘추』는 명분을 말한 것이다"[36]라는 사실과 일치하는 것으로 당시 사회 전반에 명분이 혼란되어 있음을 반증하는 사례이다. 실제로 공자는 계손씨를 도와서 개혁을 추진시킨 염구(冉求)를 제자들 앞에서 공개적으로 규탄하였고[37] 또 제간공(齊簡公)을 살해한 진성자(陳成子)를 토벌해야 한다고 노(魯)의 애공

---

30 "子曰, 夫召我者, 而豈徒哉. 如有用我者, 吾其爲東周乎."(논어, 陽貨)

31 李雲九, 앞의 책. 179면 참조.

32 "顏淵曰, 請問其目. 子曰, 非禮勿視, 非禮勿聽, 非禮勿言, 非禮勿動."(논어, 顏淵)

33 일반적으로 『춘추』가 공자의 자저라고 여기는 대표적인 근거는 『맹자』의 기록이다. 그러나 풍우란은 공자 이전에 『춘추』가 있었으며, 공자는 단지 그 義를 취하여 정명을 주장한 것이라고 하였다(馮友蘭, 『中國哲學史』, 商務印書館, 1933).

34 이운구, 앞의 책, 118면 참조.

35 "世衰道微, 邪說暴行有作, 臣弑其君者有之, 子弑其父者有之. 孔子懼, 作春秋."(맹자, 滕文公上)

36 "春秋以道名分."(莊子, 天下)

37 "季氏富於周公. 而求也爲之聚斂而附益之. 子曰, 非吾徒也. 小子鳴鼓而攻之可也."(논어, 先進)

(哀公)에게 강력히 요구하기도 하였다.[38] 진성자는 바로 제나라의 신흥 정치세력이었다. 공자의 입장에서는 당시 이들에 의한 일련의 개혁은 모두 그들 자신의 신분을 망각하고 본분에 어긋난 '비례(非禮)'를 범한 것이었으므로 비판되고 배척되어야 마땅한 것이었다.[39]

그러나 이미 군신·부자의 질서와 명분 나아가 사회 규범이 기존 『주례』의 규정에 의해서만 유지될 수는 없었다. 이에 공자는 예 관념에 대한 본질적인 규정을 설정하고 있다. 예컨대 예라는 것은 의식에 쓰이는 옥백(玉帛) 등의 외면적 형식이 중요한 것이 아니다.[40] 즉 예는 맹자가 지적하듯이 '비례지례(非禮之禮)'이어서는 안 되며, 인간의 '인간다움'인 仁과 연계되어야 한다.

사람으로서 인(仁)하지 않으면 예는 무엇하며 사람으로서 인하지 않
으면 악은 무엇하겠느냐.[41]

예의 올바른 실천을 위해서는 '인'이라는 실(實)로서의 덕을 지녀야 한다. 각자의 명분에 대응하는 덕을 실천한다면 예의 올바른 질서가 이루어지고 이것이 공자가 바라는 정명의 사회이다. '인(人)'은 곧 '인(仁)'이다. 그리고 인(人)과 인(仁)이 합치되는 것을 곧 인간이 가야 할 도(道)라고 한다.[42] 예컨대 군자의 명분이 유지되기 위해서는 군자로서의 덕을 지녀야 한다.

군자가 군자인 까닭은 仁에 있는 것인데, 그것을 버리면 군자로서의
실(實)이 없으므로 그 명을 붙일 수 없다.[43]

---

38 "陳成子弒簡公. 孔子沐浴而朝, 告於哀公曰, 陳恒弒其君. 請討之." (논어, 憲問)
39 이운구, 앞의 책, 119면 참조.
40 "子曰, 禮云禮云, 玉帛云乎哉. 樂云樂云, 鍾鼓云乎哉." (논어, 陽貨)
41 "子曰, 人而不仁, 如禮何, 人而不仁, 如樂何." (맹자, 離婁下)
42 "孟子曰, 仁也者, 人也. 合而言之, 道也." (맹자, 盡心下)

　　사서(四書)에 쓰이는 '군자'라는 용어는 '성덕지명(盛德之名)'으로
서의 유덕자(有德者)와 '재상지인(在上之人)'으로서의 위정자(爲政者)라
는 의미가 함께 쓰이지만 상대적으로 덕위(德位)를 의미하는 경우가 많
다.[44] 결국 군자는 명분만으로 규정되는 하나의 명이 아니라 그에 부합
하는 인(仁)을 지닌 유덕자라는 의미이다. 대체로 원시유학에서의 군자
개념에는 유덕자와 위정자라는 두 가지의 의미가 통일되어 있다. 덕이
있는 사람이 정치를 하고 정치가는 덕이 있어야 한다는 것이다. 이 점
에서 정명은 단순히 명분의 고수라고 할 수 없다. 물론 현실의 실제 정
황에 맞추어 명분을 변화시키자는 입장은 아니기 때문에 기존의 귀족
적·세습적·신비적인 신분질서에 의거한 명분론에서 완전히 탈피한
것이라고 보기 어렵다.

---

43 "君子所以爲君子, 以其仁也. 若食富貴, 而厭貧賤, 則是自離其仁, 而無君子之實矣."(논어집주, 里仁)
44 朱子의『四書集註』의 설명에 보이는 통계에 의함.

# 제3장 정명론의 의의와 전개

일부의 학자는 공자의 정명론은 논리학 내지 인식론적 명실 관계에 대한 논의가 아니라고 보고 있다. 또한 춘추 말기에는 아직 그러한 논의가 제기될 수 없었다고 한다. 물론 공자의 논의에서 명과 대립하는 실이라는 범주는 보이지 않으며 공자의 이른바 정명론의 주류는 정치·윤리적인 명분론임은 부인할 수 없을 것이다. 그러나 이것이 공자의 정명론이 논리학적 문제를 포함하고 있음을 완전히 배제하는 것은 아니다.

공자는 앞서 제시된 자로와의 문답 과정에서 명(名)·언(言)·사(事)의 관계를 연계시키고 있다. 이것은 개념, 언어와 실천의 관계에 대한 것이다. 이에 대하여 보다 구체적인 예가 있다.

군자는 이름(명분)을 붙이면 반드시 말할 수 있으며 말할 수 있으면 반드시 행할 수 있는 것이니, 군자는 그 말에 대하여 구차히 함이 없을 뿐이다. [45]

명(名)은 사유의 구성 요소이기도 하다. 정확한 사유는 정확한 개념으로 구성된다. 만일 명(槪念)이 부정확하다면 사상을 효과적으로 표현할 수 없다. 공자는 이러한 점에 유의하여 사유에 관한 논의를 상당히 진척시키고 있으며, 이러한 점은 정명론의 전개와 무관한 것이 아니다. [46]

---

**45** "君子名之, 必可言也. 言之, 必可行也. 君子於其言, 無所苟而已矣."(논어, 子路)

생각하지 못할 뿐이지 어찌 멀리 있겠는가?[47]


배우기를 널리 하고 뜻을 독실히 하며 절실하게 묻고 가까이 생각하
면 인(仁)이 그 가운데 있다.[48]


이상에서 공자가 사유의 가치를 확신하고 있음을 알 수 있다. 뿐만
아니라 사유의 작용을 강조하기 위하여 "배우되 생각하지 않으면 쓸모
없고, 생각하되 배우지 않으면 위태롭다"[49]고 하여 객관적이고 경험적
인 학문과 주관적이고 합리적인 사변의 통일을 주장하였다.

언어는 개념에 의존하는 것이므로 개념(名)이 바르지 못하면 말이
순조롭지 않다. 이 점에서 우선 정명은 입언(立言)의 전제가 된다. 다음
으로 공자는 언(言)과 사(事)의 통일을 강조하였다. 이것은 명(名)의 정
치·사회적 작용을 제시한 것으로, 형명(刑名)·상벌(賞罰)이 모두 정명
과 분리될 수 없다는 것이다.

요컨대 정명은 단지 순조롭게 사유하는 데 필요한 조건일 뿐만 아니
라 현실적으로 치국의 중요한 조건임을 인식한 것으로 이해된다. 따라
서 공자의 논의에서 논리학적 의미를 완전히 배제할 수는 없다. 오히려
원시적인 의미에서의 논리적 사고의 기반을 최초로 마련한 것으로 평
가할 수 있을 것이다. 물론 정명론의 주된 의미가 서주 사회의 명분에
의거하여 당시의 실정을 바로잡는다는 것이므로 인식론적 명실 관계에
있어서는 전도된 측면이 있다.[50]

---

46 "甲骨文이나 金文에는 '思' 자가 보이지 않으며 『논어』에 이르러 사고·사려·사유의 의미로서 총
   24차례 등장한다(孫中原, 『中國邏輯史』先秦, 人民大學出版社, 1987, 23면).
47 "未之思也, 夫何遠之有."(논어, 子罕)
48 "子夏曰, 博學而篤志, 切問而近思, 仁在其中矣."(논어, 子張)
49 "學而不思則罔, 思而不學則殆."(논어, 爲政) 朱志凱는 공자의 사유에 대한 논의는 결국 정명을 주장
   하기 위한 것이었다고 설명하고 공자가 중국 명학의 개조임은 의심할 여지가 없다고 주장하였다
   (朱志凱, 『墨經中的邏輯學說』, 四川人民出版社, 1985, 7면 참조).

공자의 정명론을 계승하여 왕도정치의 이념으로 승화시킨 사람은 맹자이다. 맹자는 공자의 정명론을 현실적으로 구체화하여 혁명론을 제기한다.[51] 여기서 혁명의 가능성이라는 것은 "임금이 임금답지 못한" 경우이다. 명분을 중요시하는 유가의 입장에서는 탕(湯)·무(武)의 방벌(放伐), 즉 은주혁명(殷周革命)에 대한 설명이 용이한 것이 아니다. 제나라의 선왕(宣王)의 질문에 대하여 맹자는 다음과 같이 대답하고 있다.

> 인(仁)을 해치는 것을 적(賊)이라 하고 의(義)를 해치는 것을 잔(殘)이라 한다. 따라서 잔적지인(殘賊之人)은 한 필부(匹夫)에 불과하다. 한 필부인 주(紂)를 베었다는 말은 들었어도 임금을 시해하였다는 말은 듣지 못하였다.[52]

물론 명분으로 말하면 걸(桀)·주(紂)는 천자(天子)였으나 폭군으로서 인의(仁義), 즉 명분에 해당하는 실(實)로서의 덕을 잃었으므로 이미 천자일 수 없다는 것이다. 말하자면 탕·무의 방벌은 신하로서 천자인 걸·주를 시해한 것이 아니라 단지 필부를 벌주었다는 입장이다.

맹자의 이러한 입장은 정명의 논리로 설명이 가능하다.[53] 다만 맹자는 구체적 적용에 있어서 상대적으로 실(實)을 중요시했다고 생각된다. 그러나 그 실이라는 것도 항상 명분에 수반하는 것이었으므로 비록 맹자가 실에 맞춘 명위(名位)를 주장하였다 하더라도 윤리적이고 정치적

---

50 온공이는 공자 정명론의 목적은 '求眞'이 아니라 '求善'이라고 지적하기도 한다(溫公頤, 『先秦邏輯史』, 上海人民出版社, 1983, 172면).

51 공자의 정명론과 맹자의 혁명론을 상호대비시키는 입장도 있으며, 그것은 공자의 시대는 周 왕실의 명맥이 존속하여 尊周의 명분을 버릴 수 없었으나, 맹자의 시대에는 이미 주왕실의 명맥이 회복할 수 없는 지경이었으므로 명분론보다는 백성의 경제안정에 바탕을 둔 민본주의가 사회정의 구현 이념으로 강조되었기 때문이라고 한다(安炳周, 「儒學의 政治思想」, 『儒學原論』, 成大出版部, 1987, 236-276면).

52 "賊仁者, 謂之賊. 賊義者, 謂之殘. 殘賊之人, 謂之一夫. 聞誅一夫紂矣, 未聞弑君也."(맹자, 梁惠王下)

53 馮契는 맹자가 제시한 인정(왕도)의 본질은 지주계급을 위한 것으로 본다(馮契, 『中國古代哲學的邏輯發展』上卷, 上海人民出版社, 1985, 164면 참조).

인 명실론의 범위를 벗어난 것은 아니다.[54]

요컨대 공자 정명론의 의의는 우선 명의 정·부정의 기준을 명 자체에 두지 않고 그에 상응하는 도덕과의 일치 여부에 둠으로써 고래의 명과 예가 지닌 신비성을 어느 정도 불식하였다는 데 있다. 한편으로는 정명의 논의에서 『주례』의 절대적인 가치 기준을 따름으로써 현실 변혁에 능동적으로 대처하지 못하였으며 명실론의 각도에서 본다면 이것은 실보다는 명에 보다 가치를 두는 주관적인 정명 방식의 한계를 지닌다.

정명의 이론 근거로 볼 때 공자의 명 개념은 결코 객관적 실재를 반영하는 것은 아니었다. 주관의 정명으로부터 다시 예로써 정교를 베풀고 정치로써 백성을 바르게 한다는 정치·윤리적 입장이 반영된 것이다. 그러나 공자가 사유의 가치를 긍정하고 개념과 언어와 사유의 관계를 제기한 것은 중국 고대 명실론의 단초를 열었다는 점에서 정명론의 시원적인 의의를 확인할 수 있다.

---

54 이러한 원인의 하나로서 맹자의 정치론이 민본주의와 혁명론으로서 진보적인 경향을 보이면서도 그 토대로서의 천도관은 다시 전통적인 보편적·집단적 권위의 실재를 지향하는 것으로서 후퇴하는 점을 지적하는 경우도 있다(安炳周, 앞의 책, 268면 참조).

# 제4장 도가의 무명론(無名論)

유가의 정명론과 대립되는 관점이 도가의 무
명론이다. 공자는 명을 고정하고 그에 부합할 수
있는 실(實)을 덕으로 규정하여 명실일치(名實一
致)의 이상을 실현하고자 하였다. 물론 이러한
사상은 시대적 명실 분열의 원인을 명분의 혼란,
종법질서의 붕괴 과정에서 야기된 예 관념의 문
란에서 찾을 수 있다. 노자는 명실 분열의 원인
을 다른 데서 찾고 있다.

노자

> 도(道)를 잃고 나서 덕(德)이 있게 되고, 덕을 잃고서 인(仁)이 있게
> 되었으며, 인을 잃고 나서 의(義)가 있게 되고, 의를 잃게 되고 나서
> 예(禮)가 있게 되었다. 예란 충(忠) · 신(信)이 엷어진 것으로 혼란의
> 시초가 된다.[55]

말하자면 유가의 인 · 의 · 예와 같은 인위적 윤리 규범은 자연적인
도 · 덕에 대비되어 인간의 자연성(忠 · 信)이 상실된 데에서 비롯한 것
이며 오히려 정치 · 사회적 혼란을 조장할 뿐이라는 것이다. 이것은 서
주 이래 종법질서의 붕괴를 '천하무도' 의 상황으로 규정하는 유가와는
그 원인 분석에 있어서 근본적으로 다른 견해이다.

도가에서 보면 세계는 본래 무명(無名)이다. 인간의 삶에 있어서 유

---

55 "失道而後德, 失德而後仁, 失仁而後義, 失義而後禮, 夫禮者, 忠信之薄, 而亂之首." (노자)

명(有名)은 필요하지만 그것에 얽매이면서 고정하는 데서 각종 부조리가 나온다고 본다. 유명은 우선 유가의 이른바 예 관념에 기초한 도덕 규범을 의미하며 일상적인 인식 또한 이에 포함된다. 이에 대해 노자는 다음과 같이 말한다.

> 큰 도가 사라지니 인의(仁義)가 있게 되고 지혜가 생겨나 큰 인위(人爲)가 있게 되었다. 가까운 친척이 화목하지 않게 되자 효성(孝誠)과 자애(慈愛)가 있게 되고 국가가 혼란하니 충신(忠臣)이 생겨났다. 총명과 지혜를 끊어버리면 백성의 이익이 백 배가 될 것이다. 인의를 끊어버리면 백성들이 다시 효성스럽고 자애롭게 될 것이다. 정교하고 편리한 물건을 없애버리면 도적이 없어질 것이다.[56]

노자가 보기에는 현실적 도덕규범뿐만이 아니라 일상적인 인식과 판단 또한 현실적 혼란의 주요 원인이 된다. 명실론으로 설명한다면 단순히 명실일치가 핵심적인 문제가 아니라 오히려 명과 실을 인위적으로 고정하고 내세우는 데서 각종 부조리가 생성된다고 보는 것이다. 현실적인 가치와 사실이 모두 왜곡되어 있다는 관점이다. 따라서 그 해결방안에 있어서도 정치·윤리적 질서를 회복하는 것을 급선무로 파악하는 유가와는 다를 수밖에 없다.

노자와 장자의 주요 관심은 명실일치에 있기보다는 각종 부조리를 산출하는 원인이 되는 명을 벗어나 실상 자체를 파악하는 데 있다. 그러므로 도에 대한 설명에 있어서 '정명'이나 '형명(形名)'이 아니라[57]

---

56 "大道廢, 有仁義. 慧智出, 有大僞. 六親不和, 有孝慈. 國家昏亂, 有忠臣. 絶聖棄智, 民利百倍, 絶仁棄義, 民復孝慈. 絶巧棄利, 盜賊無有."(노자)

57 여기서는 주로 정명론과의 대비에 국한시켜 논의하지만 도가는 정명론뿐만 아니라 형명론에 대해서도 비판한다. 양자는 모두 도가의 無爲에 대비되는 有爲의 논리이기 때문이다. 특히 『장자』「天道」에 보면 "禮法度數, 形名比詳, 治之末也"라 하여 정명과 함께 형명을 비판하고 있으며, "形名者, 古人有之, 而非所以先也"라 하여 오히려 형명론에 대한 비판이 주류를 이루고 있다.

'무명(無名)'과 연계시키고 있다. 예컨대 "도는 항상 무명의 통나무이다(道常無名樸)", "무명의 통나무(無名之樸)", "도는 은미하여 무명이다(道隱無名)"라고 한다. 『사기』에서는 노자가 학문을 함에 있어서 스스로를 숨기고 무명(無名)을 일삼았다고 평하였다.[58] 장자도 "성인은 무명(無名)이다"(逍遙遊)라고 하여 노자의 입장과 기본적인 맥락을 같이하고 있다. 양주(楊朱) 또한 무명론의 입장을 견지한 것으로 생각된다.[59] 물론 유가의 정명론이 그러하듯이 무명론 또한 이들에 국한된 논의는 아니었을 것이다.[60] 따라서 당시의 지식인들이 정치·사회의 혼란에 대한 원인 분석과 그 대안 제시에 있어서 두 가지 대표적인 방법론이라 보는 것이 좋을 것이다.

'무명'은 두 가지 의미로 나누어 볼 수 있다. 첫째 명을 개념 혹은 언어의 의미로서 본다면 무명은 인식과 그에 기초한 언어에 대한 부정을 가리키며, 둘째 명을 유가에서 사용하는 명분의 의미로 본다면 정치·윤리적 가치 일반에 대한 부정을 가리킨다. 명실론의 측면에서 본다면, 전자는 인식론의 측면이고 후자는 가치론의 측면이다. 요컨대 무명은 실상(實相)을 명(名)에 의존하여 파악하고 그것에 집착하려는 인위적 태도와 그로부터 야기된 가치 일반에 대한 부정이다.

『도덕경』의 첫머리에 나오는 "말할 수 있는 도는 진정한 도가 아니며, 이름할 수 있는 이름은 진정한 이름이 아니다"[61]라는 표현은 무명론의 대전제이자 도가 철학의 핵심적인 표현이다. 여기서 말하는 도가 세계 만물의 근원이나 생성의 원리라고 한다면 우리가 시간과 공간의

---

58 "老子修道德, 其學以自隱無名爲務."(사기, 老子韓非列傳)

59 楊朱의 저술이 전해지지 않지만 『列子』 「楊朱」에는 "實無名, 名無實, 名者僞而已矣"를 비롯하여 무명론의 입장이 확연히 드러나는 자료가 많이 실려 있다. 양주의 철학사상에 대해서는 「정통사상과 이단이론의 비교 고찰」(이운구, 앞의 책, 155-163면 所收)을 참조 바람.

60 汪奠基는 『老子』에 보이는 '絶聖棄智', '絶巧棄利', '絶學無憂' 등의 주장에 대해 『左氏傳』昭公18년의 조목에 보이는 原伯魯의 태도를 예를 들어 그것은 노자에 국한된 논의가 아니며 무명론은 이전의 명실론에 대한 새로운 사상이 반영된 것으로 본다(汪奠基, 『中國邏輯思想史』, 上海人民出版社, 1979, 158면).

61 "道可道非常道, 名可名非常名."(노자)

범주로 파악할 수 없다고 본다. 우리의 감각이나 이성을 통하여 인식하거나 그것을 언어로 표현할 수 없다는 것이다. 그러나 현실의 삶에서는 표현은 피할 수 없는 상황이므로 "내가 그 이름을 알 수는 없지만 억지로 글자로서 '도'라 하고 억지로 명명하여 '대(大)'라고 한다"[62]고 하였다. 도(道)도 역시 실상에 대한 하나의 칭위(稱謂)에 불과하며 완전한 명실상부한 존재 자체가 아니다. 말하자면 실상(實相)은 언제나 끊임없이 변화하는 과정에 있으므로 원칙적으로 명실일치는 불가능하다. 다시 말하면 인위적인 표현수단인 언어 자체의 한계성으로 인해 실(實)로서의 존재와 일치될 수 없다. 노자는 인식의 한계를 다음과 같이 설명한다.

> 보려고 해도 볼 수 없어서 이(夷)라 하며, 들으려 해도 들을 수 없어서 희(希)라 하고, 잡으려 해도 잡을 수 없어서 미(微)라 한다.[63]

도는 우리의 일상적 감관으로 파악할 수 없다. 그렇지만 도의 작용은 현묘하여 미치지 않는 바가 없으며 이러한 면에서 볼 때 형상을 가진 사물의 작용에 비할 바가 아니므로 "형상이 없는 형상(無狀之狀)"이요, "사물이 아닌 형상(無物之狀)"이라고 한다. 시간적으로 말하면 그것은 예로부터의 모든 사태와 사물을 제어하는 집합체로서 지금까지 이어지고 있으며 공간적으로는 비록 시작과 끝을 드러내지는 않으나 천지자연의 모든 것에 함축되어 있지 않음이 없다고 본다.

그러나 그가 만물과 도의 인식방법을 양분하고 특히 그 구체적 방법론으로서 제시한 "마음 속의 거울을 말끔히 씻어 닦는다(滌除玄覽)"와 "미묘하게 그윽한 곳에 통달한다(微妙玄通)"는 등의 주장은 일상적 견문 등 감각경험을 부정하는 것이고 '玄同'으로써 시비·동이의 구별을

---

62 "吾不知其名, 强字之曰道, 强爲之名曰大."(노자)
63 "視之不見, 名曰夷. 聽之不聞, 名曰希. 搏之不得, 名曰微."(노자)

장자

무시한다는 점에서는 회의론적 경향을 지닌 것이라고 본다.

장자는 상대주의적 관점에서 인식론을 전개시켰다. 그는 사물에 대한 인식의 가능성과 필요성을 부인하여 말하기를 "우리의 삶은 유한하고 지식은 무한하다. 유한한 것으로써 무한한 것을 추구함은 위태로운 일이다"[64]라고 한다. 또한 "도는 결코 한계가 있지 않으며, 말은 결코 일정함이 있지 않다"[65]라고 주장하였다. 이것은 노자의 회의론적 태도와 별다른 차이가 없는 것처럼 보인다. 말하자면 도는 전체(整體)로서 나눌 수 없는 것인데 비해, 언어는 상황에 따라서 구체 사물을 분할하고 개념으로써 추상화하여 인식하는 것이므로 결코 언어로써 도 자체를 인식할 수 없다는 입장이다.[66]

한편 사물은 부단히 변화하는 것이고, 언어는 그것을 고정하는 기능을 하는 것이므로 정지된 언어로서는 변화하는 사물을 표현할 수 없다고 본다. 따라서 "말은 소리와 다르다. 말은 의미를 가진 것이다. 말하는 바의 내용은 다만 아직 정해져 있지 않다"[67]라 하였다.

장자에 의하면 인식대상의 객관사물의 성질과 차별은 상대적이며 확정적 구분이 없으므로 따라서 인식할 수 없고 지식을 획득할 수 없다. 왜냐하면 사물의 귀천(貴賤)·대소(大小)·유무(有無)·시비(是非) 등 모든 대립물이 구별되는 것은 객관사물의 성질 자체에 의하는 것이

---

64 "吾生也有涯, 而知也無涯. 以有涯隨無涯, 殆已."(장자, 養生主)

65 "夫道未始有封, 言未始有常."(장자, 齊物論)

66 이강수는 『장자』에서 도에 대한 형용으로서 제시되는 '渾沌', '大一', '大全' 등의 개념으로부터 道의 성격을 1) 不可言詮 2) 非物 3)無有 4) 大通 5) 整體性 6) 無待로 나누어 설명하고 있다. 여기서의 '不可言詮'은 바로 도의 '정체성'과 밀접한 관련이 있다고 본다(李康洙, 『道家思想의 硏究』, 高大 民族文化硏究所, 1987, 53-77면 참조).

67 "夫言非吹也. 言者有言. 其所言者, 特未定也."(장자, 齊物論)

아니라 우리가 서로 다른 관점에서 관찰하고 서로 다른 표준으로써 헤아리기 때문이다.

> 도로부터 본다면 사물에 귀천이 없다. 사물로부터 본다면 스스로 귀하게 여기고 서로를 천하다고 한다. 세속으로부터 본다면 귀천은 자기에게 있는 것이 아니다. 구별로부터 본다면 그 큰 바에 따라서 크다고 하면 만물은 크지 않은 것이 없고, 그 작은 바에 따라서 작다고 하면 만물은 작지 않은 것이 없다. 천지가 싸라기 만함을 알고 털끝이 산(山) 만함을 안다면 구별의 범위가 보일 것이다. 기능(功)으로부터 본다면 그것이 있는 바에 의거하여 있다고 한다면 만물로서 있지 않음이 없고, 그것이 없는 바에 의거하여 없다고 한다면 만물로서 없지 않음이 없다. 동서가 상반되지만 서로 없어서는 안됨을 안다면 기능의 구분이 분명해질 것이다. 일정한 경향(趣)으로부터 본다면 자신이 옳다고 함에 의해서 옳다고 한다면 만물에 옳지 않은 것이 없고, 자신이 그르다는 점에 따라서 그르다고 한다면 만물에 그르지 않은 것이 없다. 요(堯)와 걸(桀)이 스스로를 옳다고 하고 서로 비난한 것을 안다면, 그들 지향하는 바의 기준을 알 수 있다.[68]

장자의 입장에서는, 객관사물의 차별은 사람의 주관의지가 결정하는 것이므로 객관적인 인식의 표준을 부정하는 것이 된다. 구체적으로 그는 "다른 점에서 보면 간과 쓸개가 마치 초나라와 월나라의 거리만큼 멀리 떨어져 있는 것과 같지만 같은 점에서 본다면 만물이 모두 마찬가지이다"[69]라고 한다. 이것은 객관사물 자체의 동(同)과 이(異)의 표준도

---

68 "以道觀之, 物無貴賤. 以物觀之, 自貴而相賤. 以俗觀之, 貴賤不在己. 以差觀之, 因其所大而大之, 則萬物莫不大, 因其所小而小之, 則萬物莫不小. 知天地之爲　米也, 知毫末之爲丘山也, 則此數覩矣. 以功觀之, 因其所有而有之, 則萬物莫不有, 因其所無而無之, 則萬物莫不無, 知東西之相反, 而不可以相無, 則功分定矣. 以趣觀之, 因其所然而然之, 則萬物莫不然, 因其所非而非之, 則萬物莫不非, 知堯桀之自然而相非, 則趣操覩矣."(장자, 秋水)

일정하지 않음을 제시한 것이다.

장자는 물아(物我)·피차(彼此)·생사(生死)·시비(是非)를 제일(齊一 : 대립적인 분별의식을 넘어섬)하고 결국 '양망(兩忘)'이라는 절대적 인식에 이르게 된다.[70] 예컨대 「추수秋水」에 보이는 혜시(惠施)와의 논쟁도 외물(外物 : 객관대상)에 대한 모든 절대적 보편타당한 객관적 인식의 가능성을 부인하는 것이다.[71] 장자는 이와 관련하여 변설에서 시비를 정할 수 없다고 하여 "변설에서 승리를 거둘 수 없다(辯無勝)"는 설을 제기하였다.

가령 나와 네가 논쟁을 벌인다고 하자. 만일 네가 나를 이기고 내가 네게 진다면 과연 네가 옳고 나는 그른 것인가? 또한 내가 너를 이기고 네가 나를 이기지 못한다면 과연 나는 옳고 너는 그른 것인가? 어느 쪽이 옳고 어느 쪽이 그른 것인가? 양쪽 모두 옳은 것인가 양쪽 모두 그른 것인가? 나와 네가 모두 알 수 없다면 남은 더욱 모를 것이다. 내가 누구로 하여금 결정을 내리게 할 것인가? 너와 같은 사람이 결정한다면 이미 너와 같은데 어찌 옳을 수 있겠으며, 나와 같은 사람이 결정한다면 이미 나와 같은데 어찌 옳을 수 있겠는가? 우리와 다른 이가 결정을 한다면 이미 우리와 다른데 어찌 옳을 수 있겠는가? 우리와 같은 이가 결정을 한다면 이미 우리와 같은데 어찌 옳을 수 있겠는가?[72]

---

69 "自其異者視之, 肝膽楚越也. 自其同者視之, 萬物皆一也."(장자, 德充符)

70 "與其譽堯而非桀也, 不如兩忘而化其道."(장자, 大宗師)

71 "子與惠子遊於濠梁之上. 莊子曰, 儵魚出遊從容. 是魚樂也. 惠子曰, 子非魚. 安知魚之樂. 莊子曰, 子非我. 安知我不知魚之樂. 惠子曰, 我非子. 固不知子矣. 子固非魚也. 子之不知魚之樂全矣. 莊子曰, 請循其本. 子曰, 女安知魚樂云者, 旣已知吾知之而問我. 我知之濠上也."(장자, 秋水)

72 "旣使我與若辯矣, 若勝我, 我不若勝, 若果是也, 我果非耶. 我勝若, 若不我勝, 我果是也, 而果非也耶. 其或是也, 其或非也耶. 其俱是也, 其俱非也耶. 我與若不能相知也. 則人固受其黮闇. 吾誰使正之. 使同乎若者正之, 旣與若同矣, 惡能正之. 使同乎我者正之, 旣同乎我矣, 惡能正之. 使異乎我與若者正之, 旣異乎我與若矣, 惡能正之. 使同乎我與若者正之, 旣同乎我與若矣, 惡能正之. 然則我與若與人, 俱不能相知也. 而待彼也耶."(장자, 齊物論)

변설이란 일정한 객관적인 전제 아래에서만 '시비'를 판단할 수 있다는 주장이다. 그러나 만물은 끊임없이(無始無終) 변화하므로 어느 순간 어느 지점을 모든 개체의 객관적 판단의 기준으로 삼을 수 없다. 다시 말하면 모두 상이하게 변화하는 개체를 하나의 척도로 묶을 수 없다는 것이다. 따라서 이것은 만물·만상의 변화하는 실상에 대하여 결코 시비를 분별할 수 없다는 이른바 '무시비론(無是非論)' 혹은 '불견시비론(不遣是非論)'이다. 장자는 나아가서 당시 유가·묵가의 시비 다툼에 대하여도 무의미한 것으로 파악하였다.[73]

노자는 "성현을 끊고 지혜를 버린다(絶聖棄知)"와 "학문을 끊어 근심을 없앤다(絶學無憂)"고 주장하여 단지 무지·무욕의 갓난아기의 상태에 이르는 것이 도를 실천하는 것이라고 보았다. 이렇게 주관과 객관의 도가 합일된 이른바 '현동(玄同)'의 경지에 도달하는 것이 노자의 궁극적 목표이다.[74] 또한 "말로써 하지 않는 가르침(不言之敎)"과 "배움이 아닌 것을 배움(學不學)", "알아도 모르는 척 하는 것이 좋다(知不知上)"는 등의 주장을 폈다. 이러한 점에서 노자의 관점은 형식논리적으로 본다면 그 자체는 분명히 모순으로 보일 뿐이다. 그러나 그가 "상도를 아는 것을 총명이라 한다(知常曰明)"고 하고, '지모(知母)'를 중시하였다는 점에서[75] 그의 인식론을 철저한 불가지론으로 규정할 수는 없을 것이다. 또한 장자의 상대주의에 입각한 회의론은 일정한 의미를 지닌다. 예컨대 철학사상 일상적 사고에 대하여 반성의 촉진제가 되었던 것은 사실이며, 한편으로 현실의 모든 사물이 상대성을 지니고 있음을 지적한 것은 일종의 변증법적 요소가 있음을 부인할 수 없다.[76]

도를 언어로써 표현할 수 없음은 만사 만물에 가해진 인위성의 산물이라고 할 수 있는 명을 회의하기에 이른다. 도(道)도 명(名)이기에 부정

---

73 "有儒墨之是非, 以是其所非, 而非其所是. 欲是其所非, 而非其所是. 則莫若以明."(장자, 齊物論)
74 姜國柱, 『中國認識論史』, 河南人民出版社, 1989, 383면.
75 "天下有始, 以爲天下母. 旣得其母, 以知其子, 旣知其子, 復守其母, 沒身不殆."(노자)
76 강국주, 앞의 책, 387면 참조.

된다. 현실적으로 우리가 일정한 범주에 의해서 대상을 인식하고 명명함에 있어서 그 대상은 고정화되어야 한다. 명이 고정된 대상과 일치될 수 있다고 하더라도 대상은 고정되어 있지 않다. 바로 변하는 실상 자체가 도이다. 따라서 하나의 명이 지시하는 대상의 가변적인 요소까지 표현하는 것이 아니므로 명 자체와 실상(實相)이 완전히 일치될 수는 없다. 그러나 우리의 삶은 실상 자체만으로 틀 지워진 자연의 삶이 전부가 아니어서, 명에 의해 실상을 표현하고 실상을 구하려는 오류를 범하기 쉽다. 그러므로 명은 그것이 지시하고자 하는 하나의 고유명사에 머물 때만이 아니라 나아가 개념화되는 경우에는 명과 실상 자체는 더욱 거리가 벌어지기 마련이다.

그러나 가령 언어 즉 대상에 대한 표현이 그에 대응하는 실상과 완전히 일치된다고 할 때도 문제가 있다. 하나의 고유명사와 그것을 'A'라고 표현한 것과 일치한다면 그것은 명실일치라고 할 수 있겠으나 일반명사 예컨대 '강아지' 라는 표현과 강아지 자체와의 명실일치가 가능하다면 '강아지' 는 실상이 아니라 개념이므로 명이 가공적으로 만들어낸 개념과 일치하는 동어반복일 뿐이지 명과 실상이 직접 대응하는 것이 아니다. 다시 말하면 모든 강아지라는 구체적 실상이 동일한 것일 수 없으므로 명실일치는 불가능하다.[77] 이 점에서 보면 무명론은 명실일치가 목적이 아니라 인위적인 틀에 대한 반박이며, 그것의 구체적인 적용으로서 현실의 부조리를 타파하려는 노력이라고 할 수 있겠다.

사실상 세계는 무명의 피안이 아니라 유명(有名)의 현실이다. 따라서 노자는 '유명' 을 만물의 어머니라고 표현한 것이며 여기에는 언어를 포함한 일체의 주관적 의식으로서 판단을 포함한다. 그러나 명은 현실적으로 수많은 부조리를 생성하는 요인이 된다. 예컨대 미(美)나 선(善)이라는 것도 인위성의 산물에 불과한데도 여기에 얽매이는 탓에 상대적 악(惡)과 불선(不善)이 생성된다고 본다. 말하자면 미나 선은 주관

---

77 朴異汶, 『老莊思想』, 문학과 지성사, 1983, 24-33면 참조.

적 감정에 의한 판단이며 따라서 그것은 性과는 달리 천차만별이며 실상은 아니다. 따라서 명에 얽매이면 명실을 혼동하여 그릇된 판단을 하게 된다고 본다. 왜냐하면 대상으로서의 실 자체를 도외시하고 고정화된 명에 의한 것이기 때문이다.

다른 한편 우리가 어느 사물을 "아름답다" 혹은 "선하다"라고 규정함이 바로 상대적인 악이나 불선의 씨앗이 될 수 있다. 노자는 다음과 같이 설명한다.

> 유와 무가 서로 생성되고 어려움과 쉬움이 서로 생성되며, 긴 것과 짧은 것이 서로 드러나고 높은 것과 낮은 것이 서로 기울며, 소리와 음이 서로 조화하고 앞과 뒤가 서로 뒤따른다. 따라서 성인은 무위의 일에 처하며 말없는 가르침을 행한다.[78]

여기서 '유무(有無)·난이(難易)·고하(高下)·성음(聲音)·전후(前後)'는 도의 실상(實相)이 아니라 명에 의한 인위성의 산물이다. 그러므로 부분적이고 상대적인 것일 수밖에 없다. 예컨대 '있다'라는 것은 '없다'라는 인식을 전제로 한 것이며 반대로 '없다'라는 인식은 '있음'을 전제로 하고 있다. 그러므로 노자의 이른바 상생(相生)·상성(相成)의 관점에서는 무명의 실상에 대립되는 명이라는 것은 우리가 감관으로 파악한 형상과 그것에 기초한 제반 규정을 포함한다. 다시 말하면 명은 언어와 감관에 의한 규정 및 판단을 포괄하고 있다고 볼 수 있다.

『장자』「제물론齊物論」을 보면 원숭이들이 조삼모사(朝三暮四)에 화를 내면서 조사모삼(朝四暮三)에는 기뻐한다는 우화가 그려져 있다.[79] 시간적으로 아침과 저녁은 하루에 포함되며 결국 명실은 변한 것이 없는

---

78 "故有無相生, 難易相成, 長短相形, 高下相傾, 聲音相和, 前後相隨. 是以聖人處無爲之事, 行不言之教."(노자)

79 "曰朝三暮四, 衆狙皆怒. 曰, 然則朝四暮三, 衆狙皆說. 名實未虧, 而喜怒爲用, 亦因是也. 是以聖人和之以是非, 而休乎天鈞. 是之謂兩行."(莊子, 齊物論)

데도 호오의 감정이 달라진다는 것이다. 그러므로 성인은 시비를 화해시키며 균형된 자연에 쉬는데 이것을 '양행(兩行)' 이라고 한다. 양행은 두 개의 대등한 가치 및 그에 대한 판단이다. 그러나 명은 양자를 포괄하지 못하고 하나만을 고집하는 부분적 현실파악이다. 노자는 "말이 많아지면 자주 궁해지므로 차라리 중(中)을 지키는 것이 낫다"[80]고 한다. 말이란 결국 분별의식에서 나오고 그것은 하나의 판단이다. 그러나 성인은 그에 의한 폐단을 알고 있으므로 "논하기는 하지만 분별하지는 않는다"[81]고 하였다.

언어에 대한 회의와 부정으로서의 무명은 명예와 실리도 배척하고 있다. 일상적 의식현상으로서의 명은 실상 의식이 아니라고 보기 때문이다.[82] 노자는 반문하기를 "명(名)과 신(身) 중에서 어느 것을 더 친하게 할 것인가?"[83]라고 한다. 명리를 추구하다 보면 자신의 생명인 몸도 보존하기 어렵다는 것이다. 이것은 명에 의한 실(實)의 파괴이다.「소요유逍遙遊」를 보면 요임금이 천하를 물려주려 하자 허유(許由)는 사양하면서 다음과 같이 말하고 있다.

> 당신이 천하를 다스려 천하는 이미 안정되었습니다. 따라서 내가 당신을 대신한다면 명예를 위하는 것이 됩니다. 명(名)이란 실(實)의 부수물입니다. 내가 부수물을 위해 천하를 맡아야 하겠습니까?[84]

여기서 무명론의 입장을 보다 분명히 하고 있다. '빈(賓)' 이란 '주(主)' 가 있고나서의 이차적인 존재이다. 마찬가지로 명이란 것은 사실 자체를 표현하는 도구에 불과하다. 따라서 장자는 "선을 행하더라도 명

---

80 "多言數窮, 不如守中." (노자)
81 "六合之外, 聖人存而不論. 六合之內, 聖人論而不議." (장자, 齊物論)
82 宋恒龍,『東洋哲學의 問題들』, 驪江出版社, 1987, 212면 참조.
83 "名與身孰親." (노자)
84 "子治天下, 天下已治也. 而我猶代子, 吾將爲名乎. 名者實之賓也. 吾將爲賓乎." (장자, 逍遙遊)

은 가까이하지 말라"[85]고 경고하고 있다. 이러한 무명의 입장은 유가와 좋은 대조를 이루고 있다. 『장자』에 보이는 공자와 노자의 문답 내용은 비록 우화이긴 하지만 상호 입장의 차이를 극명하게 보여주는 자료이다. 예컨대 공자가 노자에게 인의(仁義)에 대해 물었을 때 노자는 다음과 같이 말하였다.

> 대저 백조는 날마다 목욕을 하지 않아도 희고, 까마귀는 날마다 물들이지 않아도 검다. 흑백의 본성은 분별할 수 없고 명예의 관점은 넓힐 수 있는 것이 아니다.[86]

또한 공자가 육경(六經)을 공부한 지 오래고 72명의 군주에게 유세하였지만 소득이 없었다는 말에 대해 노자는 다음과 같이 말하였다.

> 성(性)은 바꿀 수 없고 명(命)은 변화시킬 수 없으며, 때는 멈추게 할 수 없고 도(道)는 막을 수 없다. 진실로 도를 얻으면 스스로 불가능한 것이 없고, 도를 잃으면 스스로 가능한 것이 없다.[87]

그러나 공자는 『논어』에서 다음과 같이 말한다.

> 군자는 죽을 때까지 명(名)이 일컬어지지 못할까 염려한다.[88]

물론 여기서 말하는 명은 군자로서의 덕을 지녔을 경우이며 결국 덕을 쌓지 못함을 근심한다는 뜻이다. 그러므로 "군자가 인(仁)을 버리면 어찌 명(名)을 이룰 수 있겠는가?"[89]라고 반문한다. 그러나 현실적으로

---

85 "爲善無近名, 爲惡無近刑."(장자, 養生主)
86 "夫鵠不日浴而白, 烏不日黔而黑. 黑白之朴, 不足以爲辯. 名譽之觀, 不足以爲廣."(장자, 天運)
87 "性不可易, 命不可變, 時不可止, 道不可壅. 苟得於道, 无自而不可. 失焉者, 无自而可."(장자, 天運)
88 "子曰, 君子疾沒世而名不稱焉."(논어, 衛靈公)

덕에 부합하는 명이 있다고 가정할 수 있어도 양자가 완전히 일치하기는 어려운 일이며 이 점은 유가에서도 인정하고 있다. 예컨대 덕을 지니고 있는 것보다 명이 높을 수 있고 반대로 덕이 명 이상일 수 있다.

남이 나를 알아주지 않음을 근심하지 말고 자신의 무능을 걱정해야 한다.[90]

벼슬자리가 없음을 근심하지 말고 그러한 지위에 설 만한 자격이 없음을 근심할 것이며, 남이 나를 알아주지 않음을 근심하지 말고 알려질 수 있도록 덕을 쌓아야 한다.[91]

말하자면 명보다 덕이 모자라면 명에 합당한 실 자체가 되도록 노력하고 명이 비록 적더라도 더욱 덕을 닦음으로써 명이 드러날 수 있도록 힘쓰라고 한다. 이 점에서 유가의 명실론 또한 궁극적으로는 명실일치에 목적이 있다고 하기보다는 분열에 대한 하나의 처방이라고도 할 수 있겠다. 그러나 분열에 대한 근본적 원인 분석에 있어서, 구체적 언어와 지시대상과의 관계성 속에서 해석하지 못하고 명분론에 그치고만 한계가 있다.

도가의 입장에서 보면 유가에서 말하는 이른바 덕은 무위(無爲)·무명(無名)의 도가 쇠진해서 나온 것이라 한다. 바로 정명론이 낳은 부조리로 본다.

큰 도가 없어지고 인의(仁義)가 있게 되었고, 지혜가 나옴으로써 크나큰 인위(人爲)가 있게 되었다.[92]

---

89 "君子去仁, 惡乎成名." (논어, 顔淵)

90 "君子病無能焉, 不病人之不己知." (논어, 衛靈公)

91 "子曰, 不患無位, 患所以立. 不患莫己知, 求爲可知也." (논어, 里仁) * 이외에도 「學而」에서는 '不患人之不己知, 患不知人也' 라고 하였으며, 「憲問」에서도 '不患人之不己知, 患其不能也' 라고 하였다.

여기서 대도(大道)는 무명이다. 인의란 유가의 명분론이 만들어낸 그릇된 명이다. 실제로 인의라는 덕은 무명의 세계에서는 명을 고정화하고 합리화하는 도구에 불과하다는 것이다. 「인간세人間世」에 보면 공자의 이름을 빌어 다음과 같이 말하고 있다.

> 너는 덕이 흘러가는 바와 지혜가 나오는 바를 알고 있느냐? 덕은 명예심으로 흐르고 지혜란 싸움에서 비롯된다. 명은 서로를 손상시키고 지혜는 싸움의 도구이다. 두 가지는 흉기이므로 지나치게 행사해서는 안 된다.[93]

또한 걸(桀) · 주(紂)의 예를 들면서 그들은 모두 명실을 추구하던 이들이었지만 결국엔 나라는 폐허가 되고 몸은 죽임을 당하였으므로 "명실이란 성인도 감당하기 어려운 것이다"[94]라 하였다. 이 점은 맹자의 입장과 좋은 대조를 이룬다. 맹자에 의하면 그들은 명은 있었으나 실로서의 덕이 없었다고 보며 따라서 필부에 불과하다. 그러나 장자의 입장에서는 본래 명(名)에 집착하여 죽음에 이르렀다고 봄으로써 명실 자체를 부정하고 있는 것이다.

요컨대 양자의 차이는 결국 명실론에 있어서 각각의 개념과 분열의 원인을 다르게 해석함에서 기인한다. 말하자면 현실과 이상이라는 하나의 세계 속에 있는 두 가지 양면성에 대해서 뚜렷한 차이를 보이고 있다. 물론 당시의 현실이 부조리하다는 점에서는 인식을 함께 하지만 그 원인 분석에 있어서 상호 커다란 차이가 있다.

---

92 "大道廢, 有仁義. 智慧出, 有大僞."(노자)

93 "且若亦知夫德之所蕩, 而知之所爲出乎哉. 德蕩乎名, 知出乎爭. 名也者, 相軋也. 知也者, 爭之器也. 二者兇器, 非所以盡行也."(장자, 人間世)

94 "名實者, 聖人之所不能勝也."(장자, 人間世)

# 제5장 정명과 무명의 비교

  유가의 입장에서는 예의 문란이 바로 사회의 모든 상황을 혼란으로
이끈 원인이라 보고 기존의 체제 내지는 질서를 회복해야 된다고 보았
다. 본래 예는 계급적 신분적 성격을 지닌 귀족의 통치수단이었다. 따
라서 종법질서의 붕괴 과정은 곧 신분계급의 동요를 초래했으며 결국
예의 파괴로 연결되었던 것이며, 당시의 현실에서 이른바 '극기복례'
는 수용될 수 없었다. 공자는 이 점을 잘 알고 있었다고 본다. 즉 정명론
의 주류를 이루고 있는 명분과 덕의 관계는 이러한 현실극복의 또 다른
처방으로 제시된 것이다. 단순히 세습적 명분은 이미 그 기반을 상실했
으므로 이제는 명분 속에서 알맹이로서 덕이 함께 함을 보이고자 한 것
이다. 그러나 자로와의 문답에서 알 수 있듯이, 당시의 혼란을 극복하
기에는 한계가 있었다. 왜냐하면 현실의 구체적 상황에 따른 명분의 변
동을 부조리라고 보고 명분에 덕이 따르는 정명이었기 때문이다.

  맹자에 있어서는 정명의 구체적인 적용으로서 혁명에 대해 논의를
하고 있다. 비록 그것이 맹자다운 임기응변이었다고 해도, 정명에 대한
공자의 입장보다는 덕에 근거하여 명을 다르게 규정했다는 점에서 진
일보한 점이 있다. 그러나 맹자의 혁명이란 것은 사회 전반에 걸친 '명
의 부정'을 뜻하는 것이 아니었다는 점에서 공자의 정명론에 대한 입장
을 완전히 벗어나지 못하며 또한 윤리적 명분론의 범위도 넘어서지 못
하고 있다. 결국 유가는 명을 고정하고 거기에 부합할 수 있는 실을 덕
으로 규정하여 명실일치의 이상을 실현하고자 하였다고 본다.

  도가는 사회 혼란의 원인을 다른 데서 찾고 있다. 유가는 명분의 문
란으로 규정함에 대하여 그 명분 자체를 무의미로 보고 오히려 명분을

고집하고 고정화한 데서 각종 부조리가 야기되었다고 본다. 노·장에 의하면 세계는 본래 무명이다. 그러므로 유가에서 말하는 명분이나 그에 의한 질서인 예를 부정한다. 또한 덕이라는 것도 무명의 실상에 주관적으로 대응시키려는 또 하나의 허위의식이라고 본다.

도가에서 부정하는 명의 개념은 명분에 그치지 않고, 언어 더 나아가 실상에 대립되는 모든 의식현상마저도 포함하고 있다. 비록 일정한 범위에서 현실적 명의 효용을 인정하고는 있으나 오히려 그 명을 고정화함으로써 실상과 유리될 위험성을 경계하고 있다. 말하자면 현실은 끊임없이 생성 변화의 과정 속에 있으므로 고정화된 명으로 명실일치를 이루려 함은 억지라고 본다. 그리고 사회의 혼란과 부조리는 바로 명에 대한 집착에서 비롯된다고 파악하고 명을 철저히 배척함으로써 현실적으로는 명의 한계성을 인식하고 실상과 직접 대면하려고 하였던 것이다.

도가에서 보면 유가의 덕이란 무명의 도가 쇠진해서 나온 하나의 부조리이다. 그러나 공·맹도 명과 덕이 현실적으로 완전히 부합된다고 생각한 것은 아니었다. 그것은 수덕에 힘쓰는 '위기지학(爲己之學)'이라는 면에서, 외면적 명보다는 실을 알차게 해야 한다는 점에서이다. 이 점에서 명의 한계성을 인식하고 명을 부정하는 도가의 이론과 맥락을 같이한다고 볼 수도 있다.

도가는 명의 개념을 사물 일반과 의식현상에까지 확장하여 무명론을 전개함으로써 가치와 사실이라는 유가와의 상호 대립은 화합할 수 없게 되었다. 그러므로 춘추전국기의 끊임없는 종법질서의 붕괴 과정을 지나 통일국가의 이념을 제공한 법가의 이론기반을 형성함에 있어서 결정적 역할을 한 것이 유·도 양가의 종합적 성격을 지닌 순자의 철학이었던 것은 결코 우연이 아니었다고 본다.

# 제6장 순자의 정명론

우리에게 제명(制名)에 관한 체계가 없다면 언어를 통한 의사전달에 한계를 지닐 수밖에 없고 따라서 이설이 분분할 수밖에 없다. 명(名)은 언어의 가장 기본적 단위로서 명의 제정은 논의의 전제조건이라고 할 수 있다. 언어는 상호간의 의사를 전달하기 위한 도구이며 사회적 약속에 의한 산물이다. 명 또한 마찬가지이다. 순자는 이에 대하여 다음과 같이 말한다.

> 명은 본래 의미가 있는 것은 아니며 약속으로써 명명한 것이다. 약속이 정해져서 습속이 된 것을 의미라 하고, 약속에 어긋난 것은 의미가 없다고 한다.[95]

바꾸어 말하면 명은 객관대상과는 구별되는 것으로서 단지 약속의 의미로 실제의 대상을 지칭하는 이상의 것이 아니다. 따라서 그는 "명은 본래 실이 없으며 약속으로써 실을 가리킨다"고 하였다.[96] 순자는 명보다는 실 자체를 일차적으로 보며 명의 효용성은 우리가 실 자체를 이해하는 데 있다. 따라서 "명이란 다른 실을 구별하기 위한 것이다"라고 한다.[97] 이 점은 실보다는 명의 일차성을 인정하는 공자의 정명론이라든지 공손룡(公孫龍)의 "그 실이 되는 바를 바로잡는 것은 그 명을 바로잡는 데 있다"고 하는 명실론과 다르다.[98] 이것은 순자가

---

95 "名無固宜, 約之以命. 約定俗成, 謂之宜. 異於約, 則謂之不宜."(순자, 正名)
96 "名無固實, 約之以命實."(순자, 正名)
97 "名也者, 所以期異實."(순자, 正名)

노자 · 장자의 무명론에 보이는 언어 자체의 한계성을 인식하고 명실일치의 불가능성을 이해하였는지는 별도의 문제로 하더라도 제가의 변설이 사회적 규칙과 효용성을 무시함으로써 실상의 파악을 불가능하게 만든 것이라고 파악한 데서 유래한 것으로 보여진다.

「정명」에는 정명의 논리적 체계에서 제가를 비판하기 위한 근거로서 제명(制名)의 삼원칙이 제시되고 있다. 삼원칙이란 첫째 제명의 필요성(所爲有名), 둘째 제명의 인식근거(所緣以同異), 제명의 방법(制名之樞要)이다. 실상 「정명」 편이 '순자의 논리학' 이라고 일컬어지는 것은 바로 이 점에서이다.

## 1. 제명(制名)의 필요성

순자는 제명의 필요성으로서 '귀천을 밝힘(明貴賤)' 과 '동이를 구분함(辨同異)' 을 들고, 다음과 같이 말하였다.

> 다른 형체에 대해 서로 다른 마음으로 이해하면 다른 사물에 대한 명실이 뒤엉켜서 귀천을 밝힐 수 없고, 동이를 분별할 수 없다. 이렇게 되면 마음에는 깨닫지 못하는 근심이 있게 되고, 일에 있어서는 막혀버리는 폐단이 있게 된다.[99]

여기서 순자의 "명을 제정하여 실을 가리킨다(制名以指實)" 에서의 '실' 은 귀천이라는 정치 · 윤리적인 것과 더불어 사물의 동이라는 사실

---

98 "正其所實者, 正其名."(공손룡자, 정명) 唐君毅, 『中國哲學原論』, 臺灣學生書局, 136면 참조.

99 "異形異心交喻, 異物名實玄紐, 貴賤不明, 同異不別. 如是則志必有不喻之患, 而事必有困廢之禍." (순자, 正名)

적 논리적 대상을 아울러 가리키고 있음을 알 수 있다. 그러나 그는 "위로 귀·천을 밝히고 아래로 동·이를 가린다"고 하여[100] 제명의 필요성을 일차적으로 귀천의 분별에 두고 있다. 이 점에서 그의 정명론은 공자 이래 정치·윤리적 요소가 짙다고 본다. 비록 순자가 정명의 근거를 제명에서 구한다는 객관사물에 대한 논리적 분석을 하고 있지만 이것도 역시 정치적 통일을 위한 정명이 근저에 깔려 있다. 예컨대 그는 "왕자가 제명하여 명이 정해져서 실이 분별되고 도가 행해져서 의사가 소통되면 신중히 백성을 이끌어 하나로 한다"고 하였다.[101]

한편 순자는 "임금은 임금답고 신하는 신하다우며, 부모는 부모답고 자식은 자식다우며, 형은 형답고 아우는 아우다운 것이 하나이며, 농부는 농부답고 선비는 선비다우며, 공인은 공인답고 상인은 상인다운 것이 하나이다"라고 하여[102] 공자의 '군군·신신·부부·자자'의 명분론과 맥락을 같이하는 것처럼 보인다. 그러나 '정명'을 농(農)·사(士)·공(工)·상(商)에까지 확장한 것은 단지 정치·윤리적인 것뿐만 아니라 사회 전반의 직업 분별에까지 포함하려는 의도로 보여진다. 군·신·부·자와 사·농·공·상의 예는 앞서 제시된 '명귀천'과 '변동이'의 구체적인 사례로 이해할 수 있다. 이것은 선행 유가의 명실론과는 분명히 구분되며, 비록 기존의 명분론적 요소를 많이 가지고 있다 하더라도, 상대적으로 가치와 사실이 통일되고 있다는 점이다.

순자는 물론 신분규정을 선천적인 것으로 보지 않는다. 왜냐하면 인성(人性)의 선천적 생득적 요소보다는 후천적 교육이나 습속이 중요하다고 보기 때문이다. 따라서 "요임금과 우임금도 나면서부터 모든 것을 갖춘 것이 아니다"라 하고,[103] 왕공(王公)과 서인(庶人)의 신분이 세습적인 것이 아니라 현실적인 재능과 도덕성에 의한 분별에 불과하다고 본

---

**100** "上以明貴賤, 下以辨同異."(순자, 正名)

**101** "王者之制名, 名定而實辨, 道行而志通, 則愼率民而一焉."(순자, 正名)

**102** "君君·臣臣·父父·子子·兄兄·弟弟一也. 農農·士士·工工·商商一也."(순자, 王制)

**103** "堯禹者, 非生而具者也."(순자, 榮辱)

다. 따라서 사람은 누구나 "요·우도 될 수 있고 걸(桀)·척(跖)도 될 수 있으며 공(工)·장(匠)도 될 수 있고 농(農)·고(賈)가 될 수 있는 것은 후천적 교육이나 습속이 쌓였기 때문이다"라고 하여[104] 철저한 존현사능 (尊賢使能)의 원칙을 고수하였다. 여기에는 상대적으로 맹자의 이른바 '친친(親親)'이 배제되기 때문이다.


## 2. 제명에서의 인식 근거


순자는 제명의 인식근거를 '천관(天官)'이라는 우리가 선천적으로 갖고 있는 감각기관에서 구하였다.[105] 그런데 천관의 작용이 사람마다 크게 어긋난다면 제명의 근거가 될 수 없다. 그는 이에 대하여 "무릇 같은 류(類), 같은 정상(情狀)에 대해 천관이 그 대상을 인식하는 방식이 같다"고 설명한다.[106] 사람이 형태·빛깔·무늬는 눈으로, 단맛·쓴맛·짠맛 등은 입으로 느끼는 방식이 같다고 본다.

그러나 단지 오관의 역할만으로는 동이(同異) 분별에 있어서 혼란이 야기될 수 있다. 따라서 그는 제명의 근거를 천관에만 두는 것이 아니라 心의 작용을 제시하여 "심(心)이 작용하지 않으면 흑백이 앞에 있어도 보이지 않고 뇌고(雷鼓)가 옆에서 울려도 들리지 않는다"고 하였다.[107]

심은 오관을 통제하고 오관이 받아들인 감각자료를 분석하고 종합하는 기능을 한다. 순자는 "심은 육체의 군주요, 신명(神明)의 주체이다. 명령을 내리며 다른 명령을 받지 않는다"고 하였다.[108] 예컨대 입은 억

---


**104** "可以爲堯禹, 可以爲桀跖, 可以爲工匠, 可以爲農賈, 在勢注錯習俗之所積爾."(순자, 榮辱)

**105** "耳目鼻口形能, 各有接而不相能也. 夫是之謂天官."(순자, 天論)

**106** "凡同類同情者, 其天官之意物也同."(순자, 正名)

**107** "心不使焉, 則白黑在前, 而目不見, 雷鼓在側, 而耳不聞."(순자, 解蔽)

지로 말을 시킬 수 있고 다물게 할 수도 있으며 육체도 억지로 구부리 거나 펴게 할 수 있지만 심(心)은 천관을 주재하는 것이므로 다른 기관 이 좌우할 수 없다는 것이며 이러한 심의 기능을 '천군(天君)' 이라고 하 였다.[109] 그는 오관이 수용한 감각자료를 바탕으로 반성하고 추리하는 인식능력을 '징지(徵知)' 라고 하였다.

> 심에는 징지가 있다. 징지는 귀에 의거하여 듣는 데 작용하고, 눈에 의거하여 보는 데 작용한다. 그러나 징지는 반드시 천관이 장부에 기록하듯이 작용한 후에 가능하다.[110]

실상 이러한 이론은 「해폐」와 더불어 순자의 인식론에 관한 것이다. 여기서 자세히 논의할 필요는 없으나 순자의 의도는 제명이 가능하게 될 수 있는 것은 사람들 누구나 공유한 바의 감각기관 및 이것을 토대 로 분석 · 종합하고 반성 · 추리하는 심의 기능에 두고 있다고 본다.


## 3. 제명의 방법

순자는 우선 동명(同名)과 이명(異名), 단명(單名)과 겸명(兼名)을 구 별하여 "같은 것은 같은 명으로, 다른 것은 다른 명으로 한다. 단명으로 전달함에 족하면 단명으로 하고 부족하면 겸명으로 한다"고 하였다.[111] 여기서 동명 · 이명은 실제의 대상에 따라서 명이 달라져야 한다는 것

---


**108** "心者形之君也, 而神明之主也. 出令而無所受令."(순자, 解蔽)

**109** "心居中虛以治五官. 夫是之謂天君."(순자, 天論)

**110** "心有徵知. 徵知則緣耳而知聲可也, 緣目而知形可也. 然而徵知必將待天官之當簿其類, 然後可也." (순자, 正名)

**111** "同則同之, 異則異之. 單足以喩則單, 單不足以喩則兼."(순자, 正名)

을 나타낸다. 그에 있어서 명보다는 실상이 일차적인 것임은 앞서 논한
바와 같다.

한편 단명(單名)은 단순명사, 겸명(兼名)은 복합명사이다. 예컨대
'마(馬)'라는 명은 단순명사이지만 실제의 대상을 구체적으로 지적하
여 '백마(白馬)'라고 지칭하는 경우 이것은 겸명이 된다. 마찬가지로
'마(馬)'에 대하여 '우마(牛馬)'라는 명 또한 겸명이다. 그런데 겸명을
집합명사로 보는 견해도 있다.[112] 예컨대 '사(師)·여(旅)·단(團)·영
(營)' 등을 지칭하는 것이라고 한다. 그러나 그가 "단명으로 전달하기에
부족하면 겸명으로 한다(單不足以喩則兼)"라 하였고 다음에 제시되는
공명(共名)·별명(別名)의 관계에서 알 수 있듯이 겸명은 복합명사로 보
는 것이 타당할 듯하다.

순자는 공명·별명의 개념 및 상호관계를 제시하였다.[113] 논리학적
으로 공명은 유개념이며 별명은 종개념이다. 이것은 보편과 특수의 관
계로서 명의 체계를 세운 것으로 그의 논리학적 특색은 바로 이 점에 있
다. 그는 객관사물의 공통성과 차별성에 착안하여 양자의 상호관계로써
제명의 방법을 설명하였다. 예컨대 특정한 새와 짐승은 조수(鳥獸)라는
공명에 대하여 별명이며, 조수는 공명이 된다. 따라서 이러한 관계를 확
장하면 최상위 유개념이 산출되는데 순자는 "만물이 비록 많으나 때로
는 전체를 들어서 말할 때 이것을 물(物)이라 한다"고 하여,[114] 물(物)이
최상위 유개념으로서의 대공명(大共名)이라고 하였다. 한편 별명도 마
찬가지로 공명과의 관계로써 확장하면 최하위 종개념이 산출된다. 순자
는 '때로는 별도로 지칭할 때가 있는데, 이것을 조수라 한다'고 하여,
조수를 최하위 종개념으로서 대별명(大別名)이라 하였다.[115]

---


**112** "鄧公玄,『中國先秦思惟方法論』,商務印書館, 20면 참조.

**113** 흔히 이것은 묵변의 私名·達名·類名과 비교된다. 즉 類名은 別名, 達名은 共名, 私名은 고유명
사에 해당한다.

**114** "萬物雖衆, 有時而欲偏擧之. 故謂之物. 物也者, 大共名也."(순자, 正名)

**115** "有時而欲偏擧之. 故謂之鳥獸. 鳥獸也者, 大別名也."(순자, 正名)

여기서 순자가 물(物)을 객관사물의 최상위 유개념으로 보는 데는 별다른 문제가 없으나, 조수(鳥獸)를 최하위 類개념으로 본 것은 쉽게 납득하기 어렵다. 왜냐하면 조수에 대한 별명이나 같은 유(類)의 명이 있을 수 있기 때문이다. 예를 들면 같은 유의 명으로서 충(蟲)·어(魚)·초(草)·목(木) 등이 있으며 조수에 대한 별명(別名)으로서는 황조(黃鳥)나 백호(白虎) 등을 들 수 있다. 이것은 아마도 그가 '조수'와 그 이하의 체계는 단명·겸명의 관계로써 설명하였기 때문인 듯하다. 예컨대 조수에 대하여 황조(黃鳥)·백호(白虎) 등은 단명이며 조수는 겸명으로 볼 수 있다.

# 제7장 순자의 제가 비판

순자에서의 이른바 '삼혹(三惑)'은 제명의 삼원칙에 어긋나는 세 가지의 오류를 말하는데,[116] 순자는 각각을 경우에 따라서 변자의 명제를 제시하여 비판하였다.

첫째로 제명의 필요성에 어긋나는 것은 '용명이란명(用名以亂名)'이라고 한다. 명의 개념을 혼동하여 사용함으로써 오히려 명을 제정한 의도와 어긋나게 되는 것으로, 순자는 송견(宋鈃)의 "견모불욕(見侮不辱)", 묵자의 "성인불애기(聖人不愛己)"와 "살도비살인(殺盜非殺人)"[117] 등의 명제를 제시하였다.

둘째, 제명의 인식근거에 어긋난 것을 "용실이란명(用實以亂名)"이라고 한다. 이것은 개별적 특수한 사실로서 언어의 일반성을 혼란시키는 것을 말하는데 혜시(惠施)의 "산연평(山淵平)", 송견의 "정욕과(情欲寡)", 묵자의 "추환불가감, 대종불가락(芻豢不加甘, 大鐘不加樂)" 등이 이에 해당한다.

셋째, 제명의 방법에 어긋나는 것을 "용명이란실(用名以亂實)"이라고 한다. 이것은 언어의 함축된 의미로써 실제 대상의 파악을 혼란시키는 것을 말한다. 순자가 제시한 명제는 "비이알영유우마비마(非而謁楹有牛馬非馬)"이다.[118] 이에 대해서는 학자에 따라서 이설이 많은데 여기

---

116 "凡邪說辟言之離正道, 而擅作者, 無不類於三惑者矣."(순자, 정명)

117 왕전기는 『莊子』「天運」에 나오는 "殺盜非殺"로 보았다(汪奠基,「唯物論者荀況的邏輯思想,『中國邏輯思想論文選』, 참조).

118 흔히 "非而謁", "楹有牛", "馬非馬"의 3개 명제로 나누어 "馬非馬"를 공손룡의 "白馬非馬"와 연계시킨다. 그러나 이 경우 "殺盜非殺人"과 같은 성질의 명제가 되어, 순자의 분류에 어긋난다. 왕전기는 묵자의 명제로 보면서도 『장자』「제물론」과 연계시켜서 설명하였다(汪奠基, 앞의 논문 참조). 한편 "牛馬"는 "堅白"·"同異"와 더불어 당시 변자들의 공통적인 비유어로 볼 수도 있다.

서 "비이알영(非而謁楹)"은[119] 제외하고 단지 "유우마비마(有牛馬非馬)"를 묵자의 것으로 보기도 하지만 여기서는 제외하였다.[120]

이상의 '삼혹'에 해당하는 명제들을 다시 분류하면, 묵자의 명제가 "성인불애기", "살도비살인", "추환불가감, 대종불가락" 등으로 가장 많고, 송견의 것이 "견모불욕", "정욕과" 등으로 다음이며, 혜시의 것은 "산연평"으로 하나만 제시되었다. 물론 순자는 각각의 명제가 누구의 것인지 명시하지는 않았지만 「정명」 이외에서도 이들에 대한 비판이 가해지고 있다.

한편 삼혹 가운데 첫째와 둘째의 경우는 모두 '난명(亂名)'으로서 언어의 개념을 혼란시키는 것이며 셋째의 '난실(亂實)'은 실제의 대상 즉 현실을 언어로써 혼란시킨다는 뜻이다. 이것은 명가 계통을 염두에 둔 것으로 보인다. 여기서 "유우마비마"를 묵자의 것으로 본다면 이것은 실제로 묵자 개인이 아닌 묵변에 대한 비판으로 보이며 다른 명제들과 성격이 다르다. 더구나 공손룡 등의 명제로 보는 경우에는 "이명난실(以名亂實)"의 비판이 더욱 합당하다고 여겨진다.

삼혹은 결국 당시 정치변혁기에서 가장 영향력 있는 변자들에 대한 비판이다. 여기서는 순자와 그들의 상호비판 관계를 이해하기 위해 묵자 · 송견 · 혜시 등으로 나누어 검토하기로 한다.


## 1. 묵자에 대한 비판

『순자』 전편에 걸쳐서 가장 대표적으로 드러나는 비판 대상은 묵가이다. 이것은 당시 묵가가 유가마저 압도할 정도의 영향력을 행사했기

---

**119** 풍우란은 『묵자』의 "若矢過楹"이라 하였으나 이설이 많다(풍우란, 앞의 책 참조).
**120** 이 경우 『묵자』 「經下」 · 「經說下」의 내용과 연계된다.

때문인 듯하다. 이것은 맹자가 양주(楊朱) · 묵적(墨翟)의 말이 천하에 가득하다고 하고 "무부(無父) · 무군(無君)"이라 비판한 것이라든지[121] 『한비자』「현학顯學」에서 "세상에 두드러진 학파는 유가와 묵가이다 (世之顯學, 儒墨也)", "공(孔) · 묵(墨) 이후 유가는 여덟으로, 묵가는 셋으로 나뉘었다"고 하는 기술에서도 짐작이 가능하다.

『순자』에 보이는 묵가에 대한 비판은 「정명」을 중심으로 거의 전편에 언급되어 있는데 이것은 묵자 개인에 대한 비판이 아니라 주로 그들의 정치이론에 대한 비판이다. 삼혹에서 제시된 묵가의 명제는 "성인불애기", "살도비살인", "추환불가감, 대종불가락" 등이다.

우선 "성인불애기"(성인은 자기를 사랑하지 않는다)라는 명제는 『묵자』「대취大取」의 내용에서 비롯된 것으로 본다.

> 사람을 사랑하는 것은 자기를 제외하는 것이 아니다. 자신도 사랑하는 대상에 포함된다. 자신도 그 대상에 포함되기 때문에 사랑이 자신에게 미친다. 차별을 두어 자신을 사랑하는 것도 사람을 사랑하는 것이다.[122]

묵자의 이러한 입장은 당시 유가에서 '인(人)'과 '기(己)'의 개념을 구별하고 다시 '애기'(愛己 : 자기를 사랑함)와 '애인'(愛人 : 남을 사랑함)을 분리함으로써 차별애를 제시함에 대한 반론으로 보인다. 따라서 "애인"하면 되는 것이지 구태여 이 가운데 "애기"를 분리하여 가치를 부여할 필요가 없다는 면에서 역설적인 표현으로 "성인불애기"라는 명제를 제시한 것으로 본다. 이것은 당시의 지배층이 자신들만의 이익을 도모하고 일반대중의 현실을 외면함에 대한 묵가의 표현방식으로 이해된

---

121 "楊朱墨翟之言, 盈天下. 天下之言, 不歸楊則歸墨. 楊氏爲我, 是無君也. 墨氏兼愛, 是無父也. 無父無君, 是禽獸也(……) 楊墨之道不息, 孔子之道不著. 是邪說誣民, 充塞仁義. 仁義充塞, 則率獸食人, 人將相食."(맹자, 滕文公下)

122 "愛人不外己, 己在所愛之中. 己在所愛, 愛加於己. 倫列之愛己, 愛人也."(묵자, 大取)

다.[123]

순자는 이에 대하여 제명의 원칙에 어긋난 "용명이란명"이라고 비판하였다. 즉 제명의 필요성은 바로 귀천동이를 분별하려는 것인데 오히려 명으로써 명을 혼란시킨 경우에 해당한다고 본다. 따라서 성인이 "남을 사랑한다"고 하여 "성인불애기"라고 한다면 '인(人)'과 '기(己)'의 개념 규정을 오히려 혼란시킨 것이다. 그런데 묵자의 견해는 순자의 비판처럼 '인'과 '기'의 구별을 모르고 있었던 것이 아니라 겸애를 강조하기 위한 것이었다. 묵자는 천하의 혼란은 결국 겸애하지 않는 데서 비롯한다고 본다.

> 혼란이 어디서 유래하는가를 살펴보면 서로 사랑하지 않는 데서 온다. 신하와 자식으로서 임금이나 아버지에게 효성을 다하지 않는 것이 이른바 혼란이다. 자식이 자신만을 사랑하고 아버지를 사랑하지 않기 때문에 아버지를 소홀히 하고 자신의 이익을 구한다(……) 신하는 자식만을 사랑하고 임금을 사랑하지 않기 때문에 임금을 소홀히 하고 자신의 이익을 구한다.[124]

그러나 순자는 이에 대해서 다음과 같이 반박할 수 있다.

> 임금은 유능한 사람을 관직에 앉혀 주는 일을 하는 사람이며, 필부(匹夫)는 스스로 자신의 능력을 발휘하는 사람이다(……) 그러므로 천하를 안정시키고 사해를 통일하는 일도 직접 할 필요는 없다. 그 것을 직접 하는 것은 역부(役夫)의 방법이며 묵자의 말이다. 덕이 있는 사람을 가리고 유능한 자를 기용하여 관직을 주는 것은 성왕의

---



123 楊榮國, 『中國古代思想史』, 三聯書店, 1962, 360면 참조.
124 "當察亂何所起, 起不相愛, 臣子之不孝君父, 所謂亂也. 子自愛不愛父, 故虧父而自利(……) 臣自愛不愛君, 故虧君而自利." (묵자, 兼愛)

도이며 유가에서 지키는 방법이다.[125]

순자의 입장에서는 유(儒)·묵(墨)의 도가 다르다. 즉 분별이 없는 겸애는 오히려 일을 번거롭게만 한다는 것이며 이러한 의미에서 묵가는 "평등만 보고 차별은 보지 못했다"고 비판하였다.[126]

"살도비살인"(도둑을 죽이는 것은 사람을 죽이는 것이 아니다)은 『묵자』「소취小取」에 보이는 명제이다.

비록 도둑도 사람이지만 도둑을 사랑하는 것은 사람을 사랑하는 것
이 아니다. 도둑을 사랑하지 않는 것은 사람을 사랑하지 않는 것이
아니다. 따라서 도둑을 죽이는 것은 사람을 죽이는 것이 아니다.[127]

순자는 이 명제 역시 "용명이란명"이라고 비판하였다. 그러나 앞서의 경우와 같이 묵자가 '도(盜)'·'인(人)'의 포섭관계를 모르고 있었던 것은 아니다. 다만 '다도(多盜)'와 '다인(多人)'이 같을 수 없고 '애도(愛盜)'와 '애인(愛人)'이 같을 수 없듯이, '살도(殺盜)'와 '살인(殺人)'은 그 의미하는 바가 다르다는 입장이다. 따라서 묵자의 논의는 '비(非)'자의 의미를 "같지 않다"는 의미로 사용한 것이며 순자의 비판 의도는 '살도(殺盜)'도 당연히 '살인(殺人)'의 범주에 넣어야 한다는 논리학적인 입장이다. 한편 묵자가 '살도(殺盜)'를 살인의 범주에서 제외시킨 것은 당시 묵가가 체계적으로 집단을 운용하기 위한 엄격한 규범의식에 비롯된 것으로 볼 수 있다.[128]

---

125 "人主者以官人爲能者也, 匹夫者以自能爲能者也(……) 以是縣天下, 一四海, 何故必自爲之. 爲之者
役夫之道也, 墨子之說也. 論德使能, 而官施之者, 聖王之道也, 儒之所謹守也."(순자, 王霸)

126 "墨子有見於齊, 無見於畸."(순자, 天論)

127 "雖盜, 人也, 愛盜, 非愛人也, 不愛盜, 非不愛人也."(묵자, 小取)

128 묵가의 규범의식이 잘 드러난 자료는 『呂氏春秋』「去私」이다. 어느 巨子의 아들이 살인죄를 범했
을 때, 秦 惠王은 용서하려 하였으나, 그 거자는 "묵가의 법에 의하면, 살인자는 죽이며 남을 해친
자는 벌을 준다"고 하여 왕의 제의를 거절하였다고 한다.

"추환불가감, 대종불가락"(맛있는 요리도 입맛을 더하지 못하고, 훌륭한 음악도 즐거움을 더하지 못한다)이라는 명제는 『순자』의 여러 편에 보이는 묵가의 비악론(非樂論)에 대한 비판과 연계시켜 볼 때 역시 묵자의 명제로 본다. 순자는 "음악은 인정상 그만둘 수 없는 것"[129]이므로 제명의 근거 즉 우리의 감각기관의 인식에 어긋나는 것으로서 "용실이란 명"이라고 비판하였다. 우리는 실제로 누구나 맛있는 음식을 먹고 싶어하며 훌륭한 음악을 듣고 싶어한다. 물론 고기를 자주 먹는 사람이 추환의 맛도 느끼지 못하고, 훌륭한 음악도 때로는 짜증날 때가 있을 수 있다. 그러나 개별적이고 특수한 사실로써 일반적 원칙을 무시할 수 없다. 이에 순자는 "묵자의 「비악」은 천하를 혼란시키는 것이고, 묵자의 「절용節用」은 천하를 가난하게 하는 것이다"라고 비판하였다.[130] 그런데 『묵자』 「비악」에는 다음과 같이 표현되어 있다.

인자로서의 일은 반드시 천하의 이익을 일으키고 해를 없애는 데 힘쓰는 것이다(……) 또한 인자가 천하를 위해 도모하는 것은 눈에 아름다운 것, 귀에 즐거운 것, 입에 맞는 것, 몸에 편안한 것 때문이 아니다. 이러한 것은 백성들의 입고 먹는 재물을 빼앗기 때문에 인자는 하지 않는다. 그러므로 묵자가 음악을 배척하는 이유는 큰 종·북·거문고·비파·생황 등의 소리가 즐겁지 않아서가 아니며, 조각·색채·문채가 아름답지 않아서가 아니며, 훌륭하고 기름진 요리가 맛이 없어서가 아니다.

묵자의 의도는 결국 절용을 강조하는 데 있다. 사치스러운 음악이나 훌륭한 음식이 백성의 재물을 축내므로 반대하고 있음을 알 수 있다. 그러나 순자는 묵자의 절용을 "실용에 가리워 문화를 몰랐다(蔽於用, 而

---

129 "夫樂者樂也, 人情之所必不免也."(순자, 樂論)
130 "我以墨子之非樂, 則使天下亂. 墨子之節用, 則使天下貧."(순자, 富國)

不知文)"고 전제하고 다음과 같이 비판한다.

> 묵자의 말로는 수심에 잠긴 채 천하를 위해 물자가 부족함을 걱정한
> 다고 하지만 대개 물자가 부족한 것은 천하의 공통된 근심거리가 아
> 니다. 유독 묵자만이 지나치게 근심할 뿐이며 잘못된 것이다.[131]

순자는 이어서 다음과 같이 결론을 내리고 있다.

> 만일 묵자가 크게는 천하를 작게는 한 나라를 소유한다면 반드시 수
> 척한 얼굴로 추한 옷을 입고 거친 밥을 먹고 걱정하면서 즐기지 못
> 할 것이다(……) 따라서 선왕(先王)이나 성인(聖人)은 그렇게 하지 않
> 는다. 무릇 군주는 아름답게 꾸미지 않으면 백성을 통일시킬 수 없
> 고 부유한 재력이 없으면 아랫사람을 관할할 수 없음을 알기 때문이
> 다(……) 이렇게 되면 만물이 마땅함을 얻고, 일의 변화가 알맞게 대
> 응되어 위로는 천시(天時)를 얻고, 아래로는 지리(地利)를 얻고, 가운
> 데로는 인화(人和)를 얻어서 재물이 샘물과 같이 마르지 않고 하해
> 같이 넘치고 산같이 쌓여 때로는 태워 없애지 않으면 둘 곳이 없게
> 된다.[132]

실상 이것은 순자가 인간과 자연의 구별을 분명히 함으로써 "인위로
서 자연을 극복한다(以人滅天)"는 이른바 능참(能參) 의식의 표명이다.
곧 인간이 자연계 속의 한 산물이면서도 유를 달리하는 타물을 취하여
이용함으로써 자연의 제약성을 극복할 수 있다는 것이다. 설령 묵자의

---

131 "墨子之言, 昭昭然爲天下憂不足. 夫不足非天下之公患也, 特墨子之私憂過計也."(순자, 富國)
132 "墨子大有天下, 小有一國, 將感然衣麤食惡, 憂戚而非樂(……) 故先王聖人爲之不然. 知夫爲人主
  上者, 不美不飾之, 不足以一民也, 不富不厚之, 不足以管下也(……) 若是則萬物得其宜, 事變得其
  應, 上得天時, 下得地利, 中得人和, 財貨渾渾如泉源, 汸汸如河海, 暴暴如丘山, 不時焚燒, 無所臧
  之."(순자, 富國)

입장이 지배층의 경제적 착취와 수탈에 대한 저항의 표명이라고 할지라도 당시 새로운 사회경제적 토대에서 부상하는 신흥계층의 이익을 대변하는 순자의 입장에서 볼 때 묵자의 견해는 일정한 한계를 지니는 것이었고, 순자가 묵자를 비판한 진정한 의도는 여기에 있었다고 본다.

## 2. 송견(宋鈃)에 대한 비판

송견은 전국 중기의 사상가로서 생몰년은 확실하지 않으나 맹자와 거의 동시대의 인물이다. 그것은 그가 초나라로 가는 도중에 맹자와 만나서 문답한 일이 있었다는 점을 근거로 한다.[133] 문답의 내용은 송견이 진(秦)·초(楚)가 전쟁을 준비중이라는 소식을 듣고 양국에 가서 서로 이익이 될 것이 없다는 관점에서 전쟁을 막아보려고 한다고 하자, 이에 맹자는 이익으로써 하기보다는 인의로써 설득해야 한다는 것이었다.

순자가 삼혹의 대상으로 제출한 송견의 명제는 "견모불욕"(수모를 당해도 욕될 것이 없다)과 "정욕과"(정욕은 적은 것이다)이며, 「정명」 이외에도 「천론天論」·「해폐解蔽」·「정론正論」 등에도 단편적으로 송견에 대한 비판이 보인다. 그러나 현재 송견의 저술이 전하지 않으므로 그의 학문적 경향은 다른 제자서를 참조할 수밖에 없다. 『장자』「천하天下」에서는 고대의 학파를 1) 묵적(墨翟)·금활리(禽滑釐), 2) 송견(宋鈃)·윤문(尹文), 3) 신도(愼到)·전병(田駢), 4) 관윤(關尹)·노담(老聃) 등의 학파로 분류하여 다음과 같이 비평하고 있다.[134]

---

**133** "先生以仁義說秦楚之王, 秦楚之王悅於仁義, 而罷三軍之師(……) 然而不王者, 未之有也. 何必曰利."(맹자, 告子下)

**134** 「逍遙遊」에서는 송견에 대해 "擧世而非之, 而不可沮. 定乎內外之分, 辨乎榮辱之竟, 斯已矣"라 비평하였다.

세속에 구애받지 않고, 사물을 꾸미지도 않으며, 남에게 구애받지 않고, 대중에게 거슬리지 않는다(……) 송견·윤문(尹文)은 이러한 기풍을 듣고 좋아하여 화산관을 만들어 자신의 상징으로 삼고, 만물에 접해서는 구분을 두어 서로 침범하지 않는 것을 근본입장으로 삼았다(……) 남에게 모욕을 받아도 치욕으로 여기지 않고, 백성들의 다툼을 멈추게 하고 침략전쟁을 중단시켜서, 세상에서 전쟁을 없애는 것으로써 천하를 두루 돌며, 위로는 유세하고 아래로는 가르쳤다(……) 따라서 침략전쟁을 금하는 것을 밖으로 내세우고, 정욕을 줄이는 것을 내면으로 삼았다.

한편 『한비자』「현학顯學」에서는 칠조(漆雕)의 결백성과 송견의 너그러움을 대비시키면서 "송견의 의론은 남과 다투지 않고, 원수를 갚지 않으며 감옥에 갇히는 것도 부끄럽게 여기지 않고, 모욕을 받아도 수치스럽게 여기지 않는 것이다"라고 설명하고 있다.

이상의 송견에 대한 기술은 순자가 그를 비판하는 내용과 대체로 일치한다. 우선 "견모불욕"에 대한 순자의 비판을 검토하고자 한다.

송견은 앞서 인용한 자료에서 알 수 있듯이 사람의 다툼이나 국가간의 전쟁의 원인이 남에게 모욕을 받고 수치스럽게 여겨 보복하려는 데 있다고 보아 "견모불욕"을 주장했다. 순자는 이것을 묵자의 "성인불애기", "살도비살인"과 더불어 "용명이란명"이라고 비판한다. 왜냐하면 '모(侮)'에는 이미 '욕(辱)'의 의미까지 포함하고 있기 때문이다.

「정론正論」에는 송견의 의도를 근본적으로 반박하는 내용이 문답식으로 전개되어 있다. 순자는 우선 송견에게 인정으로서 모욕을 받는 것을 싫어하지 않느냐고 반문한다. 물론 송견은 싫어하지만 욕될 것까지는 없으며 싸울 필요도 없다고 말할 수 있다. 그러나 순자는 싫어한다는 것 자체가 싸움이나 전쟁의 원인이 된다고 보며 욕(辱)·불욕(不辱)은 관계가 없다고 주장하였다.

순자는 이것을 두 가지로 증명하였다. 예컨대 난쟁이 같은 배우가 관객들 앞에서 모욕을 받아도 싸우지 않는 이유는 그가 "모욕을 받아도 욕되지 않는다"라는 것을 알아서가 아니라 모욕을 받는 것을 싫어하지 않기 때문이며 집주인이 도둑과 몸을 다치면서까지 싸우는 것은 도둑맞는 사실을 욕되게 여겨서가 아니라 그것을 싫어하기 때문이라고 본다.

한편 순자는 욕(辱)을 세욕(勢辱)과 의욕(義辱)으로 구분하여 설명하고 송견은 이러한 구분을 몰랐다고 비판하였다. '의욕'이란 방탕한 행동 등으로 남에게 손가락질을 당하는 욕됨을 가리키며, 자신에게 원인이 있는 것이다. 반면에 '세욕'은 자신의 행동과는 무관하게 당하는 욕됨을 가리키며 이유없이 남에게 폭행을 당하는 일 등이 이에 해당한다. 순자에 의하면 "군자는 세욕은 있으나 의욕은 없고, 소인은 두 가지 모두 있을 수 있다"고 하여 인간으로서 욕됨이 없을 수 없다는 사실을 반증하였다.[135]

"정욕과"의 명제는 순자가 묵자의 "추환불가감, 대종불가락" 등과 함께 "용실이란명"이라고 비판한 것이다. 개별적인 실례로써 언어의 일반성을 문란시킨 것으로 본다. 앞서의 명제와 마찬가지로 「정론」에서 "송자는 말하기를 '사람의 정욕은 적다. 자신의 정욕이 많다고 여기는 것은 잘못이다' 라고 한다"고 제시하여 반박하고 있다.[136]

우선 순자는 이목구비와 육체의 욕구로서 오기(五綦)를 갖고 있지 않느냐고 반문한다. 물론 송견은 인간의 정욕은 단지 그것에 불과한 것이고 많은 것이 아니라고 주장할 수 있다. 순자는 이에 대하여 두 가지의 비유로써 반박한다. 예컨대 송자의 이론은 부귀를 바라는 사람이 재화를 탐내지 않으며 미인을 탐하는 사람이 서시(西施)를 싫어한다고 주장하는 예와 같다고 본다. 따라서 「천론天論」에서는, "(송견)은 적은 것만을 보고, 많은 것을 보지 못했다(有見於少, 無見於多)"고 비판하였다.

---

135 "君子可以有勢辱, 而不可以有義辱(……) 義辱勢辱, 唯小人然後兼有之."(순자, 正論)

136 "子宋子曰, 人之情欲寡, 而皆以己之情爲欲多, 是寡也."(순자, 正論)

　　요컨대 송견의 입장은 당시 정치사회 변동의 과정에서 최대의 악이 전쟁이며 그 원인은 바로 인간의 끊임없는 욕망추구에서 비롯된 것으로 파악하고 이에 대한 처방으로 제시한 것이 "정욕과"의 명제이다. 그러나 순자에 의하면 처방 자체도 잘못되었을 뿐만 아니라 인정의 실상 파악을 제대로 하지 못한 것이다. 따라서 다음과 같이 주장하였다.

　　무릇 정치를 말하면서 욕심을 제거하기를 기대하는 것은 욕망을 지도할 줄 모르고, 욕망 있는 사실을 괴로워하는 사람이다. 정치를 말하면서 과욕(寡欲)하라고 권함은 욕망을 절제할 줄 모르고, 욕망이 많은 것을 근심하는 사람이다. 유욕(有欲)·무욕(無欲)은 다른 류이다. 생사와 같은 것이며 치란과는 무관하다. 욕망의 다과(多寡)도 다른 유이다. 인정의 정해진 바이며 치란과는 무관하다.[137]

　　결국 인간 욕망의 다과(多寡)·유무(有無)는 치란과 관계가 없으며 단지 욕망을 조절하는 정치력이 중요하다고 본다. 또한 욕망을 추구함은 인정의 필연적인 것이므로 문지기도 욕망을 없앨 수 없고 천자도 욕망을 다 채울 수는 없다고 하였다. 다만 채울 수는 없지만 거의 가깝게 할 수 있고, 제거할 수는 없으나 조절할 수 있다는 것이다.

　　순자는 욕망의 조절 가능성을 오관을 통제하는 심의 기능에서 구한다. 그리하여 "마음이 도리에 맞으면 욕망이 많더라도 다스림에 어찌 문제가 되겠으며, 마음에 도리에 어긋나면 비록 욕망이 적더라도 다스림에 어찌 문제가 없겠는가"라고 반문하고[138] 송견을 "욕망에 가리워 덕을 알지 못했다"고 결론지었다.[139]

---

137　"凡語治而待去欲者, 無以道欲, 而困於有欲者也. 凡語治而待寡欲者, 無以節欲, 而困於欲多者也. 有欲無欲, 異類也, 生死也, 非治亂也. 欲之多寡, 異類也, 情之數也."(순자, 正名)

138　"心之所可中理, 則欲雖多, 奚傷於治(……) 心之所可失理, 則欲雖寡, 奚止於亂."(순자, 정명)

139　"蔽於欲, 而不知得."(순자, 解蔽)

## 3. 혜시(惠施)에 대한 비판

혜시는 송나라 출신으로 맹자와 거의 동시대 사람이며 BC 341년 무렵부터 십여 년간 위 혜왕(惠王)의 재상을 지냈다고 한다. 그에 대한 전기나 저술이 남아 있지 않으므로 송견과 마찬가지로 그의 학설 전반의 것을 이해하기는 쉽지 않으며, 다만 『장자』를 비롯한 제자서를 통하여 그 개략적인 것을 알 수 있다.

혜시의 학문적 연원에 대해서는 이설이 많다. 예컨대 곽말약(郭沫若)은 『여씨춘추』「애류愛類」의 내용에 근거하여 '양주(楊朱)의 적파(嫡派)'로 보며[140] 묵변의 내용과 혜시의 논설이 일치하는 면이 많다고 보아 별묵(別墨) 계통으로 보기도 한다.[141] 왕전기(汪奠基) 등은 『순자』에서 혜시·등석(鄧析)을 같은 계열로 보아 비판하는 데 근거하여 혜시의 사상이 등석에게서 비롯하였다고도 한다. 후외려(侯外廬)도 이에 동조한다. 이외에도 혜시의 '대일(大一)'을 근거로 노자에서 그 연원을 구하기도 한다.

그런데 순자가 묵자·송견과 함께 혜시를 대표적으로 비판하였던 가장 큰 이유는, 『순자』「성상成相」에서의 "신(愼)·묵(墨)·계(季)·혜(惠), 백가지설(百家之說)"[142]이라는 표현이 시사하듯이 당시 대표적인 변론가의 하나였기 때문인 듯하다.

---

140 "『呂氏春秋』「愛類」에는 광장이 혜시의 학문을 '去尊'으로 표현하였는데, 이는 맹자가 양주를 비판할 때 사용한 '無君'과 흡사한 듯하다. 그러나 여기서 '거존'의 의미는 '윗사람으로서 오만함을 버리라'는 것이며, 혜시 자신도 재상을 지낸 경력이 있던 사실에서 볼 때 이 설은 문제가 있다(溫公頤,「惠施公孫龍的邏輯思想」참조). 한편 진기유는 '尊'을 '爭'의 잘못으로 보아 혜시의 '偃兵'과 연계시키고 있다(『呂氏春秋校釋』참조).

141 이것의 근거는 『晉書』「隱逸傳」에 나오는 魯勝의 「墨辯注序」(墨子著書, 作辯經以立名本, 惠施公孫龍祖述其學, 以正刑名顯於世)이다.

142 '季'는 혜시와 동시대의 변자인 季眞이라는 설도 있으나, 보통 '宋'의 오자로 보아서 송견을 가리키는 것으로 본다(『漢文大系』참조). 한편 『莊子』「徐無鬼」에도 장자가 혜시에게 '儒·墨·楊·秉四, 與夫子五'라고 표현하였고, 『한비자』「外儲說左上」에도 '李·惠·宋·墨, 皆畫策也'라는 표현이 있는 것으로 보아, 혜시가 당시에 상당한 영향력을 행사했던 변자임에 틀림없는 듯하다.

순자의 혜시에 대한 비판은 『장자』「천하」와 관계가 깊다. 비록 이 편의 내용이 장자의 후학이 편입시킨 것이라 하더라도, 혜시를 "덕에 약하고 사물에 강하며(弱於德, 强於物)", "만물을 좇아 되돌아오지 않는다(逐萬物而不反)" 등의 표현을 사용하여 비판한 것으로 보아 혜시가 세계 만물을 인식 대상으로 삼았음을 짐작하게 한다.[143] 「천하」의 내용은 혜시를 비판적으로 묘사하였으나 실제로 혜시와 장자는 여러 우화에서 드러나듯이 서로 논변하기를 즐겼으며 다만 양자는 다소의 입장 차이가 있었던 것으로 보인다.[144]

순자는 「천하」의 역물십사(歷物十事) 가운데 제3사인 "산연평(山淵平)"을 묵자의 "추환불가감, 대종불가락", 송견의 "정욕과"와 함께 "용실이란명"의 예로서 제시하였다. 역물십사는 혜시가 세계만물이 상호 공통성과 개체성을 갖고 있으며 나아가서는 시간과 공간, 현상과 변이의 상대성을 표현한 명제들이다.[145]

한편 「불구不苟」에도 출처가 분명하지 않은 명제들이 제시되고 있는데 "천지비(天地比), 제진습(齊秦襲), 입호이(入乎耳), 출호구(出乎口), 구유수(鉤有須), 난유모(卵有毛)" 등이 그것이다. 이에 대하여 순자는 설명할 수 없는 것들인데도 혜시나 등석은 곧잘 이유를 붙여서 변론한다고 비판하였다.

「천하」에는 역물십사 이외에 따로 21사(事)가 보이는데 이 가운데 "천여지비(天與地比), 산여택평(山與澤平)"은 순자가 제시한 "천지비"(天地比)와 같은 류의 명제이다. 당시 혜시가 이러한 명제들을 어떠한 관점에서 논증하였는지는 알 수 없으나 순자는 우리가 대상의 동이(同異)를 파악함에 있어서는 천관을 통하며 이로써 제명하여 언어 활동을

---

143 흔히 혜시의 역물십사를 당시 천문 · 지리 · 생물학의 성과를 수용한 명제로 보지만, 여기서는 구체적으로 다루지 않았다(范文瀾의 『中國通史簡編』 I 을 참조 바람).

144 『莊子』의 우화 여러 편이 이를 시사하며 특히 「徐無鬼」에는 장자가 혜시의 묘 앞을 지나면서 '함께 변론할 수 없구나' 라고 한탄하는 내용이 보인다.

145 周云之,「略論惠施的邏輯思想」, 『中國邏輯思想論文選』 참조.

하는 원칙에 어긋난다고 비판하였다. 비록 산이 낮은 곳에 있고 연못이 높은 곳에 있을 수 있으나 이러한 예외적인 사실로써 일반적 사실을 부인할 수 없다는 것이며 그 근거는 우리의 감각기관에 따르기 때문이라고 본다.

순자는 「비십이자」에서 혜시 등이 언변(言辯)의 정밀성을 "근거를 갖고 있고(持之有故)", "말에 조리가 있다(言之成理)"고 인정하면서도 괴설을 늘어놓아 대중을 미혹시키므로 변론하여도 정치·사회의 통일성을 지향하는 현실에는 무용한 것이라고 비판하였다. 그리하여 君子의 말에는 일정한 범위가 있고, 행동에는 일정한 표준이 있다고 하여 다음과 같이 말하였다.

준마는 하루에 천리를 달릴 수 있다고 하지만 노둔한 말도 열흘 동안 달리면 미칠 수 있다. 그러나 장차 무한한 곳에 가기 위하여 무극까지 쫓는다면 뼈가 부러지고 끊어져도 평생 미칠 수 없다. 따라서 그치는 곳이 있어야 한다(……) 학문을 하는 경우에도 마찬가지다. 견백동이설(堅白同異說)이나 유후무후설(有厚無厚說) 등은 정밀하지 않은 것은 아니지만 군자가 이것을 말하지 않는 것은 머물 곳을 알기 때문이다.[146]

여기서 견백론(堅白論)을 구태여 공손룡의 명제로 제한할 필요는 없을 듯하다. 『장자』「덕충부德充符」에는 장자가 혜시에게 "그대는 견백(堅白)으로 쟁명한다(子以堅白鳴)"[147]고 지적한 데서 알 수 있듯이 혜시의 것으로 볼 수도 있다. 흔히 공손룡의 견백론을 지칭한다고 하지만, 당시 변자들에게 있어서 '견백'은 공통적인 비유어일 가능성이 크

---

**146** "夫驥一日而千里, 駑馬十駕, 則亦及之矣. 將以窮無窮, 逐無極與, 其折骨絶筋, 終身不可以相及也. 將有所止之(……) 意亦有所止之與. 夫堅白同異, 有厚無厚之察, 非不察也, 然而君子不辯, 止之也." (순자, 修身)

**147** 鳴은 爭鳴의 뜻이다. 曹礎基, 『莊子淺注』 참조.

다.[148]

유후무후설(有厚無厚說)은 역물십사의 제2사인 "무후불가적야(無厚 不可積也), 기대천리(其大千里)"와 연관되는 것으로 본다. 즉 두께가 없는 것은 두껍게 될 수는 없으나 평면의 넓이로 보면 그 크기가 천리에 이를 수 있다는 논리이다.

혜시의 책이 다섯 수레가 되었다고 하는 것이라든지 "죽을 때까지 말재주로 유명하였다(卒以善辯爲名)"는 『장자』 「천하」의 내용으로 보아 그가 박식하고 유명한 변론가였음을 알 수 있다. 역물십사로 미루어 볼 때 혜시는 현실적 명(名)이나 언어에 얽매여 있는 분별의식을 타파하고 자 한 것으로 볼 수도 있다. 즉 하나의 표준이나 관점에 머무르는 것이 아니라 일정한 분별의식을 넘어서고자 하는 것이다. 결국 혜시의 목표는 "널리 만물을 사랑하면 천지가 일체이다(汎愛萬物, 天地一體)"라는 것이다.[149] 이러한 면에서 그는 세계 만물은 상대적으로 파악하면서도 통일성에 이르지 못하고 그 상대성을 절대화한 공손룡의 '이견백(離堅白)'의 입장에 대비되어 흔히 '합동이(合同異)'의 우두머리로 평가된다. 바로 이 점에서 혜시 및 명가 계통의 변자는 "말에 가리워 실을 몰랐다"[150]고 하여 순자의 비판 대상이 된다.

순자는 「불구(不苟)」에서 다음과 같이 말한다.

> 군자는 행동에 있어서 구태여 어려움을 귀하게 여기지 않고, 변설에 있어서 구태여 미묘함을 귀하게 여기지 않으며, 명성에 있어서 구태여 전파됨을 귀하게 여기지 않는다. 오직 그 마땅함을 귀하게 여길 뿐이다(……) 군자가 귀하게 여기지 않는 이유는 예의의 중도

---

148 『논어』에도 "不曰堅乎, 磨而不磷. 不曰白乎, 涅而不緇"라는 말이 있거니와 『묵자』를 비롯한 제자 서에도 언급되는 용어이다. 물론 堅白同異說과 有厚無厚說이 누구의 것이든 문제는 같다.
149 『莊子』 「天下」에 나오는 역물십사의 제10사.
150 "蔽於辭, 而不知實."(순자, 解蔽)

(中道)가 아니기 때문이다.[151]

이처럼 순자는 당면한 현실의 정치적 안정에 도움이 되지 않는 기괴한 행동이나 변설 등을 '예의'라는 정치·윤리적 입장에서 비판하였다. 이것은 그가 당시 자연과학적 성과를 수용하여 신흥계층의 욕구를 철저하게 대변한 것으로 이해되며, 이것이 순자가 제가를 비판하는 기본적 이유로 본다.

---

**151** "君子行不貴苟難, 說不貴苟察, 名不貴苟傳, 唯其當之爲貴(……) 然而君子不貴者, 非禮義之中也." (순자, 不苟)

# 제8장 순자의 사상적 통일

순자는 당시 진(秦)에 의해 전국이 통일되어 가는 전환기에 있어서, 백가가 각기 제시하는 이론을 분석하고 비판함으로써 보다 현실의 정치·사회적 제반 문제의 해결에 기여할 수 있는 자신의 철학체계를 수립하였다.

그는 그릇된 현실에서 가장 선결해야 할 문제는 성왕의 부재에서 야기된 제가의 변설을 타파하는 것이라고 생각하였다. 따라서 부득이 변설하지 않을 수 없었으며 그 근거로서 '정명'을 강조하였다. 잘못된 변설은 명을 제정하여 사용함으로써 대중을 미혹시키므로 순자의 정명은 제명에 집중되지 않을 수 없었다.

따라서 순자가 바라는 '명실일치'는 올바른 제명에 의해서 가능한 것이며, 제명의 원칙에 어긋나는 것은 명실일치는 차치하고라도 정치·사회적인 효용성에서도 비판되어야 한다. 이것이 삼혹이다. 삼혹은 제가의 그릇된 이론을 자신이 제시한 원칙에 의해 세 가지 유형으로 분류한 것이다. 삼혹에 대한 비판은 묵자·송견·혜시의 것으로 요약되며, 여기서 우리는 순자의 제가 비판의 이유를 다음과 같이 정리할 수 있다.

첫째 묵자에 대한 비판은 묵가의 겸애·절용에 대한 것으로 귀일된다. 우선 순자의 입장에서는 겸애로써는 사회적 질서, 구체적으로는 귀천(貴賤)·동이(同異)가 분별되지 않는다는 것이다. 또한 절용에 대해서는 인간의 욕망추구를 억제함으로써 오히려 부조리를 야기시킨다고 보았다.

둘째 송견에 대한 비판도 묵자의 절용·비악에 대한 것과 맥락을 같이한다. 순자에 의하면 송견이 제시한 "정욕과"와 "견모불욕"은 인정의 본래성에 위배된다는 것이다. 따라서 송견은 일차적으로 정치 · 사회 혼란의 원인을 잘못 분석했을 뿐만 아니라 이차적으로는 그 처방도 잘못되었다는 것이다.

셋째 혜시 및 명가 계통에 대해서 순자는 그들의 이론이 과연 현실적으로 어떠한 유용성이 있는가 반문한다. 비록 논리적 정밀성은 있다고 하더라도 그것은 오히려 대중을 미혹시키고 무분별한 언어 사용으로 사회질서를 무너뜨린다는 것이다.

결국 순자의 제가 비판에 대한 의도는 인정의 자연스러움을 일단 긍정하고 이에 입각하여 예의라는 분별의식으로써 정치 · 사회의 통일을 추구하고자 한 것이다. 이러한 면에서 순자가 말하는 '간언(姦言)' · '사설(邪說)' · '벽언(辟言)' 등은 논리학적 의미에서의 오류와는 다른 개념이다. 즉 제가 비판의 근거는 제명의 원칙에 있다고 하기보다는 사회의 치란에 있었으며 이것은 당시 새로운 이념 속에서 안정과 통일을 지향하던 신흥계층의 의식을 대변한 것으로 보인다. 따라서 "다스림에 이익이 되는 것은 말하고, 다스림에 이익이 되지 않는 것은 버리는 것이 중설(中說)이다"라고 하였다.[152] 또한 "예의가 있는 것을 일러 치(治)라 하고 예의가 없음을 일러 난(亂)이라 한다"[153]고 정의하여 공자가 제시한 정명론의 윤리적이고 정치적인 측면과 기본적으로 맥락을 같이하고 있다.

한편 순자와 공자의 정명론은 구별되는 점이 있다. 공자의 정명은 인간 내면의 덕에 호소하면서 명분(名分)을 주로 하는 것이었으나 순자는 실(實)을 일차적으로 보며 정명의 목적인 "명귀천(明貴賤)"과 "변동이(辨同異)"는 군권의 강제성으로 시행하는 것이었다. 즉 순자의 예 개념은 "비례무법(非禮無法)"[154]이라고 하듯이 강제성을 띤 외면적인 규정

---

152 "凡知說有益於理者爲之, 無益於理者舍之, 夫是之謂中說."(순자, 儒效)
153 "禮義之謂治, 非禮義之謂亂."(순자, 不苟)

이다. 따라서 순자는 공자의 인의(仁義)사상을 확충한 맹자와 달리 주로 예악(禮樂)사상을 당시 정치·사회의 현실에 수정·적용한 독특한 사상가라고 할 수 있다.

논리학적인 면에서 순자사상의 의의는 공명·별명의 범주로써 대상세계를 체계적으로 정리했다는 점이다.[155] 이것은 물론 당시 사회의 욕구 즉 통일을 지향하는 체계의 필요성에서 제시된 것으로 보인다. 따라서 대공명은 사회공동체의 최상위 개념으로 법령이나 군권의 권위와 정당성을 부여하는 것으로 보기도 한다.[156] 한편 순자의 제가 비판에 대하여 논리학적인 면에서 부정적인 평가를 내릴 수도 있다. 예컨대 혜시 등의 논리체계를 단지 사회적 안정과 정치적 통일성을 기준으로 하는 자신의 입장에서 비판하고 배척함으로써 순자 이후의 논리학적 전개에 타격을 주었다는 점이다.

---

154 『순자』, 修身

155 西順藏은 여기서 共의 방향을 同의 원리, 別의 방향을 異의 원리로 보고 共·同의 극한은 대공명으로서 천하를 의미하고 別·異의 극한은 개체 사물을 의미하는 것으로 설명하였다(西順藏, 「荀子の天下における物とその否定について」, 『中國思想論集』所收).

156 加地伸行, 「中國古代論理學史における荀子」, 『東洋學』, 제41집.

제 **6**부

순자의 역사적 위치

# 제1장 순자와 그의 제자들

오늘날에 이르기까지 순자사상에 평가는 시대 상황에 따라 여러 번 부침을 거듭했다. 전국 말기 활동할 때 순자의 명성은 결코 대단한 것이 아니었으며 제자들 또한 많지 않았던 것으로 전해진다. 순자서의 마지막 편에 해당하는 「요문堯問」의 결론에 따르면, 당시 세인들이 "순자는 공자만 못하다"는 비평이 보인다. 이에 대해 일단 "그렇지 않다"고 한 다음 다음과 같이 구체적으로 반박하고 있다.

순자는 난세에 쫓기고 엄한 형벌에 눌려 위로는 현명한 군주를 모시지 못하고 아래로는 포악한 진나라를 만나 예의를 행하거나 교화를 이룰 수 없었다. 인자는 곤궁에 허덕이고, 세상은 온통 암흑 천지가 되어 행실이 온전한 사람이 비난받고 제후들은 멸망의 길을 달리고 있었다. 이러한 시대에는 지혜로운 자라 하더라도 뜻을 갖기 어렵고, 유능한 사람이라 하더라도 다스릴 도리가 없으며, 현명한 자라 하더라도 등용될 수 없었다. 따라서 임금은 가려져 앞을 볼 수 없었고, 현명한 자는 막혀서 받아들여지지 않았다. 이러한 까닭에 순자는 성인이 되고자 하는 마음을 품고 있으면서도 겉으로 미친 체하여 천하에 어리석은 사람처럼 보이게 한 것이다. 이것이 『시경』에 이른바 '명철보신(明哲保身)'이며, 그의 명성이 드러나지 못하고 제자가 많지 아니 하며, 교화가 널리 퍼지지 못한 까닭이다.
지금의 학자들이 순자가 남긴 말과 가르침을 받기만 한다면 충분히 천하의 본보기와 표준이 되고도 남을 것이니, 그가 머무는 곳은 신명스럽게 되고 그가 지나는 곳은 감화될 것이다. 그 분의 선행을 보건대 공자도 그보다는 더할 수 없을 정도인데, 세상에서는 자세히 살펴보지도 않고 성인이 아니라고 말을 하니 어인 일인가? 순자는 때를 만나지 못하였기 때문이다. 덕은 요임금이나 우임금과 같은 분인데 세상에서는 아는 이가 적어서 방책은 쓰이지 못하고 사람들에게 의심을 받았다. 그 지혜는 더없이 밝고 도를 닦아 올바르게 행동한 것은 천하의 기강이 되기에 충분하다. 아! 그 얼마나 현명한가? 마땅히 제왕이 될 만한 인물이었다. 하늘과 땅이 이것을 몰라보니 걸(桀)·주(紂)가 칭찬받고 현량(賢良)이 살해되며, 비간(比干)은 심장이 찢겨 죽고, 공자가 광(匡) 땅에서 봉변을 당하며, 전상(田常)이 난을 일으키고, 합려(闔閭)가 멋대로 휘젓게 되었으니 악을 행하면 복을 얻고 선한 자가 재앙을 받은 것이다. 오늘날 말하기 좋아하는 이들은 그 실제는 살피지 않고 그 말만을 믿는다. 시세가 다른데 명예가 어디서 나올 것이며, 정치를 할 수 없었으니 공을 어떻게 이룰 수 있었겠는가? 뜻이 닦여 있고 덕이 두터운 이를 누가 현자라고 하지 않을 수 있겠는가?[1]

이상의 내용은 일반적인 평가대로 순자의 후학들이 보충한 것으로 생각된다. 그러나 고대 사상가들이 자신의 현실에 대한 대안제시가 좌절된 것에 대한 울분의 표현을 저술에 반영한 경우가 적지 않은 것을 감안할 때 순자 자신이 간접적 표현으로 자술한 것인지도 모른다. 아무

---

1 "爲說者曰, 孫卿不及孔子. 是不然. 孫卿迫於亂世, 鰌於嚴刑, 上無賢主, 下遇暴秦, 禮義不行, 教化不成, 仁者絀約, 天下冥冥, 行全刺之, 諸侯大傾. 當是時也, 知者不得慮, 能者不得治, 賢者不得使. 故君上蔽而無覩, 賢人距而不受. 然則孫卿懷將聖之心, 蒙佯狂之色, 視天下以愚. 詩曰, 旣明且哲, 以保其身, 此之謂也. 是其所以名聲不白, 徒與不衆, 光輝不博也. 今之學者, 得孫卿之遺言餘教, 足以爲天下法式表儀. 所存者神, 所過者化. 觀其善行, 孔子弗過, 世不詳察, 云非聖人, 奈何. 天下不治, 孫卿不遇時也. 德若堯禹, 世少知之, 方術不用, 爲人所疑, 其知至明, 循道正行, 足以爲紀綱. 嗚呼. 賢哉. 宜爲帝王. 天下不知, 善桀紂, 殺賢良. 比干剖心, 孔子拘匡, 接輿避世, 箕子佯狂, 田常爲亂, 闔閭擅彊. 爲惡得福, 善者有殃. 今爲說者又不察其實, 乃信其名. 時世不同, 譽何由生, 不得爲政, 功安能成. 志修德厚, 孰謂不賢乎."(순자, 堯問)

튼 당시의 시대적 정황과 순자에 대한 일반적 평가를 엿볼 수 있는 좋은 자료로 생각된다.

순자 및 그의 학설이 당시 군주들에게 받아들여지지 않은 것은 본래 신임을 받아 중용되는 기회를 갖지 못한 것과 관련이 있지만 보다 중요한 원인은 순자의 주장이 당시 제후들의 요구와 일정한 거리가 있었기 때문이다. 그들의 관심은 부국강병에 의한 겸병전쟁에 집중되었기에 법가 노선을 견지할 수밖에 없었으므로, 순자가 주장하는 인의·왕도·예의 등에 관한 학설은 받아들여지기 어려웠다. 그는 생전에 열심히 새로운 대일통 제국을 위한 설계도를 만들었지만, 그의 설계도는 당시 제후국에서 중시되거나 받아들여지지 않았다. 그러나 순자가 졸한 지 14년 후 중국은 통일 군현제 국가가 실제로 탄생하였다.

순자가 진왕조의 건립에 상당한 영향을 미쳤다는 것은 법가의 이론가와 실천가가 모두 그의 제자였다는 데 기인한다. 이사는 당시 진나라의 실제 정치에 참여하여 이른바 분서갱유(焚書坑儒)를 주도한 것으로 알려지며, 한비는 법가 이론을 집대성하였기 때문이다. 따라서 양자 모두 진나라에 의한 천하통일과 왕조 건립에 큰 역할을 한 것은 주지의 사실이다. 또한 순자가 유가임은 의심할 여지가 없지만 순자의 사상적 평가에 있어서 유가와 법가의 두 가지 측면이 어울어져 있기 때문에 유가에서는 이단으로 간주하여 법가로 분류하는 경우도 있었다. 특히 이사와 한비의 행적과 직접적으로 연계시킴으로써 순자의 사상체계 전반을 유가와는 본질적으로 다르게 평가하는 학자도 있었다.

그러나 순자는 일관되게 공자의 계승자임을 자처하며 유가의 입장에서 제자백가의 사상을 집대성한 사상가이다. 특히 그는 봉건중앙집권이 건립되는 전야에 학술사상의 통일을 위해 논리적 분석을 통하여 공자를 제외한 선진 제자백가에 대해 비판하였다. 대표적으로는 묵가, 도가, 명가, 법가 등이며, 자사와 맹자 또한 비판 대상에 포함되어 있다. 자사와 맹자는 본래 유가의 정통학파이다. 그런데 순자는 도리어 그들

한비자

이 공자의 학설을 오해하고 후세에 해독을 끼쳤다고 본다. 순자는 특히 맹자의 법선왕의 주장에 반대하고, 그의 학설이 복고적임을 비판하였다. 순자는 이외에도 '자장씨(子張氏)', '자하씨(子夏氏)', '자유씨(子遊氏)' 등의 후학을 '천유(賤儒)'라고 비판하였다. 이것은 당시 한비의 지적대로 유가가 이미 분파되었음을 시사한다. 예컨대 『한비자』 현학편에서는, 공자와 묵자의 이후 유가는 8파로 묵가는 3파로 분화되어 취사가 상반부동하여 모두 스스로 진짜 유가, 진짜 묵가라고 주장하지만 공자와 묵자가 다시 살아날 수 없으므로 누가 확정할 수 있겠는가? 라고 비판하였다.

일찍이 당대(唐代)의 육구몽(陸龜蒙)은 『대유평大儒評』에서, "이사는 공자의 도를 순자로부터 들었고, 승상의 위치에서 그 도를 행하고 그 뜻을 얻었는데, 도리어 시·서를 불사르고 유자를 살해한 것은 불인함이 심한 것이다"라고 지적하고, 순자를 대유로서 맹자와 병렬시킬 수 없다고 주장하였다. 또한 송대의 대문호 소식(蘇軾)은 말하기를, "일찍이 이사가 순자를 사사한 것을 괴이하게 생각했는데, 지금 순자서를 보니 이사가 진나라를 섬긴 것이 모두 순자로부터 비롯된 것임을 알아 괴이하게 생각하지 않게 되었다"고 지적하였다(東坡全集, 제43). 소식의 이러한 관점은 근대 지식인들이 수용하였다. 예컨대 담사동은 순자의 사상을 비판하면서 "한번 전해져 이사가 되고 그 화가 또한 세상의 폭력으로 드러났다"(仁學)고 하고, 양계초는 "일찍이 이사의 분서갱유의 화는 순자에게서 발단되었다고 하는 것은 잘못된 말이 아니다"(논중국학술사상변천지대세)라고 하였다.

이상의 관점은 일리가 없는 것은 아니지만 오히려 잘못 이해한 측면이 더 많으며, 진나라에 의한 모든 행사를 순자와 연계시키는 것은 본말이 전도된 것으로 보인다. 아래에서 구체적으로 순자와 두 제자의 연계성을 검토해보기로 한다.

『사기』「이사열전」을 보면, 이사와 순자의 관계가 비교적 자세하게 그려져 있다. 이사는 본래 초나라 한 지방의 아전 출신인데 순자를 찾아가서 제왕의 학문을 배웠다. 어느 정도 학문적 성취를 이루자 자신의 뜻을 펴기 위해서는 진나라에 가는 것이 좋다고 생각하고 이사는 순자에게 다음과 같이 하직인사를 하였다.

제가 듣기에, 때를 얻으면 게을리 하지 말라고 하였습니다. 지금은 만승의 나라들이 바야흐로 서로 다투는 때로서 유세하는 자가 일을 주도하고 있고, 진왕은 천하를 병탄하여 황제라 칭하고 다스리려고 하고 있습니다. 따라서 포의의 선비가 말을 달려 분주해야 할 때이고 유세하는 자가 활약해야 할 시기입니다. 비천한 위치에 있으면서 무엇인가 계획을 하지 않는 것은 마치 금수가 고기덩어리를 보고 사람의 면전이므로 억지로 참고 그대로 지나가는 것과 같은 것일 뿐입니다. 그런 까닭에 비천한 것보다 더 큰 부끄러움은 없고, 곤궁한 것보다 더 심한 슬픔은 없습니다. 오래도록 비천한 위치와 곤궁한 처지에 있어서 세상을 비난하고 영리를 미워하여 스스로 무위에 의탁하여 고상한 체하는 것은 선비 본연의 심정이 아닌 것입니다. 그러므로 저는 장차 서쪽으로 가서 진왕에게 유세하고자 합니다.[2]

이상에서 보면, 이사는 순자의 시국관과 유사하다고 하겠지만, 그 대처 방안과 처신에 있어서 스승과 달리하고 있음을 알 수 있다. 그러나 진나라에 도착한 이사의 앞날이 순조로웠던 것만은 아니다. 진나라

---

2 "(李斯)乃從荀卿學帝王之術. 學已成, 度楚王不足事, 而六國皆弱, 無可爲建功者, 欲西入秦. 辭於荀卿曰, 斯聞得時無怠, 今萬乘方爭時, 游者主事. 今秦王欲呑天下, 稱帝而治, 此布衣馳騖之時而游說者之秋也. 處卑賤之位而計不爲者, 此禽鹿視肉, 人面而能彊行者耳. 故詬莫大於卑賤, 而悲莫甚於窮困. 久處卑賤之位, 困苦之地, 非世而惡利, 自託於無爲, 此非士之情也. 故斯將西說秦王矣."(사기, 李斯列傳)

장양왕(莊襄王)이 마침 세상을 뜨자 그는 당시 재상이었던 여불위(呂不
韋)를 통해서 객경(客卿)의 벼슬까지 얻게 되지만 모함을 받아 축객령
(逐客令)의 명단에 포함되어 지위를 박탈당하기도 하였다. 그러나 상소
문을 올려 위기를 모면하여 벼슬을 회복하고 20여 년 후 진나라가 천하
를 통일하는 데 큰 공을 세워 결국 재상의 지위에 오르게 되었다.

진시황 34년 함양궁에서 연회가 베풀어지고 있을 때의 일이다. 순우
월(淳于越)이 주나라의 분봉제를 찬양하면서 그 제도를 본받아야 한다
고 주장하자, 진시황은 이 내용을 이사에게 알려 해결하도록 하였다.
이사는 이에 다음과 같이 건의하였다.

옛날에는 천하가 산란하여 능히 그것을 통일하는 자가 없었습니다.
그래서 제후들이 잇달아 일어나게 되었고, 말은 다 옛것을 말하여
지금을 해치고 빈말을 꾸며서 실체를 혼란하게 하였습니다. 사람들
은 그 사사로이 배운 것을 좋게 여겨서 위에서 세운 정령을 비난하
게 되었습니다. 지금 폐하께서는 천하를 통일해 가지고 흑백을 분별
하여 온 천하에 오직 한 임금의 존귀함을 정하였습니다. 그런데 사
학이 이에 서로 함께 법수의 제도를 비난합니다. 영이 내린 것을 들
으면 곧 각각 그 사학으로서 그것을 이러쿵저러쿵 평의합니다. 그리
하여 들어가서는 마음으로 비난하고 나와서는 거리에서 평의하여
군주를 비난하는 것으로써 자기의 명예를 삼고 취지를 달리하는 것
으로써 스스로 높다고 생각하며, 많은 추종자들을 거느리고 비방을
만들어냅니다. 이와 같은 것을 금지하지 않으면 위로는 군주의 권위
가 떨어지고 아래로는 도당을 만들게 될 것입니다. 따라서 금지하는
것이 좋겠습니다. 신은 청컨대 모든 문학과 시서와 제자백가의 말을
실은 서적을 가진 자는 그것을 폐기하여 버리게 해야 합니다. 명령
이 도착한 지 만 30일이 되어도 버리지 않는 자는 묵형하여 성단에
처하게 합니다. 폐기하지 않아도 되는 서적은 의약, 복서와 농사에

관한 서적만으로 하고 만일 배우기를 원하는 자가 있으면 관리로써 스승을 삼게 해야 합니다.[3]

이에 시황은 옳다고 생각하여 시서와 백가의 서적을 몰수하여 폐기하였다. 그리하여 백성을 우매하게 만들어서 온 천하에 옛일을 들어 지금 세상을 비난하는 일이 없게 하였다. 이에 이사의 자식들은 모두 진나라의 공주에게 장가들게 되어 세력이 확장되었다. 이사가 연회를 베풀 때 그의 문 앞에서 몇 천의 기마가 줄을 이을 정도로 성황을 이루었다. 이에 이사는 탄식하며 다음과 같이 말하였다.

나는 순자에게서 '사물은 지나치게 번성하는 것을 금기시해야 한다'고 들었다. 나는 보잘것없는 한 시골 출신으로 군주가 나의 무능함을 모르고 발탁하여 오늘의 지위에 이르렀다. 지금 신하로서 나보다 위에 있는 자가 없으니 부귀가 극도로 달하였다고 말할 수 있다. 사물은 극에 달하면 반드시 쇠하게 마련이다. 내 아직 멍에를 풀 곳을 알지 못한다.[4]

시황이 몇 년 후에 죽고 환관 출신 조고(趙高)의 농간으로 맏아들 부소(扶蘇) 대신 호해(胡亥)가 왕위에 오르게 되었다. 이에 이사 자신이 어느 정도 예상한 것처럼 그의 처지는 쇠락의 길을 걷게 된다. 결국 이사는 처형되었음은 물론 삼족이 멸망하기에 이르렀다. 이 시기에 조고의

3 "始皇下其議丞相. 丞相謬其說, 紬其辭, 乃上書曰, 古者天下散亂, 莫能相一, 是以諸侯竝作, 語皆道古以害今, 飾虛言以亂實, 人善其所私學, 以非上所建立. 今陛下幷有天下, 別白黑而定一尊. 而私學乃相與非法敎之制, 聞令下, 卽各以其私學議之, 入則心非, 出則巷議, 非主以爲名, 異趣以爲高, 率群下以造謗. 如此不禁, 則主勢降乎上, 黨與成乎下. 禁之便. 臣請諸有文學詩書百家語者, 蠲除去之. 令到滿三十日弗去, 黥爲城旦. 所不去者, 醫藥卜筮種樹之書. 若有欲學者, 以吏爲師."(사기, 李斯列傳)

4 "李斯置酒於家, 百官長皆前爲壽, 門廷車騎以千數. 李斯喟然而歎曰, 嗟乎. 吾聞之荀卿曰, 物禁大盛. 夫斯乃上蔡布衣, 閭巷之黔首, 上不知其駑下, 遂擢至此. 當今人臣之位無居臣上者, 可謂富貴極矣. 物極則衰, 吾未知所稅駕也."(사기, 李斯列傳)

횡포가 얼마나 극심했는지를 알 수 있는 고사가 "사슴을 가리켜 말이라 한다(指鹿爲馬)"이다. 이에 대해 태사공(太史公)은 「열전」의 마지막 부분에서 다음과 같이 안타까움을 표시하고 있다.

이사는 육경의 귀결하는 의미를 알면서도 정치를 밝게 하여 주상의 결점을 보충하는 일에 힘쓰지 않고, 높은 작록을 누리면서도 아첨하고 좇고 구차하게 영합하여 명령만을 엄하게 하고 형벌을 혹독하게 하였으며, 조고의 그릇된 말을 들어 적자를 폐하고 서자를 세웠다. 제후들의 마음이 이반된 뒤에 이사가 비로소 간쟁하고자 하였으나 또한 늦지 않았던가? 사람들은 모두 이사가 지극히 충성스러웠지만 오형을 받아 죽었다고 말한다. 그러나 그 근본을 살펴보면 그러한 세속의 논의와는 다르다. 그렇지 않았더라면 이사의 공은 또한 주공·소공과 같은 반열에 설 수 있었을 것이다.[5]

앞서 보았듯이 순자의 사상은 기본적으로 유가이며, 이사는 기본적으로 법가였다. 특히 이사는 오히려 진나라에서 상앙, 신불해, 한비의 법술사상을 적극적으로 선양하고 실천하였으며, 순자의 왕도와 예의에 관련된 주장은 선양한 바가 없다. 순자의 정치적 기본관점은 '이덕겸인(以德兼人)'의 왕도로 중국을 통일하는 것이었다. 이사는 진시황이 채택한 '이력겸인(以力兼人)'의 패도를 도와서 천하를 통일하였다. 또한 순자는 인의를 최고 가치로 보지만, 이사는 "인의의 도를 멸하고 열사의 말과 행동을 막으며 총명을 막고 홀로 결단해야 한다"(이사본전)고 하였다. 더욱이 순자는 예악·시서를 중시하고 유자를 중시하였지만, 이사는 건의하기를, "감히 시서를 말하는 자는 기시해야 한다", "배우려는

---

5 "太史公曰, 李斯以閭閻歷諸侯, 入事秦, 因以瑕釁, 以輔始皇, 卒成帝業, 斯爲三公, 可謂尊用矣. 斯知六藝之歸, 不務明政以補主上之缺, 持爵祿之重, 阿順苟合, 嚴威酷刑, 聽高邪說, 廢適立庶. 諸侯已畔, 斯乃欲諫爭, 不亦末乎. 人皆以斯極忠而被五刑死, 察其本, 乃與俗議之異. 不然, 斯之功且與周召列矣." (사기, 李斯列傳)

자는 관리를 스승으로 한다"고 주장하고 진시황에게 분서갱유를 요구하였다.(진시황본기) 따라서 『염철론鹽鐵論』「훼학毀學」의 내용에 의하면, 순자는 이사가 진나라에서 여러 제도개혁을 시행한다는 소식을 듣고, 그것은 반드시 실패할 것이라 예언하고 식음을 전폐했던 것으로 전해진다. 이것은 이사가 진나라로 떠나기 전 사제간에 보였던 의견의 불일치와도 부합되는 정황이며, 순자와 이사가 결코 동일한 치국방안을 지니지 않았음을 입증하는 사례로 보인다.

이론적인 면에서 진시황의 천하통일에 공헌한 것은 한비다. 그러나 그 또한 스승의 학설을 술이부작(述而不作)하였던 것이 아니라, 오히려 순자의 중법존군(重法尊君)의 사상에서 출발하여, 상앙(商鞅)의 법, 신불해(申不害)의 술(術), 신도(愼到)의 세(勢)를 하나로 결합시켜 법가 사상을 집대성하였다. 그는 선행 법가의 이론을 비판적으로 수용하는 한편, 노자(老子)의 사상을 적극적으로 수용하고 있다. 앞서 보았듯이, 실제로 정치가로서 별다른 저술을 남기지 않은 이사는 스승인 순자의 말을 인용하면서 그를 회고하였을 뿐만 아니라 『순자』「의병」에 비록 대립적인 시국관이 반영되어 있기는 하지만 문답하는 내용이 실려 있기도 하다.

그런데 방대한 내용의 현존본 『한비자』에는 자신의 스승으로서 순자에 대한 언급이 거의 보이지 않으며, 약간 언급된 것 또한 긍정적인 면에서가 아니라 오히려 비판적인 시각에서이다. 한비는 유가 분파의 하나로 '손씨지유(孫氏之儒)'를 들고 있지만, 유가와 묵가 모두를 "어리석고 거짓된 학문이며 잡동사니를 뒤섞은 행동"이라고 평가하기 때문에 순자도 당연히 그의 비판 대상에 포함된다. 이것은 한비가 법가와 제자백가를 모순관계로 파악하는 그의 학문적 특성에 근거한 것으로 설명할 수 있지만, 사승관계로 볼 때 쉽게 이해할 수 없는 대목이다. 아무튼 법가를 자처하는 한비가 보기에 순자는 유가임에 틀림없었다.

「열전」에 따르면, 한비는 한나라의 몰락 귀족 출신으로 형명법술(刑

名法術)의 학문을 좋아하였으며, 그 귀결점은 황제(黃帝)·노자에 근본하였다. 본래 말을 더듬었지만 동문수학하던 이사가 스스로 한비를 따르지 못한다고 고백할 정도로 글을 짓는 데 뛰어났고 한다. 특이한 것은 순자서 전체에서 한비에 대한 직접적 언급이 전혀 보이지 않는다는 점이다. 한비는 조국인 한나라의 국력이 쇠약해짐을 보면서 여러 차례 상소문을 올렸지만 채택되지 못하자, 방대한 저술로써 자신의 의지를 피력하고자 하였다.

한비 이론의 기본 근거는 이해타산적 인간관과 발전적 역사관이다. 그는 인성론의 측면에서 순자를 충실히 계승한다. 순자는 인간의 본성이 선하게 되는 것은 인위적인 노력에 의한다고 한다. 인간은 본래 욕망을 가진 존재이며, 반면 일정한 재화에 대한 소유욕으로 인하여 다투지 않을 수 없다고 본다. 한비 또한 "인민은 많지만 재화는 적으며 부지런히 일해도 소득은 적기 때문에 서로 다투지 않을 수 없다"고 하였다. 이 점은 순자의 영향이지만 "성명(性命)은 사람이 배운다 해도 달라지지 않는다"고 하여 순자의 이른바 '화성기위설(化性起僞說)'을 부정한다. 순자는 비록 성악설을 주장하지만, 사법(師法)이나 예의에 의한 교화를 통하여 누구나 성인이 될 수도 있다고 보았다. 또한 순자는 인간의 사회성을 강조하여 공자의 예악사상에 새로운 의미부여를 하지만, 한비는 유가의 인의 실천수단으로서의 예악을 전면적으로 부정한다.

한비에 앞서 상앙은, "상고(上古)에는 어버이를 어버이로 섬김으로써 나를 사랑하고, 중세(中世)에는 현자를 존경하며 인(仁)을 즐기고, 하세(下世)에는 귀한 자를 귀하게 여기고 관직을 높인다"고 하였다. 한비는 보다 구체화하여, "상고에는 도덕으로 경쟁하고, 중세에는 지략으로 각축했으며, 지금은 기력으로 싸우는 것이다"라고 하고, 또한 상고에는 유소씨(有巢氏)가 새나 짐승의 피해를 우려하여 인간의 주거생활을 고안해 내고, 수인씨(燧人氏)는 날음식으로 인한 질병을 없애고자 불을 만드는 법을 발명하고, 중고(中古)에는 곤(鯤)·우(禹)가 도랑을 내어 홍수를 막았으며, 근고(近古)에는 은(殷)의 탕왕(湯王), 주(周)의 무왕(武王)이 난폭한 하(夏)의 걸(桀)과 은의 주(紂)를 정벌했다는 시대상의 발전을 주장하고 있다. 결론적으로 한비는 시대변화의 필연성보다는 과거는 현재에 전혀 쓸모가 없음을 강조한다. 여기서 그의 모순(矛盾)이론이 제기된다.

한비는 특히 재화와 인민의 비율에 따른 경제적 현상의 빈천이란 관점에서 당시 정치 사회적 현실을 그대로 인정하였다. 예컨대 "백성은 원래 위세(威勢)에 굴복하는 것이지 인의(仁義)에 감동하는 경우는 적다.", "민은 원래 사랑에는 교만하고 위엄에는 복종한다", "엄한 가문에 사나운 노예가 없으나 자애로운 부모 밑에 패륜아가 있으며, 위세는 난폭함을 막을 수 있으나 덕으로써 혼란을 막을 수 없다"는 것이다. 이러한 입장은 유가와 묵가의 정치이념을 근본적으로 부정한 것이다.

「열전」에서는 한비의 행적을 서술하면서 그의 저술 가운데 「세난說難」에서 상당한 부분을 인용하고 있다.

대체로 남을 설득하기가 어렵다는 것은 나의 지식으로 상대편을 설득하기 어렵다는 데 있는 것이 아니다. 또 나의 말재주가 나의 의사를 충분히 밝히기 어렵다는 데 있는 것도 아니다. 또 내가 감히 자유자재로 합리적 근거를 대면서 나의 뜻을 표현하기 어려워서가 아니다. 대체로 남을 설득하는 데 가장 어려운 점은 설득하려는 상대자의 심리를 완전히 파악하여 나의 말하는 것을 그 마음에 맞추어야 하는 데 있다.[6]

어떤 사람이 한비의 글을 진나라에 전파하였는데, 마침 진시황이 그 가운데 「고분孤憤」·「오두五蠹」 등의 글을 보고 "과인이 이 사람을 만

---

6 "凡說之難, 非吾知之有以說之難也. 又非吾辯之難能明吾意之難也. 又非吾敢橫失能盡之難也. 凡說之難, 在知所說之心, 可以吾說當之."(사기, 韓非列傳)

나보고 함께 교유할 수 있다면 죽어도 한이 없겠다”고 하였다. 이에 이사는 한비가 사신으로 오도록 유인하기 위해 한나라를 협박하여 두 사람이 만날 수 있도록 주선하였다. 그러나 진시황이 한비와 대화하고 난후 흡족해 하자 이사는 자신의 지위에 위협을 느끼게 되고 한비를 모함하여 가두고 끝내 독살하였다.

이처럼 이사가 자신과 동문수학하였던 한비자를 살해함에 이르러서는 유가의 충서지도(忠恕之道)를 완전히 위배한 것이다. 이사는 한비자와 달리, 승상의 지위에 있을 때 순자의 말을 회고하는 장면이 『사기』에 보이지만, 실제적 언행은 순자와 완전히 상반된다고 하지 않을 수 없다. 이상의 기록에 따르면, 이사와 한비는 순자의 제자로서 나름대로의 시국관을 가지고 뜻을 펼치고자 했지만 끝내 뜻을 이루지는 못했다. 이사가 비록 일시적으로 천하통일에 결정적 공헌을 거두고 최고의 지위를 누렸지만 그의 말로는 순탄하지 못하였다. 특히 이사는 조고의 질시를 받아 함양에서 참수됨으로써 한비의 말로보다 더욱 참혹하였다. 처형 직전 그는 자신의 아들에게 말하길, “나는 다시 너와 함께 황구를 데리고 상채 동문에 가서 토끼를 잡고 싶지만 불가능하구나”라고 말함으로써 회한을 표시하고 있다. 이처럼 결국 선행 법가와 마찬가지로 순자의 제자인 이사와 한비는 모두 일생을 순탄하게 마감하지 못하였다. 이것은 한편 그들의 공과는 차치하고라도 역사적으로 개혁이나 진보 이념이 현실적으로 수용되기가 용이하지 않음을 반영하는 것이기도 하다.

명대의 저명한 사상가 이지(李贄)는 지적하기를, “송유(宋儒)들은 말하기를, ‘순자의 학문은 불순하였기에 한번 이사에게 전해지면서 분서갱유의 화가 있게 되었다’고 한다. 대저 제자가 악행을 하였는데 죄가 스승에게 미치는 것이 이치에 맞는 일인가?”(宋人譏荀卿, 분서 권5) 하고, “사람이 현명한가의 여부는 진실로 자립의 여부에 달려 있는 것이지 사우와는 관계없다”고 단언하였다.

요컨대 이사와 한비자를 그들의 스승이었던 순자와 연계시키는 것
은 일종의 연좌제로서 잘못된 평가라고 하지 않을 수 없다. 그 스승에
반드시 그 제자가 나오거나, 그 부모에 그 자식이 나온다는 보장은 없
기 때문이다. 사실상 그들 개인의 삶만이 아니라 전국기에 그토록 막강
하던 위세를 오히려 통일국가 형성 이후에 지속하지 못했던 것은 무엇
보다 순자의 통일적 사상체계(예와 법의 통일, 왕도와 패도의 통일, 선왕과
후왕의 통일)를 제대로 계승 발전시키지 못하고 오로지 법(패도, 후왕)만
을 지향한 데 근본적 이유가 있다. 이러한 교훈은 한대 초기 지식인들
에게 순자사상이 결정적 영향을 미치게 되는 계기가 되었다.

# 제2장 진(秦)·한대(漢代)에서의 순자의 위치

　　순자의 사상과 학문이 진왕조의 건립에 상당한 영향을 미친 것은 사실이지만 직접적인 영향은 아니었다. 진왕조가 몰락하고 한왕조가 일어나면서 순자의 위치가 재정립되었다.

　　순자의 사상은 전국말부터 한초에 유행하였던 잡가(雜家), 특히『여씨춘추呂氏春秋』에 상당한 영향을 주었다. 일반적으로『여씨춘추』의 특성으로는 잡가적이고 절충적인 점이 지적된다. 이른바 '잡가'라는 명칭은 한대의 유향(劉向)과 유흠(劉歆)이 처음 사용한 말이다. 반고(班固)의『한서』「예문지」에는 잡가로 24가 403편을 수록하고 있는데『여씨춘추』는 이 가운데 26편으로 그 대표적인 것이다. 이에 의하면 잡가자류는 대개 의관(議官)에서 유래하였으며 그 특성은 "유가와 묵가를 겸하고 명가와 법가를 합하였다(兼儒墨, 合名法)"고 설명하였다. 한대의 사마천(司馬遷)이나 유향은 비록『여씨춘추』를 중시하기는 하였으나 당시 일반적인 반진(反秦) 기풍의 영향으로 그것을 명시하지는 못하였다.

　　후외려(侯外廬)와 풍우란(馮友蘭) 등은 사상사적인 면에서 이 책을『한서』의 규정대로 잡가의 시초로 파악하고 그 구체적 성격으로 지적된 "유가와 묵가를 겸하고, 명가와 법가를 합하였다"는 것을 절충주의라고 규정하였다. 특히 후외려는 서양철학사를 원용하여 비평하기를, "절충주의는 고대사회에 있어서 철학의 붕괴를 의미하며 이러한 철학에는 어떠한 독창성도 찾을 수 없다. 따라서 중국 고대 말기에 이 책이 나온 것도 우연이 아니다"(中國思想通史)라고 평하였다. 또한 직하의 제자는 자신의 독자적 논리성으로써 이론을 전개한 데 비해『여씨춘추』의 작자들은 단지 다양한 학설을 조화·절충하는 데 머물렀다고 보았다.

풍우란도 이와 비슷한 입장이다. 예를 들면 여불위가 서문에 해당하는 「서의序意」에서 편집의 기준으로 제시한 '공(公)'의 개념은 지극히 추상적인 것으로서 자신의 독창성을 무시하는 것이며 책 전체의 구성도 선후에 중복 모순되는 자료만 나열한 것에 불과하다고 하였다(中國哲學史新編). 이에 대하여 곽말약(郭沫若) 등은 『여씨춘추』가 비록 난삽하게 편집된 것 같으나 실제로는 일정한 표준을 갖고 있으며 이전의 학자들이 이 책을 너무 소홀히 대해왔다고 비판하고 특히 정치이론과 문화사적인 면에서 그 의의는 대단한 것이라고 주장하였으며(十批判書), 임계유(任繼愈) 등은 잡가라고 하기보다는 차라리 '종합가'라고 하는 것이 타당하다고 보았다(中國哲學發展史).

『여씨춘추』의 자연관은 특히 정기설(精氣說)을 채택하여 객관적으로 천지의 본원을 탐구하였으며, 인식론상에서 '허정득일(虛靜得一)'을 주장하였는데, 이것은 노자와 순자의 이론을 발전시킨 것이다. 역사관으로는 오행설을 채택하여 역사와 자연을 상호 결합시켰으며, 사회관에서는 순자의 능군(能群)과 '이례분재(以禮分財)'의 사상을 흡수하고, 군주는 인민의 이익에 상응하여 만들어진 것이라고 보았다. 정치관에서 순자서의 내용과 더욱 접근해 있다. 그것은 의병(義兵)으로 천하를 통일하고, 농업을 근본으로 삼고 공상을 보조로 여기며, 인의(仁義)와 형법(刑法)을 병행하여 안정을 도모하는 것이다. 이러한 점에서 순자서는 『여씨춘추』의 선구라고 할 만하다.

전국 말기와 진왕조 초기에 출현한 것으로 보이는 『역전易傳』 또한 순자와 밀접한 관련이 있다. 곽말약의 고증에 의하면, 「단전하彖傳下」는 『순자』의 「대략大略」편과 내용상 흡사하며, 『역전』에는 순자의 말이 그대로 보이는 경우도 있다. 「계사전繫辭傳」 또한 일부분은 순자의 영향을 받은 것이 분명하다고 한다. 이택후에 의하면, 『역전』의 최대 특징은 순자의 진취적 정신을 계승하면서도 순자의 '천인상분(天人相分)'

과 '제천명이용지(制天命而用之)'를 개조하여 "하늘의 운행은 강건하니 군자는 이로써 자강불식(自彊不息)한다"고 하여 인간과 자연을 형이상학적으로 연계시시킴으로써 하나의 완전한 세계관을 구축한 것이다. 구체적으로 본다면, 『역전』에서 제기한 "천지의 큰 덕은 생명이다(天地之大德曰生)"라는 명제는 순자의 "천지란 생명의 근본이다", "천지란 생명의 시작이다", "천지가 합해져 만물이 만들어지고 음양이 교접하여 변화가 생긴다"는 사상의 종합 발전이라고 볼 수 있다. 이외에도 『역전』에 보이는 인류역사 및 천지의 기원과 발전의 논리는 전체적으로 본다면 모두 순자와 관련이 있다. 『역전』은 물론 도가의 영향도 받은 것으로 보이지만, 총체적으로 본다면 그것은 순자가 열어놓은 길을 계승 발전시킨 것이다.

순자의 학설이 진정으로 중시되고 열매를 맺은 것은 한대였다. 진왕조는 패도에 근거하여 엄형준법을 실행하여, 2세에 망하는 결과를 초래하였다. 이것은 한초의 지식인들을 놀라게 하였다. 따라서 한초에는 국가 경제는 피폐하고 백성은 빈궁하며 내우외환에 시달리면서도 세금과 형벌을 줄이고 방임하는 정책을 사용하였다. 당시 통치자는 대부분 청정무위(淸淨無爲), 귀생중기(貴生重己)의 황로학을 치국의 도로 삼았다. 그러나 이와 동시에 유가 사상이 위정자와 지식인들을 주목을 받기 시작하였다. 여기에는 순자의 영향이 결정적이었다.

한고조 유방(劉邦)은 처음에는 유가와 유생을 무시하였고, 남들이 보는 앞애서 유생의 모자에 소변을 보았던 일이 있을 정도였다. 예컨대 한초의 저명한 유가인 육가(陸賈)가 유방 앞에서 시·서를 외울 때의 일이다. 유방은 "나는 말 위에서 천하를 얻었는데 어찌 시·서를 쓰겠는가?" 힐난하였다. 이에 육가는 "말 위에서 천하를 얻을 수 있지만 말 위에서 천하를 다스릴 수 있겠습니까?"라고 반문하고, 고대 성왕의 치국 방안은 문무를 병용함으로써 오랫 동안 나라를 보존할 수 있었고, 진왕조는 가혹한 법령에 의지하고 인의(仁義)를 버렸기에 급속히 멸망한 것이라고 충고하였다. 유방은 그 후 태자에게 칙령을 내렸는데, 여기에서 자신은 독서가 무익한 것이라 여겼지만 즉위 후 비로소 독서의 중요성을 깨달았다고 하여 과거의 행위를 뉘우치고 있다.

육가에 의하면, "인의도덕은 위정의 근본이며, 덕에 의거하는 자는 번성하고 불인자는 망한다", "지위가 높으면서 덕이 없는 사람은 몰아내며 재물을 축적하고 의리를 무시하는 자는 형벌에 처하며, 천하지만 덕을 좋아하는 이는 높이고, 가난하지만 의로운 자는 영예롭게 대한다"(新語) 하였다. 특히 그가 제기한 "문무를 병용하는 것이 국가를 오래 지속될 수 있는 방법이다"라는 관점은 새로운 상황에서 순자의 '예법병용(禮法竝用)'의 사상을 발전시킨 것이다. 천인 관계에 관해서, 육가는 "요와 순은 해와 달이 바뀌지 않았는데 흥하고, 걸과 주는 별과 별자리가 바뀌지 않았는데 망하였다. 천도가 바뀌지 않았는데 인도는 바뀐 것이다", "세상의 도가 쇠하거나 망하는 것은 하늘이 그렇게 하는 것이 아니라, 군주가 행하는 데 달려 있다"라 하였는데, 이러한 관점은 분명히 순자의 '명어천인지분(明於天人之分)'에 근거한 것이다.

가의(賈誼)는 어려서 하남(河南) 오공(吳公)의 문하에서 배웠는데, 오공은 본래 이사와 같은 고향 출신으로 함께 공부하였다고 전한다. 따라서 가의는 자연스럽게 순자의 간접적 영향을 받았을 것이다. 가의는 유학을 위주로 하고 "제자백가의 말을 외웠다"고 하며, 예로써 나라를 다스리며 군신의 기강을 확립한다는 예치관점을 분명히 하였다. 그는 말하기를, "예란 나라를 견고히 하고, 사직을 안정시키며, 군주로 하여금 그 백성을 잃지 않게 하는 것이다. (……) 따라서 예란 존비의 법과 강약의 정도를 지키는 근거이다"(新書)라 하였는데, 이것은 순자의 정치사상에 근접하는 것이다. 또한 그가 제기한 「치안책治安策」은 『순자』의 「부국富國」·「의병議兵」과 내용과 형식면에서 흡사하다.

한대의 저명한 역사가 사마천은 순자와 맹자를 병렬하여 「맹자순경열전」을 지었고, 아울러 「여불위전」에서 말하기를, "순자 제자의 저서

가 천하에 퍼졌다"고 평하였다. 당시 『노시魯詩』를
전한 부구백(浮邱伯) 및 「모시毛詩」를 전한 대모공
(大毛公), 「좌씨전」을 전한 장창(張蒼) 등은 모두 순
자의 제자이거나 재전제자이다. 진한대의 유생이
전한 시 · 서 · 역 · 예 · 춘추 등의 제경설은 대부
분 순자의 문하에서 비롯된 것이다. 이처럼 한대
경학의 전수 과정에서 순자는 결정적인 역할을 하
였다. 그는 기본적으로 유가 경전에 대해 융회관통
하였다. 순자에 의하면, "학문은 어디에서 시작하

동중서

고 어디에서 끝나는가? 말하자면 그 방법은 경을 외우는 데서 시작하여
예를 읽는 데서 끝난다." 따라서 청대의 왕중(汪中)은 평하기를, "순자
의 학문은 공자에서 비롯되었고, 여러 경전에 더욱 공이 있었다"고 하
고, 아울러 말하기를, "한대의 제유가 일어나기 전에 육예의 전파가 끊
어지지 않은 것은 순자 때문이다"(讀荀子通論)라고 하였다.

유향의 「손경신서서록孫卿新書敍錄」에서 의하면, 전한의 유가 동중
서(董仲舒)는 특별히 "글을 지어 순자를 칭송하였다"고 하였는데, 안타
깝게도 그 글은 일실되어 알 수 없다. 그러나 그의 대표작인 『춘추번로
春秋繁露』에도 다음과 같은 순자에 대한 간접적 평가가 있다.

> 성은 선한 단서를 갖고 있어서 부모에게 사랑을 실천함으로써 금수
> 보다 나으니 이것을 일러 선이라 한다. 이것이 맹자의 선이다. 삼강
> (三綱) · 오기(五紀)를 따르고 여덟 가지 단서의  이치에 통하여 충신
> (忠信)으로 박애하며, 돈후하게 예를 좋아하는 것이니 이것도 선이
> 라 할 수 있다. 이것이 성인의 선이다.[7]

---

7 "性有善端, 動之愛父母, 善於禽獸, 則謂之善, 此孟子之善. 循三綱五紀, 通八端之理, 忠信而博愛, 敦厚
　而好禮, 乃可謂善, 此聖人之善也."(춘추번로, 深察名號)

여기서 맹자와 대비되는 '성인'은 분명 공자를 가리킬 뿐만 아니라 순자를 가리키는 것이기도 하다. 동중서는 실제로 순자의 사상을 자신의 이론 근거로 삼고 있다. 특히 그의 성삼품설(性三品說)의 연원은 순자의 성악설과 화성기위설에 근거한 것이다. 또한 순자는 "예에는 세 가지 근본이 있다"고 주장하였는데, 동중서는 다음과 같은 주장을 펴고 있다.

> 무엇이 근본인가? 말하자면 하늘·땅·사람이 만물의 근본이다. 하늘은 낳고, 땅은 기르며, 사람은 완성한다. 하늘은 효제(孝悌)로써 낳고, 땅은 의식(衣食)으로 기르며, 사람은 예악(禮樂)으로 완성한다. 세 가지는 서로 손발이 되어 합해져 일체가 되므로 하나라도 없어서는 안 된다.[8]

동중서의 이러한 주장은 순자가 천인상분을 전제한 후 천·지·인 삼자의 통일을 주장하는 능참(能參) 사상과 완전히 일치하는 내용이다.

유향은 여러 책을 교열하고 정리하면서 순자의 저작을 32편으로 정리하여 『손경신서孫卿新書』로 칭하고서, "만일 군주가 순자를 등용하였더라면 거의 천하에 왕노릇을 할 수 있었을 것이다"라고 하였다. 반고의 『한서』 「예문지」에서는 순자서를 공자의 72제자 후의 대표작으로 보아 맹자서보다 상위에 두고 있다. 전한 때 편찬된 『대대례기大戴禮記』 및 『소대례기小戴禮記』(현행본 『예기』)에서는 순자의 「예론」·「권학」·「수신」·「대략」·「악론」·「법행」 등의 내용이나 관점을 대량으로 채택하고 있다. 또한 『사기』에 보이는 예서와 악서는 대부분 순자의 「악론」과 「예론」을 가감없이 채록하고 있으며, 『한서』 「형법지刑法志」에서는 순자의 「의병」 편을 대량으로 인용하고 있다. 이러한 사실은 한

---

8 "何謂本. 曰, 天地人, 萬物之本也. 天生之, 地養之, 人成之. 天生之以孝悌, 地養之以衣食, 人成之以禮樂, 三者相爲手足, 合以成體, 不可一無也."(춘추번로, 立元神)

대 사상과 문화에 있어서 순자의 영향을 엿볼 수 있는 좋은 자료이다.

전한말 사회모순이 날로 첨예화되면서 음양재이설이 유행하고 신학사조가 일어나면서 금문경학 또한 점점 참위신학으로 변질되었다. 일찍이 동중서는 음양오행설을 유학에 원용함으로써 유학으로 하여금 신비적 색채를 띠게 하였다. 사마천은 『사기』에서 신비화된 음양오행학설에 대해 비판적이었다. 그는 음양, 사시, 이십사절기 등은 바꿀 수 없고, 계절에 따른 사람의 역할은 있다고 보지만, 자연관에서의 신학미신은 반대하였다. 사마천의 이러한 태도는 순자의 무신론적 자연관과 일치한다. 순자 자연관의 영향을 비교적 분명하게 받은 학자는 전한말의 양웅(揚雄)과 후한초의 환담(桓潭)이다.

양웅은 순자의 "하늘과 땅이 합해짐으로써 만물이 생성된다"는 관점을 계승하여, 만물은 모두 천지 상호작용의 결과이며 신의 창조나 안배가 아니라고 보았다. 그는 신선방술이나 각종 점술, 나아가 동중서의 이른바 "토룡(土龍)이 비를 만든다"는 관점에 반대하였다. 그는 역사관에 있어서도 변화와 진보의 관점을 견지하여, 인류를 포함하여 모든 사물은 인습과 변혁이라는 보편적 규칙을 갖고 있다고 보았다.

환담 또한 여러 방면에서 순학을 계승 발전시켰다. 그는 순자의 정치론을 계승하여 왕도와 패도를 병행해야 한다고 보았다. 또한 순자의 "형체가 갖춰짐으로써 정신이 생긴다"는 관점을 발전시켰다. 그에 의하면, 정신이 형체에 의지하는 것은 마치 촛불과 같아서 초가 없으면 불 또한 허공에 빛낼 수 없다는 것이다. 이와 같은 관점은 형상적으로 정신이 형체에 의존한다는 것으로써 당시 참위신학과 종교미신에서 정신현상이 인체를 떠나서 존재할 수 있다는 주장을 비판한 것이다.

환담은 공개적으로 동중서와 등의 천인감응적 신학목적론과 참위설(讖緯說) 반대하고, 여러 차례 광무제에게 상소를 올려서 참위는 "기괴하고 황당한 일"로서 인의(仁義)의 정도가 아니며, 단지 세상을 속이고 군주를 오도하는 것이라고 비판하였다. 그는 역사적으로 초나라 영왕(靈王)이나 왕망(王莽) 등이 점술을 좋아하고 귀신을 섬김으로써 국가는 패망하고 자신은 죽음에 이르게 된 사례를 들어, 나라의 흥망은 정사에 달려 있는 것이지 귀신을 믿느냐의 여부와는 무관한 것이라고 주장하였다. 기원전 56년 광무제(光武帝)가 영대(靈臺)를 건축하는 일을 참위로써 결정하자, 환담은 "참위는 경이 아니다"라고 극언함으로써 "성인을 비방하고 법을 무시한다"는 죄목으로 죽음에 이르렀다. 사실 동중서의 천인감응설은 본래 하늘의 신성한 권위로써 군주를 견제한다는 것이었지만, 결과적으로 군주가 그것을 이용하여 미신을 조장하고 세인을 우롱하는 근거가 되었다.

후한의 왕충(王充) 또한 순자의 영향을 깊이 받았다. 왕충이 생활하던 시대는 유학이 더욱 신학화되고, 참위가 경전을 해석하는 척도가 되었다. 그는 어느 일가의 말에 집착하지 않고 제가의 설을 널리 모아 독창적인 이론을 전개하였다. 그에 의하면, "순자의 말은 실제를 얻지 못했지만, 성악설은 근거가 있다"고 한다. 그는 실례를 들어 설명하기를, 한 살짜리 어린아이는 사양지심이 없기 때문에 음식을 보면 무조건 먹고자 하고, 장난감을 보면 갖고 놀고 싶어 하지만, 성장한 후에는 정욕을 누르고 선을 행할 수 있게 된다는 것이다.

광무제 유수(劉秀)와 장제(章帝) 때 유학은 거의 참위술로 변질되었다. 장제는 특히 참위를 유가경전과 결합시키고, 당시 교서랑이었던 양종(楊終)이 유자들을 모아 오경을 정리하자는 건의를 받아들여 친히 백호관(白虎觀)의 경학토론회를 주재하였다. 이 회의의 기록은 반고가 편집한 『백호통덕론白虎通德論, 줄여서 백호통』에 있다. 『백호통』은 기본적으로 동중서의 천인감응론에 근거하여 군주의 지위와 중앙집권전제의 당위성을 논증한 것이다. 왕충은 이러한 유학을 비판하는 동시에 "천도는 무위하고 인도는 유위다"라는 순자의 입장에 근거하여 천인감응론이나 신학목적론의 허구성을 폭로하였다. 그는 또한 순자와 마찬가지로 일식이나 월식, 가뭄이나 홍수 등의 기후 변화 등등은 모두 자연계 자체변화의 객관적 현상이며, 인사와 무관한 것이라 보았다. 이러한 내용을 집약적으로 모은 책이 왕충의 『논형論衡』이다.

『논형』에서는 「문공問孔」, 「자맹刺孟」, 「비한非韓」 등의 편명이 시사하듯이 공자·맹자·한비를 비롯한 선진 제가에 대하여 비판하고 있다. 특이한 점은 순자에 대해서는 별도의 장이 마련되어 있지 않다는 것이다. 이것은 순자의 유물주의적 자연관과 비판 정신을 염두에 둔 것이라 할 수 있다.

# 제3장 수(隋) · 당대(唐代)에서의 순자의 위치

유종원

후한 시기 인도로부터 불교가 유입되고, 도교가 성립함으로써 위진 남북조시기에 현학(玄學)이 성행했지만, 유가학설은 여전히 일정한 영향력을 유지하였다. 하루아침에 기존의 사상의식을 불교와 도교가 모두 대체하기는 어려웠기 때문이다. 이러한 과정에서 순자의 영향력 또한 단절될 수 없었다.

당대의 걸출한 사학가인 유지기(劉知機)는 필생의 정력을 담은 사학평론집인 『사통史通』을 저술하였다. 그는 고백하기를, 이 책은 사마천의 "쓸데없이 칭찬하거나 잘못을 숨기지 않는다"는 사학적 전통과 양웅의 『법언法言』, 왕충의 『논형』 등의 저술에 보이는 '직필(直筆)'의 정신을 계승 발전시킨 것이라고 하였다. 그러나 간접적으로 본다면 이것은 순자의 진보적 사상을 계승한 것이다. 『사통』의 내용으로부터, 유지기가 순자의 '법후왕(法後王)' 사상의 영향을 받았다는 것과, 자연현상이 인사와 무관하다는 순자 이래의 자연관을 어렵지 않게 찾아볼 수 있다.

당대의 사상가이자 문학가인 유종원(柳宗元)은 순자를 대단히 존숭하였다. 그는 늘상 순자의 말을 인용하여 자신의 관점을 합리화하였다. 그의 역작인 『봉건론封建論』에서 말하길, "순자에 다음과 같은 말이 있다. 대저 사물을 이용하는 경우에는 반드시 다투게 되고, 다툼이 그치지 않는다면 반드시 곡직을 판단할 수 있는 사람에게 나아가 명을 들어야 한다. (……)이로부터 군장(君長)과 형정(刑政)이 비롯된 것이다"라

하였다. 그는 또한 순자의 관점에서 출발하여 하급관리로부터 천자에 이르는 일련의 은주봉건제(殷周封建制) 즉 분봉제(分封制) 출현의 필연성을 논술하였다. 그는 의하면, 분봉제는 "성인의 뜻이 아니라 상황에서 비롯된 것이다." 구체적으로 보면, 은주시대의 제왕이 분봉한 것은 결코 공심에서 비롯한 것이 아니라 제후가 자기를 위해 한 것으로 자손 후대의 진력을 보호하기 위한 것이다. 물론 진시황이 분봉제를 군현제로 대체한 것도 사심에서 비롯한 전제왕권강화를 위한 것이기는 하지만, 역사발전에서 보면 필연적 수요가 있었다고 본다. 왜냐하면 봉건제에서는 부자상전하여 윗사람이라 하여 반드시 현명한 것이 아니며, 아랫사람이라 하여 반드시 불초한 것이 아니라서 지방할거를 용이하게 하고, 통일에 불리하다는 것이다. 반면에 군현제는 황제가 직접 관리를 파견하기에 이러한 폐단을 방지하므로, 중앙집권을 공고히 하고 사회 통일을 유지할 수 있다는 것이다. 한나라가 진나라를 계승하고, 당대 또한 한나라 제도를 계승한 역사적 사실에서 볼 때 유종원의 이러한 관점은 상당한 안목이 있었다고 할 것이다.

순자의 유물주의적 자연관, 즉 천인관은 유종원에게 결정적 영향을 주었다. 유종원의 「천설天說」과 「천대天對」는 그의 자연관이 반영된 저작이다. 「천설」은 유종원이 자신의 친구인 한유(韓愈)의 '천능상벌(天能賞罰)'의 관점에 반대한 것이고, 「천대」는 전국기 초나라의 시인이었던 굴원(屈原)이 제기한 「천문天問」에 대해서 회답하는 형식으로 저술된 것이다. 이상의 두 편의 논문은 모두 순자의 '천도자연', '천인상분'의 사상에 근거한 것이다. 그에 의하면, 천지(天地)·원기(元氣)·음양은 모두 과일이나 초목처럼 의지를 지니지 않은 자연 사물로서 어떠한 신비적인 요소도 없으며, 더욱이 상벌을 시행할 수 없다는 것이다.

당시 유종원과 명성을 함께 하였던 유우석(劉禹錫) 또한 순자의 영향을 받았다. 그는 순자의 '천인상분'과 '제천명이용지'의 관점을 결합시켜 이른바 '천인교상승(天人交相勝)'이라는 유명한 명제를 제기하였다. 그는 유종원의 「천설」이 "천인 관계 문제를 미진하게 다뤘다"고 생각하여, 「천론(天論)을 써서 천인 관계를 변증적으로 재해석하였다. 그는 따르면, "천은 형체가 있는 것 가운데 큰 것이며, 사람은 동물 가운데에서 우수한 것이다. 천도는 생식에 있고 그 쓰임은 강약에 있으며, 인도는 법제에 있고 그 쓰임은 시비에 있다"고 하여 천과 인이 각각 다른 특수한 기능을 갖고 있으며, 그 공능은 장단점을 갖고 있어서 서로 상승하고 서로 쓰임이 된다고 보았다.

한유

유우석은 또한 천리(天理)와 인리(人理)를 구별하였다. 천리는 자연만물의 이치로서 유력자가 우선하는 것이고, 인리는 사람의 사회준칙으로서 유덕자가 우선하는 것이라고 한다. 인류는 자연속성을 갖고 있고 또한 사회속성을 갖고 있다. 따라서 인류는 하나의 천리와 인리 가운데 어느 것을 우선해야 하는가의 문제가 있다. 안정된 시기에는 공인된 시비표준으로 상벌을 분명히 할 수 있어서 인생의 준칙이 효력을 발생하는데, 이것을 일러 "인리가 이긴다"고 한다. 반면에 사회혼란기에는 시비가 불분명하고 상벌이 애매하며 사회적 도덕과 법제가 효력을 상실하는데 이런 경우 유력한 자연법칙이 인류사회의 생활을 지배하므로 '천리'가 인리를 이긴다는 것이다. 천리가 일단 인리를 이기게 되면 사회는 대란에 빠지고 인류는 금수로 빠지게 된다. 그렇다면 어떻게 이러한 비극을 극복할 수 있는가? 유우석에 의하면, 사람들이 시비관념을 믿고 따르는가, 또한 사회가 시비준칙의 시행을 보장하는가에 달려 있다고 본다.

한유는 공자와 맹자를 높였지만 순자에 대해서도 한편으로는 찬양하였다. 한유는 당시 뛰어난 학자였지만 수 차례 배척을 받으면서 자신의 뜻을 펴지 못하였다. 그는 한대 동방삭(東方朔)의 『답객난答客難』과 양웅의 『해조解嘲』를 모방하여 자조적인 내용의 『진학해進學解』를 지었는데, 여기서 다음과 같이 밝히고 있다.

맹자는 변설을 좋아하여 공자의 도를 밝히고 천하를 주류하여 늙어 죽을 때까지 실천하였다. 순자는 정도를 지키고 큰 논의를 넓혔지만 참소를 피해 초나라에 가서 난릉에서 초라하게 죽었다. 이 두 유자는 말을 뱉으면 경이 되고, 발을 들면 법이 되며, 누구와도 비할 수 없어서 성인의 경지에 들어가고도 남음이 있었지만 그들이 만난 세상은 어떠하였는가?[9]

그런데 한유는 『독순자讀荀子』에서는 맹자와 비교해 상대적으로 순자를 폄하하였다. 그에 의하면, "처음 맹자를 읽었을 때 공자의 제자들이 없어지고 나서 성인을 높인 것은 맹자뿐이라고 생각하였다. 늦게 양웅의 책을 구해서 읽어보고 또한 성인의 제자임을 알았다. 순자서를 읽고서 또한 순자를 알게 되었는데, 그 글을 고찰해보니 잡박하고 그 요지가 공자와는 약간 차이가 있다"고 하여, 결론적으로 맹자는 "순수하고 순수한 사람"이지만 순자는 "크게는 순수한데 약간의 하자가 있다"고 평하였다.

한유는 당시 성행하던 불교에 반대하고 유가의 전통을 드러내기 위하여 도통설(道統說)을 제기하였다. 그러나 이러한 도통설은 후인이 순자를 배척하는 이론적 근거가 되었다. 그는 「원도原道」에서, "유가의 도는 요임금으로부터 시작하여, 요임금이 순에게, 순임금이 우에게, 우임금이 탕에게, 탕임금이 문무주공에게, 다시 공자에게 전해지고, 공자가 맹자에게 전하고, 맹자가 죽음에 그 전함을 얻지 못하였다"고 하였다. 이에 따라 송대에 이르러 순자 및 그의 학설은 수많은 리학가들로부터 이단으로 간주되었다.

---

9  "孟軻好辯, 孔道以明, 轍環天下, 卒老于行. 荀卿守正, 大論是弘, 逃讒于楚, 廢死蘭陵. 吐辭爲經, 擧足爲法, 絶類離倫, 優入聖域, 其遇於世何如也"(進學解)

# 제4장 송(宋)·명대(明代)에서의 순자의 위치

송대에서 리학을 성숙시키고 사회적으로 커다란 영향을 주었던 것은 정호(程顥)와 정이(程頤), 그리고 주희(朱熹)다. 정호와 정이는 멀리 맹자를 계승하고, 가깝게는 주돈이(周敦頤)를 스승으로 하여 도가와 불가의 일련의 사상을 융합하여 리학을 고도로 발전시켰다. 정호는 '천리' 두 글자를 리학의 최고 범주로 삼았다. 이른바 천리는 인류사회의 준칙이며, 또한 자연우주의 법칙이기도 하다. 따라서 그것은 또한 인성이기도 하다. "성은 곧 리이다. 리는 요순으로부터 길거리 사람에 이르기까지 한 가지다. 재질은 기를 품수한다. 기에는 맑고 탁한 것이 있는데, 그 맑은 것을 품수하면 현자가 되고, 탁한 것을 품수하면 어리석은 사람이 된다"고 하였다.(유서, 권18) 이것은 실제 인성을 천리지성과 기질지성으로 이중화 한 것이다. 따라서 여기에는 맹자뿐 아니라 순자의 성설이 반영되었다고 보아야 할 것이다.

그러나 정이는 말하기를, "한유가 순자와 양웅을 '크게는 순수하지만 약간의 하자가 있다' 고 평한 것은 잘못이다. 순자는 지극히 편박되어 성악이라는 한 귀절만으로도 이미 큰 근본을 상실한 것이다"라 하고, 아울러 "맹자가 말한 성선이 옳다. 비록 순자와 양웅이라 하여도 성을 몰랐다. 맹자가 제유 가운데 특출한 것은 성을 밝힐 수 있었기 때문이다. 성은 선하지 않음이 없으며, 불선이 있는 것은 재질 때문이다." (유서, 권19, 18) 또 말하기를, "순자의 재주는 높지만 학문은 고루하여, 예를 인위(人爲)로 여기고 성을 악이

정이

라 여기며, 성현을 보지 못하였다. (……)성인의 도는 순자에 이르러 전해지지 않게 되었다"(이정전서, 정씨외서)고 하였다.

주희는 리학의 집대성자로서, 이정(二程)의 사상을 계승 발전시켜 완벽한 하나의 이론체계를 형성하였다. 주자에 의하면, "천지 사이에 리도 있고 기도 있다. 리는 형이상의 도로서 생물의 근본이다. 기는 형이하의 기(器)로서 생물이 갖춘 것이다. 따라서 사람과 사물이 태어남에 반드시 이러한 리를 품수한 연후에 성을 갖게 되며, 반드시 이러한 기를 품수한 연후에 형체를 갖게 된다."(주문공문집, 권58) 그러나 한편으로 "이러한 일이 있기 전에 먼저 이러한 리가 있으니, 예컨대 군신관계가 없어도 이미 군신의 리는 있으며, 부자관계가 없어도 이미 부자의 리는 있다"(주자어류, 권95)고 한다. 따라서 리는 기의 근본이며, 기에 앞서 있고, 일의 근본이며 일에 앞서 있는 것이다. 또한 사람이 리를 품수해야만 살 수 있고, 기를 품수해야만 형체를 지닐 수 있다고 한다. 사람이 리를 품수한 바의 성이 곧 '천명지성'으로서 순수지선하고, 리기가 혼합된 성은 '기질지성'으로 선악이 있다는 것이다.

주희는 순자 및 그의 학설에 대해 명확히 부정하였다. 그는 말하기를, "순자와 양웅의 성설은 옳지 않을 뿐만 아니라 시종일관 알지 못했다. 한유가 순자와 양웅을 '크게는 순수하지만 약간의 하자가 있다'고 평한 것에 대해 정호는 '한유가 사람을 질책하는 데 너무 너그러웠다'고 하였다. 생각건대 그가 남을 책할 때 너그러웠던 것이 아니라, 사람을 제대로 파악하지 못한 것이다"라 하였다. 또한 "순자는 완전히 신불해와 한비와 같음을 「성상成相」편 하나를 보면 알 수 있다. 그 요체는 법제를 분명히 하고 상벌을 잡는 데 있다", "세인들은 분서갱유의 화가 순자에서 비롯되었다고 한다. 순자가 책을 저술하고 말을 함에 어찌 일찍이 분서갱유를 가르쳤겠는가? 다만 그는 경전을 보지 않고 감히 다른 이론을 세웠기 때문에 그 말류들이 분서갱유를 저지를 수 있었을 뿐이다"라 하였다. 나아가서 주희는 순자에서의 인위(人爲)라는 의미의 '위

주희

(僞)를 '허위', 혹은 '사위(詐僞)로 해석하였다. 주희가 말하는 "세인들은 분서갱유의 화가 순자에서 비롯되었다"고 할 때의 '세인'의 대표적인 사람이 대문호 소동파이다.

한편 송대에 공개적으로 순자를 찬양한 학자도 있었는데, 그 가운데 하나가 주희와 동시대인인 당중우(唐仲友)이다. 그에 따르면, 순자는 유가의 예의를 오로지 높이고, 인의로써 병법을 논하였으며, 유술(儒術)로써 재부를 강론하였고, 도덕의 위엄으로써 강함을 해석하였으니, 그 취지는 맹자와 마찬가지라고 보았다.(왕선겸, 순자집해) 그러나 이러한 관점은 많지 않았다.

인종(仁宗) 때 공자의 제35대손인 공도보(孔道輔)는 공묘(孔廟)에 맹자·순자·양웅·왕통(王通)·한유를 배향하는 '오현당(五賢堂)'을 세웠다. 신종(神宗) 때 일시적으로 관청에서도 순자의 신위를 설치하였지만, 잠시 동안만 유지되었다. 이후 공자와 맹자는 유학의 정통이고, 순자는 유학의 이단이라는 관점이 점점 송대 사인과 관원의 공통된 인식이자 정론으로 고착되었다. 그런데 여기서 주목할 만한 점이 있다. 송유 특히 리학가들이 순자를 공격한 내용을 보면, 우선 순자의 성악론에 집중되었고, 다른 하나는 순자의 법치관점에 집중되었다. 물론 이 두 가지 방면에서 순자를 맹자와 비교해 보면 순유라고 하기에는 확실히 미흡한 점이 있다.

순자의 중법사상은 그 사상연원이 주로 초기 법가이다. 공자 학설 중에도 법과 형에 관한 논술이 있다. 다만 진한 이후 유학이 독존하면서 법가는 폄하되고, 통치자들이 비록 실제로 법치를 하더라도 사회모순을 완화하기 위해서 표면상으로 인의를 강조하였을 뿐이다. 이에 유가는 다시는 법을 논의하지 않은 것처럼 보이게 되고, 맹자가 크게 인정을 강조한 것에 비해 순자의 중법은 이단시되었던 것이다.

리학은 명조 때에도 여전히 최고통치자가 흠정한 관방학설로서 유학의 정통이 되었다. 명태조 주원장(朱元璋)은 황제 기간동안 신민에 대한 정치 법률적 통제에 치중하는 한편 신민의 사상의식을 통제하고자 하였다. 이를 위해 그는 재상자리를 폐지하고 황제가 정무를 총람하도록 하고, 원로 공신을 살육하고 여러 차례 문자옥(文字獄)을 일으켰다. 기록에 의하면, 주원장은 주자가 편찬한『사서집주四書集注』를 특히 중시하였다. 다만『맹자』가운데 "백성이 중요하고, 사직이 그 다음이며, 군주는 가벼운 존재다", "군주가 신하를 초개처럼 보면 신하는 군주를 원수처럼 본다"는 등의 구절에 대해서 크게 언짢아하여, 공묘에서 맹자의 위패를 철거하고 아울러 조칙을 내려 말하길, 이의를 제기하는 자는 불경죄로 다스리겠다고 하였다. 당시 형부상서 전당(錢唐)이 저항하는 상소문을 올리자, 주원장은 "그대는 죽음을 두려워하지 않는가?" 반문하였다. 이에 전당이 태연하게 말하기를, "신이 맹자를 위해서 죽을 수 있다면 죽어서도 영광이겠습니다"라 대답하였다. 이에 주원장은 그의 진심을 가상히 여겨 죄를 묻지는 않았다고 한다. 오래 지나지 않아 맹자는 공묘 가운데 다시 배향되었다. 맹자의 배향이 회복된 것은『맹자』의 내용 가운데 '정심성의(正心誠意)'와 '인의도덕'으로 신민을 교화하고 결속시키는 데 이용하고자 하는 것이었다. 주원장에 의한 맹자 배향 철거와 회복은 역대 제왕들의 유가학설에 대한 이해의 모순적 심리상태를 반영한다.

유학에서의 '군주 비판'에 관련된 의론에 대해 불만을 표명한 것은 주원장뿐만이 아니었다는 것은 명대·청대 양대 황제들에 관한 기록을 통해서도 증명된다. 사실 황제의 안목에서는 '지성(至聖)'·'아성(亞聖)'이라 칭해지는 공자·맹자라 하여도 모두 신민에 불과한 것이다. 신민이라면 응당 군신의 예를 지켜야 하고, 그 본분을 넘어설 수 없는데 군주에 대해 비판하고, 더욱이 '민귀군경(民貴君輕)'이나 심지어 폭군을 제거하고 갈아치우자는 것은 '윗사람을 범하고 난을 일으키는' 뜻의 말이라는 것이다. 이처럼 유가학설 가운데는 군주에게 불리한 언론과 사상도 있지만, 동시에 군주통치에 유리한 언론과 사상도 있다. 따라서 명조 및 청조의 최고통치자는 특히 유학에 대한 해석권과 유가인물에 대한 포폄을 중시하고, 유학을 이용해 봉건통치를 옹호하는 동시에 그 가운데 민본관념과 진보사상을 삭제하고자 하였다.

맹자는 명조에서 배향이 철거되었다 재배향되고, 순자는 명대 가정(嘉靖) 9년(1530)에 공묘에서 축출된다. 후에 비록 일부인이 상소를 올려 순자의 위패를 설치할 것을 요구했지만, 다시는 공묘에 순자의 위패는 회복되지 못하였다. 이것은 물론 명대와 청대 양조에 걸쳐 맹자를 계승한 정주리학과 육왕심학이 모두 지대한 영향을 주었다는 데 결정적 이유가 있지만, 더욱 본질적인 이유는 순자의 '비군(非君)' · '비효(非孝)' 사상이 군주전제의 체제에 이로울 수 없었기 때문이다.

주지하다시피 순자의 예를 높이고(융례), 법을 중시하며(중법), 군주를 높이는(존군) 사상은 역대 군주가 모두 즐겨 수용하여 실제 관철된 것이다. 그러나 한편 순자의 "도를 따르지 군주를 따르지 않는다"는 관점이나, 예컨대 신릉군(信陵君)의 "군주의 명령에 저항하고, 임금의 권위를 훔치고, 임금의 일에 반함으로써 나라의 위태로움을 구하고 군주의 치욕을 제거한다"는 식의 논법, 아울러 폭군을 제거하는 것이 천하를 보다 이롭게 한다는 등등 「신도臣道」편에 반영된 순자의 사상은 역대 제왕들이 받아들이기 어려운 것이다.

순자는 또한 "들어와 효도하고 나가서 공손함은 사람의 작은 행실이요, 위에서 순하고 아래서 독실한 것은 사람의 보통 행실이며, 도를 따르되 임금을 따르지 않으며 의를 따르되 부모를 따르지 않는 것은 사람의 큰 행실이다"라고 하였다. 순자의 이러한 주장은 군주의 입장에서 볼 때 그야말로 군주와 충효를 부정하는 말이며, 송대 이래 통치자들이 강조하던 '충효'를 핵심으로 하는 예교와 완전히 어긋나는 것이다. 더욱이 순자가 강조하는 '천인상분'은 자칭 "하늘로부터 명을 받았다"고

272

하는 천자들의 통치 강화에 결정적으로 불리한 것이었다. 이에 최고 통치자는 리학가들의 순자 비판을 이용하여 순자를 유가의 정통계열에서는 물론 관가 제사의 반열에서 퇴출시킨 것이다.

그러나 이러한 사실이 결코 당시 순자사상이 어떠한 사회적 영향력도 없었다는 것을 의미하지 않는다. 사실 통치집단 내부에서도 순자의 영향을 일정하게 받았다. 명조 정치가였던 장거정(張居正)은 이러한 류의 대표적 인물이다. 그는 순자의 '법후왕'의 사상을 다음과 같이 예찬하였다.

> 대저 법제가 무상하지만 백성을 가까이 하는 것이 요체이며, 고금의 상황이 다르지만 세속을 편리하게 하는 것이 마땅하다. 맹자는 '선왕의 법을 따르면서 잘못하는 경우는 아직 없었다'라고 하였는데, 이것은 선왕을 본받고자 하는 것이다. 순자는 '대략 선왕을 본받아 세속을 어지럽히며 후왕을 본받아 제도를 통일할 줄 모르는 것은 속유이다'라 하였는데, 이것은 후왕을 본받고자 하는 것이다. 두 가지 입장이 차이가 나는데 순자가 근사한 것은 무슨 까닭인가? 법은 고금이 없고 오직 시의에 마땅하고 백성에게 편안하면 되는 것이다. 시의에 맞고 백성이 편안히 여기면 비록 대중이 건립한 것이라도 없앨 수 없고, 시의에 어긋나고 백성에 거슬리면 비록 성현이 창조한 것이라도 따를 수 없는 것이다[10].

명대 학자들에 대한 순자의 영향도 상당하다. 명대 초기 진취적 정신이 풍부하였던 왕양명(王陽明)은 우선 정주리학의 '심외지리(心外之

---

10 夫法制無常, 近民爲要. 古今異勢, 便俗爲宜. 孟子曰, 遵先王之法而過者, 未之有也. 此欲法先王矣. 荀卿曰, 若法先王, 而足亂世術, 不知法後王, 而一制度. 是俗儒者也. 此欲法後王矣. 兩者互異, 而荀爲近焉何也. 法無古今, 惟其時之所宜, 與民之所安耳. 時宜之, 民安之, 雖庸衆之所建立, 不可廢也. 戾于時, 拂于民, 雖聖哲之所創造, 可無從也." (張文忠公文集, 三)

왕양명

理)'와 '즉물궁리(卽物窮理)'에 대해 반대하여, '심외무리(心外無理)'와 '심즉리(心卽理)'를 제기하였는데, 이것은 정주리학에 대해 상당한 충격을 주었다. 이러한 기세와 활력은 일반인의 사상을 해방시키게 되고, 송유들의 맹자를 높이고 순자를 폄하하는 전통적 관점에 일정한 도전이 되었다. 명대에 순자를 대대적으로 높이고 순자의 실사구시적 사상을 발전시킨 사상가는 이지(李贄)다.

이지의 호는 탁오(卓吾)이다. 중년에 국자감 박사를 역임하고 관리를 지냈으나 관가의 비리에 불만을 품고 54세에 비분강개하여 사퇴하고 지방으로 거처를 옮겨 전문적으로 저술과 강학을 하였다. 이지는 리학가들이 고취한 '존리멸욕(存理滅欲)'의 설교를 비판하여 "옷입고 밥 먹는 것이 인륜이며 물리이다"라고 지적하였다. 당시 도학가들은 "입을 열면 학문을 말하고 너희는 자신을 위하지만 나는 남을 위하며, 너희는 자신을 이롭게 하지만 나는 남을 이롭게 한다"고 하면서도 실제로는 독서하여 급제를 구하고 관직에 나아가 영달을 추구하며, 단지 자신과 가문의 이익에만 혈안이 되어 있을 뿐 반푼어치도 남을 위해 배려하는 것이 없다고 보았다. 또한 그들을 '소인유(小人儒)'라 칭하고, "입으로는 도덕을 말하지만 마음으로는 고관에 있다"고 질책하였다.

이지는 송명의 리학가를 비판하였을 뿐만 아니라 동중서의 유명한

이지

"공(功)과 이(利)를 도모하지 않는다"는 명제와 재이설의 모순점을 부각시켰다. 그는 지적하기를, "대저 재이설을 밝히고자 하는 것은 이익을 구하고 해로움을 피하기 위한 것이다. 지금 공과 이를 따지지 않는다고 하면서 재이설을 밝히고자 하는 것은 무엇인가?" 또한 "천하에서 일찍이 공과 이를 따지지 않는 사람이 있으랴! 만일 진

실로 그것이 이익이 되고 대공을 이룰 수 있음을 알지 못한다면 어떻게 정의(正義)와 명도(明道)라 할 수 있겠는가?'라고 반문하였다.

이지는 송유들의 순자에 대한 평가에 반대하고, 『장서藏書』「덕업유신德業儒臣」 조목에서 순자를 우두머리에 두고, 맹자를 다음에 두고 있다. 이지는 또한 「순경전찬荀卿傳贊」을 지어 다음과 같이 순자를 찬양하였다.

> 순자와 맹자는 동시대 사람으로 그 재주가 모두 훌륭하고 그 글 또한 찬란하며, 그 쓰임이 더욱 통달하여 우활하지 않다. 당시에 어째서 유독 순자를 누르고 맹자를 선양했는지 모르겠다. 순자 또한 주공과 공자를 높이지만 세속에 따라서 그렇게 한 것이 아니다. 또한 묵자를 배척하고 12 사상가를 비판하였지만 세속에 따라 그렇게 한 것이 아니다.[11]

이처럼 이지가 맹자보다 순자를 더욱 높인 것은 순자의 외왕사공(外王事功)을 중시하고 무실(務實)과 진취적인 품격이 있었기 때문이다.

명조 말기에 이르러 '도문학(道問學)'의 정주학파는 날로 공소하여 쇠미해지고, '존덕성(尊德性)'의 육왕학파는 풍미하였으나 불교적 색채가 농후하게 되었다. 당시 사회 위기가 날로 심각해지면서 농민기의가 잇달았으며, 조정에서는 군주전제가 초래한 붕당의 대립이 노골화되었다. 숭정(崇禎) 황제가 비록 중흥을 도모하였지만 황실과 관료들의 부패는 이미 돌이킬 수 없는 지경에 이르고, 결국 명왕조는 이자성(李自成)의 농민기의에 의해 붕괴되었다.

---

11 "荀與孟同時, 其才俱美, 其文更雄傑, 其用之更通達而不迂. 不曉當時何以獨抑荀而揚孟軻也. 荀子亦尊周孔, 然亦非依循世俗而尊周孔. 亦排墨子, 亦非十二子, 然亦非依循世俗而排墨, 而非十二子.(藏書, 권32)

# 제5장 청대(淸代)에서의 순자의 위치

　　명왕조의 멸망으로 인해 리학은 '공리공담(空理空談)'이라는 것이 명말청초 지식인들의 공통적 인식이었다. 황종희(黃宗羲)·고염무(顧炎武)·왕부지(王夫之)·부산(傳山)·이옹(李顒)·안원(顏元) 등은 당시 비록 비교적 낮은 사회적 지위 혹은 핍박을 받는 지위에 있었지만 현실을 이해하는 데 있어서는 선구적인 지식인들이었다. 이들은 공통적으로 경세치용의 학문을 강조하고, 의(義)와 리(利), 도(道)와 공(功), 학(學)과 용(用)의 통일을 주장하고, 이러한 사람이야말로 '우유(迂儒)'가 아니라 '진유(眞儒)'라고 생각하였다. 그런데 이러한 새로운 사상과 학풍은 순자의 역사적 위치와 불가분의 관계에 있었다.

　　황종희는 『명이대방록明夷待訪錄』에서 사회적 병폐를 개혁할 수 있는 구체적 대안을 제시하고, 미래 사회의 설계도를 구상하였다. 특히 군주전제를 죄악으로 규정하고 군권을 제한할 수 있는 여러 조치를 제시하고, "군주가 주인이고, 천하가 객이 되는" 봉건정치제도를 개혁하고자 하였다. 그는 중국 역사상 처음으로 이른바 "치법(治法)이 있은 후에 치인(治人)이 있다(有治法以後有治人)"는 명제와 "공인과 상인이 모두 근본이다"라는 것과 학교가 감독과 자문기능을 갖춘 의회식의 기구가 되어야 한다고 주장하였다. 이와 관련된 황종희의 주장에서 우리는 맹자의 찬양을 볼 수 있을 뿐이고, 순자에 대한 칭찬은 찾아볼 수 없다. 왜냐하면 맹자의 '민귀

황종희

왕부지

군경'이나 폭군은 갈아치울 수 있다는 사상은 선명한 반면 순자의 '종도불종군'의 논점은 '존군'이라는 사상에 묻혀버렸기 때문이다.

왕부지는 송명 리학에 대한 분석비판을 하는 한편 전통적 역사의식을 고양하였다. 이것은 그가 일관되게 지향해 온 유학의 '내성외왕'의 실천이었다. 비록 그의 사상관념이 여전히 봉건적 의식의 범위와 공맹유학의 정통을 벗어나지 못하였고, 인치와 법치, 강상예교에 대한 인식은 심지어 황종희의 시대적 한계를 넘어선 것은 아니지만 의식적이든 무의식적이든 전통 유학의 사상적 경향을 벗어나고자 한 것은 사실이다.

안원

안원은 궁행실천의 실학을 중시하였다. 청초에 만족통치자들은 통치를 공고히 하기 위해 한족 지식인들을 회유하고 송명 리학을 제창하며 정이와 주희를 공묘에 배향하였다. 따라서 송명 리학은 사회적으로 여전히 높은 지위와 영향력을 지닐 수 있었다. 안원은 자신의 실천경험과 학술연구를 통해서 송명 리학에서의 '중리경사(重理輕事)'와 '귀의천리(貴義賤利)'의 모순에 대해 격렬한 비판을 가하고 자신의 실학이론을 형성하였다. 그에 의하면, 천하에는 "리 없는 기도 없고", "기 없는 리도 없으며", "리는 곧 기의 리다"라고 주장하였다. 마찬가지로 사람에게도 기질지성이 없으면 리 또한 의착할 데가 없어서 작용이 없는 헛된 리에 불과하게 된다고 보았다.

청초로부터 청말에 이르기까지 중국봉건사회는 쇠락부패의 말기를 거쳐서 역사의 막바지에 도달하였다. 이 시기 리학이 쇠퇴함에 따라서 학자들은 다방면에서 순자 및 그 학설에 대한 연구와 평가를 진행하였다. 역사가인 전대흔(錢大昕)은 송명 리학을 비판하면서 순자를 선양하였다. 그는 「발순자跋荀子」에서, "공자 이후 유가에서 맹자와 순자가 가장 순수하다. 송유는 순자의 성악설을 비난하지만, 내가 생각하기에 맹자의 성선은 진심(盡心) · 진성(盡性)으로 선을 행할 것을 요구하는 것이고, 순자의 성악은 사람들에게 그 본성을 변화시켜서 선으로 나아가게 하고자 하는 것이다. 그들 두 사람의 설법이 비록 다르지만 사람들에게 선을 행하게 하는 것은 마찬가지다"라고 하였다. 그에 의하면, 송유들이 성을 말한 것은 비록 맹자를 계승한 것이지만, 인성을 의리지성과 기질지성으로 나눈 것은 맹자와 순자의 관점을 아울러 취한 것이다. 사람들에게 기질지성을 개변시키는 것을 첫째 임무로 삼게 한 것은 실제상 순자의 화성기위설을 취한 것이다(王先謙, 荀子集解).

경학가 능정감(凌廷堪)은 「순경송荀卿頌」에서 말하기를, "전국시대 지식인 가운데 성인의 도를 지킨 이는 맹자와 순자뿐이다. 대개 맹자는 인을 말함에 반드시 의로써 펴는 것이고, 순자는 인을 말함에 반드시 예에 근본을 두었다. 예에 근본을 두는 것은 곧 천하인을 모범으로 삼는 것으로 성인이 성정을 조절하려는 취지와 위의로 민생을 규범화하려는 원리를 수립하려는 것과 가깝다. 이로부터 알 수 있는 것은 순자의 학문은 결코 성인의 도에 어긋나는 것이 아니다. 후인들이 맹자를 높이고 순자를 낮추는 것은 실제로는 자신을 예법의 밖에 두는 것이다"라 하였다(校禮堂文集, 권10).

능정감이 활동하던 시대에 건륭(乾隆) 황제는 자신을 순자의 '유치인무치법'의 사례에 해당한다고 여기고, "'치인은 있지만 치법이 없다'는 말은 진실로 근본을 탐구한 논이다. 위대하다. 왕의 말이여. 진실로 천년 동안의 평화를 유지하는 대법이다"라 하였다. 황종희가 이미 제기하였던 "치법이 있은 후에 치인이 있다"는 명제는 법치를 인치보다 높게 보는 사상이지만, 청조의 제왕은 여전히 순자의 '유치인무치법'의 관점을 추숭하였다. 이러한 사실은 역대 봉건 제왕이 '법'을 자신의 권위보다 높게 보는 데 찬성하지 않으며, 군주전제를 견지하고 있음을 표명하는 것이며, 다른 한편으로는 순자의 '인치가 법치보다 높다'는 사상은 중국 봉건사회에 상당한 영향을 주었음을 증명한다.

건륭 연간 및 그 전후 일련의 경학가들 예컨대 유수옥(鈕樹玉), 엄가

278

균(嚴可均), 요심(姚諶), 피석서(皮錫瑞) 등은 모두 순자의 ‘경전 전수의 공’에 대해 칭송하고, 아울러 순자를 맹자와 대등하게 다루었다. 엄가균은 특히「순자당종사의荀子當從祀議」를, 요심은「의상순자종사의擬上荀子從祀議」를 지어 최고통치자에게 상소하여 공묘에 순자의 위패를 설치하여 존숭할 것을 요구하였다. 이것은 말할 나위 없이 순자를 공자학설의 정통 계승자로 보는 관점이 반영된 것이다.

한편 적지 않은 사상가들이 전인들의 순자서에 대한 편견이나 구설을 바로잡았다. 첫째 순자서에 대한 정리와 주석이 진행되었다. 그 가운데 사용(謝墉)의 『순자교荀子校』, 노문초(盧文弨)의 『순자전교荀子箋校』, 유태공(劉台拱)의 『순자외주荀子外注』, 학의행(郝懿行)의 『순자보주荀子補注』, 왕념손(王念孫)의 『독순자잡지讀荀子雜志』, 주준성(朱駿聲)의 『순자교평荀子校評』, 유월(俞樾)의 『순자평의荀子評議』와 『순자시설荀子詩說』 등이 대표적이다.

왕선겸은 특히 제가의 교주를 집대성하여 『순자집해荀子集解』를 간행하였는데, 이 책은 순자를 이해하는 데 있어서 현대에 이르기까지 상당한 영향을 미쳤다. 왕중(汪中)의 『순자통론荀子通論』은 전인들의 순자에 관련된 사적 고증의 성과를 상세히 분석한 것이 특징이다. 그는 “순자의 학문은 공자에게서 비롯하였고 더욱 여러 경전에 공이 크다”고 보고, 대량의 자료에 근거하여 『모시』·『노시魯詩』·『좌씨춘추』·『곡량춘추』 등의 전수 과정에 순자가 관련되어 있으며, 진한대의 수많은 유가는 모두 순자의 제자이거나 재전이자임을 논증하였다. 요컨대 “대개 70 제자가 몰하고 한유가 아직 일어나지 않은 중간에 전국시대와 진나라의 어지러울 때 육예의 전수가 끊어지지 않았던 것은 순자 때문이다. 주공이 만들고, 공자가 조술하고, 순자가 전한 것은 그 척도가 하나이다”라 하였다. 왕중의 이러한 발상은 송유의 입장과 정반대이며, 오히려 순자를 맹자보다 높게 파악한 것이다.

“육경이 모두 역사다”라고 주장한 장학성(章學誠)에 의하면, 순자는

강유위

주로 유학의 예를 선양 발전시킨 것이고, 맹자는 시·서에 장점이 있었기에 방법이 같지 않았지만 도로 귀결되는 것은 마찬가지이며, 순자가 맹자를 비판한 것은 마차 자장(子張)이 자하(子夏)의 사귐을 비난한 것과 같아서, "도술은 같지만 취향의 차이가 있는 것"(章氏遺書)이라고 보았다. 그는 또한 순자가 성악을 말한 것은 그것을 빌어서 성인이 '화성기위' 한 것임을 설명하기 위한 것이었다고 본다. 다시 말해 순자의 의도는 사람들이 천부적 자질을 믿지 말고 학문은 반드시 인위적으로 해야된다는 것이지, 결코 거짓이 아니라는 것이다. 순자를 비난하는 이들은 순자를 성인을 모독한 것으로 몰아가지만 이것은 고문의 뜻을 모르는 것이라고 보았다(文史通義, 說林).

근대 자산계급의 계몽가인 엄복(嚴復)은 "순자에서 선을 인위라고 하는 '위(僞)' 는 '진위(眞僞)' 의 위가 아니다. 대개 인위적인 것을 성으로부터 구별하기 위한 것이다. 후유들이 개정해서 순자의 뜻을 잃어버렸다"고 보았다(天演論, 下). 그는 또한 공자 이후에 맹자는 미언의 학문을 전한 학자이며, 순자는 대의의 학문을 전한 학자로 파악하고, "선진양한은 모두 난릉(순자)의 학문이지 공자의 학문이 아니다"라 하였다.

강유위(康有爲)는 근대 존공파(尊孔派)의 대표적 학자로서 이른바 '공교(孔敎)' 의 입장에서 공자의 학문은 '대동(大同)' 이며, 순자의 학문은 단지 '소강(小康)' 의 도를 얻었을 뿐이라고 보았다. 소강과 대동은 상관이 있기는 하지만, 상당한 차이가 있다. 그가 순자의 학문을 단지 소강의 도를 얻었다고 평한 것은 순자의 학설이 민본과 존군에 기초하고, 인의와 등급명분을 강조하고 있기에 공자가 지향하던 대동세계가 아니라는 것이다. 그러나 그 자신 또한 "뜻은 대동에 두고 있지만, 일은 단지 소강에 있다"(孔子改制考)라고 밝히고 있어서 순자에 대해서도 상

대진

당히 긍정적임을 시사하고 있다.

당시 군주전제와 봉건예교에 반대하는 입장에서 순자를 비판한 사람은 대진(戴震)이 대표적이다. 그는 초년에는 정주리학을 적극적으로 옹호하였지만, 만년에 이르러 정주리학의 철저한 반대자가 되었다. 이러한 변신은 첫째로 세속으로부터 격리된 감옥생활과 현실의 부조리에 대한 반발에서 비롯되었고, 둘째는 그가 가까이는 황종희 · 안원으로부터 영향을 받고, 멀리는 선진의 『주역』과 순자로부터 송대 장재에 이르는 유물주의 사상을 계승한 데서 비롯되었다. 대진은 송대 유가의 「태극도」를 부정하고, 본체론 · 인식론 · 이욕관 · 도덕관 등 다방면에서 정주리학을 맹렬하게 비판하였다. 주목할 만한 점은 그가 순자를 송유와 연계시키고 있다는 점이다. 그는 의하면, "순자의 이른바 예의는 송유의 이른바 리이다. 순자의 이른바 성은 송유의 기질이다. 송유의 설은 맹자와 같은 듯하지만 사실은 차이가 나며 순자와 차이가 나는 듯하지만 실은 같다"(孟子字義疏證)고 보았다.

그런데 대진의 이러한 주장은 고려해볼 만한 점이 있다. 물론 정주리학의 이욕관은 순자의 '화성기위설'과 상통하는 점이 있다. 순자는 예로 성을 변화시키는 것이지만, 송유는 리로 사람의 기질을 바로잡는 것이기에 모두 봉건사회규범으로 사람의 성정을 구속하고 개조하는 것이다. 그 이면에는 모두 리와 성(정)의 대립, 리가 성(정)보다 높으며, 리로써 성정을 제어하는 사유방식과 가치관이 담겨 있다. 사실 이러한 사유방식과 취향은 공자와 맹자에서 더욱 두드러진 것이다. 따라서 대진이 말하는 것처럼 송유의 설이 맹자와 같은 듯하지만 차이가 있다는 것은 정당하지 않다. 또한 순자가 예로 성을 변화시킨다는 것은 예로 성을 조절한다는 뜻이면서 동시에 예로 정을 꾸민다는 뜻이지, 결코 사람의 정당한 성정을 막거나 없애려는 의도가 아니다. 그런데 송유는 리로써 성(욕, 정)을 멸하는 극단으로 치달렸다. 대진이 그들을 "리로써 살인한다(以理殺人)"고 평한 것은 틀린 말이 아니지만, 송유들의 설이 순자와 차이가 있는 듯하지만 실은 같다는 것은 무리한 추론이다. 따라서 대진은 정주리학을 비판할 때 비록 순자를 비평하지만, 그는 결코 순자를 부정하지는 않는다. 그는 한편으로 "순자는 노자, 장자, 고자보다 뛰어난 성인의 제자이다"라고 하여 일정하게 긍정하고 있다.

양계초

양계초(梁啓超)의 순자에 대한 관점은 대진에 비해 분명하다. 그에 의하면, "진한 이후 정치학술은 모두 순자에서 비롯하였다.", "한대 경사는 금문가나 고문가를 막론하고 모두 순자에서 비롯되었다. 이천년간 종파가 여러 번 변했지만, 한결같이 순학의 아래 있었고, 맹자의 학문이 끊어지면서 공자의 학문은 쇠퇴하였다"고 하였다. 양계초가 순자를 비판하는 근거는 네 가지이다. 첫째, 군권을 높이는 것으로서, 순자의 제자인 이사가 이것을 종지로 삼아 진나라의 법제를 제정하였고, 한대 이후 군주들이 답습하였으므로, 이천년간 실제는 진나라 제도라고 본다. 둘째, 이단배척으로서 『순자』에는 「비십이자」편이 있는데 오로지 이설을 배척하는 데 전력하였고, 한초에 경전을 전한 유가는 모두 순자에서 비롯하였다는 것이다. 셋째, 예의를 삼가는 것으로서, 순자의 학문은 대의를 말하는 것이 아니라 오로지 예의를 중시하는 것이었으며, 송대 이후 유자들이 모두 이를 답습하였고 본다. 넷째, 고거(考據)를 중시하는 것으로서, 순자의 학문은 훈고를 중시하는데, 한나라부터 군경이 모두 전해지고 마융(馬融)·정현(鄭玄) 등의 학파가 형성되었는데, 이것은 중국에 큰 해독이 되었다는 것이다(飮氷室文集, 二).

양계초의 이러한 관점은 단순히 감정적이 아니라 근거가 있는 분석이라고 할 수 있다. 순자의 예법관, 정치관은 중국의 봉건통치 및 그 정치 과정에 실제적으로 영향이 지대하였다. 통치계급의 양유음법(陽儒陰法), 왕패병용(王覇竝用), 존군비신(尊君卑臣), 추중예교(推重禮敎)의 치국관은 모두 순자와 일정한 관계가 있다는 것은 결코 틀린 말이 아니다. 그는 특히 순자의 '유치인무치법' 에 대해 비판하면서, "이 말 한 마디가 천하를 어지럽혔다"고 하고, "법치주의 부흥은 춘추시기 초에 맹아

담사동

하여 전국말에 크게 성행하였다. 그때 이와 대치되었던 네 가지가 있었으니, 방임주의, 인치주의, 예치주의, 세치주의(勢治主義)인데, 이 네 가지는 모두 시폐를 구하기에 부족하였다. 이에 법치주의가 부흥하였다"(음빙실문집, 五)고 하였다.

양계초의 순자에 대한 관점과 일치하면서도 더욱 격렬하게 반대하였던 이가 담사동(譚嗣同)이다. 군권을 견제하고 민권을 신장시키며 군주전제를 군민공주(君民共主)의 의원제로 바꾸는 것이 당시 유신지사들의 공통된 목표였다. 담사동은 봉건전제를 반대하는 데 있어서 양계초의 개량주의보다 더욱 철저하였다. 그에 의하면, "이천년의 정치는 진나라 정치로서 모두 큰 도둑이다. 이천년의 학문은 모두 순학으로 모두 향원(鄕原)이다. 큰 도둑은 향원을 이용하고, 향원은 큰 도둑에 아부한다."(仁學) 이른바 '향원' 은 향리 중에서 언행이 불일치하고 기세도명(欺世盜名)하는 사람을 가리키며, 일찍이 공자가 비난한 바 있다. 이것은 순자 및 그 학설이 세속에 영합하였음을 지적한 말이다.

그렇다면 당시 순자의 사상이 왜 이러한 평가를 받았을까? 순자의 '법후왕' 이나 '존군통' 의 사상이 전제군주에 영합된다고 보았기 때문이다. 양계초와 마찬가지로 담사동이 순자를 부정하는 것은 존군·융례에 있다. 담사동은 아울러 공자와 순자의 구별을 강조할 뿐만 아니라, '공학(孔學)' 과 '공교(孔敎)' 또한 근본적으로 구별한다. 전자는 공자가 창립한 인통(仁通)의 학설이고, 후자는 공자의 이름을 빌린 강상

예교이며, 공교의 창립자는 공자가 아니라 순자라는 것이다.

장태염(章太炎)은 담사동과 마찬가지로 공교를 배척한다. 그에 의하면, 공교의 최대 오점은 사람으로 부귀이록(富貴利祿)의 사상을 벗어나지 못하게 하는 데 있으며, 혁명을 진행하고 민권을 제창하는 데 이러한 사상은 독버섯과 같다는 것이다. 담사동이 공교의 창립자를 순자로 보는 데 비해 장태염은 공자 자신으로 본다. "이른바 중용은 실제로 향원과 차이가 없으며, 국원(國原)으로서 향원보다 심각한 것이다. 공자가 향원을 비판하였지만 국원을 비판하지 않은 것은 이록에 관심을 두었기 때문이다"라고 본다. 따라서 그는 "순자가 공자보다 낫다"(訄書, 訂孔)고 하여 순자를 공자 이상으로 평가하였다. 그는 어려서부터 유월을 스승으로 하였는데 유월은 늘 순자를 칭송하였다. 한편 순자의 성악설에 대해 칭송하였다. 이것은 그가 순자를 법가와 연계시켜 보았기 때문이다. 요컨대 그는 순자와 안원을 중국역사상의 최고의 유자로 꼽는다. 한편 그는 순자의 '연천관(緣天官)'의 인식론을 수용하여 근대자연과학지식과 결합시켜, 감각의 원천이 객관세계에 있음을 논증하였으며, 또한 순자의 '대공명(大共名)'의 논리사상을 수용하여 이성인식이 감성인식보다 높은 것임을 논증하였다.

제 **7** 부

순자의 명구(名句)

# 1. 권학(勸學)

學不可以已. 靑取之於藍, 而靑於藍. 冰水爲之而寒於水. 木直中繩, 輮以
爲輪, 其曲中規, 雖有槁暴, 不復挺者, 輮使之然也. 故木受繩則直, 金就
礪則利, 君子博學而日參省乎己, 則知明而行無過矣.

학문은 그쳐서는 안 된다. 푸른색은 쪽에서 얻지만 쪽보다 푸르며, 얼
음은 물로 만들어지지만 물보다 차갑다. 나무가 곧아서 먹줄에 맞더라
도 바퀴 테로 구부려 수레바퀴를 만들면 동그랗게 되어 비록 말리더라
도 다시 펴지지 않는데, 이것은 바퀴 테가 그렇게 만든 것이다. 따라서
나무는 먹줄을 받으면 곧아지고, 쇠는 숫돌에 갈면 날카로워지며, 군자
가 널리 배우고 날마다 세 번씩(자주, 세 가지) 자신을 반성한다면 앎이
밝아지고 행동에 허물이 없을 것이다.

· · ·

吾嘗終日而思矣, 不如須臾之所學也, 吾嘗跂望矣, 不如登高之博見也.
登高而招, 臂非加長也, 而見者遠, 順風而呼, 聲非加疾也, 而聞者彰. 假
輿馬者, 非利足也, 而致千里, 假舟檝者, 非能水也, 而絶江河. 君子生非
異也, 善假於物也.

내가 일찍이 종일 생각해 보았지만 잠깐 동안의 배움만 못하였고, 내
일찍이 발돋움하여 바라보았지만 높이 올라 널리 보는 것만 못하였다.
높은 곳에 올라서 손짓하면 팔이 길어진 것이 아닌데도 멀리 있는 사람
이 볼 수 있고, 바람이 가는 방향에 따라 부르면 소리가 빨라지는 것도
아닌데도 잘 들을 수 있다. 수레와 말을 빌리면 발이 빠르지 않은데도
천리에 도달할 수 있고, 배와 노를 빌리면 물에 능한 것이 아닌데도 강
하를 건널 수 있다. 군자는 태어날 때 특별한 것이 아니라 사물을 잘 빌
릴 뿐이다.

蓬生麻中, 不扶而直. 蘭槐之根是爲芷, 其漸之滫, 君子不近, 庶人不服. 其質非不美也, 所漸者然也.

쑥이 삼밭에서 자라면 붙잡아 주지 않아도 곧아진다. 난괴의 뿌리는 향료인데, 그것을 오줌에 담그면 군자는 가까이 하지 않고 서인도 몸에 지니지 않는데, 그 바탕이 아름답지 않아서가 아니라 그 적신 바가 그렇게 만든 것이다.

. . .

物類之起, 必有所始, 榮辱之來, 必象其德. 肉腐生蟲, 魚枯生蠹, 怠慢忘身, 禍災乃作. 强自取柱, 柔自取束. 邪穢在身, 怨之所構, 施薪若一, 火就燥也, 平地若一, 水就溼也. 草木疇生, 禽獸群居, 物各從其類也. 是故質的張而弓矢至焉, 林木茂而斧斤至焉, 樹成蔭而衆鳥息焉, 醯酸而蜹聚焉, 故言有召禍也, 行有招辱也, 君子愼其所立乎.

여러 사물의 발생에는 반드시 시작이 있고, 영예와 치욕의 유래는 반드시 그 덕에 따른다. 고기가 썩으면 벌레가 나오고, 생선이 마르면 좀벌레가 생긴다. 태만하여 자신을 망각하면 재앙이 일어나게 된다. 너무 강하면 잘려서 기둥으로 쓰이게 되고, 너무 약하면 베어져서 다발로 묶이게 된다. 간사하고 더러운 것이 자신에게 있으면 원한을 맺게 된다. 땔나무는 한결같아 보여도 불은 건조한 데부터 붙는다. 평지가 고른 것 같아도 물은 습한 곳으로 흐른다. 초목이 무리를 지어 자라고 금수가 무리를 지어 사는 것은 사물이 각각 그 류를 따르기 때문이다. 따라서 과녁이 펼쳐지면 활과 화살이 이르고, 숲에 나무가 무성하면 사람이 도끼를 들고 이른다. 나무가 자라서 그늘을 이루면 뭇 새들이 휴식을 취하고, 식초가 시어지면 초파리들이 모여든다. 따라서 말은 재앙을 불러들일 수 있고, 행동은 치욕을 불러들일 수 있으니, 군자는 그 처신을 삼가는 것이다.

積土成山, 風雨興焉. 積水成淵, 蛟龍生焉. 積善成德, 而神明自得, 聖心備焉. 故不積跬步, 無以至千里. 不積小流, 無以成江海. 騏驥一躍, 不能十步, 駑馬十駕, 則亦及之, 功在不舍. 鍥而舍之, 朽木不折, 鍥而不舍, 金石可鏤. 螾無瓜牙之利, 筋骨之强, 上食埃土, 下飮黃泉, 用心一也. 蟹八跪而二螯, 非蛇蟺之穴, 無可寄託者, 用心躁也. 是故無冥冥之志者, 無昭昭之明, 無惛惛之事者, 無赫赫之功.

흙이 쌓여 산이 되면 비바람이 일게 되고, 물이 모여 연못을 이루면 교룡이 살게 된다. 선이 쌓여 덕을 이루면 신명이 얻어지고 성인의 마음이 갖추어진다. 따라서 한 걸음을 내딛지 않으면 천리에 도달할 수 없고 작은 물이 모이지 않으면 강이나 바다가 될 수 없다. 천리마도 한 번 뛰어 10보를 갈 수 없고, 노둔한 말도 열흘이면 미칠 수 있으니, 성공의 여부는 그만두지 않는 데 달려 있다. 조각하다 그만두면 썩은 나무도 깎을 수 없고 새기는 일을 그만두지 않으면 쇠와 돌에도 새길 수 있다. 지렁이는 날카로운 손톱이나 엄니, 강한 근골을 갖고 있지 않지만 위로 진흙을 아래로 황천을 마시는데, 이것은 마음을 한 곳으로 쓰기 때문이다. 게는 여섯 개의 발과 두 개의 집게를 갖고 있지만 뱀장어의 구멍이 없으면 의지할 데가 없는데, 이것은 마음을 조급하게 쓰기 때문이다. 따라서 심원한 의지를 지니지 못한 사람은 번뜩이는 총명함을 지닐 수 없고, 곤란한 일을 겪지 않은 사람은 빛나는 공을 이룰 수 없다.

. . .

學惡乎始, 惡乎終. 曰, 其數則始乎誦經, 終乎讀禮. 其義則始乎爲士, 終乎爲聖人, 眞積力久則入, 學至乎沒而後止也.

학문은 어디서 시작해서 어디에서 끝나는가? 그 방법은 시와 서를 외우는 데서 시작해서 예를 읽는 데서 끝난다. 그 의의는 선비가 되는 것에서 시작하여 성인이 되는 데에서 끝난다. 진실로 힘을 다하여 오래하면 그러한 경지에 들어갈 수 있으니 학문이란 죽은 후에야 그만두는 것이다.

· · ·

君子之學也, 入乎耳, 箸乎心, 布乎四體, 形乎動靜, 端而言, 蝡而動, 一可以爲法則, 小人之學也, 入乎耳, 出乎口, 口耳之間則四寸耳, 曷足以美七尺之軀哉. 古之學者爲己, 今之學者爲人, 君子之學也, 以美其身, 小人之學也, 以爲禽犢. 故不問而告, 謂之傲, 問一而告二, 謂之囋, 傲非也, 囋非也, 君子如嚮矣.

군자의 학문이란 귀로 들어와서 마음에 나타나며 사지에 퍼지고 움직이고 정지할 때 드러나게 되는데, 가는 소리로 말하고 부드럽게 행동하더라도 한결같이 법칙이 된다. 소인의 학문이란 귀로 들어와서 입으로 나간다. 입과 귀의 사이는 네 치일 뿐인데 어떻게 일곱 자나 되는 몸을 아름답게 할 것인가? 옛날의 학문은 자신을 위하는 것이었는데 오늘날의 학문은 남을 위하는 것이다. 군자의 학문은 자신을 훌륭히 하기 위한 것이고, 소인의 학문은 남의 노리개가 되기 위한 것이다. 묻지 않는데 대답하는 것을 오만이라 하고, 하나를 물었는데 둘을 대답하는 것을 군더더기라고 한다. 오만도 그른 것이요, 군더더기도 그른 것이다. 군자는 메아리와 같다.

· · ·

百發失一, 不足謂善射, 千里蹞步不至, 不足謂善御, 倫類不通, 仁義不一, 不足謂善學. 學也者, 固學一之也.

백발을 쏘는데 하나를 실수하면 훌륭한 사수라 이르기에 부족하고, 천리를 가는데 반 보를 미치지 못해도 훌륭한 마부라 하기에 부족하며,

사물에 통하지 못하고 인의가 한결같지 않으면 훌륭한 학자라 이르기에 부족하다. 학문이란 본래 한결같음을 배우는 것이다.


## 2. 수신(修身)

見善, 修然必以自存也. 見不善, 愀然必以自省也. 善在身, 介然必以自好也. 不善在身, 災然必以自惡也. 故非我而當者, 吾師也, 是我而當者, 吾友也, 諂諛我者, 吾賊也. 故君子隆師而親友, 以致惡其賊. 好善無厭, 受諫而能誡, 雖欲無進, 得乎哉. 小人反是. 致亂, 而惡人之非己也. 致不肖, 而欲人之賢己也. 心如虎狼, 行如禽獸, 而又惡人之賊己也. 諂諛者親, 諫爭者疏, 修正爲笑, 至忠爲賊, 雖欲無滅亡, 得乎哉. 詩曰, 噏噏呰呰, 亦孔之哀, 謀之其臧, 則具是違, 謀之不臧, 則具是依, 此之謂也.

선을 보면 몸을 가지런히 하여 자신도 그렇게 되도록 하고, 불선을 보면 두려워하는 마음을 가져 반드시 자신을 반성해야 한다. 선이 자신에게 있으면 확고하게 반드시 스스로 좋아하고 불선한 것이 자신에게 있으면 재앙을 대하듯 반드시 스스로 싫어해야 한다. 나를 비판하면서 옳게 이끄는 사람은 나의 스승이며, 나를 인정하면서 옳게 이끄는 사람은 나의 친구이며, 나에게 아첨하는 사람은 나의 도적이다. 따라서 군자는 스승을 높이고 벗을 가까이하면서 그 도적은 미워하게 되는 것이다. 선을 좋아하여 싫증내지 않고 간언을 받아들여 경계할 수 있다면 비록 나아가고자 하지 않더라도 그만둘 수 있겠는가? 소인은 이와 반대다. 어지러움을 일으키면서도 남이 자신을 비판하는 것을 싫어하고, 불초한 일을 하면서도 남들이 자신을 현명하게 여기기 바란다. 마음은 호랑이나 이리와 같고 행동은 금수와 같으면서 남들이 자신을 해롭게 여기는 것을 싫어한다. 아첨하는 자를 가까이 하고 간언하는 자를 멀리하며 수

양이 바른 것을 비웃고 지극히 충실한 것을 해롭게 여긴다면, 비록 멸망하지 않으려 해도 그럴 수 있겠는가? 시에 이르길, "친하다가 헐뜯으니 너무나 가엾은 일이네. 그 좋은 생각은 모두 어기고 그 나쁜 생각만 모두 따르네"라고 하였는데, 이러한 것을 두고 이른 것이다.

. . .

凡用血氣志意知慮, 由禮則治通, 不由禮則勃亂提慢, 食飮衣服居處動靜, 由禮則和節, 不由禮則觸陷生疾, 容貌態度進退趨行, 由禮則雅, 不由禮則夷固僻違, 庸衆而野. 故人無禮則不生, 事無禮則不成, 國家無禮則不寧.

무릇 혈기 · 의지 · 사려를 쓰는 데도 예로 말미암으면 다스려지고 소통되지만 예로 말미암지 않으면 어지럽고 통제할 수 없다. 음식 · 의복 · 거처 · 동작은 예로 말미암으면 조화롭고 절도가 있지만 예로 말미암지 않으면 엉뚱한 데 빠져서 질병을 얻게 된다. 용모 · 태도 · 진퇴 · 완급은 예로 말미암으면 우아하지만 예로 말미암지 않으면 치우치고 어긋나서 용렬하며 촌스럽게 된다. 따라서 사람은 예가 없으면 살 수 없고, 일은 예가 없으면 이루어지지 않으며, 국가에 예가 없으면 편안치 못하다.

. . .

志意修則驕富貴, 道義重則輕王公, 內省而外物輕矣. 傳曰, 君子役物, 小人役於物, 此之謂也. 身勞而心安, 爲之, 利少而義多, 爲之. 事亂君而通, 不如事窮君而順焉. 故良農不爲水旱不耕, 良賈不爲折閱不市, 士君子不爲貧窮怠乎道.

의지가 닦이면 부귀에 당당하고, 도의가 두터우면 왕공을 가볍게 여기며, 안을 성찰함으로써 외물을 가볍게 본다. 전해오는 말에 이르길, "군자는 사물을 부리고, 소인은 사물에 부림을 받는다"고 한 것은 이를 두고 한 말이다. 군자는 몸이 수고롭더라도 마음이 편해지는 것이라면 행하고, 이익이 적더라도 의가 많은 것이라면 행한다. 어지러운 군주를 섬겨서 영달하는 것은 가난한 군주를 섬겨 순리에 따르는 것보다 못하다. 따라서 훌륭한 농부는 홍수나 가뭄 때문에 농사를 그만두지 않고, 훌륭한 상인은 세금 때문에 장사를 그만두지 않으며, 사군자는 가난 때문에 도를 게을리하지 않는다.

· · ·

以善先人者謂之敎, 以善和人者謂之順, 以不善先人者謂之諂, 以不善和人者謂之諛. 是是非非謂之知, 非是是非謂之愚.
선으로 남을 이끄는 것을 가르침이라 이르고, 선으로 남과 화합하는 것을 순리라 이르며, 불선으로 남을 이끄는 것을 아양이라 이르고, 불선으로 남과 화합하는 것을 아첨이라 이른다. 옳은 것을 옳다 하고 그른 것을 그르다고 하는 것을 지혜라 하고, 옳은 것을 그르다 하고 그른 것을 옳다고 하는 것을 어리석음이라 이른다.

· · ·

凡治氣養心之術, 莫徑由禮, 莫要得師, 莫神一好. 夫是之謂治氣養心之術也. 志意脩則驕富貴, 道義重則輕王公, 內省而外物輕矣. 傳曰, 君子役物, 小人役於物. 此之謂也.
무릇 기를 다스리고 마음을 기르는 방법에는 예보다 빠른 길이 없고, 스승을 얻는 것보다 중요한 것이 없으며 한 가지를 좋아하는 것보다 신묘한 것이 없다. 대저 이를 일러 기를 다스리고 마음을 기르는 방법이라고 한다. 의지가 굳으면 부귀를 하찮게 여기고 도의가 두터우면 왕공을 가볍게 보며 안으로 성찰하면 외물을 가볍게 본다. 전해오는 말에,

"군자는 외물을 부리고, 소인은 외물에 부림을 받는다"고 하는 것이 바로 이를 두고 한 말이다.

. . .

夫驥一日而千里, 駑馬十駕則亦及之矣. 將以窮無窮, 逐無極與. 其折骨絶筋, 終身不可以相及也, 將有所止之.

대저 천리마는 하루에 천리를 갈 수 있지만, 노둔한 말 열 마리면 또한 그렇게 할 수 있다. 장차 유한한 것을 무한한 것으로 여기고 끝이 없는 데까지 쫓을 것인가. 그 뼈가 부러지고 힘줄이 끊어지더라도 종신토록 미칠 수 없을 것이니 장차 그치는 곳이 있어야 한다.

. . .

好法而行, 士也, 篤志而體, 君子也, 齊明而不竭, 聖人也. 人無法則伥伥然, 有法而無志其義則渠渠然, 依乎法而又深其類, 然後溫溫然.

법을 좋아하여 행하는 사람은 선비이고, 뜻을 돈독히 행하여 체득한 사람은 군자이며, 두루 밝아서 막힘이 없는 사람이 성인이다. 사람에게 법이 없으면 갈팡질팡하고, 법이 있더라도 그 의에 뜻을 두지 않는다면 망설이게 되니, 법에 의지하고 또한 유별을 통찰한 이후에 여유로운 태도를 취할 수 있다.

. . .

禮者, 所以正身也, 師者, 所以正禮也. 無禮, 何以正身, 無師, 吾安知禮之爲是也. 禮然而然, 則是情安禮也, 師云而云, 則是知若師也. 情安禮, 知若師, 則是聖人也. 故非禮, 是無法也, 非師, 是無師也. 不是師法, 而好自用, 譬之是猶以盲辨色, 以聾辨聲也, 舍亂妄無爲也. 故學也者, 禮法也. 夫師以身爲正儀, 而貴自安者也. 詩云, 不識不知, 順帝之則, 此之謂也.

예는 몸을 바르게 하기 위한 근거이고, 스승은 예를 바르게 하는 근거이다. 예가 없다면 어떻게 몸을 바르게 할 것이며, 스승이 없다면 내가 어떻게 예가 옳은 것임을 알 수 있겠는가? 예가 그러한 대로 그러하면 이것은 심정으로 예를 편하게 여기는 것이고, 스승이 이른 대로 말하면 이것은 앎이 스승과 같게 된 것이다. 심정으로 예를 편하게 여기고 앎이 스승과 같아진다면 이것은 성인이다. 따라서 예를 어기는 것은 법을 무시하는 것이고, 스승을 비난하는 것은 스승을 무시하는 것이다. 스승과 법을 옳다고 여기지 않고 멋대로 쓰기를 좋아하는 것은 비유컨대 장님이 색을 분별하고 귀머거리가 소리를 분별하는 것과 같아서 어지럽고 망령된 것을 그만두고자 해도 불가능한 것이다. 따라서 배움이란 예와 법이다. 대저 스승이란 자신이 올바른 모범이 되어 스스로 편안함을 귀히 여기는 사람이다. 시에 이르길, "모르는 사이에 행하는 것이 상제의 법칙을 따르네"라 하였는데, 이를 두고 하는 말이다.


## 3. 불구(不苟)

君子行不貴苟難, 說不貴苟察, 名不貴苟傳, 唯其當之爲貴.

군자는 행동하는 데 구차하게 어려움을 귀하게 여기지 않고, 말하는 데 구차하게 예리함을 귀하게 여기지 않으며, 이름이 구차하게 전해지는 것을 귀하게 여기지 않고, 오직 합당한 것을 귀하게 여긴다.


· · ·


君子易知而難狎, 易懼而難脅, 畏患而不避義死, 欲利而不爲所非, 交親而不比, 言辯而不辭. 蕩蕩乎其有以殊於世也.

군자는 알기는 쉽지만 친하기는 어려우며, 두려워하기는 쉽지만 위협하기는 어려우며, 환란을 두려워하지만 의롭게 죽음을 피하지 않으며, 이로움을 바라지만 그릇된 일을 하지는 않으며, 서로 사귐에 아첨하지 않으며, 말에 조리가 있지만 많은 말을 하지 않는다. 넓고 넓게 세속과 다름을 갖고 있을 뿐이다.

. . .

君子寬而不僈, 廉而不劌, 辯而不爭, 察而不激, 寡立而不勝, 堅彊而不暴, 柔從而不流, 恭敬謹愼而容, 夫是之謂至文. 詩曰, 溫溫恭人, 惟德之基, 此之謂矣.

군자는 너그럽지만 게으르지 않고, 청렴하지만 각박하지 않으며, 말을 잘 하지만 다투지 않고, 예리하지만 격렬하지 않으며, 초연히 서서 이기려 하지 않고, 굳세면서도 난폭하지 않으며, 부드럽게 따르면서 영합하지 않고, 공경하고 언행을 삼가며 여유가 있다. 이것을 일러 지극한 문채라고 한다. 시에 이르길, "너그럽고 온화하게 남을 공경하는 것이 덕의 터전이다"라고 하였는데, 이를 두고 한 말이다.

. . .

君子能則人榮學焉, 不能則人樂告之, 小人能則人賤學焉, 不能則人羞告之. 是君子小人之分也.

군자는 능력이 있을 경우 남들이 자신에게 배우는 것을 영예로 여기고, 능력이 없을 경우 남들이 알려주는 것을 즐겁게 여기며, 소인은 능력이 있을 경우 남들이 자신에게 배우는 것을 천하게 여기고 능력이 없을 경우 남들이 알려주는 것을 수치로 여긴다. 이것이 군자와 소인의 구분이다.

君子崇人之德, 揚人之美, 非諂諛也, 正義直指, 擧人之過, 非毁疵也. 言
己之光美, 擬於舜禹, 參於天地, 非夸誕也. 與時屈伸, 柔從若蒲葦, 非懾
怯也. 剛强猛毅, 靡所不信, 非驕暴也. 以義變應, 知當曲直故也. 詩曰, 左
之左之, 君子宜之, 右之右之, 君子有之, 此言君子能以義屈信變應故也.

군자는 남의 덕을 높이고 남의 장점을 선양하지만 아첨하는 것이 아니
며, 정의롭고 정직하게 지적하고 남의 허물을 드러내지만 헐뜯는 것이
아니다. 자신의 훌륭함을 말할 때는 순임금·우임금에 비교하고, 천지
에 참여하지만 황당무계한 것이 아니고, 때와 더불어 굽히고 펴니 부드
럽게 따르는 것이 마치 갈대 같지만 두려워하거나 겁내서가 아니며, 굳
세고 강하여 펴지 못하는 바가 없지만 교만하거나 난폭해서가 아니다.
시에 이르길, "왼쪽에서 보아도 군자는 마땅하고, 오른쪽에서 보아도
군자는 갖추고 있네"라고 한 것은 군자가 의로써 구부리거나 곧게 할
수 있음을 말한다.

. . .

君子治治, 非治亂也. 曷謂邪. 曰, 禮義之謂治, 非禮義之謂亂也. 故君子
者, 治禮義者也, 非治非禮義者也.

군자는 다스림을 다스리지 어지러움을 다스리는 것이 아니다라는 것은
무슨 뜻인가? 말하자면, 예의를 다스림이라 이르고, 예의가 아닌 것을
혼란이라 하기 때문이다. 따라서 군자는 예의를 다스리며 예의가 아닌
것을 다스리지 않는다.

. . .

馬鳴而馬應之, 牛鳴而牛應之, 非知也, 其勢然也. 新浴者振其衣, 新沐者
彈其冠, 人之情也. 其誰能以己之潐潐受人之掝掝者哉.

말이 울면 말들이 호응하고 소가 울면 소들이 호응하는 것은 지혜 때문이 아니라 그 형세가 그렇게 만드는 것이다. 새로 몸을 씻은 사람은 반드시 옷을 털어 입고, 새로 머리를 감은 사람은 반드시 갓을 털어 쓰는 것이 누구나 가질 수 있는 보통 사람의 인정이다. 세상에 어느 누가 자신의 결백한 몸에 남의 더러움을 받아들일 사람이 있겠는가?

. . .

天地爲大矣, 不誠則不能化萬物, 聖人爲知矣, 不誠則不能化萬民, 父子爲親矣, 不誠則疏, 君上爲尊矣, 不誠則卑. 夫誠者, 君子之所守也, 而政事之本也.

하늘과 땅은 크지만 정성스럽지 않으면 만물을 화육시킬 수 없고, 성인은 지혜롭지만 정성스럽지 않으면 만민을 교화시킬 수 없으며, 부모와 자식은 친밀하지만 정성스럽지 않으면 소원해지고, 군주는 존귀하지만 정성스럽지 않으면 비천해진다. 대저 정성이란 군자가 지켜야 하는 바이며 정사의 근본이다.

. . .

公生明, 偏生闇, 端殼生通, 詐僞生塞, 誠信生神, 夸誕生惑. 此六生者, 君子愼之, 而禹桀所以分也.

공평한 것은 밝음을 낳고 치우침은 어둠을 낳으며, 성실함은 통달을 낳고, 거짓은 막힘을 낳으며, 진실은 신묘함을 낳고, 과장은 의혹을 낳는다. 이 여섯 가지는 군자가 삼가는 것이며, 우임금과 걸왕이 구분되는 이유이다.

## 4. 영욕(榮辱)

憍泄者, 人之殃也, 恭儉者, 偋五兵也, 雖有戈矛之刺, 不如恭儉之利也. 故與人善言, 煖於布帛, 傷人以言, 深於矛戟. 故薄薄之地, 不得履之, 非地不安也, 危足無所履者, 凡在言也. 巨塗則讓, 小塗則殆, 雖欲不謹, 若云不使.

교만하고 업신여김은 사람의 재앙이며, 공손하고 검소함은 다섯 가지 무기를 물리칠 수 있다. 비록 창과 같은 무기라 하더라도 공손하고 검소함의 날카로움만 못하다. 따라서 남에게 좋은 말을 하는 것은 비단옷보다 따뜻하고, 말로 남을 상하게 하는 것은 창보다 깊은 상처를 준다. 따라서 넓고도 넓은 땅에 밟을 곳이 없는 것은 땅이 불안해서가 아니며, 발이 디디는 것을 위태롭게 하는 것은 모두 말에 달려 있는 것이다. 큰 길은 활보할 수 있지만, 작은 길은 위태로워서 비록 조심하지 않으려 해도 할 수 없는 것은 상황이 그렇게 만드는 것이다.

. . .

凡鬪者必自以爲是而以人爲非也. 己誠是也, 人誠非也, 則是己君子而人小人也, 以君子與小人相賊害也. 憂以忘其身, 內以忘其親, 上以忘其君, 豈不過甚矣哉. 是人也, 所謂以狐父之戈钃牛矢也. 將以爲智邪. 則愚莫大焉. 將以爲利邪. 則害莫大焉. 將以爲榮邪. 則辱莫大焉. 將以爲安邪. 則危莫大焉. 人之有鬪, 何哉. 我欲屬之狂惑疾病邪, 則不可, 聖王又誅之. 我欲屬之鳥鼠禽獸邪, 則不可, 其形體又人, 而好惡多同. 人之有鬪, 何哉. 我甚醜之.

대개 싸우는 사람들은 반드시 자신은 옳고 남은 그르다고 생각한다. 자신이 정말 옳다면 남은 정말 틀린 것이다. 그렇다면 자신은 군자요 남은 소인인데 군자로서 소인과 더불어 서로 해치는 것이다. 우환으로 자신을 잊고, 안으로 어버이를 잊으며, 위로는 군주를 잊는다면 어찌 잘못이 심하다고 하지 않을 수 있는가? 이런 사람은 이른바 호보 땅에서 나오는 유명한 창으로 쇠똥을 찌르는 격이다. 지혜로운 것인가? 오히려 어리석음이 막대한 것이다. 이익이 되는 것인가? 해로움이 막심한 것이다. 영예로운 것인가? 치욕이 막대한 것이다. 편안한 것인가? 위태로움이 막심한 것이다. 사람들 가운데 싸우는 이들을 어떻게 해야 할까? 나는 그들을 미치광이나 병자로 보고 싶지만 그럴 수는 없으니, 성왕이 또한 (사람으로 취급하여) 벌을 주었기 때문이다. 나는 그들을 새나 쥐, 금수로 보고 싶지만 그럴 수도 없다. 그 형체는 또한 사람이며 호오가 대부분 같기 때문이다. 사람들 가운데 싸우는 이들을 어떻게 해야 할까? 나는 심히 그들을 부끄럽게 여긴다.

. . .

自知者不怨人, 知命者不怨天. 怨人者窮, 怨天者無志. 失之己, 反之人, 豈不迂乎哉.

자신을 아는 사람은 남을 원망하지 않고, 명을 아는 자는 하늘을 원망하지 않는다. 남을 원망하는 자는 궁색한 것이고, 하늘을 원망하는 자는 의지가 없는 것이다. 자신이 잃고서 남의 탓으로 돌린다면 어찌 우활한 것이 아니겠는가?

. . .

材性知能, 君子小人一也. 好榮惡辱, 好利惡害, 是君子小人之所同也, 若其所以求之之道則異矣. 小人也者, 疾爲誕而欲人之信己也, 疾爲詐而欲人之親己也, 禽獸之行而欲人之善己也. 慮之難知也, 行之難安也, 持之難立也, 成則必不得其所好, 必遇其所惡焉. 故君子者, 信矣, 而亦欲人之信己也, 忠矣, 而亦欲人之親己也, 修正治辨矣, 而亦欲人之善己也. 慮之易知也, 行之易安也, 持之易立也, 成則必得其所好, 必不遇其所惡焉. 是故窮則不隱, 通則大明, 身死而名彌白. 小人莫不延頸擧踵而願曰, 知慮材性, 固有以賢人矣. 夫不知其與己無以異也, 則君子注錯之當, 而小人注錯之過也. 故孰察小人之知能, 足以知其有餘可以爲君子之所爲也. 譬之越人安越, 楚人安楚, 君子安雅, 是非知能材性然也, 是注錯習俗之節異也.

타고난 성품과 재능은 군자나 소인이나 한가지이다. 영예를 좋아하고 치욕을 싫어하며, 이로움을 좋아하고 해로움을 싫어하는 것은 군자와 소인이 같지만 그 구하는 방법에 있어서는 차이가 난다. 소인은 힘써 황당한 말을 하면서도 남들이 자신을 믿어주길 바라고, 힘써 거짓말을 하면서 남들이 자신을 가깝게 여기기를 바라며, 금수의 행동을 하면서도 남들이 자신을 칭찬해 주길 바란다. 생각하는 것은 알기 어렵고, 행동하는 것은 편안하기 어려우며, 견지하는 것은 세우기 어려워서 완성되더라도 반드시 자신이 좋아하는 것을 얻기 어렵고, 반드시 싫어하는 것을 접하게 될 것이다. 따라서 군자는 신의를 갖추고서 남들이 자신을 믿어주길 바라고, 최선을 다하고 남들이 자신을 가깝게 여기기를 바라며, 바르게 닦고 변론을 정리하고서 남들이 자신을 칭찬해주길 바란다. 생각하는 것이 알기 쉽고, 행동하는 것이 편안하기 쉽고, 견지하는 것이 세우기 쉬운 것이어서 완성된다면 반드시 자신이 좋아하는 것을 얻고 반드시 싫어하는 일은 접하지 않게 된다. 따라서 곤궁해도 숨지 않고, 통달하면 크게 드러나며, 몸이 죽더라도 이름은 더욱 빛나게 된다. 소인은 목을 길게 빼고 발굼치를 들고서 원해서 말하기를, "타고난 성품과 재능은 본래 현인에게만 있구나" 하면서 자신도 그것과 차이가 없고, 다만 군자는 합당한 조치를 취하고 소인은 잘못된 조치를 취하기 때문임을 알지 못한다. 따라서 누구라도 소인의 지능을 살펴본다면 그러한 사람도 충분히 군자가 행하는 것을 행할 수 있음을 안다. 비유컨

대 월나라 사람은 월나라가 편안하고 초나라 사람은 초나라가 편안하
듯이, 군자가 우아한 데서 편안한 것은 타고난 성품과 재능이 그렇게
만드는 것이 아니라 습속의 제한에 따라 달라지기 때문이다.

. . .

凡人有所一同, 飢而欲食, 寒而欲煖, 勞而欲息, 好利而惡害, 是人之所生
而有也, 是無待而然者也, 是禹桀之所同也.
보통 사람에게 동일한 것이 있으니, 배고프면 먹고 싶고 추우면 따뜻함
을 원하며 피곤하면 쉬고 싶고 이로움을 좋아하고 해로움을 싫어하는
것이다. 이것은 사람이 나면서부터 지닌 것이고, 무엇을 의지해서 그러
한 것이 아니니, 우임금 같은 성왕이나 걸과 같은 폭군도 마찬가지이다.

. . .

夫貴爲天子, 富有天下, 是人情之所同欲也. 然則從人之欲, 則勢不能容,
物不能贍也. 故先王案爲之制禮義以分之, 使有貴賤之等, 長幼之差, 知
愚能不能之分, 皆使人載其事而各得其宜, 然後使慤綠多少厚薄之稱, 是
夫群居和一之道也.
대개 귀하기로는 천자가 되고 부유하기로는 천하를 갖는 것이 인정상
똑같이 바라는 것이다. 그렇다고 사람의 욕망을 따르고 상황이 허용되
지 않는다면 사물이 충분하지 않게 된다. 따라서 선왕은 이를 위해 예
의를 제정하여 구분하고 귀천의 등급, 장유의 차이, 지혜로움과 어리석
음, 능력 있는 자와 능력 없는 자의 구분을 둠으로써 모든 이로 하여금
그 일을 맡기고 각각 알맞게 얻을 수 있도록 하였다. 그러한 이후에 곡
식과 녹봉의 많고 적고 두텁고 얇은 정도를 알맞게 하였으니, 이것이
저 여럿이 모여 살면서 하나로 화목할 수 있는 방법이다.

## 5. 비상(非相)

相形不如論心, 論心不如擇術. 形不勝心, 心不勝術. 術正而心順之, 則形相雖惡而心術善, 無害爲君子也. 形相雖善而心術惡, 無害爲小人也. 君子之謂吉, 小人之謂凶. 故長短小大善惡形相, 非吉凶也. 古之人無有也, 學者不道也.

관상을 보는 일은 마음을 논하는 것만 못하고, 마음을 논하는 것은 도술을 택하는 것만 못하다. 형상은 마음을 이기지 못하고 마음은 도술을 이기지 못한다. 도술이 바르면 마음이 그것을 따르게 되니 형상이 비록 나쁘더라도 심술이 좋다면 충분히 군자가 될 수 있으며, 형상이 비록 좋더라도 심술이 나쁘다면 충분히 소인이 될 수도 있다. 군자는 길하고 소인은 흉한 것이다. 따라서 장단·대소·선악의 형상은 길흉과 관계가 없다. 옛 사람들에게 이러한 관상술은 없었고, 학자들이 말한 적 없다.

· · · ·

人之所以爲人者, 何已也. 曰, 以其有辨也. 飢而欲食, 寒而欲煖, 勞而欲息, 好利而惡害, 是人之所生而有也, 是無待而然者也, 是禹桀之所同也. 然則人之所以爲人者, 非特以二足而無毛也, 以其有辨也.

사람이 사람된 까닭은 무엇인가? 말하자면 분별력을 갖고 있기 때문이다. 배고프면 먹고 싶고 추우면 따뜻해지길 바라고 피곤하면 쉬려고 하며 이로움을 좋아하고 해로움을 싫어하는 것은 사람이 나면서부터 가진 것으로 무엇을 기다려 그러한 것이 아니며 이것은 우왕과 걸왕이 같다. 그렇다면 사람이 사람된 까닭은 무엇인가? 단지 두 발을 갖고 털이 없어서가 아니라 분별력을 갖고 있기 때문이다.

· · · ·

夫禽獸有父子而無父子之親, 有牝牡而無男女之別. 故人道莫不有辨. 辨莫大於分, 分莫大於禮, 禮莫大於聖王. 聖王有百, 吾孰法焉. 故曰, 文久而息, 節族久而絶, 守法數之有司極禮而褫. 故曰, 欲觀聖王之跡, 則於其粲然者矣, 後王是也. 彼後王者, 天下之君也. 舍後王而道上古, 譬之是猶舍己之君而事人之君也. 故曰, 欲觀千歲, 則數今日, 欲知億萬, 則審一二, 欲知上世, 則審周道, 欲知周道, 則審其人所貴君子. 故曰, 以近知遠, 以一知萬, 以微知明. 此之謂也.

대개 금수도 부자관계가 있지만 부자의 친함은 없으며, 암컷과 수컷의 구분은 있으나 남녀의 구별은 없다. 따라서 사람의 도리에 분별이 없을 수 없다. 분별에는 구분보다 큰 것이 없고, 구분에는 예보다 큰 것이 없으며, 예는 성왕보다 큰 것이 없다. 성왕이 수없이 많으니 나는 누구를 본받을까? 따라서 말하기를, "예문이 오래되면 단절되고 음악의 절주는 오래되면 끊어지며 법수를 지키는 유사는 오래되면 폐지된다"고 하였다. 따라서 말하기를, "성왕의 자취를 보고자 하면 그 찬연히 빛나는 후왕에서 찾아야 한다"고 한다. 저 후왕은 천하의 군주이다. 후왕을 버리고 상고를 말하는 것은 비유컨대 자기 임금을 버리고 남의 임금을 섬기는 것이다. 따라서 말하기를, "천년을 보고자 하면 오늘을 살피고, 억만을 알고자 하면 하나 둘을 세보며, 상고시대를 알고자 하면 주나라의 도를 살피고, 주나라의 도를 알고자 하면 그 사람이 귀하게 여긴 군자를 살핀다"고 한다. 그러므로 "가까운 것으로써 먼 것을 알고, 하나로써 만을 알며, 은미한 것으로써 밝은 것을 안다"는 것은 이를 두고 한 말이다.

. . .

君子賢而能容罷, 知而能容愚, 博而能容淺, 粹而能容雜, 夫是之謂兼術.

군자는 현명하면서도 불초한 자를 포용하고, 지혜로우면서도 어리석은 자를 포용하며, 박식하면서도 천박한 자를 포용하고, 순수하면서도 뒤섞인 자를 포용한다. 이것을 일러 '겸술' 이라 한다.

. . .

言而非仁之中也, 則其言不若其默也, 其辯不若其訥也. 言而仁之中也, 則好言者上矣. 不好言者下也.
말을 해서 인에 적중하지 못하는 경우 그 말은 침묵하는 것보다 못하고 그 말재주는 어눌한 것보다 못하다. 말을 해서 인에 적중하는 경우 말하기 좋아하는 것은 상책이고 말하기 좋아하지 않는 것은 하책이다.

## 6. 비십이자(非十二子)

略法先王, 而不知其統, 然而猶材劇志大, 聞見雜博. 案往舊造說, 謂之五行, 甚僻違而無類, 幽隱而無說, 閉約而無解. 案飾其辭, 而祗敬之曰, 此眞先君子之言也. 子思唱之, 孟軻和之, 世俗之溝猶瞀儒嚾嚾然不知其所非也, 遂受而傳之, 以爲仲尼子弓爲茲厚於後世. 是則子思孟軻之罪也.
대략 선왕을 본받았으나 그 계통을 알지 못하면서 오히려 재주는 번다하고 뜻은 크며 보고 들은 것이 잡박하다. 지난 일을 살펴 말을 만들어 '오행' 이라 하는데 매우 치우치고 체계가 없으며 깊이 숨어서 설명하지 않고 꽉 막혀 있으면서 해명하지 못한다. 그 말을 꾸며서 근엄하게 말하기를 "이것이 정말 이전 군자의 말이다" 라고 한다. 자사가 제창하고 맹자가 화답하여 세속의 어리석은 선비들이 그것이 잘못된 것을 알지 못하고서 앞다투어 전수하면서 공자와 자궁이 이 때문에 후세에 더욱 명망이 두터워진다고 여기는데, 이것은 자사와 맹자의 죄이다.

. . .

夫總方略, 齊言行, 壹統類, 而群天下之英傑而告之以大古, 敎之以至順, 奧窔之間, 簟席之上, 斂然聖王之文章具焉, 佛然平世之俗起焉, 六說者不能入也. 十二子者不能親也. 無置錐之地, 而王公不能與之爭名, 在一大夫之位, 則一君不能獨畜, 一國不能獨容, 成名況乎諸侯, 莫不願以爲臣. 是聖人之不得勢者也, 仲尼子弓是也.

여러 가지 방책을 한데 모으고, 언행을 한결같이 하며, 여러 법도를 통일하고서 천하의 영웅호걸을 모아 상고를 일러주고 바르게 따르는 것을 가르쳐서, 아랫목 사이나 돗자리 위에서 가지런히 성왕의 문장을 갖추고 힘껏 태평성대의 풍속을 일으켜 여섯 종류의 변설이 들어오지 못하고 12제자백가가 가까이 할 수 없었다. 송곳조차 둘 땅이 없었지만 왕공이 더불어 명성을 다투지 못하고 한 번 대부의 지위에 있을 때 한 군주가 홀로 기르지 못하고, 한 나라가 홀로 포용하지 못하였으니, 명성을 어찌 제후에 비기겠으며 신하가 되기를 원하지 않는 이가 없었으나 성인으로서 합당한 세력은 얻지 못했으니, 공자와 자궁이 여기에 해당한다.

. . .

信信, 信也, 疑疑, 亦信也. 貴賢, 仁也, 賤不肖, 亦仁也. 言而當, 知也, 默而當, 亦知也. 故知默猶知言也.

믿을 만한 것을 믿는 것은 신의 덕이요, 의심할 만할 것을 의심하는 것 또한 신의 덕이다. 어진이를 귀히 여기는 것은 인의 덕이요, 어질지 못한 사람을 천하게 여기는 것 또한 인의 덕이다. 말해야 할 때 말하여 도리에 들어맞는 것이 지의 덕이요, 말하지 않아야 할 때 입을 다물어 도리에 맞는 것 역시 지의 덕이다. 그러므로 침묵의 의의를 아는 것은 변론의 의의를 안다는 것과 마찬가지이다.

. . .

勞力而不當民務, 謂之姦事, 勞知而不律先王, 謂之姦心, 辯說譬諭, 齊給
便利, 而不順禮義, 謂之姦說. 此三姦者, 聖王之所禁也.

열심히 힘을 쓰면서도 백성의 일에 합당하지 않는 것을 일러 ‘간사’ 라
고 이르고, 열심히 알려고 하면서도 선왕을 따르지 않는 것을 ‘간심’ 이
라 이르며, 변설과 비유가 그럴 듯하면서도 예의를 따르지 않는 것을
‘간설’ 이라 한다. 이 세 가지의 간악한 일은 성왕이 금하는 것이다.

. . .

兼服天下之心, 高上尊貴不以驕人, 聰明聖智不以窮人, 齊給速通不爭先
人, 剛毅勇敢不以傷人. 不知則問, 不能則學, 雖能必讓, 然後爲德. 遇君
則修臣下之義, 遇鄕則修長幼之義, 遇長則修子弟之義, 遇友則修禮節辭
讓之義, 遇賤而少者則修告導寬容之義. 無不愛也, 無不敬也, 無與人爭
也, 恢然如天地之苞萬物. 如是則賢者貴之, 不肖者親之.

천하 사람의 마음을 굴복시키는 방법은 다음과 같다. 높고도 귀한 자리
로 남을 업신여기지 않고, 총명과 예지로 남을 궁색하게 하지 않으며,
재빠르고 민첩함으로 남과 앞을 다투지 않고, 굳세고 용감함으로 남을
상하게 하지 않는다. 모르면 묻고, 능력이 없으면 배우며, 능력이 있더
라도 반드시 사양한 연후에 덕을 행한다. 군주를 만나면 신하의 의를
닦고, 향리에 가면 장유의 의를 닦으며, 어른을 만나면 자제의 의를 닦
고, 벗을 만나면 예절과 사양의 의를 닦으며, 천한 이나 젊은이를 만나
면 관용의 의로써 인도한다. 사랑하지 않음이 없고, 공경하지 않음이
없으며, 남과 더불어 다투는 일이 없어서 자연스럽게 천지가 만물을 포

용하는 것처럼 한다. 이와 같이 한다면 현자는 귀히 여길 것이고, 불초자는 가까이 할 것이다.

. . .

士君子之所能不能爲. 君子能爲可貴, 不能使人必貴己, 能爲可信, 不能使人必信己, 能爲可用, 不能使人必用己. 故君子恥不修, 不恥見汙, 恥不信, 不恥不見信, 恥不能, 不恥不見用. 是以不誘於譽, 不恐於誹, 率道而行, 端然正己, 不爲物傾側, 夫是之謂誠君子.

사군자는 능한 바와 능하지 못한 바가 있다. 군자는 귀하게 될 수는 있지만 남들이 반드시 자신을 귀하게 할 수는 없고, 신의를 가질 수는 있지만 남들이 반드시 자신을 믿게 할 수는 없으며, 등용될 수는 있지만 남들이 반드시 자신을 등용시키도록 할 수는 없다. 따라서 군자는 수양이 없는 것을 부끄러워하지 남에게 더럽혀짐을 부끄러워하지 않으며, 신뢰가 없음을 부끄러워하지 남에게 신뢰받지 못함을 부끄러워하지 않으며, 능력이 없음을 부끄러워하지 등용되지 못함을 부끄러워하지 않는다. 따라서 명예에 유혹되지 않고 비판을 두려워하지 않으며, 도에 따라 행하고 단정히 자신을 바로잡으며, 외물에 경도되지 않으니, 이를 일러 참 군자라고 한다.


## 7. 중니(仲尼)

然而仲尼之門人, 五尺之豎子, 言羞稱乎五伯, 是何也. 曰, 然, 彼非本政教也, 非致隆高也, 非綦文理也, 非服人之心也. 鄕方略, 審勞佚, 畜積修鬪而能顚倒其敵者也. 詐心以勝矣, 彼以讓飾爭, 依乎仁而蹈利者也, 小人之傑也. 彼固曷足稱乎大君子之門哉. 彼王者則不然. 致賢能而以救不肖, 致彊而能以寬弱. 戰必能殆之, 而羞與之鬪.

그런데 공자의 문하에서는 오척의 동자도 오패를 거론하기를 부끄러워하는 것은 무슨 까닭인가? 말하자면, 그렇다. 저들은 정교를 근본으로 하지 않아 지극히 높은 단계에 도달하지 못하였고 문리를 숭상하지 않아 인심을 굴복시키지 못하였기 때문이다. 방책을 따르고 피곤함과 편안함을 살피며 물자를 비축하고 전투준비를 해서 그 적을 굴복시킬 수 있었으나, 속임수로 승리한 것이다. 저들은 겸양으로 다툼을 꾸미며, 겉으로 인을 따르지만 실제로는 이익을 도모하니 소인들의 재주이다. 저들이 어찌 진실로 대군자의 문하에서 거론될 수 있겠는가? 왕도는 그렇지 않다. 현자와 능력자를 쓰면서도 불초한 사람을 구제해주고, 강국이 되도록 힘쓰면서도 약소국에 대해서 관용을 베풀며, 싸우면 반드시 적국을 위태롭게 할 수 있는데도 더불어 싸우기를 부끄러워한다.

· · ·

文王載百里地而天下一, 桀紂舍之, 厚於有天下之勢而不得以匹夫老. 故善用之, 則百里之國足以獨立矣, 不善用之, 則楚六千里而爲讐人役. 故人主不務得道而廣有其勢, 是其所以危也.

문왕은 백리 땅으로써 천하를 통일하고 걸과 주는 도를 버림으로써 천하를 소유하는 위세를 지녔지만 필부의 도움도 얻지 못하였다. 따라서 선용하면 백리의 나라로 독립할 수 있지만 선용하지 못하면 초나라처럼 육천리의 나라로써 적국의 부림을 받는다. 따라서 인주가 도를 얻는 데 힘쓰지 아니하고 세력만을 확장하는 것이 위태롭게 되는 이유이다.

· · ·

知者之擧事也, 滿則慮嗛, 平則慮險, 安則慮危, 曲重其豫, 猶恐及其禍,是以百舉而不陷也. 孔子曰, 巧而好度, 必節, 勇而好同, 必勝, 知而好謙, 必賢. 此之謂也.

지혜로운 사람의 일처리는 가득차면 부족할 때를 헤아리고, 평화로우면 험난한 때를 헤아리며, 편안하면 위태로울 때를 헤아리고, 여러 모로 대비책을 세우면서도 오히려 그 화가 미칠 것을 염려한다. 따라서 백 번의 일처리에서도 함정에 빠지지 않는다. 공자는 말하기를, "재주가 있으면서도 법도를 좋아하면 반드시 절도에 맞고, 용맹하면서도 함께하기를 좋아하면 반드시 이기며, 지혜가 있으면서도 겸손을 좋아하면 반드시 현명해진다"고 하였는데 이를 두고 한 말이다.

. . .

君雖不知, 無怨疾之心, 功雖甚大, 無伐德之色, 省求多功, 愛敬不倦, 如是則常無不順矣.

군주는 비록 알아주지 않더라도 원망하거나 질시하는 마음을 갖지 않아야 하고, 공이 비록 크더라도 재주를 자랑하는 기색이 없어야 하며, 바라는 것을 헤아려 공은 많이 세워야 하고, 사랑하고 공경하는 마음을 게을리하지 않아야 한다. 이렇게 한다면 늘 순조롭지 않을 수 없다.

. . .

志不免乎姦心, 行不免乎姦道, 而求有君子聖人之名, 辟之是猶伏而咶天, 救經而引其足也, 說必不行矣, 愈務而愈遠. 故君子時詘則詘, 時伸則伸也.

뜻은 간사한 마음을 벗어나지 못하고 행동은 간사한 도를 벗어나지 못하면서 군자 성인의 이름을 구하는 것은 마치 엎드려서 하늘을 핥으려하고 목맨 사람을 구하려고 하면서 그 다리를 잡아당기는 것과 같아서 말이 될 수 없는 것으로 그렇게 힘을 쓰면 쓸수록 더욱 멀어지게 될 것이다. 따라서 군자는 굽혀야 할 때 굽히고 펴야 할 때 펴는 것이다.


## 8. 유효(儒效)


大儒之效. 武王崩, 成王幼, 周公屛成王而及武王以屬天下, 惡天下之倍周也. 履天子之籍, 聽天下之斷, 偃然如固有之, 而天下不稱貪焉. 殺管叔, 虛殷國, 而天下不稱戾焉. 兼制天下, 立七十一國, 姬姓獨居五十三人, 而天下不稱偏焉. 敎誨開導成王, 使諭於道, 而能揜迹於文武. 周公歸周, 反籍於成王, 而天下不輟事周, 然而周公北面而朝之. 天子也者, 不可以少當也, 不可以假攝爲也. 能則天下歸之, 不能則天下去之. 是以周公屛成王而及武王以屬天下, 惡天下之離周也. 成王冠成人, 周公歸周反籍焉, 明不滅主之義也. 周公無天下矣. 鄕有天下, 今無天下, 非擅也, 成王鄕無天下, 今有天下, 非奪也, 變勢次序節然也. 故以枝代主而非越也, 以弟誅兄而非暴也, 君臣易位而非不順也. 因天下之和, 遂文武之業, 明枝主之義, 抑亦變化矣, 天下厭然猶一也. 非聖人莫之能爲, 夫是之謂大儒之效.

대유의 역할은 다음과 같다. 무왕이 붕(崩)하고 성왕이 아직 어릴 때 주공이 성왕을 도와서 무왕을 이어 천하를 계승하였으니 천하가 주나라를 배반할 것을 꺼렸기 때문이다. 천자의 일을 수행하고 천하의 대사를 판단하고 본래 갖고 있던 것처럼 여유롭게 대처하여 천하에서 탐욕스럽다고 칭하지 않았다. 자신의 형인 관숙을 처형하고 은나라를 폐허로 만들었지만 천하에서 사납다고 칭하지 않았다. 천하를 제압하여 71국을 세우고 왕실의 희성으로만 53개국의 제후를 임명하였지만 천하에서 편파적이라고 비난하지 않았다. 성왕을 가르치고 인도하여 도를 깨우쳐서 문왕과 무왕의 자취를 잇도록 하였다. 주공이 봉읍인 주로 돌아오고 성왕에게 지위를 되돌려 주었지만 천하가 주나라 섬기기를 그치지 않았으며, 주공은 북면하여 조회하였다. 천자라는 것은 어린 사람이 담당할 수 없으며, 거짓으로 대리할 수 없는 것이다. 유능하면 천하가 귀의하고, 무능하면 천하가 떠난다. 따라서 주공이 성왕을 도와 무왕을 이어 천하를 계승한 것은 천하가 주나라를 떠나는 것을 꺼렸기 때문이다. 성왕이 관례를 치르고 성인이 되자 주공은 주나라로 돌아오고 지위를 되돌려 준 것은 군주의 의를 없앨 수 없음을 밝힌 것이다. 주공은 천하가 없었는데 일찍이 천하를 소유하였고 지금은 천하가 없지만 선양하였기 때문이 아니요, 성왕은 일찍이 천하가 없었는데 지금 천하를 소유하였지만 빼앗은 것이 아니라 상황의 차례가 그렇게 된 것이다. 따라서 지자가 적장자를 대신하였지만 참람한 것이 아니고, 아우로서 형을 처형하였지만 난폭한 것이 아니며 군신의 지위를 바꾸었지만 불순한 것이 아니다. 천하의 화평에 의거하여 문왕과 무왕의 업을 완성하고 지자와 적장자의 넘어설 수 없는 의를 밝혔으니, 비록 이러한 변화가 있더라도 천하는 의연히 과거와 마찬가지로 통일되었다. 이러한 일은 성인이 아니면 할 수 없는 일이니, 이를 일러 대유의 역할이라고 한다.

. . .

先王之道, 仁之隆也, 比中而行之. 曷謂中. 曰禮義是也. 道者, 非天之道, 非地之道, 人之所以道也, 君子之道也.

선왕의 도는 인을 숭상하며 중도를 따라 실천해 나가는 것이다. 무엇을 중이라 하는가? 예의가 바로 그것이다. 도라고 하는 것은 하늘의 도가 아니요 땅의 도도 아니요 사람이 마땅히 걸어가야 할 길로서 군자가 밟아 가는 길이다.

. . .

君子之所謂賢者, 非能徧能人之所能之謂也, 君子之所謂知者, 非能徧知人之所知之謂也, 君子之所謂辯者, 非能徧辯人之所辯之謂也, 君子之所謂察者, 非能徧察人之所察之謂也, 有所正矣.

군자의 이른바 현명함이란 사람들의 능함을 모두 겸하는 것을 이르는 것이 아니요, 군자의 이른바 지혜란 사람들의 지혜를 모두 겸하는 것을 이르는 것이 아니요, 군자의 이른바 변설이란 사람들의 변설을 모두 겸하는 것을 이르는 것이 아니요, 군자의 이른바 살핌이란 사람들의 살핌을 모두 겸하는 것이 아니다. 중요한 것은 올바른가의 여부에 달려 있다.

. . .

凡事行, 有益於理者, 立之, 無益於理者, 廢之, 夫是之謂中事. 凡知說, 有益於理者, 爲之, 無益於理者, 舍之, 夫是之謂中說. 事行失中謂之姦事, 知說失中謂之姦道.

무릇 일을 함에 다스림에 이익이 되면 행하고 다스림에 이익이 되지 않으면 그만두는데 이를 가리켜 일에 적중한다고 한다. 무릇 변설함에 다스림에 이익이 되면 행하고 다스림에 이익이 되지 않으면 그만두는데 이를 가리켜 변설에 적중한다고 한다. 일을 함에 적중하지 못하는 것을 일러 '간사' 라 하며, 변설함에 적중하지 못하는 것을 일러 '간도' 라 한다.

. . .

以從俗爲善, 以貨財爲寶, 以養生爲己至道, 是民德也. 行法志堅, 不以私欲亂所聞, 如是, 則可謂勁士矣. 行法志堅, 好脩正其所聞, 以橋飾其情性, 其言多當矣, 而未諭也, 其行多當矣, 而未安也, 其知慮多當矣, 而未周密也, 上則能大其所隆, 下則能開道不己若者, 如是, 則可謂篤厚君子矣. 脩百王之法, 若辨白黑, 應當時之變, 若數一二, 行禮要節而安之, 若

生四枝, 要時立功之巧, 若詔四時, 平正和民之善, 億萬之衆而博若一人,
如是, 則可謂聖人矣.

세속을 따르는 것을 선으로 여기고 재화를 보물로 여기며 양생을 자신의 지극한 도로 여기는 것은 백성의 덕이다. 행동하는 법이 의지가 있고 사욕으로 들은 바를 어지럽히지 않으니, 이와 같다면 '강직한 선비'라고 할 수 있다. 행동하는 법이 견고하고 자기가 들은 바를 수정하기를 좋아하고 그 성정을 교정하여 그 말이 대부분 합당하되 아직 깨닫지 못하며, 그 행동이 대부분 합당하되 아직 편안하지 않고, 그 생각이 대부분 합당하되 아직 주밀하지 못하지만 위로는 그 융성함을 크게 할 수 있고 아래로는 자기만 못한 자를 열어줄 수 있으니, 이와 같다면 '돈후한 군자'라고 할 수 있다. 백왕의 법을 닦기를 흑백을 분별하듯이 하고, 당시의 변화에 응하기를 하나 둘을 세듯이 하며, 예절을 행하여 편안히 하는 것을 사지 움직이듯이 하고, 때에 알맞는 훌륭한 공을 세우는 것을 사시의 운행처럼 하며, 공평하게 백성의 선을 수많은 민중에게 베풀되 한 사람에게 하는 것처럼 하니 이와 같다면 '성인'이라고 할 수 있다.

. . .

故有俗人者, 有俗儒者, 有雅儒者, 有大儒者. 不學問, 無正義, 以富利爲隆, 是俗人者也. 逢衣淺帶, 解果其冠, 略法先王而足亂世術, 繆學雜擧. 不知法後王而一制度, 不知隆禮義而殺詩書, 其衣冠行僞已同於世俗矣, 然而不知惡者, 其言議談說已無以異於墨子矣, 然而明不能別. 呼先王以欺愚者而求衣食焉, 得委積足以揜其口, 則揚揚如也. 隨其長子, 事其便辟, 擧其上客, 億然若終身之虜而不敢有他志, 是俗儒者也. 法後王, 一制度, 隆禮義而殺詩書, 其言行已有大法矣, 然而明不能齊法教之所不及, 聞見之所未至, 則知不能類也, 知之曰知之, 不知曰不知, 內不自以誣, 外不自以欺, 以是尊賢畏法而不敢怠傲, 是雅儒者也. 法先王, 統禮義, 一制

度, 以淺持博, 以古持今, 以一持萬, 苟仁義之類也, 雖在鳥獸之中, 若別白黑, 倚物怪變, 所未嘗聞也, 所未嘗見也, 卒然起一方, 則擧統類而應之, 無所儗怎, 張法而度之, 則晻然若合符節, 是大儒者也. 故人主用俗人, 則萬乘之國亡, 用俗儒, 則萬乘之國存, 用雅儒, 則千乘之國安, 用大儒, 則百里之地久而後三年, 天下爲一, 諸侯爲臣, 用萬乘之國, 則擧錯而定, 一朝而伯.

따라서 속인이 있고, 속유가 있으며, 아유가 있고, 대유가 있다. 학문을 하지 않고 정의가 없으며 부귀와 이록으로써 표준을 삼으니, 이것이 '속인'이다. 넓은 소매 옷과 넓은 띠를 두르고 이상한 관을 쓰고 대략 선왕을 본받는다고 하지만 세상의 법을 어지럽힐 만하며 잡다한 학문을 늘어놓는다. 후왕을 본받아 제도를 통일함을 모르고, 예의를 높여서 시 · 서를 정리할 줄 모르며, 그 의관과 행동은 이미 세속과 같으면서도 나쁜 것을 알 지 못하고, 그 언어와 담설은 이미 묵적과 다름이 없으면서도 제대로 분별하지 못한다. 선왕을 들먹거리며 어리석은 자를 속여서 옷과 음식을 구하고 창고에 쌓여 족히 그 입을 가릴 만하면 뽐낸다. 군주의 세자를 따라서 그의 측근을 섬기고 그의 상객을 받들며 종신토록 포로가 되어서 감히 다른 뜻이 지니지 못하니, 이것이 '속유'다. 후왕을 본받아 제도를 통일하고 예의를 높여서 시 · 서를 정리하며 그의 언행에 이미 대법이 있지만 지혜가 모범이 되지 못하고 가르침이 미치지 못하여, 보거나 듣지 못하면 분별할 줄 모르지만 아는 것을 안다고 하고 모르는 것을 모른다고 하며 안으로는 자신을 속이지 않고 밖으로는 남을 속이지 않아 이로써 어진 이를 높이고 법을 두려워하며 감히 태만하지 않으니, 이런 사람을 '아유'라 한다. 선왕을 본받아 예의를 조절하고 제도를 통일하며, 옅은 것으로 두터운 것을 알고, 옛것으로 현재를 알며, 하나로 만 가지를 안다. 진실로 인의의 무리여서, 비록 새와 짐승의 사이에 있을지라도 흑백을 분별하고, 기이한 물건이나 괴변은 일찍부터 듣지 않고 보지도 않았지만, 끝내 한쪽에서 일어나면 전체를 들어 응대하여 의심하거나 부끄러워하는 것이 없고, 법을 펴서 헤아리면 마치 부절을 합한 것과 같으니 이것이 '대유' 다. 그러므로 군주가 속인을 쓰면 만승의 나라도 망하고, 속유를 쓰면 만승의 나라는 겨우 보존되며, 아유를 쓰면 천승의 나라는 편안하고, 대유를 쓰면 백리의 땅이라도 오래도록 보존되며 등용한 지 3년이면 천하를 통일하고 제후를 신하로 삼을 수 있으며, 만승의 나라에서 쓰면 국정이 안정되어 하루아침에 천하를 제패할 수 있다.

. . .

不聞不若聞之, 聞之不若見之, 見之不若知之, 知之不若行之, 學至於行之而止矣.

듣지 않는 것은 듣는 것만 못하고, 듣는 것은 보는 것만 못하며, 보는 것은 아는 것만 못하고, 아는 것은 실천하는 것만 못하다. 학문은 실천하는 데 이르러 그친다.

. . .

人無師法, 則隆性矣, 有師法, 則隆積矣, 而師法者, 所得乎情, 非所受乎性, 不足以獨立而治. 性也者, 吾所不能爲也, 然而可化也, 情也者, 非吾所有也, 然而可爲也. 注錯習俗, 所以化性也, 幷一而不二, 所以成積也. 習俗移志, 安久移質. 幷一而不二, 則通於神明, 參於天地矣.

사람이 스승과 예법이 없으면 본성을 높이고, 스승과 예법이 있으면 후천적 노력을 높이니 스승과 예법은 정에서 얻어지는 것이지 성에서 받은 것은 아니어서 그 자체로 독립해서 다스려질 수 없다. 성이란 내가 만들어낼 수 있는 것이 아니지만 변화시킬 수 있으며, 정이란 내가 갖고 있는 것은 아니지만 만들어낼 수 있다. 행위와 습속은 본성을 변화

시키며, 한결같이 해서 분열되지 않으면 습관이 되는 것이다. 습속은
의지를 변화시키는데 오래 편안하면 소질을 바꿀 수 있고, 한결같이 해
서 분열되지 않으면 신명에 통하고 천지에 참여할 수 있다.

. . .

積土而爲山, 積水而爲海, 旦暮積謂之歲, 至高謂之天, 至下謂之地, 宇中
六指謂之極. 塗之人百姓, 積善而全盡謂之聖人. 彼求之而後得, 爲之而
後成, 積之而後高, 盡之而後聖, 故聖人也者, 人之所積也.

흙이 쌓여서 산이 되고, 물이 모여 바다가 되며, 아침 저녁이 쌓여서 세
월이 된다. 지극히 높은 것을 하늘이라 하고, 지극히 낮은 것을 땅이라
하며 공간 가운데 여섯 군데를 가리켜 극이라 한다. 길거리의 백성도
선을 쌓아서 완전해지면 성인이라 부른다. 그것은 구한 후에 얻어지고,
행한 후에 이루어지며, 쌓은 후에 높아지고, 다 한 이후에 성스럽게 된
다. 따라서 성인이란 보통 사람이 노력해서 되는 것이다.


## 9. 왕제(王制)

請問爲政. 曰賢能不待次而擧, 罷不能不待須而廢, 元惡不待教而誅, 中
庸不待政而化. 分未定也. 則有昭繆. 雖王公士大夫之子孫, 不能屬於禮
義, 則歸之庶人, 雖庶人之子孫也, 積文學正身行能屬於禮義, 則歸之卿
相士大夫.

청해서 묻기를, "정치를 어떻게 하는 것입니까?" 대답하자면, 어질고
능력이 있으면 차례를 따지지 않고 등용하고, 어질지 못하고 능력이 없
다면 지체 없이 파면하며, 악행의 주모자는 교화할 필요 없이 베어버리
고, 보통 사람은 정령을 기다리지 않고 교화시키며, 분수를 정할 수 없

을 때는 좌우로 배치한다. 비록 왕공이나 경대부의 자손이라 하더라도 예의에 어긋나면 서인으로 귀속시키고, 비록 서인의 자손이라 하더라도 학문을 쌓아 행실이 바르고 예의에 맞으면 경상이나 사대부로 귀속시켜야 한다.

. . .

分均則不偏, 勢齊則不壹, 衆齊則不使. 有天有地而上下有差. 明王始立而處國有制. 夫兩貴之不能相事兩賤之不能相使, 是天數也. 勢位齊而欲惡同, 物不能澹, 則必爭. 爭則必亂, 亂則窮矣. 先王惡其亂也, 故制禮義以分之, 使有貧富貴賤之等足以相兼臨者, 是養天下之本也. 書曰, 維齊非齊, 此之謂也.

나눔이 고르면 두루 미치지 못하고, 세력이 고르면 통일할 수 없으며, 무리가 고르면 부릴 수 없다. 하늘이 있고 땅이 있음으로써 상하의 차등이 있다. 현명한 군주는 즉위함으로써 나라의 제도를 만들었다. 무릇 양쪽이 다 귀하면 서로 섬길 수 없고, 양쪽이 다 천하면 서로 부릴 수 없는데, 이것은 자연의 이치이다. 세력과 지위가 비등하면 호오가 같은데 재물이 충분하지 못하면 반드시 다투게 된다. 다투면 반드시 어지러워지고 어지러우면 곤궁해진다. 선왕은 그 어지러워짐을 싫어하였으므로 예의를 제정하여 구분함으로써 빈부·귀천의 등차를 두어 서로 어울릴 수 있도록 하였으니, 이것이 천하를 기르는 근본이다. 서에 이르길, "오직 고르기만 한 것은 고른 것이 아니다"라 한 것은 이를 두고 한 말이다.

. . .

庶人安政, 然後君子安位. 傳曰, 君者, 舟也, 庶人者, 水也. 水則載舟, 水則覆舟. 此之謂也. 故君人者欲安, 則莫若平政愛民矣, 欲榮, 則莫若隆禮

敬士矣, 欲立功名, 則莫若尙賢使能矣. 是君人者之大節也. 三節者當, 則
其餘莫不當矣. 三節者不當, 則其餘雖曲當, 猶將無益也.

일반 백성이 정치를 편안히 여긴 뒤에야 군자도 그 지위에 편안하다.
전해오는 말에 "임금은 배이고 일반 백성은 물이다. 물은 배를 띄우기
도 하지만 물은 배를 뒤엎기도 한다"는 것은 이를 두고 한 말이다. 그러
므로 군주가 편안하길 바란다면 공평한 정치와 백성을 사랑하는 것만
한 것이 없고, 영예롭길 바란다면 예를 높이고 선비를 공경하는 것만한
것이 없으며, 공명을 세우고자 한다면 현자를 높이고 능력있는 이를 부
리는 것만한 것이 없다. 이것이 군주의 큰 원칙이다. 세 가지 원칙이 합
당하다면 그 나머지는 합당하지 않을 수 없으며, 세 가지 원칙이 부당
하면 그 나머지가 비록 합당하더라도 장차 아무런 이익이 없게 된다.

. . .

王者之制, 道不過三代, 法不貳後王. 道過三代謂之蕩, 法貳後王謂之
不雅.

왕자의 제도는 도에 있어서 하·은·주 삼대를 넘지 않으며, 법에 있어
서 후왕에 어긋나지 않는다. 도가 삼대를 넘는 것을 지나치다고 하며,
법이 후왕에 어긋나는 것을 우아하지 못하다고 한다.

. . .

以類行雜, 以一行萬, 始則終, 終則始, 若環之無端也, 舍是而天下以衰
矣. 天地者, 生之始也, 禮義者, 治之始也, 君子者, 禮義之始也. 爲之, 貫
之, 積重之, 致好之者, 君子之始也. 故天地生君子, 君子理天地, 君子者,
天地之參也, 萬物之總也, 民之父母也. 無君子, 則天地不理, 禮義無統,
上無君師, 下無父子, 夫是之謂至亂. 君臣父子兄弟夫婦, 始則終, 終則

始, 與天地同理, 與萬世同久, 夫是之謂大本.

유별하여 잡다한 것을 정리하고, 하나로써 만 가지를 일관하여, 시작하면 끝나고 끝나면 시작해서 마치 끝이 없는 고리와 같으니, 이것을 버리면 천하가 쇠퇴한다. 천지란 생명의 시작이고, 예의는 다스림의 시작이며, 군자는 예의의 시작이다. 행하고, 일관하며 거듭하여 좋아하는 단계에 도달하는 것은 군자의 시작이다. 따라서 천지는 군자를 낳으며, 군자는 천지를 다스린다. 군자는 천지에 참여하고 만물을 총괄하니 백성의 부모이다. 군자가 없으면 천지가 다스려지지 않고 예의가 계통이 없게 되며, 위로 군주와 스승이 없게 되고, 아래로 부모와 자식이 없게 되니, 대저 이를 일러 '지극한 어지러움' 이라 한다. 군신, 부자, 형제, 부부는 시작하면 끝이 나고 끝나면 시작한다는 점에서 천지와 같은 이치이며 만세처럼 지속이 되는 것이니, 대저 이를 일러 '큰 근본' 이라고 한다.

. . .

水火有氣而無生, 草木有生而無知, 禽獸有知而無義, 人有氣有生有知, 亦且有義, 故最爲天下貴也. 力不若牛, 走不若馬, 而牛馬爲用, 何也. 曰, 人能群, 彼不能群也. 人何以能群. 曰, 分. 分何以能行. 曰, 以義. 故義以分則和, 和則一, 一則多力, 多力則彊, 彊則勝物. 故宮室可得而居也. 故序四時, 裁萬物, 兼利天下, 無它故焉, 得之分義也.

물과 불은 기운은 있으나 생명이 없으며, 초목은 생명은 있으나 지각이 없고, 금수는 지각은 있으나 예의가 없다. 사람은 기운, 생명, 지각이 있고 또한 예의를 갖고 있으므로 천하에서 가장 귀한 존재이다. 힘으로는 소만 못하고 달리기로는 말만 못한데 소나 말을 부릴 수 있는 것은 무엇 때문인가? 말하자면 사람은 사회를 이룰 수 있으나 저들은 사회를 이루지 못하기 때문이다. 사람은 어떻게 사회를 이루는가? 말하자면 예의로써이다. 따라서 예의로써 구분하면 화목하고, 화목하면 통일되며, 통일되면 힘이 많아지고, 힘이 많아지면 강해지며, 강해지면 사물을 이긴다. 따라서 집에서 거주할 수 있다. 사시에 따르고 만물을 정리하여 천하를 이롭게 할 수 있는 것은 다른 이유가 아니라 분수와 예의를 얻었기 때문이다.

· · ·

人生不能無群. 群而無分則爭, 爭則亂, 亂則離, 離則弱, 弱則不能勝物. 故宮室不可得而居也, 不可少頃舍禮義之謂也. 能以事親謂之孝, 能以事兄謂之弟, 能以事上謂之順, 能以使下謂之君. 君者, 善群也. 群道當, 則萬物皆得其宜, 六畜皆得其長, 群生皆得其命. 故養長時, 則六畜育, 殺生時, 則草木殖, 政令時, 則百姓一, 賢良服.

사람이 태어나면 모여 살지 않을 수 없다. 모여 살면서 구분이 없다면 다투게 되고, 다투게 되면 어지럽게 되며, 어지럽게 되면 분리되고, 분리되면 약해지며, 약해지면 사물을 이길 수 없게 된다. 따라서 집을 얻어 거주할 수 없으니 잠시라도 예의를 버릴 수 없다. 어버이를 섬기는 것을 효도라 하고, 형을 섬기는 것을 공경이라 하며, 윗사람을 섬기는 것을 순종이라 하고 아랫사람을 부리는 것을 군도라 이른다. 군주는 무리를 잘 짓는 사람이다. 군주의 도가 합당하면 만물이 마땅함을 얻고, 여섯 가축이 잘 성장할 수 있으며, 뭇 생명들이 그 명을 얻을 수 있다. 따라서 생육이 때에 알맞으면 여섯 가축이 자라고, 살생이 때에 알맞으면 초목이 번식하며, 정령이 때에 알맞으면 백성이 통일되고 어진 이들이 굴복한다.

· · ·

聖王之用也, 上察於天, 下錯於地, 塞備天地之間, 加施萬物之上, 微而明, 短而長, 狹而廣, 神明博大以至約. 故曰, 一與一是爲人者, 謂之聖人.

성왕의 쓰임은 위로 하늘을 살피고 아래로 땅에 의거하여 천지 사이를 꽉 채우고, 만물에 베풀어, 은미하면서도 밝고, 짧으면서도 길며, 좁으면서도 넓고, 신명처럼 넓고 크면서도 지극히 간략하다. 따라서 말하기를, "하나로써 다스리는 사람을 일러 성인이라 한다"고 하였다.


## 10. 부국(富國)

萬物同宇而異體, 無宜而有用爲人, 數也. 人倫竝處, 同求而異道, 同欲而異知, 生也. 皆有可也, 知愚同, 所可異也, 知愚分. 勢同而知異, 行私而無禍, 縱欲而不窮, 則民心奮而不可說也. 如是, 則知者未得治也, 知者未得治, 則功名未成也, 功名未成, 則群衆未縣也, 群衆未縣, 則君臣未立也. 無君以制臣, 無上以制下, 天下害生縱欲. 欲惡同物, 欲多而物寡, 寡則必爭矣.

만물은 공간을 같이하면서 모양을 달리하며, 정해진 의미가 없지만 사람을 위해서 쓰임이 되는데, 이것은 자연의 이치다. 사람은 더불어 살면서 추구하는 것은 같지만 도를 달리하며 욕망을 같이하면서 지각을 달리하는데, 이것은 태어난 그대로의 성이다. 모두 가능성을 갖고 있는 것은 지자와 우자가 마찬가지이지만 가능한 바가 달라서 지자와 우자가 구분된다. 권세가 같은데 지혜가 다르고, 행동이 사사로운데 화를 내리지 않고, 방종을 하는데도 곤궁하지 않다면 민심이 떨쳐 일어나 좋아하지 않게 된다. 이와 같다면 지자라도 다스릴 수 없으니, 지자가 다스릴 수 없다면 공명을 이룰 수 없고, 공명을 이룰 수 없다면 군중이 구분될 수 없으며, 군중이 구분되지 않는다면 군신관계가 성립될 수 없다. 군주가 신하를 제어할 수 없고, 위에서 아래를 제어할 수 없다면 천하의 해로움이 생겨나고 방종하게 된다. 좋아하고 싫어하는 것은 같은 사물인데 바라는 것은 많고 사물이 적으니, 적으면 반드시 다투게 된다.

. . .

離居不相待則窮, 群而無分則爭. 窮者患也, 爭者禍也. 救患除禍, 則莫若明分使群矣.

헤어져 살면서 서로 의지하지 않는다면 곤궁하게 되고, 모여 살면서 구분이 없다면 다투게 된다. 곤궁한 것은 근심이고, 다투는 것은 재앙이다. 근심을 구하고 재앙을 제거하는 데 있어서는 분수를 밝혀서 무리를 부리는 것보다 나은 것이 없다.

. . .

足國之道, 節用裕民, 而善臧其餘. 節用以禮, 裕民以政.

나라를 풍족하게 하는 방법은 쓰임을 절약해서 백성을 부유하게 하고, 나머지는 잘 비축하는 것이다. 쓰임을 절약하는 것은 예로써 하고, 백성을 풍족하게 하는 것은 정치로써 한다.

. . .

德必稱位, 位必稱祿, 祿必稱用, 由士以上則必以禮樂節之, 衆庶百姓則必以法數制之. 量地而立國, 計利而畜民, 度人力而授事, 使民必勝事, 事必出利. 利足以生民, 皆使衣食百用出入相揜, 必時臧餘, 謂之稱數. 故自天子通於庶人, 事無大小多少, 由是推之.

덕은 반드시 지위에 걸맞고, 지위는 반드시 녹봉에 걸맞으며, 녹봉은 반드시 쓰임에 걸맞아야 한다. 선비 이상은 반드시 예악으로 조절하고,

여러 백성들은 반드시 법수로써 제어해야 한다. 땅을 헤아려 나라를 세우고, 이익을 헤아려 백성을 기르며, 인력을 헤아려 일을 맡기면 백성을 부림에 반드시 일을 감당할 수 있고 일함에 반드시 이익이 나온다. 이익이 충분히 백성을 살릴 수 있다면 모두 의식주로 쓰일 때 출납을 알맞게 하여 반드시 여분은 비축하게 하는데, 이것을 일러 '알맞은 수량'이라 한다. 따라서 천자로부터 서인에 이르기까지 일의 대소와 다소를 막론하고 이로부터 추론하는 것이다.

．．．

人之生, 不能無群. 群而無分則爭, 爭則亂, 亂則窮矣. 故無分者, 人之大害也, 有分者, 天下之本利也. 而人君者, 所以管分之樞要也. 故美之者, 是美天下之本也, 安之者, 是安天下之本也, 貴之者, 是貴天下之本也.

사람의 삶에 있어서 모여 살지 않을 수 없다. 모여 살면서 분수가 없으면 다투게 되고, 다투면 어지럽고, 어지러우면 곤궁하게 된다. 따라서 분수가 없는 것은 사람의 큰 해로움이며, 분수가 있는 것은 천하의 근본적 이로움이 된다. 군주는 분수를 관리하는 주체이다. 따라서 그것을 아름답게 하는 것은 천하의 근본을 아름답게 하는 것이고, 그것을 편안히 하는 것은 천하의 근본을 편안히 하는 것이며, 그것을 귀하게 하는 것은 천하의 근본을 귀하게 하는 것이다.

．．．

君子以德, 小人以力. 力者, 德之役也. 百姓之力, 待之而後功. 百姓之群, 待之而後和. 百姓之財, 待之而後聚. 百姓之勢, 待之而後安. 百姓之壽, 待之而後長. 父子不得不親, 兄弟不得不順, 男女不得不歡. 少者以長, 老者以養. 故曰. 天地生之, 聖人成之, 此之謂也.

군자는 덕으로써 하고, 소인은 힘으로써 한다. 힘은 덕의 부림을 받는 것이다. 백성의 힘은 그것을 기다린 후에 공이 있게 되고, 백성의 무리는 그것을 기다린 후에 화목하게 되며, 백성의 재물은 그것을 기다린 후에 모이고, 백성들의 위세는 그것을 기다린 후에 안정되며, 백성들의 수명은 그것을 기다린 후에 길게 된다. 부자는 친하지 않을 수 없고, 형제는 순하지 않을 수 없으며, 남녀는 좋아하지 않을 수 없다. 젊은이는 그것으로써 성장하고 노인은 그것으로써 봉양을 받는다. 따라서 말하기를, "천지는 낳고, 성인은 그것을 완성한다"고 한 것은 이를 가리키는 것이다.

· · ·

上得天時, 下得地理, 中得人和, 則財貨渾渾如泉源, 汸汸如河海, 暴暴如丘山, 不時焚燒, 無所藏之, 夫天下何患乎不足也.
위로 천시를 얻고, 아래로 지리를 얻으며, 가운데로 인화를 얻게 되면 재화가 샘솟듯이 솟아나 사해처럼 많아지며 산이나 언덕처럼 쌓여서 보관할 데가 없게 된다. 천하에서 어찌 부족함을 걱정할 필요가 있겠는가?

· · ·

利而不利也, 愛而不用也者, 取天下也. 利而後利之, 愛而後用之者, 保社稷也. 不利而利之, 不愛而用之者, 危國家也.
이롭게 해주고 이용하지 않으며 사랑하면서 쓰지 않는 사람은 천하를 얻고, 이롭게 해준 후에 이용하고 사랑한 후에 쓰는 사람은 사직을 보전하며, 이롭게 해주지 않으면서 이용하고 사랑하지 않으면서 쓰는 사람은 국가를 위태롭게 한다.

## 11. 왕패(王霸)

國者, 天下之利用也, 人主者, 天下之利勢也. 得道以持之, 則大安也, 大榮也, 積美之源也, 不得道以持之, 則大危也, 大累也, 有之不如無之.

나라는 천하의 이로운 쓰임이며, 임금은 천하의 이로운 권세다. 도로써 유지하면 크게 편안하고 큰 영예이며 선을 쌓는 근원이지만, 도로써 유지하지 못한다면 큰 위태로움이며 큰 허물이 되어 갖고 있는 것이 없는 것만 못하게 된다.

. . .

用國者, 義立而王, 信立而霸, 權謀立而亡. 三者明主之所謹擇也, 仁人之所務白也.

나라를 다스리는 사람이 인의로써 서면 왕자가 되고, 신의로써 서면 패자가 되며, 권모로써 서면 망한다. 세 가지는 현명한 군주가 삼가 선택해야 할 것이며, 인자가 반드시 힘써 밝혀야 할 바이다.

. . .

人無百歲之壽, 而有千歲之信士, 何也. 曰, 以夫千歲之法自持者, 是乃千歲之信士矣. 故與積禮義之君子爲之則王, 與端誠信全之士爲之則霸, 與權謀傾覆之人爲之則亡.

사람은 백년의 삶을 누릴 수 없는데 천년 동안 믿을 만한 선비를 두고자 하는 것은 무엇 때문인가? 말하자면 대저 천년의 법을 스스로 지키는 사람이 곧 천년 동안 믿을 만한 선비이기 때문이다. 따라서 예의를 축적한 군자와 더불어 행하면 왕자가 되고, 단정하고 믿을 만한 선비와 함께 하면 패자가 되며, 권모술수를 부리는 사람과 함께 하면 망국에 이르게 된다.

. . .

身能, 相能, 如是者王. 身不能, 知恐懼而求能者, 如是者彊. 身不能, 不知
恐懼而求能者, 安唯便僻左右親比己者之用, 如是者危削, 綦之而亡.
자신이 유능하고 재상도 유능하면 왕자가 되고, 자신이 유능하지 못하
지만 두려워 능력있는 이를 구할 줄 알면 강자가 되며, 자신이 유능하
지 못하고 두려워 능력있는 이를 구할 줄도 모르며 측근에게 치우쳐 아
첨꾼을 등용하면 나라가 위태롭게 되고 결국은 망하기에 이른다.

. . .

國者, 巨用之則大, 小用之則小, 綦大而王, 綦小而亡, 小巨分流者存. 巨
用之者, 先義而後利. 安不卹親疏, 不卹貴賤, 唯誠能之求, 夫是之謂巨用
之. 小用之者, 先利而後義. 安不卹是非, 不治曲直, 唯便僻親比己者之
用, 夫是之謂小用之.
나라는 크게 쓰면 거대해지고, 작게 쓰면 작아지는 것이다. 크기를 바라
면 왕자가 되고 작은 것을 바라면 망국에 이르며 작고 큰 것으로 분산되
면 그럭저럭 보존할 수는 있다. 크게 쓴다는 것은 의를 앞세우고 이익을
뒤로 하는 것이다. 친소와 귀천을 가리지 않고 오직 진실로 능력있는 이
를 구하는 것을 일러 '크게 쓴다' 고 한다. 작게 쓴다는 것은 이익을 앞
세우고 의를 뒤로 하는 것이다. 시비와 곡직을 가리지 않고 오직 치우치
고 자기에게 아부하는 이를 쓰는 것을 일러 '작게 쓴다' 고 한다.

. . .

國無禮則不正. 禮之所以正國也, 譬之猶衡之於輕重也, 猶繩墨之於曲直也, 猶規矩之於方圓也, 旣錯之而人莫之能誣也.

나라에 예가 없으면 바르지 못하다. 예로써 나라를 바로잡는 것을 비유하자면 저울로 가볍고 무거운 것을 재는 것, 먹줄로 굽은 것 곧은 것을 가리는 것, 컴퍼스와 곱자로 원과 사각형을 재는 것과 같아서 이것으로써 헤아리면 남들이 속일 수 없다.

. . .

今以一人兼聽天下, 日有餘而治不足者, 使人爲之也. 大有天下, 小有一國, 必自爲之然後可, 則勞苦耗頓莫甚焉, 如是, 則雖臧獲不肯與天子易勢業. 以是縣天下, 一四海, 何故必自爲之. 爲之者, 役夫之道也, 墨子之說也. 論德使能而官施之者, 聖王之道也, 儒之所謹守也.

지금 한 사람이 천하의 일을 겸하여 다스리면서 날마다 여유가 있고 처리하는 일이 많지 않은 것은 다른 사람을 시켜 다스리기 때문이다. 크게는 천하를 소유하고 작게는 한 나라를 소유하면서 반드시 직접 다스려야 한다면 고생이 막심할 것이다. 이러한 상황이라면 비록 노비라도 천자와 지위를 바꾸려 하지 않을 것이다. 천하를 다스리고 사해를 통일하는 데 무엇 때문에 직접 하겠는가? 직접 하는 것은 노동자의 도이고, 묵자의 학설이다. 덕을 따져서 능력있는 이를 부리고 관직을 베푸는 것은 성왕의 도이고 유가에서 삼가 지키는 것이다.

## 12. 군도(君道)

有亂君, 無亂國, 有治人, 無治法. 而羿不世中, 禹之法猶存, 而夏不世王. 故法不能獨立, 類不能自行, 得其人則存, 失其人則亡. 法者, 治之端也,君子者, 法之原也. 故有君子, 則法雖省, 足以偏矣, 無君子, 則法雖具, 失先後之施, 不能應事之變, 足以亂矣.

어지러운 군주는 있어도 어지러운 나라는 없으며, 다스리는 사람은 있어도 다스리는 법은 없다. 예의 활쏘는 법이 아직 세상에 남아 있고 우 임금의 법이 아직 있는데도 하왕조는 대를 잇지 못하였다. 따라서 법은 독립할 수 없으며, 류는 스스로 행해질 수 없으니, 그 사람을 얻으면 실행될 수 있지만 그 사람을 얻지 못하면 없어지는 것이다. 법이란 다스림의 시작이요, 군자는 법의 근원이다. 따라서 군자가 있으면 법이 비록 간단하더라도 충분히 대처할 수 있지만, 군자가 없다면 법이 비록 갖추어졌어도 먼저하고 나중에 해야 할 조치를 잃고 일의 변화에 응하지 못하여 혼란스럽게 된다.

. . .

械數者, 治之流也, 非治之原也. 君子者, 治之原也. 官人守數, 君子養原, 原淸則流淸, 原濁則流濁. 故上好禮義, 尙賢使能, 無貪利之心, 則下亦將慕辭讓, 致忠信, 而謹於臣子矣.

기계나 술수는 다스림의 흐름이지 다스림의 근원이 아니다. 군자가 다스림의 근원이다. 관리는 술수를 지키고 군자는 근원을 기른다. 근원이 맑으면 흐름이 맑고 근원이 탁하면 흐름도 탁하다. 따라서 위에서 예의를 좋아하고 현능한 자를 높이고 임용하면 아래에서 또한 사양에 바탕하여 충과 신을 이루어 신하 백성의 직분에 충실하게 된다.

. . .

君者儀也, 儀正而景正. 君者槃也, 槃圓而水圓. 君者盂也, 盂方而水方.

임금은 (백성의) 기준이다. 기준이 바르면 그림자도 바르다. 임금은 대

야다. 대야가 둥글면 물도 둥글다. 임금은 그릇이다. 그릇이 사각형이
면 물도 사각형이다.

· · ·

君者, 民之原也, 原淸則流淸, 原濁則流濁. 故有社稷者而不能愛民, 不能
利民, 而求民之親愛己, 不可得也.
군주는 백성의 근원이다. 근원이 맑으면 흐름도 맑으며, 근원이 탁하면
흐름도 탁하다. 따라서 사직을 소유한 자가 백성을 사랑하지 않고 백성
을 이롭게 하지 못하면서 자신을 친애하기를 바란다면 불가능한 일이다.

· · ·

至道大形. 隆禮至法則國有常, 尙賢使能則民知方, 纂論公察則民不疑,
賞克罰偸則民不怠, 兼聽齊明則天下歸之. 然後, 明分職, 序事業, 材技官
能, 莫不治理, 則公道達而私門塞矣, 公義明而私事息矣.
지극한 도가 크게 드러나는 것은 다음과 같다. 예를 융성하게 하고 법
을 높이면 나라에 일정함이 있고, 어진이를 높이고 능력자를 부리면 백
성들은 방향을 가늠할 수 있으며, 대중의 공정한 논의를 모으면 백성이
의심하지 않고, 신상필벌하면 백성들이 나태하지 않으며, 일체 사물을
분명하게 살피면 천하가 귀의한다. 그러한 연후에 명분과 직책을 분명
히 하고 사업을 순서 있게 하여 능력 있는 관리가 다스리도록 한다면
공도가 소통되어 사문이 막히게 되고 공공의 의리가 밝아져서 사적인
일이 종식된다.

· · ·

今人主有大患, 使賢者爲之, 則與不肖者規之, 使知者慮之, 則與愚者論

之, 使脩士行之, 則與汙邪之人疑之. 雖欲成功得乎哉. 譬之是猶立直木
而恐其景之枉也, 惑莫大焉. 語曰, 好女之色, 惡者之孼也. 公正之士, 衆
人之痤也. 循乎道之人, 汙邪之賊也. 今使汙邪之人論其怨賊, 而求其無
偏, 得乎哉. 譬之, 是立枉木而求其景之直也, 亂莫大焉.

지금 군주에게 큰 우환이 있다. 현자에게 일을 맡기면서 불초자와 함께
상의하고, 지자에게 사려하게 하면서도 우자와 함께 논의하며, 훌륭한
선비가 행하게 하면서도 사악한 이와 함께 의심하는 것이다. 비록 성
공을 바라더라도 할 수 있겠는가? 비유컨대 곧은 나무를 세우고 그 그
림자가 굽을까 걱정하는 것과 같아서 미혹됨이 막대한 것이다. 속담에
이르길, "미녀의 아름다움은 추녀에게는 재앙이고, 공정한 선비는 일반
인에게는 종기이며, 도를 따르는 사람은 추악한 사람에게는 도적이다"
라고 하였다. 지금 추악한 사람으로 하여금 그의 원수나 도적을 논평하
게 하면서 치우치지 않기를 바란다면 가능한 일인가? 비유하자면 굽은
나무를 세워 두고 그 그림자가 곧기를 바라는 것과 같으니 혼란이 막대
할 것이다.


## 13. 신도(臣道)

從命而利君謂之順, 從命而不利君謂之諂, 逆命而利君謂之忠, 逆命而不
利君謂之篡.

명을 따름으로써 임금을 이롭게 하는 것을 순종이라 이르고, 명을 따름
으로써 임금을 이롭지 못하게 하는 것을 아첨이라 이르며, 명을 거스름
으로써 임금을 이롭게 하는 것을 충성이라 이르고, 명을 거스름으로써
임금을 이롭지 못하게 하는 것을 찬탈이라 이른다.


· · ·

君有過謀過事, 將危國家, 殞社稷之懼也, 大臣, 父兄有能進言於君, 用則可, 不用則去, 謂之諫, 有能進言於君, 用則可, 不用則死, 謂之爭, 有能比知同力, 率群臣百吏而相與彊君撟君, 君雖不安, 不能不聽, 遂以解國之大患, 除國之大害, 成於尊君安國, 謂之輔, 有能抗君之命, 竊君之重, 反君之事, 以安國之危, 除君之辱, 功伐足以成國之大利, 謂之拂. 故諫爭輔拂之人, 社稷之臣也, 國君之寶也, 明君之所尊厚也, 而闇主惑君以爲己賊也.

군주의 지나친 계책이나 사업으로 인해 국가가 위태롭거나 사직이 붕괴할 염려가 있을 때, 대신과 부형 가운데 군주에게 진언하여 쓰이면 좋고 쓰이지 않으면 떠나는 경우를 '간' 이라 이르고, 군주에게 진언을 할 수 있을 때 쓰이면 좋고 쓰이지 않으면 죽는 경우를 '쟁' 이라 이르며, 능히 지혜를 합하고 군신과 백관을 이끌어 군주를 억지로 바로잡아서 군주는 비록 불안하더라도 따르지 않을 수 없게 하여 마침내 나라의 큰 우환을 해결하고 나라의 큰 해로움을 제거하여 군주를 높이고 나라를 편안하게 하는 것을 '보' 라 이르고, 능히 군주의 명령에 저항하고 군주의 지위를 훔치며, 군주의 일에 반함으로써 나라의 위태로움을 안정시키고 군주의 치욕을 제거하며, 공벌로써 나라의 큰 이익을 이루는 것을 '불' 이라 이른다. 따라서 간·쟁·보·불을 하는 사람은 사직의 신하며 군주의 보배로서 현명한 군주가 높이고 후대하지만, 혼매하고 미혹된 군주는 자신의 도적으로 여긴다.

. . .

以德復君而化之, 大忠也, 以德調君而輔之, 次忠也, 以是諫非而怒之, 下忠也, 不卹君之榮辱, 不卹國之臧否, 偸合苟容以持祿養交而已耳, 國賊也.

덕으로써 임금에게 아룀으로써 변화시키는 것이 가장 큰 충성이요, 덕으로써 임금을 조절함으로써 보필하는 것이 그 다음 충성이며, 옳은 것으로 그름을 간하다가 노여움을 일으키는 것이 그 다음 충성이다. 임금의 영예와 치욕을 가리지 않고 나라의 흥망을 돌보지 않으며 오직 알랑거리면서 봉록을 지키고 사교를 넓혀갈 뿐인 것은 나라의 도적이다.

. . .

事聖君者, 有聽從無諫爭, 事中君者, 有諫爭無諂諛, 事暴君者, 有補削無撟拂. 迫脅於亂時, 窮居於暴國, 而無所避之, 則崇其美, 揚其善, 違其惡, 隱其敗, 言其所長, 不稱其所短, 以爲成俗. 詩曰, 國有大命, 不可以告人, 妨其躬身. 此之謂也.

성스러운 군주를 섬기는 사람은 순종하면서 간쟁하지 않고, 평범한 군주를 섬기는 사람은 간쟁을 하면서 아첨하지 않으며, 난폭한 군주를 섬기는 사람은 적당한 보필은 하면서 억지로 바로잡지 않는다. 난세에 핍박을 받고 난폭한 나라에서 궁하게 살면서 피할 길이 없다면, 그 아름다움을 높이고 그 선함을 선양하며 그 잘못을 피하고 그 부패를 숨기며, 그 장점을 말하고 그 단점을 거론하지 않는 것을 미덕으로 삼는다. 시에 이르길, "나라에 큰 운명이 있는데 남에게 알리지 말라. 그 자신을 해치게 될 것이다" 하였는데, 이를 두고 한 말이다.

. . .

仁者必敬人. 凡人非賢, 則案不肖也. 人賢而不敬, 則是禽獸也, 人不肖而不敬, 則是狎虎也. 禽獸則亂, 狎虎則危, 災及其身矣.

인자는 반드시 사람을 공경한다. 보통 사람이란 현명하거나 아니면 불초한 사람이다. 사람이 현명한데도 공경하지 않으면 금수와 다를 바 없으며, 사람이 불초한데 공경하지 않으면 호랑이를 업신여기는 것과 같다. 금수처럼 되면 어지럽고 호랑이를 업신여기는 것은 위태로운 것처럼 재앙이 자신에게 미친다.

· · ·

恭敬, 禮也, 調和, 樂也, 謹愼, 利也, 鬪怒, 害也. 故君子安禮樂利, 謹愼而無鬪怒, 是以百擧不過也. 小人反是.

공경은 예이고, 조화는 악이다. 근신은 이롭고 싸움과 노여움은 해롭다. 따라서 군자는 예와 악을 편안히 여기고 즐기며 근신하면서 싸우거나 노하지 않는다. 따라서 모든 일에 허물이 없지만 소인은 이와 반대다.

## 14. 치사(致士)

川淵深而魚鼈歸之, 山林茂而禽獸歸之, 刑政平而百姓歸之, 禮義備而君子歸之. 故禮及身而行修, 義及國而政明, 能以禮挾而貴名白, 天下願, 令行禁止, 王者之事畢矣. 詩曰, 惠此中國, 以綏四方. 此之謂也. 川淵者, 龍魚之居也, 山林者, 鳥獸之居也, 國家者, 士民之居也. 川淵枯則龍魚去之, 山林險則鳥獸去之, 國家失政則士民去之.

하천과 연못이 깊으면 물고기와 자라가 모여들고, 산림이 무성하면 금수가 모여들며, 형정이 공평하면 백성이 귀의하고, 예의가 갖춰지면 군자가 귀의한다. 따라서 예가 몸에 미치면 행동이 가지런하고, 의가 나라에 미치면 정치가 밝아지니, 예의가 나라에 흡족하게 되면 귀한 이름이 분명해지고 천하가 우러러보아 명령과 금기가 잘 시행되어 왕자의 일이 완성된다. 시에 이르길, "이 중국을 사랑하고 은혜롭게 함으로 사방이 편안해진다"고 한 것은 이를 두고 한 말이다. 하천이나 연못은 용과 물고기의 거처이고, 산림은 조수의 거처이며, 국가는 사민의 거처이다. 하천이나 연못이 마르면 용과 물고기가 떠나고, 산림이 메마르면 조수가 떠나며, 국가가 정치에 실패하면 사민이 떠난다.

· · ·

無土則人不安居, 無人則土不守, 無道法則人不至, 無君子則道不擧. 故土之與人也, 道之與法也者, 國家之本作也, 君子也者, 道法之摠要也, 不可少頃曠也. 得之則治, 失之則亂, 得之則安, 失之則危, 得之則存, 失之則亡. 故有良法而亂者有之矣, 有君子而亂者, 自古及今, 未嘗聞也.

땅이 없으면 사람이 편안히 거처하지 못하고, 사람이 없으면 땅을 지킬 수 없으며, 도와 법이 없으면 사람이 오지 않고 군자가 없으면 도가 일어나지 못한다. 따라서 땅과 사람이 함께 하고, 도와 법이 함께 하는 데서 국가의 근본이 형성된다. 군자란 도와 법의 요체로서 잠시도 없어서는 안 된다. 얻으면 다스려지고 잃으면 혼란스러우며, 얻으면 보존되지만 잃으면 망하게 된다. 따라서 좋은 법이 있고서도 혼란스러운 경우는 있지만 군자가 있는데도 어지러웠다는 것은 예로부터 지금까지 들어보지 못하였다.

· · ·

主之患不在乎不言用賢, 而在乎誠必用賢. 夫言用賢者, 口也, 却賢者, 行也. 口行相反, 而欲賢者之至不肖者之退也, 不亦難乎.

군주의 근심은 현자를 쓰겠다고 말하지 않는 데 있는 것이 아니라 진심으로 반드시 현자를 쓰는 데 있다. 대개 현자를 쓰겠다고 말하는 것은 입이고, 현자를 물리치는 것은 행동이다. 입과 행동이 상반되면서 현자

가 오고 불초한 자가 물러나기를 바라는 것은 또한 어려운 일이 아니겠
는가?

. . .

君者, 國之隆也, 父者, 家之隆也. 隆一而治, 二而亂. 自古及今, 未有二隆
爭重而能長久者.
임금은 나라의 기준이며, 부모는 가정의 기준이다. 기준이 하나면 안정
되지만 둘이면 혼란스럽다. 예로부터 지금까지 두 가지 기준이 다투어
중시되면서 오래 유지된 경우는 없었다.

. . .

賞不欲僭, 刑不欲濫. 賞僭則利及小人, 刑濫則害及君子. 若不幸而過, 寧
僭無濫, 與其害善, 不若利淫.
포상은 지나쳐서는 안되며 형벌은 함부로 가해서는 안 된다. 포상이 지
나치면 이로움이 소인에게 미치고, 형벌을 함부로 하면 해로움이 군자
에게 미친다. 만일 불행히 지나친 경우라면 차라리 포상을 지나치게 해
야지 형벌을 함부로 해서는 안 된다. 선한 자를 해치는 것은 음사한 자
를 이롭게 하는 것만 못하기 때문이다.

## 15. 의병(議兵)

凡用兵攻戰之本, 在乎壹民. 弓矢不調, 則羿不能以中微, 六馬不和, 則造
父不能以致遠, 士民不親附, 則湯武不能以必勝也. 故善附民者, 是乃善
用兵者也.

대개 용병과 공격 전쟁의 근본은 민심을 통일하는 데 있다. 활과 화살이 조화를 이루지 못하면 예처럼 활을 잘 쏘는 사람이라도 미세한 것을 맞출 수 없고, 육마가 조화를 이루지 못하면 조보처럼 말을 잘 조련하는 사람이라도 먼 곳에 도달할 수 없으며, 지식인과 백성들이 따라주지 않는다면 탕·무와 같은 성인이라 하더라도 승리할 수 없는 것이다. 따라서 백성을 잘 따르게 하는 것이 곧 훌륭한 용병술이다.

· · ·

彼仁者愛人. 愛人故惡人之害之也. 義者循禮, 循禮故惡人之亂之也. 彼兵者, 所以禁暴除害也, 非爭奪也. 故仁人之兵, 所存者神, 所過者化, 若時雨之降, 莫不說喜.

저 인(仁)이라는 것은 사람을 사랑하는 것이다. 사람을 사랑하기 때문에 남에게 해로움을 끼치는 것을 싫어한다. 의라는 것은 예를 따르는 것이다. 예를 따르기 때문에 남을 어지럽게 하는 것을 싫어한다. 저 군대란 폭력을 막고 해로움을 막는 것이지 쟁탈하기 위한 것이 아니다. 인자의 군대가 주둔할 때는 신비롭고 지나갈 때에는 교화되어 마치 때에 알맞은 비가 오듯 하여 기뻐하지 않는 이가 없다.

· · ·

禮者, 治辨之極也, 强固之本也, 威行之道也, 功名之總也. 王公由之, 所以得天下也, 不由, 所以隕社稷也. 故堅甲利兵不足以爲勝, 高城深池不足以爲固, 嚴令繁刑不足以爲威, 由其道則行, 不由其道則廢.

예는 분별을 다스리는 최고 원칙이고 강하고 견고해질 수 있는 근본이며, 위엄을 행하는 도리이고 공명의 총체이다. 왕공이 이에 의거하면 천하를 얻을 수 있지만 이에 의거하지 않는다면 사직이 망하게 된다.

따라서 견고하고 예리한 무기로도 승리하기 어렵고, 높은 성곽이나 깊은 연못으로도 견고해지기 어려우며, 엄한 명령과 번잡한 형벌로 위엄을 지키기 어렵다. 그 도에 의거하면 행해질 수 있지만 그 도에 의거하지 않는다면 망할 것이다.

. . .

凡人之動也, 爲賞慶爲之, 則見害傷焉止矣. 故賞慶刑罰勢詐不足以盡人之力, 致人之死. 爲人主上者也, 其所以接下之百姓者, 無禮義忠信, 焉慮率用賞慶刑罰勢詐除阨其下, 獲其功用而已矣.

보통 사람이 행동할 때 상을 받기 위한 것이라면 손해를 보게 되면 그만 둘 것이다. 따라서 상벌이나 술수는 사람의 힘을 다하게 하거나 사람을 목숨을 바치게 하지는 못한다. 군주나 윗사람이 아래 백성을 접할 때 예의와 충신으로 하지 않고 생각없이 백성들을 상벌이나 술수로써 위협하는 것은 잠시만의 효과를 얻을 뿐이다.

. . .

凡兼人者有三術, 有以德兼人者, 有以力兼人者, 有以富兼人者. (……)以德兼人者王, 以力兼人者弱, 以富兼人者貧, 古今一也.

무릇 남을 압도하는 데에는 세 가지 방법이 있으니, 덕으로 남을 압도하는 것, 힘으로 남을 압도하는 것, 부로써 남을 압도하는 것이다. (……)덕으로써 남을 압도하면 왕자가 되고, 힘으로써 남을 압도하면 약자가 되고, 부로써 남을 압도하면 가난하게 된다는 것은 옛날이나 지금이나 마찬가지다.

. . .

凝士以禮, 凝民以政, 禮脩而士服, 政平而民安, 士服民安, 夫是之謂大
凝. 以守則固, 以征則强, 令行禁止, 王者之事畢矣.

선비는 예로써 뭉치게 하고, 백성은 정령으로써 뭉치게 한다. 예가 닦이
면 선비가 굴복하고, 정령이 공평하면 백성이 편안한데 이를 일러서 ‘큰
뭉침’ 이라 한다. 이것으로 지키면 견고해지고, 이것으로 정벌하면 강해
지며, 명령이 행해지고 금기가 잘 지켜지므로 왕자의 일이 완성된다.


## 16. 강국(强國)


彼國者亦有砥厲, 禮義節奏是也. 故人之命在天, 國之命在禮. 人君者, 隆
禮尊賢而王, 重法愛民而霸, 好利多詐而危, 權謀傾覆幽險而亡. 威有三,
有道德之威者, 有暴察之威者, 有狂妄之威者. (……)此三威者, 不可不孰
察也. 道德之威成乎安彊, 暴察之威成乎危弱, 狂妄之威成乎滅亡也.

저 나라에도 또한 숫돌이 있으니, 예의와 절도가 그것이다. 따라서 사
람의 운명은 하늘에 달려 있고, 나라의 운명은 예에 달려 있는 것이다.
군주가 예를 높이고 현자를 높이면 왕자가 되고, 법을 중시하고 백성을
사랑하면 패자가 되며, 이익을 좋아하고 사술을 중시하면 위태롭고, 권
모술수에 전도되어 음흉하게 되면 망한다. 위엄에는 세 가지가 있으니,
도덕적 위엄이 있고, 난폭한 위엄이 있으며, 망령된 위엄이 있다.
(……) 이 세가지 위엄을 자세히 살피지 않으면 안 된다. 도덕적 위엄은
편안하고 강한 나라를 이루고, 난폭한 위엄은 위태롭고 약한 나라를 만
들며, 망령된 위엄은 멸망에 이르게 된다.


. . .


處勝人之勢, 行勝人之道, 天下莫忿, 湯武是也, 處勝人之勢, 不以勝人之

道, 厚於有天下之勢, 索爲匹夫不可得也, 桀紂是也. 然則得勝人之勢者, 其不如勝人之道遠矣. 夫主相者, 勝人以勢也, 是爲是, 非爲非, 能爲能, 不能爲不能, 幷己之私欲, 必以道. 夫公道通義之可以相兼容者, 是勝人之道也.

남을 이길 수 있는 세력을 갖고 남을 이길 수 있는 도를 행하여 천하에 원망이 없게 한 것은 탕왕과 무왕이며, 남을 이길 수 있는 세력을 갖고 있지만 남을 이길 수 있는 도로써 하지 않아서 천하의 세력은 두터웠더라도 필부가 되기를 바라는 것조차 불가능했던 것이 걸왕과 주왕이다. 그렇다면 남을 이기는 세력을 얻는 것은 남을 이기는 도를 얻는 것보다 훨씬 못한 것이다. 대저 군주나 재상은 남을 이기는 세력을 갖고 있으므로, 옳은 것을 옳다 하고 그른 것을 그르다 하며, 능한 것을 능하다 하고 불가능한 것을 불가능하다고 하며 자신의 사욕을 버리기를 반드시 도로써 해야 한다. 저 공공의 도와 보편적 원칙에 서로 용납할 수 있게 하는 것, 이것이 남을 이기는 도이다.

. . .

人莫貴乎生, 莫樂乎安, 所以養生安樂者, 莫大乎禮義. 人知貴生樂安而棄禮義, 辟之是猶欲壽而殉頸也, 愚莫大焉.

사람에게 생명보다 귀한 것이 없고 편안함보다 즐거운 것이 없으며, 생명을 기르고 편안함을 즐길 수 있는 방법은 예의보다 좋은 것이 없다. 사람이 생명을 귀하게 여기고 편안함을 즐길 줄 알면서 예의를 포기하는 것은 비유하자면 오래 살기 바라면서 목을 매는 것과 같으니 이보다 어리석을 수 없다.

. . .

積微, 月不勝日, 時不勝月, 歲不勝時. 凡人好敖慢小事, 大事至然後興之務之, 如是則常不勝夫敦比於小事者矣. 是何也. 則小事之至也數, 其縣日也博, 其爲積也大, 大事之至也希, 其縣日也淺, 其爲積也小. 故善日者王, 善時者霸, 補漏者危, 大荒者亡.

작은 일을 쌓는 데 있어서 달마다 하는 것은 날마다 하는 것을 이길 수 없고, 계절마다 하는 것은 달마다 하는 것을 이길 수 없으며, 해마다 하는 것은 계절마다 하는 것을 이기지 못한다. 보통 사람은 작은 일을 태만히 하다가 큰 일이 생긴 후에야 힘을 기울이는데, 이렇게 한다면 늘 작은 일에 정성을 다하는 사람을 이길 수 없으니, 이것은 무엇 때문인가? 작은 일은 자주 일어나 날마다 매여서 하는 것이 많아서 그 공적을 쌓은 것도 커지는데, 큰 일은 드물게 일어나 날마다 매여서 하는 것이 적으므로 그 공적을 쌓은 것도 적기 때문이다. 따라서 날을 잘 활용하면 왕자가 되고, 계절을 잘 활용하면 패자가 되며, 땜질 식으로 하면 위태롭고, 방관하는 자는 망한다.

. . .

姦人之所以起者, 以上之不貴義, 不敬義也. 夫義者, 所以限禁人之爲惡與姦者也.

간사한 사람이 나오는 것은 윗사람이 의를 중시하지 않고 의를 공경하지 않기 때문이다. 대저 의는 사람의 악행과 간사함을 금지하기 위한 것이다.

## 17. 천론(天論)

天行有常, 不爲堯存, 不爲桀亡. 應之以治則吉, 應之以亂則凶. 彊本而節用, 則天不能貧, 養備而動時, 則不能病, 脩道而不貳, 則天不能禍. 故水旱不能使之飢渴, 寒署不能使之疾, 祅怪不能使之凶. 本荒而用侈, 則天不能使之富, 養略而動罕, 則天不能使之全, 倍道而妄行, 則天不能使之吉. 故水旱未至而飢, 寒署未薄而疾, 祅怪未至而凶. 受時與治世同, 而殃禍與治世異, 不可以怨天, 其道然也. 故明於天人之分, 則可謂至人矣.

하늘의 운행은 일정한 법칙이 있어서, 요임금 때문에 있는 것도 아니고 걸임금 때문에 없어지는 것도 아니다. 그에 응해서 다스리면 길하고 그에 응해서 어지럽히면 흉하다. 근본(농업)에 힘쓰며 쓰임을 절약하면 하늘도 가난하게 할 수 없고, 영양을 갖추고 때에 알맞게 운동하면 하늘도 병들게 할 수 없으며, 도를 닦고 한결같으면 하늘도 화를 내릴 수 없다. 따라서 홍수나 가뭄이 사람을 굶주리거나 목마르게 할 수 없고, 추위나 더위가 사람을 병들게 할 수 없으며, 요괴가 사람을 흉하게 할 수 없다. 근본을 황폐하게 하고 쓰임이 사치스럽다면 하늘이 부유하게 할 수 없고, 영양이 부족하면서 운동을 드물게 한다면 하늘도 온전하게 할 수 없으며, 도에 어긋나게 망령되게 행동한다면 하늘도 길하게 할 수 없다. 따라서 홍수나 가뭄이 이르지 않았는데도 굶주리고, 추위와 더위가 심하지 않은데도 병들며, 요괴가 이르지 않았는데도 흉하게 된다. 때를 받는 것은 치세와 같지만, 재화를 받는 것은 치세와 다르므로 하늘을 원망할 수 없다. 그것은 그 법칙이 그러하기 때문이다. 따라서 하늘과 사람의 구분을 분명히 한다면 '지인'이라고 할 만하다.

. . .

不爲而成, 不求而得, 夫是之謂天職. 如是者, 雖深, 其人不加慮焉, 雖大,不加能焉, 雖精, 不加察焉, 夫是之謂不與天爭職. 天有其時, 地有其財, 人有其治, 夫是之謂能參. 舍其所以參, 而願其所參, 則惑矣.

일부러 하지 않아도 이루어지고, 구하지 않아도 얻어지는 것, 이것을 일러 '천직'이라 한다. 이와 같은 것은 비록 깊더라도 사람이 더 사려를 할 수 없고, 비록 크더라도 더 잘할 수 없으며, 비록 정밀하더라도 더 살필 수 없다. 대저 이를 일러서 "천직과 다투지 않는다"고 한다. 하늘엔 때가 있고, 땅엔 재물이 있으며, 사람에겐 다스림이 있으니, 이를 일러 '능참'이라 한다. 그 참여할 수 있는 근거를 버리고 거기에 참여하기를 바라는 것은 잘못이다.

. . .

故大巧在所不爲, 大智在所不慮. 所志於天者, 已其見象之可以期者矣. 所志於地者, 已其見宜之可以息者矣. 所志於四時者, 已其見數之可以事者矣. 所志於陰陽者, 已其見知之可以治者矣. 官人守天, 而自爲守道也.

따라서 진정한 재주는 부리지 않는 데 있고, 진정한 지혜는 생각하지 않는 데 있다. 하늘에 뜻을 두는 사람은 그 상으로써 어떻게 진행될지 알 뿐이고, 땅에 뜻을 둔 사람은 의로써 어떻게 번식할지 알 뿐이며, 사시에 뜻을 둔 사람은 수로써 어떤 일이 일어날지 알 뿐이고, 음양에 뜻을 둔 사람은 지혜로써 어떻게 다스려질 지 알 뿐이다. 관리는 자연의 법칙을 지키고 스스로 행동함에 도를 지키는 것이다.

. . .

天不爲人之惡寒也輟冬, 地不爲人之惡遼遠也輟廣, 君子不爲小人匈匈也輟行. 天有常道矣, 地有常數矣, 君子有常體矣. 君子道其常, 而小人計其功.

하늘은 사람이 추위를 싫어한다고 해서 겨울을 없애지 않고, 땅은 사람

이 먼 거리를 싫어한다고 해서 넓음을 없애지 않으며, 군자는 소인이
소동을 부린다고 해서 정당한 일을 그만두지 않는다. 하늘에 일정한 도
가 있고, 땅에 일정한 수가 있으며, 군자에게 일정한 기준이 있다. 군자
는 그 일정함을 말하고, 소인은 그 공용을 따진다.

. . .

星墜木鳴, 國人皆恐. 曰, 是何也. 曰, 無何也, 是天地之變, 陰陽之化, 物
之罕至者也. 怪之, 可也. 而畏之, 非也. 夫日月之有蝕, 風雨之不時, 怪星
之黨見, 是無世而不常有之. 上明而政平, 則是雖竝世起, 無傷也, 上闇而
政險, 則是雖無一至者, 無益也.
별이 떨어지고 나무에서 소리가 나면 나라 사람들은 모두 놀라서 말하
기를, 왜 그런가 한다. 대답하자면 아무 일도 아니다. 이것은 천지와 음
양의 변화이며 사물 가운데 드물게 일어나는 일이다. 괴이하게 여기는
것은 좋지만 두려워하는 것은 잘못이다. 대개 일식과 월식, 풍우가 때
에 맞지 않는 것, 괴성이 출현하는 것은 어느 시대에나 늘 있었던 것이
다. 군주가 현명하고 정치가 안정되면 이러한 일들이 줄줄이 일어나도
해로울 것이 없지만, 군주가 혼매하고 정치가 험하다면 이러한 일들이
비록 하나도 일어나지 않더라도 이로울 것이 없다.

. . .

君子敬其在己者, 而不慕其在天者, 是以日進也, 小人錯其在己者, 而慕
其在天者, 是以日退也. 故君子之所以日進, 與小人之所以日退, 一也.
군자는 자신에 있는 것을 공경하고 하늘에 있는 것을 사모하지 않으므
로 날로 발전하지만, 소인은 자기에게 있는 것을 버려두고 하늘에 있는
것을 사모하므로 날로 퇴보한다. 따라서 군자가 날로 발전하는 것과 소

인이 날로 퇴보하는 것은 한 가지에 달려 있는 것이다.

. . .

在天者莫明於日月, 在地者莫明於水火, 在物者莫明於珠玉, 在人者莫明
於禮義. 故日月不高, 則光暉不赫, 水火不積, 則暉潤不博, 珠玉不睹乎
外, 則王公不以爲寶, 禮義不加於國家, 則功名不白. 故人之命在天, 國之
命在禮.

하늘에 해와 달보다 빛나는 것이 없고, 땅에 물과 불보다 빛나는 것이
없으며, 사물에 주옥보다 빛나는 것이 없고, 사람에게 예의보다 빛나는
것이 없다. 따라서 해와 달이 높지 않으면 빛남이 두드러지지 못하고,
물과 불이 쌓이지 않으면 혜택이 크지 않으며, 주옥이 밖으로 드러나지
않으면 왕공이라도 보물로 여기지 않고, 예의가 국가에 시행되지 않으
면 공명이 드러나지 않는다. 따라서 사람의 운명은 하늘에 달려 있고,
나라의 운명은 예에 달려 있다.

. . .

大天而思之, 孰與物畜而制之. 從天而頌之, 孰與制天命而用之. 望時而
待之, 孰與應時而使之. 因物而多之, 孰與騁能而化之. 思物而物之, 孰與
理物而勿失之也. 願於物之所以生, 孰與有物之所以成. 故錯人而思天,
則失萬物之情.

하늘을 위대하다고 여기는 것과 사물을 길러서 조절하는 것 가운데 어
느 것이 나은가? 하늘을 좇아 칭송하는 것과 천명을 조절하여 이용하는
것 가운데 어느 것이 나은가? 때를 기다리는 것과 때에 응하여 부리는
것 가운데 어느 것이 나은가? 사물이 자연적으로 많아지는 것과 재주를
부려서 변화시키는 것 가운데 어느 것이 나은가? 사물이 사물답도록 생

각하는 것과 사물을 다스려 잃지 않도록 하는 것 가운데 어느 것이 나은가? 만물이 어떻게 생기는 이유를 아는 것과 만물을 성장시키는 방법을 아는 것 가운데 어느 것이 나은가? 따라서 사람의 노력을 버려 두고 하늘을 생각하는 것은 만물의 실정을 상실한 것이다.

. . .

萬物爲道一偏, 一物爲萬物一偏. 愚者爲一物一偏, 而自以爲知道, 無知也. 愼子有見於後, 無見於先, 老子有見於詘, 無見於信, 墨子有見於齊, 無見於畸, 宋子有見於少, 無見於多. 有後而無先, 則群衆無門, 有詘而無信, 則貴賤不分, 有齊而無畸, 則政令不施, 有少而無多, 則群衆不化. 書曰, 無有作好, 遵王之道, 無有作惡, 遵王之路, 此之謂也.

만물은 도의 일부분이고, 일물은 만물의 일부분이다. 어리석은 이는 한 사물과 일부분을 가지고 스스로 도를 안다고 여기지만 잘 모르는 것이다. 신자는 뒤만 보았지 앞을 보지 못했고, 노자는 굽힘만 보았지 펼침을 보지 못했으며, 묵자는 평등만 보았지 차별을 보지 못했고, 송자는 적음만 보았지 많음을 보지 못했다. 뒤만 있고 앞이 없으면 군중들은 입구를 찾을 수 없고, 굽힘만 있고 펼침이 없다면 귀천이 구분되지 않으며, 평등만 있고 차별이 없다면 정령이 시행되지 않고, 적음만 있고 많음이 없다면 군중이 교화되지 않는다. 서경에 이르길, "자신이 좋아하는 것을 내세우지 않고 왕의 도를 따르며, 자기가 싫어하는 것을 내세우지 않고 왕의 길을 따른다"고 하였는데, 이를 두고 한 말이다.

## 18. 정론(正論)

世俗之爲說者曰, 主道利周, 是不然. 主者, 民之唱也, 上者, 下之儀也. 彼將聽唱而應, 視儀而動. 唱默則民無應也, 儀隱則下無動也. 不應不動, 則上下無以相胥也. 若是, 則與無上同也, 不祥莫大焉. 故上者下之本也, 上宣明則下治辨矣, 上端誠則下愿慤矣, 上公正則下易直矣. 治辨則易一, 愿慤則易使, 易直則易知. 易一則彊, 易使則功, 易知則明, 是治之所由生也. 上周密則下疑玄矣, 上幽險則下漸詐矣, 上偏曲則下比周矣. 疑玄則難一, 漸詐則難使, 比周則難知. 難一則不彊, 難使則不功, 難知則不明, 是亂之所由作也. 故主道利明不利幽, 利宣不利周. 故主道明則下安, 主道幽則下危. 故下安則貴上, 下危則賤上.

세속에서 말하는 자들은 이르기를 "군주의 도는 은밀한 것이 이롭다"고 한다. 이것은 그렇지 않다. 군주는 백성의 선창자이고, 윗사람은 아랫사람의 표본이다. 저들은 선창을 듣고서 응하고 모범을 보고 움직인다. 선창자가 침묵하면 백성은 응답이 없고, 모범이 숨으면 아래에서 움직이지 않는다. 응하지 않고 움직이지 않는다면 위 아래가 서로 도울 수 없다. 이와 같다면 윗사람이 없는 것과 같게 되니 폐해가 막대하다. 따라서 위는 아래의 근본이며, 위에서 밝은 것을 드러내면 아래가 분별되어 다스려지고, 위에서 단정하고 성실하면 아래는 선하게 행동할 것이며, 위에서 공정하면 아래는 쉽사리 곧게 된다. 다스림이 분별되면 하나로 하기 쉽고, 선하게 되면 부리기 쉽고, 곧기 쉬우면 알기 쉽다. 하나로 하기 쉬우면 강하고, 부리기 쉬우면 공을 세울 수 있고, 알기 쉬우면 현명해지니, 이것이 다스림이 생기는 연유이다. 위에서 은밀하면 아래에서 의혹을 갖게 되고, 위에서 음험하면 아래에서 점점 속이게 되며, 위에서 한편으로 치우치면 아래에서는 아부하게 된다. 의혹을 갖게 되면 하나로 하기 어렵고, 점점 속이게 되면 부리기 어려우며, 아부하게 되면 알기 어렵다. 하나로 하기 어려우면 강하지 못하고, 부리기 어려우면 공을 세우지 못하고, 알기 어려우면 현명하기 어려우니, 이것이 혼란이 일어나는 연유이다. 따라서 군주의 도는 분명히 하는 것이 이롭고 어둡게 하는 것은 이롭지 못하며, 공개적으로 하는 것이 이롭고 은밀히 하는 것은 이롭지 못하다. 따라서 군주의 도가 밝으면 아랫사람이 편안하며, 군주의 도가 은밀하면 아랫사람이 불안해한다. 따라서 아랫사람이 편안하면 윗사람을 귀하게 여기며, 아랫사람이 위태로우면 윗사람을 천하게 여긴다.

. . . .

可以有奪人國, 不可以有奪人天下, 可以有竊國, 不可以有竊天下也. 可以奪之者可以有國, 而不可以有天下, 竊可以得國, 而不可以得天下.
남의 나라를 탈취하는 일은 있을 수 있으나 남의 천하를 탈취하는 일은 있을 수 없으며, 나라를 훔칠 수는 있으나 천하를 훔칠 수는 없다. 탈취해서 나라를 소유할 수는 있어도 천하를 소유할 수는 없으며, 훔쳐서 나라를 얻을 수 있어도 천하를 얻을 수는 없다.

. . . .

凡刑人之本, 禁暴惡惡, 且懲其未也. 殺人者不死, 而傷人者不刑, 是謂惠暴而寬賊也, 非惡惡也.
무릇 사람에게 형벌을 가하는 근본은 난폭함을 금하고 악을 미워하며 잘못을 미연에 방지하기 위한 것이다. 살인자가 죽임을 당하지 않고 남을 해친 사람이 형벌을 받지 않으면 이것은 난폭한 자에게 은혜를 베풀고 도적에게 관용을 베푼 것으로 악을 미워하는 것이 아니다.

. . . .

羿蜂門者, 天下之善射者也, 不能以撥弓曲矢中微, 王梁造父者, 天下之善馭者也, 不能以辟馬毀輿致遠, 堯舜者, 天下之善敎化者也, 不能使嵬瑣化.

예와 봉문은 천하에서 활을 잘 쏜 사람이지만 굽은 활과 화살로 미세한 것을 맞히지 못하며, 왕량이나 조보는 말을 잘 탄 사람이지만 노둔한 말이나 고장난 수레로 먼 곳에 이를 수 없다. 요와 순은 천하에 교화를 잘한 사람이지만 괴물을 교화시킬 수는 없다.

. . .

君子可以有勢辱, 而不可以有義辱. 小人可以有勢榮, 而不可以有義榮. 有勢辱無害爲堯, 有勢榮無害爲桀. 義榮勢榮, 唯君子然後兼有之.

군자는 외부 상황으로 욕될 수 있으나 도덕적으로 욕될 수는 없으며, 소인은 외부 상황으로 영예로울 수 있으나 도덕적으로 영예로울 수는 없다. 외부 상황으로 욕되는 것은 요임금이 되는 데 지장이 없으며, 외부 상황으로 영예로운 것은 걸임금이 되는 데 지장이 없다. 도덕적으로 영예로운 것과 외부 상황으로 영예로운 일은 오직 군자가 된 연후에 겸할 수 있다.

. . .

子宋子曰, 人之情, 欲寡, 而皆以己之情爲欲多, 是過也, 故率其群徒, 辨其談說, 明其譬稱, 將使人知情之欲寡也. 應之曰, 然則亦以人之情爲欲目不欲綦色, 耳不欲綦聲, 口不欲綦味, 鼻不欲綦臭, 形不欲綦佚. 此五綦者, 亦以人之情爲不欲乎. 曰, 人之情欲是已, 曰, 若是則說必不行矣. 以人之情爲欲此五綦者而不欲多, 譬之是猶以人之情爲欲富貴而不欲貨也, 好美而惡西施也.

송자는 말하기를, "사람의 정욕은 적은데 모두들 자신의 정욕이 많다고 생각한다. 이것은 잘못이다"라고 한다. 따라서 제자들을 이끌고 그 담설을 일삼으며 비유를 하여 사람들로 하여금 정욕이 적다는 것을 알게 하고자 한다. 이에 대답하자면 다음과 같다. 그렇다면 사람의 정욕 가운데 눈으로 아름다운 색을 바라지 않고, 귀로 아름다운 소리를 바라지 않으며, 입으로 좋은 맛을 바라지 않고, 코로 좋은 냄새를 바라지 않으며, 몸으로 편안함을 바라지 않는다고 여기는 것이다. 이 다섯 가지의 욕구는 또한 사람의 정욕이 아니라고 할 수 있는가? 송자는 물론 사람의 정욕은 그것뿐이다라고 대답할 것이다. 내가 대답하건대, 이와 같다면 설명이 옳지 못하다. 사람의 정욕이 이 다섯 가지로서 많은 것이 아니라고 하는 것은 비유하자면 사람의 정욕으로 부귀를 바라면서도 재화를 바라지 않고, 아름다움을 좋아하면서도 서시(西施)를 싫어한다는 것과 같다.


## 19. 예론(禮論)

禮起於何也. 曰, 人生而有欲, 欲而不得, 則不能無求, 求而無度量分界, 則不能不爭. 爭則亂, 亂則窮. 先王惡其亂也, 故制禮義以分之, 以養人之欲, 給人之求. 使欲必不窮乎物, 物必不屈於欲, 兩者相持而長, 是禮之所起也.

예는 어디서 비롯되었는가? 말하자면 사람은 나면서부터 욕망을 갖고 있는데, 욕망을 갖고서 얻지 못하면 구하지 않을 수 없고, 구하는 데 일정한 한계가 없으면 다투지 않을 수 없으며, 다투면 혼란스럽고 혼란스러우면 궁하게 된다. 선왕은 그 혼란을 싫어하였기에 예의를 제정하여 분별함으로써 사람들의 욕망을 길러주고 사람들의 요구를 해결하고, 욕망으로 하여금 반드시 사물을 다하지 않도록 하고, 사물로 하여금 욕망에 모자라지 않도록 하여, 두 가지가 서로 의지해서 자랄 수 있도록 하였으니, 이것이 예가 일어난 이유이다.

...

禮有三本, 天地者, 生之本也. 先祖者, 類之本也. 君師者, 治之本也. 無天地, 惡生. 無先祖, 惡出. 無君師, 惡治. 三者偏亡, 焉無安人. 故禮, 上事天, 下事地, 尊先祖而隆君師, 是禮之三本也.

예에는 세 가지 근본이 있으니 천지는 생명의 근본이고, 선조는 종족의 근본이며, 임금과 스승은 다스림의 근본이다. 천지가 없으면 어찌 태어날 수 있겠고, 선조가 없으면 어찌 출생이 있겠으며, 임금과 스승이 없으면 어찌 다스려질 수 있겠는가? 세 가지 가운데 하나라도 없으면 편안한 사람이 없게 된다. 따라서 예는 위로 하늘을 섬기고 아래로 땅을 섬기며, 선조를 높이고, 군주와 스승을 융성하게 하는 것이니, 이것이 예의 세 가지 근본이다.

...

凡禮, 始乎稅, 成乎文, 終乎悅校. 故至備, 情文俱盡, 其次, 情文代勝, 其下, 復情以歸大一也. 天地以合, 日月以明, 四時以序, 星辰以行, 江河以流, 萬物以昌, 好惡以節, 喜怒以當, 以爲下則順, 以爲上則明, 萬變不亂. 貳之則喪也. 禮豈不至矣哉. 立隆以爲極, 而天下莫之能損益也. 本末相順, 終始相應, 至文以有別, 至察以有說. 天下從之者治, 不從者亂, 從之者安, 不從者危, 從之者存, 不從者亡. 小人不能測也.

무릇 예는 간단한 데서 시작하고 문식을 가하여 화락하게 되는 데서 마친다. 따라서 가장 완비된 것은 인정과 문식이 함께 갖춰진 것이고, 다음은 인정과 문식이 교대로 이기는 것이고, 그 다음은 인정을 되돌려서 크게 하나로 되는 곳으로 돌아가는 것이다. 하늘과 땅이 합해지고, 해와 달이 밝으며, 네 계절이 차례로 운행하고, 별들이 운행하며, 강과 하천이 흐르고, 만물이 번창하며, 좋아하고 싫어함에 절도가 있고, 기뻐하고 노여워함이 알맞으며, 아래에서는 순하고 위에서 현명하여, 만 가지 변화가 어지럽지 않으니 이것에 어긋나면 망하는 것이다. 예가 어찌 지극하지 않겠는가? 일정한 표준을 세워 모범을 삼는다면 천하는 덜거나 보탤 수 없다. 근본과 말단이 순조롭고 처음과 끝이 상응하여 문식에 이르러 구별되고 살핌에 이르러 조리가 있게 된다. 천하에서 이를 따르는 자는 다스려지고, 따르지 않는 자는 어지러우며, 따르는 자는 편안하고, 따르지 않는 자는 위태로우며, 따르는 자는 보존되고, 따르지 않는 자는 망한다. 소인은 헤아릴 수 없는 것이다.

. . .

禮者, 以財物爲用, 以貴賤爲文, 以多少爲異, 以隆殺爲要. 文理繁, 情用省, 是禮之隆也. 文理省, 情用繁, 是禮之殺也. 文理情用相爲內外表裏, 竝行而雜, 是禮之中流也. 故君子上致其隆, 下盡其殺, 而中處其中.
예는 재물을 쓰임으로 삼고 귀천을 꾸밈으로 삼으며, 다소를 차이로 삼고, 등급을 요체로 삼는다. 문리가 번다하고 인정의 쓰임이 간단한 것이 예가 융성한 것이고, 문리가 간단하고 인정의 쓰임이 번다한 것은 예가 감소된 것이며, 문리와 인정의 쓰임이 안팎으로 표리가 되어 병행되어 뒤섞인 것은 예가 알맞게 흐른 것이다. 따라서 군자는 위로 그 융성함을 이루고 아래로 그 감소함을 다하며, 그 중도에 알맞게 처한다.

. . .

禮者, 謹於治生死者也. 生, 人之始也, 死, 人之終也, 終始俱善, 人道畢矣. 故君子敬始而愼終, 終始如一, 是君子之道, 禮義之文也.

예는 태어남과 죽음을 다스림에 삼가는 것이다. 태어남은 사람의 처음이고, 죽음은 사람의 끝이며, 시작과 끝이 모두 선하면 사람의 도가 갖추어진다. 따라서 군자는 처음을 삼가며 끝을 신중히 하여 처음과 끝을 한결같이 하니, 이것이 군자의 도이며 예의의 문화다.

. . .

性者, 本始材朴也, 僞者, 文理隆盛也. 無性則僞之無所加, 無僞則性不能自美. 性僞合, 然後成聖人之名, 一天下之功於是就也. 故曰, 天地合而萬物生, 陰陽接而變化起, 性僞合而天下治. 天能生物, 不能辨物也, 地能載人, 不能治人也, 宇中萬物, 生人之屬, 待聖人然後分也. 詩曰, 懷柔百神, 及河喬嶽, 此之謂也.

성이란 선천적 재질로서 소박한 것이고, 인위는 문리가 융성한 것이다. 성이 없다면 인위는 가해질 수 없고, 인위가 없다면 성은 스스로 아름다워질 수 없다. 성과 인위가 합쳐진 연후에 성인이란 이름이 이루어지며 천하를 통일하는 공업이 성취된다. 따라서 말하기를, "하늘과 땅이 합쳐져서 만물이 생하고, 음양이 교접하여 변화가 일어나며, 성과 인위가 합쳐져서 천하가 다스려진다"고 하는 것이다. 하늘은 사물을 낳지만 사물을 분별하지 못하고, 땅을 사람을 실어주지만 사람을 다스릴 수 없으며, 공간의 만물과 사람의 무리는 성인을 기다린 연후에 분별된다. 시에 이르길, "모든 신령들을 편안히 하고 황하와 교악에 이르네"라 한 것은 이를 두고 한 말이다.

. . .

凡禮, 事生, 飾歡也, 送死, 飾哀也, 祭祀, 飾敬也, 師旅, 飾威也. 是百王之所同, 古今之所一也.

무릇 예에 있어서 살아 있는 사람을 섬길 때에는 즐거움을 꾸미는 것이고, 죽은 사람을 보낼 때에는 슬픔을 꾸미는 것이며, 제사에서는 공경을 꾸미는 것이고, 군대에서는 위엄을 꾸미는 것이다. 이것은 백왕이 동일한 것이며 고금이 마찬가지다.

· · ·

刻死而附生謂之墨, 刻生而附死謂之惑, 殺生而送死謂之賊. 大象其生以送其死, 使死生終始莫不稱宜而好善, 是禮義之法式也, 儒者是矣.

죽은 자에 대한 예를 덜어내 산 자에게 보태는 것을 묵자식이라 하고, 산 자에 대한 예를 덜어내 죽은 자에게 보태는 것을 미혹되었다고 하며, 산 자를 죽여 장례를 치르는 것을 도적이라 이른다. 크게 그 살아 있을 때를 본떠서 장례를 치르고, 생사의 처음과 끝이 마땅하여 좋아하지 않을 수 없도록 하는 것이 예의의 법식이니, 유자들이 여기에 해당한다.

## 20. 악론(樂論)

夫樂者, 樂也. 人情之所必不免也. 故人不能無樂. 樂則必發於聲音, 形於動靜. 而人之道, 聲音動靜性術之變盡是矣. 故人不能不樂, 樂則不能無形, 形而不爲道, 則不能無亂. 先王惡其亂也, 故制雅頌之聲以道之, 使其聲足以樂而不流, 使其文足以辨而不緦, 使其曲直繁省廉肉節奏, 足以感動人之善心, 使夫邪汙之氣無由得接焉.

대개 음악이란 즐거운 것으로 사람의 정으로 피할 수 없는 것이다. 따라서 인간에게 즐거움이 없을 수 없다. 즐거우면 반드시 성음으로 나오

고 움직임과 멈춤으로 드러난다. 사람의 도 가운데 성음동정과 본성의
변화가 모두 여기에서 드러난다. 따라서 사람은 즐기지 않을 수 없고,
즐거우면 드러나지 않을 수 없으며, 드러나되 도에 맞지 않으면 어지럽
지 않을 수 없다. 선왕은 그 어지러움을 싫어하여 아송의 소리를 제정
하고 인도하여 그 소리가 즐겁되 방탕하지 않도록 하였고, 그 문식으로
변별하여 사악하지 않도록 하였으며, 그 곡직과 번다함과 간단함의 절
주가 사람의 착한 마음을 감동시켜서 사악하고 더러운 기운이 끼어들
지 못하도록 하였다.

. . .

故樂者, 審一以定和者也, 比物以飾節者也, 合奏以成文者也, 足以率一
道, 足以治萬變. 是先王立樂之術也, 而墨子非之, 奈何. (……)故樂者,
出所以征誅也, 入所以揖讓也. 征誅揖讓, 其義一也. 出所以征誅, 則莫不
聽從, 入所以揖讓, 則莫不從服. 故樂者, 天下之大齊也, 中和之紀也, 人
情之所必不免也.

따라서 음악이란 하나를 살펴서 안정과 조화를 추구하는 것이고, 사물
에 비하여 알맞게 수식하며, 절주를 합하여 문식을 이루는 것으로, 하
나의 도를 이끌 수 있고, 만가지 변화를 다스릴 수 있는 것이다. 이것이
선왕이 음악을 세운 방법인데, 묵자가 비난하는 것은 무엇 때문인가?
(……)따라서 음악이란 나가서 정벌 때 쓰이고, 안으로 읍양할 때 쓰이
는 것이다. 정벌과 읍양은 그 의의가 하나이다. 나가서 정벌하면 누구
라도 따르지 않을 수 없고, 안으로 읍양을 하면 누구라도 순종하지 않
을 수 없다. 따라서 음악이란 천하를 크게 가지런히 하는 것이고, 중화
의 기강이며, 인정으로서 피할 수 없는 것이다.

. . .

夫聲樂之入人也深, 其化人也速, 故先王謹爲之文. 樂中平則民和而不流, 樂肅莊則民齊而不亂. 民和齊則兵勁城固, 敵國不敢嬰也. 如是, 則百姓莫不安其處, 樂其鄉, 以至足其上矣. 然後名聲於是白, 光輝於是大, 四海之民, 莫不願得以爲師. 是王者之始也. 樂姚冶以險, 則民流僈鄙賤矣. 流僈則亂, 鄙賤則爭. 亂爭則兵弱城犯, 敵國危之. 如是, 則百姓不安其處, 不樂其鄉, 不足其上矣. 故禮樂廢而邪音起者, 危削侮辱之本也. 故先王貴禮樂而賤邪音.

대개 성악이 사람에게 받아들여지는 것은 깊고 사람을 교화시키는 것이 빠르므로 선왕이 삼가 문화로 삼은 것이다. 음악이 중용에 맞고 평화로우면 백성들은 조화롭고 치우치지 않으며, 음악이 엄숙하고 장중하면 백성들은 가지런하면서 어지럽지 않다. 백성들이 조화롭고 가지런하면 군대가 강해지고 성곽이 견고하므로 적국이 감히 얕보지 못한다. 이와 같이 하면, 백성은 그 거처를 편안히 여기지 않을 수 없고, 그 고을을 즐겁게 여기지 않을 수 없으며, 그 윗사람에게 충분히 만족할 수 있다. 그런 후에 명성이 명백해지고 영광이 커지며 사해의 백성이 스승으로 삼기를 원하지 않을 수 없으니, 이것이 왕자의 시작이다. 음악이 음란하고 험하면 백성이 음탕하고 비천하게 되고, 음탕하면 어지럽고, 비천해지면 다투게 된다. 어지럽고 다투면 병사들이 약해지고 성곽이 침범을 당하여 적국이 위태롭게 한다. 이와 같다면 백성은 그 곳을 편안히 여기지 못하고, 그 고을을 즐겁게 여기지 못하며 그 윗사람에게 만족하지 않는다. 따라서 예악이 없어지고 사악한 음악이 일어나는 것은 위태롭고 영토가 깎이며 모욕을 받는 근본이다. 그러므로 선왕은 예악을 중시하고 사악한 음악을 천시하였다.

. . .

凡姦聲感人而逆氣應之, 逆氣成象而亂生焉. 正聲感人而順氣應之, 順氣

成象而治生焉. 唱和有應, 善惡相象, 故君子愼其所去就也. 君子以鐘鼓
道志, 以琴瑟樂心. 動以干戚, 飾以羽旄, 從以磬管. 故其淸明象天, 其廣
大象地, 其俯仰周旋有似於四時. 故樂行而志淸, 禮脩而行成, 耳目聰明,
血氣和平, 移風易俗, 天下皆寧, 美善相樂. 故曰, 樂者, 樂也. 君子樂得其
道, 小人樂得其欲. 以道制欲, 則樂而不亂, 以欲忘道, 則惑而不樂. 故樂
者, 所以道樂也.

무릇 간사한 소리는 사람을 감동시키되 거슬리는 기운으로 응하는 것
이고, 거슬리는 기운이 상을 이루면 혼란이 생긴다. 올바른 소리는 사
람을 감동시키되 순조로운 기운으로 응하는 것이고, 순조로운 기운이
상을 이루면 다스림이 생긴다. 부르고 화답함에 응함이 있고, 선악이
서로 드러나기 때문에 군자는 그 거취를 삼간다. 군자는 종과 북으로
뜻을 인도하고, 비파와 거문고로 마음을 즐기며, 방패와 도끼로써 움직
이고, 꿩깃과 소꼬리로 꾸미며, 경쇠와 피리로 따른다. 따라서 그 청명
함은 하늘을 본뜨고 그 광대함은 땅을 본뜨고 그 굽히고 우러르며 빙빙
도는 동작은 네 계절과 비슷하다. 따라서 음악이 행해짐으로써 뜻이 맑
아지고, 예가 닦이면서 행동이 이루어지며, 이목이 총명해지고, 혈기가
화평해지며, 풍속이 교화되어 천하가 모두 편안해지고 선과 미를 서로
즐긴다. 따라서 말하기를, "음악이란 즐기는 것이다"라고 한다. 군자는
그 도를 얻는 것을 즐기며, 소인은 욕망을 얻는 것을 즐긴다. 도로써 욕
망을 조절하면 즐겨도 어지럽지 않고, 욕망 때문에 도를 잊는다면 미혹
되어 즐겁지 않다. 따라서 음악이란 도를 즐기는 것이다.

· · ·

樂也者, 和之不可變也. 禮也者, 理之不可易者也. 樂合同, 禮別異. 禮樂
之統, 管乎人心矣. 窮本極變, 樂之情也, 著誠去僞, 禮之經也.

악이란 바꿀 수 없는 조화이며, 예란 바꿀 수 없는 이치다. 악은 화합이

358

며 예는 구별로서 인심으로 일관한다. 근본을 파헤쳐서 변화를 다하는
것은 악의 실상이요, 진실을 드러내고 거짓을 제거하는 것은 예의 법칙
이다.

. . .

鼓, 其樂之君邪. 故鼓似天, 鐘似地, 磬似水, 竽笙簫和篪簫似星辰日月,
鞉柷拊鞷椌楬似萬物.
북은 음악의 군주다. 따라서 북은 하늘과 유사하고, 종은 땅과 유사하
며, 경쇠는 물과 유사하고, 생황이나 피리 종류는 일월성신과 유사하며
땡땡이와 부박 등은 만물과 유사하다.


## 21. 해폐(解蔽)

凡人之患, 蔽於一曲, 而闇於大理. 治則復經, 兩疑則惑矣. 天下無二道,
聖人無兩心. 今諸侯異政, 百家異說, 則必或是或非, 或治或亂. 亂國之
君, 亂家之人, 此其誠心莫不求正而以自爲也, 妬繆於道而人誘其所迨也.
私其所積, 唯恐聞其惡也, 倚其所私, 以觀異術, 唯恐聞其美也. 是以與治
離走而是己不輟也. 豈不蔽於一曲而失正求也哉. 心不使焉, 則白黑在前
而目不見, 雷鼓在側而耳不聞, 況於蔽者乎. 德道之人, 亂國之君非之上,
亂家之人非之下, 豈不哀哉.
보통 사람의 폐단은 한 모퉁이에 가려서 큰 이치에 어둡다는 것이다.
그러한 점을 다스린다면 다시 정상으로 돌아오지만 두 갈래로 의심하
게 되면 미혹된다. 천하에 두 가지 도가 없고 성인에게 두 마음이 없다.
지금 제후마다 정치가 다르고 백가의 설이 다르니 반드시 어느 것이 옳
고 그른가, 어느 것이 다스려지고 어지러운 것인가를 정해야 한다. 어

지러운 나라의 군주나 어지러운 가문의 사람이라 하여도 그 마음은 진
실로 올바름을 추구하여 노력하지 않음이 없지만 도를 질시하고 좋아
하는 것에 유혹된다. 사적으로 쌓아 놓고서 오직 자기가 잘못되었다고
들을까 두려워하고, 사적으로 치우쳐 다른 방법을 보게 되면 그것이 훌
륭하다고 소문이 날까 두려워한다. 따라서 정도를 벗어나 달리면서도
자기가 옳다고 여겨 그만두지 않으니 어찌 한 모퉁이에 가리워 정도를
추구하지 못하는 것이 아니겠는가? 마음을 사용하지 않으면 흑백이 앞
에 있어도 눈으로 보지 못하고, 우레와 북소리가 옆에서 울려도 귀로
듣지 못하는데, 하물며 가려져 있을 때에 있어서랴? 도덕 군자를 어지
러운 나라의 군주가 위에서 비난하고, 가문을 어지럽히는 사람이 아래
에서 비난하니 어찌 슬프지 않으랴!

. . .


墨子蔽於用而不知文, 宋子蔽於欲而不知得, 愼子蔽於法而不知賢, 申子
蔽於勢而不知知, 惠子蔽於辭而不知實, 莊子蔽於天而不知人. 故由用謂
之道, 盡利矣, 由欲謂之道, 盡嗛矣, 由法謂之道, 盡數矣, 由勢謂之道, 盡
便矣, 由辭謂之道, 盡論矣, 由天謂之道, 盡因矣. 此數具者, 皆道之一隅
也. 夫道者, 體常而盡變, 一隅不足以擧之. 曲知之人, 觀於道之一隅而未
之能識也, 故以爲足而飾之, 內以自亂, 外以惑人, 上以蔽下, 下以蔽上,
此蔽塞之禍也.

묵자는 실용에 가리워 문화를 몰랐고, 송자(송견)는 욕망에 가리워 덕
을 몰랐으며, 신자(신도)는 법에 가리워 현자를 몰랐고, 신자(신불해)는
세에 가리워 지혜를 몰랐으며, 혜자(혜시)는 말에 가리워 실제를 몰랐
고, 장자는 하늘에 가리워 인위를 몰랐다. 따라서 실용에 말미암는 것
을 도라고 하면 이익을 다할 것이고, 욕망에 말미암는 것을 도라고 하
면 만족함을 추구할 것이며, 법에 말미암는 것을 도라고 한다면 술수를

다할 것이고, 세로부터 말미암는 것을 도라고 한다면 편리함을 다할 것이며, 말에 말미암는 것을 도라고 한다면 논쟁을 다할 것이고, 하늘에 말미암는 것을 도라고 한다면 순응을 다할 것이다. 이 여러 가지는 모두 도의 한 모퉁이다. 대저 도는 본체는 일정하면서 변화를 다하는 것이어서, 한 모퉁이로써 거론할 수 없는데, 잘못 알고 있는 사람은 도의 한 모퉁이를 보고서 제대로 알지 못한다. 따라서 스스로 충분하다고 여기고 꾸미지만 안으로 스스로 혼란스럽고 밖으로 남을 미혹시키며, 위에서 아래를 가리며, 아래에서 위를 가리니, 이것이 가리고 막히는 폐단이다.

. . .

人何以知道. 曰, 心. 心何以知. 曰, 虛壹而靜. 心未嘗不臧也, 然而有所謂虛, 心未嘗不滿也, 然而有所謂一, 心未嘗不動也, 然而有所謂靜. 人生而有知, 知而有志, 志也者, 臧也, 然而有所謂虛, 不以所已臧害所將受謂之虛. 心生而有知, 知而有異, 異也者, 同時兼知之, 同時兼知之, 兩也, 然而有所謂一, 不以夫一害此一謂之壹. 心, 臥則夢, 偸則自行, 使之則謀. 故心未嘗不動也, 然而有所謂靜, 不以夢劇亂知謂之靜. 未得道而求道者, 謂之虛壹而靜, 作之則. 將須道者, 虛則入, 將事道者, 壹則盡, 將思道者, 靜則察, 知道察, 知道行, 體道者也. 虛壹而靜, 謂之大淸明. 萬物莫形而不見, 莫見而不論, 莫論而失位. 坐於室而見四海. 處於今而論久遠, 疏觀萬物而知其情, 參稽治亂而通其度, 經緯天地而材官萬物, 制割大理而宇宙理矣.

사람은 어떻게 도를 아는가? 말하자면 마음이다. 마음은 그것을 어떻게 알 수 있는가? 말하자면, '비어' 있고, '하나'이며, '고요'하기 때문이다. 마음은 일찍이 저장하지 않음이 없지만 이른바 '비어' 있을 수 있고, 마음은 일찍이 가득하지 않음이 없지만 이른바 '하나'일 수 있으며, 마음은 일찍이 움직이지 않음이 없지만 이른바 '고요' 할 수 있다. 사람이 태어나면 아는 능력을 갖고, 알면서 의지를 갖게 된다. 뜻이란 감춰진 것이다. 그러나 이른바 '비어' 있다라는 것은 이미 감춰진 것이 장차 받아들인 것을 해치지 않기 때문이다. 마음은 생기면서 아는 능력을 갖게 되고 알면서 차이가 있게 된다. 다름이란 동시에 함께 아는 것이다. 동시에 함께 안다는 것은 둘이다. 그러나 이른바 '하나' 라고 하는 것은 하나로써 저 하나를 해치지 않기 때문이다. 마음은 누워 있으면 꿈을 꾸고 탐을 내면 저절로 행해지고, 부리면 꾀하게 되기 때문에 마음이란 일찍이 움직이지 않은 적이 없다. 그러나 이른바 '고요' 라는 것은 상상하는 것이 앎을 어지럽히지 않기 때문이다. 아직 도를 구하지 못해서 도를 구하려는 자에게 '비움' 과 '하나' 와 '고요' 를 원칙으로 삼아야 한다고 말한다. 도에 의지하고자 하는 이는 '비움' 에서 들어갈 수 있고, 도를 일삼고자 하는 이는 '하나' 에서 다할 수 있으며, 도를 생각하는 사람은 '고요' 에서 살필 수 있다. 도를 아는 것이 분명해지고 행할 수 있는 것이 도를 체득한 것이다. '비움' 과 '하나' 와 '고요' 를 일러서 '크게 청명함' 이라고 한다. 만물은 형체가 아니면 볼 수 없고, 볼 수 없으면 논할 수 없고, 논할 수 없으면 지위가 없다. 집에 앉아서 사해를 보고, 오늘에 살면서 먼 옛날을 논하며, 만물을 소통해 보아 그 실정을 알고, 치란을 참고하여 그 제도에 통하며, 천지를 모범으로 하여 만물을 다스리고, 큰 이치를 재단함으로써 우주를 다스릴 수 있다.

· · ·

心者, 形之君也, 而神明之主也, 出令而無所受令. 自禁也, 自使也, 自奪也, 自取也, 自行也, 自止也. 故口可劫而使墨云, 形可劫而詘申, 心不可劫而使易意, 是之則受, 非之則辭. 故曰, 心容, 其擇也無禁, 必自見, 其物也雜博, 其情之至也不貳.

마음은 육체의 군주요 신명의 주체로서 명령을 내리기만 하지 명령을 받지 않는다. 스스로 금하고 스스로 부리며, 스스로 빼앗고 스스로 취하며, 스스로 행하고 스스로 멈출 뿐이다. 따라서 입은 억지로 침묵하거나 말하게 할 수 있고, 육체는 억지로 굽히거나 피게 할 수 있지만, 마음은 억지로 뜻을 바꾸게 할 수 없으며, 옳으면 받아들이고 그르면 사양하는 것이다. 따라서 말하기를, "마음의 상태는 그 선택에 금제가 없고 반드시 스스로 나타나며, 그 사물은 복잡하지만 그 정의가 지극하여 나눠지지 않는다"고 한다.

. . .

人心譬如槃水, 正錯而勿動, 則湛濁在下, 而淸明在上, 則足以見鬚眉而察理矣. 微風過之, 湛濁動乎下, 淸明亂於上, 則不可以得大形之正也.
사람의 마음은 비유하자면 대야에 담긴 물과 같다. 바르게 놓아두면 움직이지 않아서 탁한 것이 가라앉고 맑은 것이 위에 있어서 수염이나 눈썹을 보고 피부를 살필 수 있다. 미풍이 지나가면 탁한 것이 아래에서 움직이고 맑은 것이 위에서 어지러워서 큰 형체의 올바른 모습을 얻을 수 없다.

. . .

凡以知, 人之性也, 可以知, 物之理也. 以可以知人之性, 求可以知物之理, 而無所疑止之, 則沒世窮年不能徧也.
무릇 아는 능력은 사람의 본성이며, 알 수 있는 것은 사물의 이치이다. 사람의 본성을 알 수 있는 것으로써 사물의 이치를 구한다면 의심하는 바가 그칠 수 없게 되니, 평생을 하더라도 모두 알 수 없을 것이다.

## 22. 정명(正名)

生之所以然者謂之性. 性之和所生, 精合感應, 不事而自然謂之性. 性之
好惡喜怒哀樂謂之情. 情然而心爲之擇謂之慮. 心慮而能爲之動謂之僞.
생명의 그러한 근거를 일러 성이라 이른다. 성과 태어난 바가 정기와
결합해 감응함으로써 일삼지 않아도 저절로 그렇게 되는 것도 성이라
이른다. 성 가운데 좋아하고 미워하며 기뻐하고 노여워하며 슬퍼하고
즐거워하는 것을 정이라 이른다. 정의 그러한 바에서 마음으로 선택하
는 것을 사려라 이르며, 마음이 사려하여 실천할 수 있는 것을 위(인위)
라고 이른다.

. . .

異形離心交喩, 異物名實玄紐, 貴賤不明, 同異不別. 如是, 則志必有不喩
之患, 而事必有困廢之禍. 故知者爲之分別, 制名以指實, 上以明貴賤, 下
以辨同異. 貴賤明, 同異別, 如是, 則志無不喩之患, 事無困廢之禍, 此所
爲有名也.
서로 다른 형상과 서로 다른 마음이 엇갈리고 서로 다른 사물과 명실이
뒤엉키면 귀천이 밝혀지지 않고 동이가 구별되지 않는다. 이와 같이 되
면, 뜻에는 반드시 깨닫지 못하는 근심이 있게 되고 일에는 반드시 막
히는 폐단이 있게 된다. 따라서 지혜로운 자는 이를 위해 분별하고 명
사를 제정하여 실을 가리킴으로써 위로는 귀천을 밝히고 아래로 동이
를 분별한다. 귀천이 밝혀지고 동이가 분별되면 뜻에는 깨닫지 못하는
근심이 없어지고, 일에 막히는 폐단이 없어지니, 이것이 명사가 있게
된 이유이다.

. . .

同則同之, 異則異之, 單足以喩則單, 單不足以喩則兼. 單與兼無所相避則共, 雖共, 不爲害矣. 知異實者之異名也, 故使異實者莫不異名也, 不可亂也. 猶使同實者莫不同名也. 故萬物雖衆, 有時而欲徧舉之, 故謂之物. 物也者, 大共名也. 推而共之, 共則有共, 至於無共然後止. 有時而欲徧舉之, 故謂之鳥獸. 鳥獸也者, 大別名也. 推而別之, 別則有別, 至於無別然後止. 名無固宜, 約之以命, 約定俗成謂之宜, 異於約則謂之不宜. 名無固實, 約之以命實, 約定俗成謂之實名. 名有固善, 徑易而不拂, 謂之善名. 物有同狀而異所者, 有異狀而同所者, 可別也. 狀同而爲異所者, 雖可合, 謂之二實. 狀變而實無別而爲異者, 謂之化, 有化而無別, 謂之一實. 此事之所以稽實定數也. 此制名之樞要也. 後王之成名, 不可不察也.

같은 사물은 같은 명칭으로 다른 사물은 다른 명칭으로 하며, 단수로 충분히 소통되면 단수로 하고, 단수로 소통되기에 부족하면 복수로 한다. 단수와 복수를 서로 겸해도 모순이 안 될 때 공명(유개념)을 쓴다. 공명을 쓰더라도 해가 되지 않는다. 실체를 달리하는 것은 명칭을 달리하는 것을 안다. 따라서 실체를 달리하는 것은 다른 명칭으로 하지 않을 수 없다. 이것은 어지럽힐 수 없으니, 마치 실체가 같은 것은 명칭을 같은 것으로 하는 것과 같다. 따라서 만물이 비록 많더라도 때로는 두루 포괄해서 거론하는 경우가 있으니, 예컨대 '물'이라고 하는 것이다. '물'이란 대공명이다. 미루어 포괄해 나가서 공명(유개념)을 더 이상 사용할 수 없을 때 그친 것이다. 때로는 부분적으로 거론하는 경우가 있으니, 예컨대 '조수'라고 하는 것이다. '조수'란 대별명이다. 미루어 구별해 나가서 별명(종개념)을 더 이상 사용할 수 없을 때 그친 것이다. 명칭은 본래 의미가 없고 약속으로 정해진다. 약속이 정해져 관습으로 이루어진 것을 의미라 하고, 약속과 차이가 나면 의미가 없다고 한다.

명칭은 본래 지시하는 대상은 없고 약속으로 대상을 명명한다. 약속으로 정하고 관습으로 이루어진 것을 실제 명칭이라 한다. 명칭엔 본래 좋은 것이 있는데 간단명료하고 서로 모순이 없는 것을 좋은 명칭이라고 한다. 사물은 형상이 같으면서 처소가 다른 것이 있고, 형상이 다르면서 처소가 같은 것이 있는데 구별할 수 있어야 한다. 형상은 같지만 처소가 다른 것은 비록 합치되더라도 '두 가지 실체'라고 이르며, 형상이 변했지만 실체가 차별이 없는 것은 '변화'라고 이른다. 변화했지만 구별이 없다면 '하나의 실체'라고 이른다. 이것이 사물의 실질을 고찰하는 일정한 방법이며, 명칭을 제정하는 기준이다. 후왕이 명칭을 완성한 것을 살피지 않을 수 없다.

. . .

凡語治而待去欲者, 無以道欲而困於有欲者也. 凡語治而待寡欲者, 無以節欲而困於多欲者也. 有欲無欲, 異類也, 生死也, 非治亂也. 欲之多寡, 異類也, 情之數也, 非治亂也. 欲不待可得, 而求者從所可. 欲不待可得, 所受乎天也, 求者從所可, 所受乎心也. 所受乎天之一欲, 制於所受乎心之多計, 固難類所受乎天也. 人之所欲, 生甚矣, 人之所惡, 死甚矣, 然而人有從生成死者, 非不欲生而欲死也, 不可以生而可以死也. 故欲過之而動不及, 心止之也. 心之所可中理, 則欲雖多, 奚傷於治. 欲不及而動過之, 心使之也. 心之所可失理, 則欲雖寡, 奚止於亂. 故治亂在於心之所可, 亡於情之所欲. 不求之其所在而求之其所亡, 雖曰我得之, 失之矣.

대개 다스림을 말하면서 욕망을 제거할 것을 기대하는 사람은 욕망을 조절할 줄 모르고 욕망을 가진 것에 곤란을 느끼는 사람이다. 무릇 다스림을 말하면서 욕망을 줄일 것을 기대하는 사람은 욕망을 조절할 줄 모르고 욕망이 많은 것에 곤란을 느끼는 사람이다. 욕망이 있음과 없음은 다른 류로서 생사와 같으며 치란과는 관계가 없다. 욕망의 많고 적음은 다른 류이며 정욕의 분수로서 치란과는 관계가 없다. 욕망은 얻어지기를 기다리는 것이 아니라 구하는 것이 가능할 때 생긴다. 욕망이 얻어지기를 기다리지 않는 것은 자연으로부터 받을 때이고, 구하는 것이 가능할 때 생기는 것은 마음으로부터 받을 때이다. 하늘로부터 하나의 욕망을 받는 것은 마음으로부터 비롯된 여러 생각에 제한되어, 진실로 하늘로부터 받기 어려운 것이다. 사람이 바라는 것에서 생명이 가장 심하고, 사람이 싫어하는 것에서 죽음이 가장 심하다. 그러나 사람이 살다가 죽게 되는 것은 생명을 바라지 않고 죽음을 바라기 때문이 아니라 살 수 없고 죽을 수밖에 없기 때문이다. 따라서 욕망이 지나칠 때 행동이 미치지 않는 것은 마음이 저지하는 것이다. 따라서 마음이 이치에 맞는다면 욕망이 비록 많더라도 다스림에 어찌 해가 되겠는가? 욕망이 미치지 못할 때 행동이 지나친 것은 마음이 부리는 것이다. 마음이 이치에 맞지 않는다면 비록 욕망이 적더라도 어찌 혼란스러움에 그칠 뿐이겠는가? 따라서 치란은 마음의 여부에 달려 있는 것이지 정욕의 다과에 달려 있는 것이 아니다. 그것이 있는 데서 구하지 않고 그것이 없는 데서 구하는 것은 비록 내가 얻었다고 말하더라도 실제로는 잃은 것이다.

· · ·

性者, 天之就也, 情者, 性之質也, 欲者, 情之應也. 以所欲爲可得而求之, 情之所必不免也. 以爲可而道之, 知所必出也. 雖爲守門, 欲不可去, 性之具也. 雖爲天子, 欲不可盡. 欲雖不可盡, 可以近盡也, 欲雖不可去, 求可節也.

성이란 천성적이고, 정이란 성의 성질이며, 욕망은 정의 감응이다. 욕구하는 바를 얻고자 노력하는 것은 정에서 피할 수 없는 일이다. 가능하다고 여기고 이끄는 것은 지혜로부터 비롯된다. 비록 문지기라 하더라도 욕망을 제거할 수 없는 것은 성에 갖추어져 있기 때문이다. 비록 천자라 하더라도 욕망을 다 채울 수 없고, 욕망을 다 채울 수 없다 하더라도 가깝게 할 수 있으며, 욕망을 제거할 수 없다 하더라도 노력하여 조절할 수 있다.

. . .

凡人之取也, 所欲未嘗粹而來也, 其去也, 所惡未嘗粹而往也. 故人無動而可以不與權俱. 衡不正, 則重縣於仰, 而人以爲輕, 輕縣於俛, 而人以爲重, 此人所以惑於輕重也. 權不正, 則禍託於欲, 而人以爲福, 福託於惡, 而人以爲禍, 此亦人所以惑於禍福也. 道者, 古今之正權也, 離道而內自擇, 則不知禍福之所託.

무릇 사람이 갖고자 할 때 일찍이 좋아하는 것만 순수하게 얻을 수 있는 것이 아니며, 버리고자 할 때 일찍이 싫어하는 것만 순수하게 버릴 수 있는 것이 아니다. 그러므로 사람이 행동하면서 저울과 함께 하지 않을 수 없다. 저울이 바르지 않다면 무거워 위로 들리더라도 사람들이 가볍다고 여길 것이고, 가벼워서 아래로 떨어져도 사람들은 무겁다고 할 것이다. 이것이 사람들이 가볍고 무거움에 미혹되는 이유이다. 기준이 바르지 않다면 화가 바라는 데에 숨어 있는데도 사람들은 복이라 여기고, 복이 싫어하는 데 숨어 있더라도 사람들은 화로 여긴다. 이 또한 화와 복에 미혹되는 이유이다. 도라는 것은 옛날과 지금의 올바른 저울이니, 도를 벗어나 안으로 스스로 선택한다면 화와 복이 숨어 있는 바를 알지 못한다.

. . .

有嘗試深觀其隱而難其察者. 志輕理而不重物者, 無之有也, 外重物而不內憂者, 無之有也. 行離理而不外危者, 無之有也, 外危而不內恐者, 無之有也. (……)故欲養其欲而縱其情, 欲養其性而危其形, 欲養其樂而攻其心, 欲養其名而亂其行. 如此者, 雖封侯稱君, 其與夫盜無以異, 乘軒戴絻, 其與無足無以異, 夫是之謂以己爲物役矣.

일찍이 시험삼아 감춰져 있어서 살피기 어려운 것을 관찰해 본 적이 있다. 내심으로 이치를 경시하면서 외물을 중시하지 않는 자가 없었고, 밖으로 외물을 중시하면서 안으로 우환이 없는 자는 없었으며, 행동이 이치에 어긋나면서 밖으로 위태롭지 않은 자가 없었고, 밖으로 위태로우면서 안으로 두려워하지 않는 자는 없었다. (……) 따라서 욕망을 기르고자 하면서 그 정을 방종하고, 그 성을 기르고자 하면서도 그 형체를 위태롭게 하며, 그 즐거움을 기르고자 하면서도 그 마음을 해치고, 그 이름을 기르고자 하면서도 그 행동을 어지럽게 한다. 이와 같은 사람은 비록 제후에 봉해지고 군주가 되더라도 필부나 도둑과 별 차이가 없으며, 수레를 타고 면류관을 쓰더라도 절름발이와 별 차이가 없으니, 대저 이를 일러서 "자신을 외물의 노예로 삼는다"고 하는 것이다.


## 23. 성악(性惡)

人之性惡, 其善者僞也. 今人之性, 生而有好利焉, 順是, 故爭奪生而辭讓亡焉. 生而有疾惡焉, 順是, 故殘賊生而忠信亡焉. 生而有耳目之欲, 有好聲色焉, 順是, 故淫亂生而禮義文理亡焉. 然則從人之性, 順人之情, 必出於爭奪, 合於犯分亂理而歸於暴. 故必將有師法之化禮義之道, 然後出於辭讓, 合於文理而歸於治. 用此觀之, 然則人之性惡明矣, 其善者僞也.

사람의 본성은 악하며 그것이 선한 것은 인위적인 것이다. 지금 사람의 본성은 나면서부터 이로움을 좋아하는 것이 있는데, 이것을 따르기 때문에 쟁탈이 생겨나고 사양하는 것이 없어진다. 나면서부터 미워하고 싫어하는 것이 있는데 이것을 따르기 때문에 잔적이 생기고 충과 신이 없어진다. 나면서 이목의 욕망을 갖고 있어서 소리와 색깔을 좋아하는데, 이것을 따르기 때문에 음란이 일어나고 예의와 문리가 없어진다. 그러므로 사람의 본성을 따르고 사람의 정을 따른다면 반드시 쟁탈로나아가게 되어 분수를 무시하고 이치를 어지럽히는 데로 합쳐져 난폭함으로 귀결된다. 따라서 반드시 장차 사법의 교화와 예의의 도가 있어야 한다. 그런 후에야 사양으로 나아가고 문리에 합치되고 다스림으로 귀결된다. 이것으로써 살펴본다면 사람의 본성이 악한 것은 분명하며, 그것이 선하게 되는 것은 인위적인 것이다.

. . .

枸木必將待檃栝烝矯然後直, 鈍金必將待礱厲然後利. 今人之性惡, 必將待師法然後正, 得禮義然後治.

굽은 나무는 반드시 도지개에 넣거나 불에 쬐어 바로잡은 연후에 곧게되고, 무딘 쇠붙이는 반드시 숫돌에 간 뒤에 날카롭게 된다. 이제 사람의 악한 본성은 반드시 스승이나 법도를 기다린 후에 바로잡히며 예의를 얻은 후에 다스려진다.

. . .

孟子曰, 人之學者, 其性善, 曰, 是不然. 是不及知人之性, 而不察乎人之性僞之分者也. 凡性者, 天之就也, 不可學, 不可事. 禮義者, 聖人之所生也, 人之所學而能, 所事而成者也. 不可學, 不可事而在人者, 謂之性, 可學而能, 可事而成之在人者, 謂之僞. 是性僞之分也.

맹자는 말하기를, "사람들이 배우는 것은 그 본성이 선하기 때문이다"라고 한다. 대답하자면 그렇지 않다. 이는 사람의 본성을 알지 못하고 사람의 본성과 인위의 구분을 살피지 못한 것이다. 무릇 성이란 선천적인 것으로 배울 수 없고 일삼을 수 없는 것이다. 예의란 성인이 만든 것으로 사람이 배워서 능할 수 있으며 일삼아서 이룰 수 있는 것이다. 배울 수 없고 일삼을 수 없으면서 사람에게 있는 것을 성이라 하고, 배워서 능할 수 있고 일삼을 수 있으면서 사람에게서 완성되는 것을 인위라고 한다. 이것이 성과 인위의 구분이다.

· · ·

問者曰, 人之性惡, 則禮義惡生. 應之曰, 凡禮義者, 是生於聖人之僞, 非故生於人之性也. 故陶人埏埴而爲器, 然則器生於工人之僞, 非故生於人之性也. 故工人斲木而成器, 然則器生於工人之僞, 非故生於人之性也. 聖人積思慮, 習僞故, 以生禮義而起法度, 然則禮義法度者, 是生於聖人之僞, 非故生於人之性也. 若夫目好色, 耳好聲, 口好味, 心好利, 骨體膚理好愉佚, 是皆生於人之情性也, 感而自然, 不待事而後生之者也. 夫感而不能然, 必且待事而後然者, 謂之生於僞. 是性僞之所生, 其不同之徵也. 故聖人化性而起僞, 僞起而生禮義. 禮義生而制法度.

어떤 이가 묻기를, "사람의 본성이 악하다면 예의가 어떻게 생기는가?" 하였다. 이에 대답한다. 무릇 예의란 성인의 인위에서 생기는 것이지 사람의 본성에서 생기는 것이 아니다. 도공은 진흙으로 그릇을 만드는데, 그릇은 도공의 인위에서 생기는 것이지 사람의 본성에서 생기는 것이 아니다. 공인은 나무를 잘라서 기구를 만드는데, 기구는 공인의 인위에서 생기는 것이지 사람의 본성에서 생기는 것이 아니다. 성인은 사려를 축적하고 인위적인 일에 익숙하여 예의를 만들고 법도를 일으킨다. 그렇다면 예의와 법도는 성인의 인위에서 생기는 것이지 사람의 본성에서 생기는 것이 아니다. 저 눈으로 색을 좋아하고 귀로 소리를 좋아하며 입으로 맛을 좋아하고 마음으로 이익을 좋아하며 육체와 피부로 편안함을 좋아하는 것은 모두 사람의 성정에서 생기는 것으로 느껴서 스스로 그러한 것으로 일삼기를 기다린 후에 생기는 것이 아니다. 저 느껴도 그러하지 못하는 것은 반드시 일삼는 것을 기다린 후에 그렇게 되는 것인데 이것을 일러 '인위' 라 이른다. 이것이 성과 인위가 생기는 바로서 그 서로 다른 징표이다. 따라서 성인은 성을 변화시킴으로써 인위를 일으키고, 인위가 일어나자 예의를 만들었고, 예의가 생기자 법도를 제정하였다.

. . .

善言古者必有節於今, 善言天者必有徵於人.
옛날에 대해 잘 말하는 사람은 반드시 그것을 현재에 알맞게 하며, 하늘에 대해 잘 말하는 자는 반드시 그것을 사람에게서 징험한다.

. . .

曰, 聖可積而致, 然而皆不可積, 何也. 曰, 可以而不可使也. 故小人可以爲君子而不肯爲君子, 君子可以爲小人而不肯爲小人. 小人君子者, 未嘗不可以相爲也, 然而不相爲者, 可以而不可使也. 故塗之人可以爲禹, 則然, 塗之人能爲禹, 未必然也. 雖不能爲禹, 無害可以爲禹. 足可以徧行天下, 然而未嘗有能徧行天下者也. 夫工匠農賈, 未嘗不可以相爲事也, 然而未嘗能相爲事也. 用此觀之, 然則可以爲, 未必能也, 雖不能, 無害可以爲. 然則能不能之與可不可, 其不同遠矣, 其不可以相爲明矣.
어떤 이가 묻기를, "성인은 학문을 쌓아서 도달할 수 있는 것인데, 모든 사람이 그렇게 할 수 없는 이유는 무엇인가?" 하였다. 대답하고자 한다. 할 수는 있지만 시킬 수는 없는 것이다. 따라서 소인은 군자가 될 수 있지만 군자가 되기를 기꺼워하지 않으며, 군자는 소인이 될 수 있지만 소인이 되기를 기꺼워하지 않는다. 소인과 군자는 일찍이 서로 바꾸어 될 수.없는 것이다. 그러나 서로 바꾸어 되지 않는 것은, 할 수는 있어도 억지로 시킬 수 없기 때문이다. 따라서 길가의 사람이 우임금처럼 될 수 있다는 것은 맞지만 길가의 사람이 우임금처럼 되는 것은 반드시 그러한 것은 아니다. 비록 우임금처럼 되지 못해도 우임금처럼 될 수 있다는 것이 해가 되지 않는다. 발은 천하를 두루 돌아다닐 수 있지만 일찍이 천하를 두루 돌아다닌 사람은 없었다. 대저 기술자와 농부와 상인은 일찍이 서로 일을 바꾸어 할 수 없는 것은 아니지만 일찍이 바꾸어 한 일이 없었다. 이로써 본다면 할 수 있다고 해서 반드시 그럴 수 있는 것은 아니며, 비록 그럴 수 없더라도 하는 것에는 해가 되지 않는다. 그렇다면 능한 것과 능하지 못한 것, 할 수 있는 것과 할 수 없는 것은 커다란 차이가 있어서 서로 바꾸어 될 수 없음이 분명하다.

. . .

天下知之, 則欲與天下同苦樂之, 天下不知之, 則傀然獨立天地之間而不畏, 是上勇也.

세상이 알아주면 천하와 더불어 고락을 함께 하며, 세상이 알아주지 않는다면 하늘과 땅 사이에 우뚝 홀로 서서 두려워하지 않으니, 이것이 최고의 용기다.


## 24. 군자(君子)


天子無妻, 告人無匹也. 四海之內無客禮, 告無適也. 足能行, 待相者然後進, 口能言, 待官人然後詔. 不視而見, 不聽而聰, 不言而信, 不慮而知, 不動而功, 告至備也. 天子也者, 勢至重, 形至佚, 心至愈, 志無所詘, 形無所勞, 尊無上矣. 詩曰, 普天之下, 莫非王土, 率土之濱, 莫非王臣, 此之謂也.

천자에게 일정한 아내가 없는 것은 짝할 사람이 없음을 알리는 것이다. 천하에 천자를 객으로 모시는 예가 없는 것은 대적할 수 없음을 알리는 것이다. 발로 갈 수 있지만 모시는 사람을 기다린 후에 나아가고, 입으로 말할 수 있지만 궁인을 기다린 후에 조칙을 내리며, 직접 보지 않아도 보고, 직접 듣지 않아도 총명하며, 직접 말하지 않아도 신용이 있고, 직접 생각하지 않아도 지혜가 있으며, 직접 움직이지 않아도 공이 있는 것은 지극히 갖추었음을 알리는 것이다. 천자란 위세가 지극히 무겁고 형체는 지극히 편안하며 마음은 지극히 유쾌하고 뜻은 굽히는 바가 없고 형체는 수고로운 바가 없으며 지극히 높아서 그 위가 없다. 시에 이르길, "온 천하에 왕의 땅이 아님이 없고 온 땅에 왕의 신하 아님이 없다"라 한 것은 이를 가리키는 말이다.

• • •

古者刑不過罪, 爵不逾德. 故殺其父而臣其子, 殺其兄而臣其弟. 刑罰不怒罪, 爵賞不逾德, 分然各以其誠通.
옛날엔 형벌이 죄를 넘어서지 않고, 작위가 덕을 넘어서지 않았다. 따라서 그 아비를 죽이더라도 그 자식을 신하로 삼으며, 그 형을 죽이더라도 그 아우를 신하로 삼는 경우가 있었다. 형벌이 죄보다 지나치지 않고 포상이 덕을 넘어서지 않으며 분명하게 각각 그 진실이 통하게 하였다.

• • •

亂世則不然, 刑罰怒罪, 爵賞逾德, 以族論罪, 以世擧賢. 故一人有罪而三族皆夷, 德雖如舜, 不免刑均, 是以族論罪也. 先祖當賢, 後子孫必顯, 行

雖如桀紂, 列從必尊, 此以世舉賢也. 以族論罪, 以世舉賢, 雖欲無亂, 得
乎哉.

난세에는 그렇지 않았다. 형벌이 죄보다 지나치고 포상이 덕을 넘어서
친족에까지 죄를 따지고 가문을 보아 현자로 등용하였다. 따라서 한 사
람이 죄가 있으면 삼족을 모두 멸해서 덕이 비록 순임금과 같더라도 함
께 형벌을 받지 않을 수 없었으니, 이것은 친족에까지 죄를 따졌기 때
문이다. 또한 선조가 현명하면 후손이 반드시 현달하게 되어 행실이 비
록 걸주와 같더라도 반열은 반드시 존귀하게 되었으니, 이것은 가문을
보아 현자로 등용하였기 때문이다.  친족에까지 죄를 따지고 가문을 보
아 현자로 등용하면서 비록 혼란이 없기를 바란다고 하더라도 가능한
일이겠는가?

. . .

尊聖者王, 貴賢者霸, 敬賢者存, 慢賢者亡, 古今一也. 故尙賢使能, 等貴
賤, 分親疏, 序長幼, 此先王之道也.

성인을 높이면 왕자가 되고, 현자를 귀히 여기면 패자가 되며, 현자를
공경하면 그 상태를 유지할 수 있고, 현자를 업신여기면 망한다는 것은
옛날이나 지금이나 마찬가지다. 따라서 현자를 높이고 능력있는 이를
부리며, 귀천에 차등을 두고 친소를 구분하며, 장유에 차례가 있게 하
는 것, 이것이 선왕의 도이다.

. . .

故尙賢使能, 等貴賤, 分親疏, 序長幼, 此先王之道也. 故尙賢使能, 則主
尊下安, 貴賤有等, 則令行而不流, 親疏有分, 則施行而不悖, 長幼有序,
則事業捷成而有所休. 故仁者, 仁此者也, 義者, 分此者也, 節者, 死生此

者也, 忠者, 惇愼此者也, 兼此而能之, 備矣. 備而不矜, 一自善也, 謂之
聖. 不矜矣, 夫故天下不與爭能而致善用其功. 有而不有也, 夫故爲天下
貴矣. 詩曰, 淑人君子, 其儀不忒, 其儀不忒, 正是四國, 此之謂也.

따라서 현자를 높이고 능력있는 이를 부리고, 귀천에 차등을 두며, 장
유의 차례를 두는 것, 이것이 선왕의 도이다. 따라서 현자를 높이고 능
력있는 이를 부리면 군주는 높아지고 백성은 편안하고, 귀천에 차등이
있으면 명령이 행해져서 방탕해지지 않으며, 친소에 구분이 있으면 은
혜가 행해져서 어긋나지 않고, 장유의 차례가 있으면 사업이 빨리 이루
어지고 휴식할 수 있게 된다. 따라서 인이란 이러한 일을 사랑하는 것
이요, 의란 이러한 일을 나누는 것이요, 절조란 이러한 일에 죽고 사는
것이요, 충이란 이러한 일을 돈후하게 하는 것이니 이런한 것을 겸해서
능하다면 갖추어진 것이다. 갖추고서도 자랑하지 않고 한결같이 스스
로 선한 것을 일러 성인이라 이른다. 자랑하지 않으므로 천하에서 더불
어 다투어 훌륭한 공업을 이룰 수 없고, 소유해도 소유함을 내세우지
않으므로 천하에서 귀히 여긴다. 시에 이르길, "현인 군자여, 그 위의가
한결같도다. 그 위의가 한결같기에 사방의 나라가 바로잡힌다"고 한 것
은 이를 두고 한 말이다.


## 25. 성상(成相)


世之殃, 愚闇愚闇墮賢良. 人主無賢, 如瞽無相何倀倀.
세상의 재앙은 어리석고 어두운 자들이 어진 이를 추락시키는 것이고,
군주가 현명하지 못하면 마치 장님이 지팡이가 없어서 어디로 갈까 주
저주저하는 것과 같게 된다.


. . .

論臣過, 反其施, 尊主安國, 尙賢義. 拒諫飾非, 愚而上, 同國必禍.
신하의 허물을 따질 때는 자신의 조치를 반성하며, 군주를 높이고 나라를 안정시키기 위해서는 현자의 의로움을 높여야 한다. 간쟁을 막고 잘못을 꾸미면서 어리석게도 아부하는 것을 제일로 친다면 나라는 반드시 화를 입는다.

· · ·

曷謂賢. 明君臣, 上能尊主下愛民. 主誠聽之, 天下爲一海內賓.
무엇을 일러 현명하다고 하는가? 군신관계를 밝히고 위로 군주를 높이고 아래로 백성을 사랑하는 것이다. 군주가 진심으로 받아들이면 천하는 하나가 되어 모두 순종하게 된다.

· · ·

治之經, 禮與刑, 君子以脩百姓寧. 明德愼罰, 國家旣治, 四海平. 治之志, 後勢富, 君子誠之好以待. 處之敦固, 有深藏之能遠思.
다스림의 법은 예와 형벌이다. 군자는 이것으로 닦아서 백성을 안정시킨다. 덕을 밝히고 벌을 신중히 한다면 국가는 이미 다스려지고 천하가 평화롭게 될 것이다. 다스림의 뜻은 권세와 부를 뒤로 하는 것이니, 군자는 정성으로 이것을 좋아하여 기다리고, 처신하기를 두텁고 견고히 하며 깊고도 멀리 생각할 수 있어야 한다.

· · ·

臣下職, 莫游食, 務本節用財無極. 事業聽上, 莫得相使一民力.

신하의 직분엔 놀고 먹는 이가 없어야 하고, 근본에 힘쓰면서 쓰임을 절약하여 재물이 지극하도록 하며 사업은 늘 윗사람에 따르는 것이니 어찌 백성의 힘을 통일할 수 없겠는가?

## 26. 부(賦)

爰有大物, 非絲非帛, 文理成章. 非日非月, 爲天下明. 生者以壽, 死者以葬, 城郭以固, 三軍以强. 粹而王, 駁而伯, 無一焉而亡. 臣愚不識, 敢請之王. 王曰, 此夫文而不采者與. 簡然易知而致有理者與. 君子所敬而小人所不者與. 性不得則若禽獸, 性得之則甚雅似者與. 匹夫隆之則爲聖人, 諸侯隆之則一四海者與. 致明而約, 甚順而體, 請歸之禮.

여기에 큰 물건이 있는데 실도 아니고 비단도 아닌데 문리가 빛나고, 해도 아니고 달도 아닌데 천하에 드러나 있다. 산 사람은 그것으로써 오래 살고, 죽은 이에겐 그것으로써 장례하며, 성곽은 그것으로써 견고하고, 삼군은 그것으로써 강해진다. 순수하면 왕자가 되고, 잡박하면 패자가 되며, 하나도 없으면 망하게 된다. 저는 어리석어 알지 못하기에 감히 왕께 청하고자 합니다. 왕이 말하였다. "이 문식은 채색이 없는 것인가? 간단하게 알기 쉽고 이치를 지닌 것인가? 군자는 공경하고 소인은 그러하지 못하는 것이냐? 본성을 얻지 못하면 금수처럼 되고, 본성을 얻으면 아주 우아한 것이냐? 필부가 그것을 높이면 성인이 되고, 제후가 그것을 높이면 천하를 통일할 수 있는 것이냐? 지극히 밝고 간략하며, 지극히 순조롭고 체계가 있는 것이니 예라고 하면 되겠다."

• • •

此夫文而不采者與. 簡然易知而致有理者與. 君子所敬而小人所不者與.

性不得則若禽獸, 性得之則甚雅似者與. 匹夫隆之則爲聖人, 諸侯隆之則一四海者與. 致明而約, 甚順而體, 請歸之禮. 禮.

이것은 아마도 무늬는 있어도 화려한 채색은 없는 것이고, 간단하여 알기 쉬우면서도 결이 가는 것이다. 군자는 공경하고 소인은 마다하는 것이다. 본성에서 얻지 못하면 금수처럼 되고, 본성에서 얻는다면 지극히 우아하게 될 것이다. 필부라도 이것을 받들면 성인이 되고, 제후가 이것을 받들면 사해를 통일할 수 있다. 지극히 분명하면서 간략하고, 더없이 자연스러우면서도 체계가 있으니, 청컨대 이것을 예라고 할 수 있다.

...

天地易位, 四時易鄕. 列星殞墜, 旦暮晦盲. 幽晦登昭, 日月下藏. 公正無私, 見謂從橫, 志愛公利, 重樓疏堂, 無私罪人, 憼革戒兵. 道德純備, 讒口將將. 仁人絀約, 敖暴擅彊. 天下幽險, 恐失世英. 螭龍爲蝘蜓, 鴟梟爲鳳凰. 比干見刳, 孔子拘匡, 昭昭乎其知之明也, 拂乎其遇時之不祥也, 拂乎其欲禮義之大行也, 闇乎天下之晦盲也. 皓天不復, 憂無疆也. 千歲必反, 古之常也. 弟子勉學, 天不忘也.

하늘과 땅이 서로 자리를 바꾸고, 사시의 순환이 방향을 바꾸었다. 뭇별이 떨어지고 아침과 저녁이 모두 캄캄하고 엉큼한 소인배들이 높은 자리에 오르고 해와 달처럼 밝은 성현이 아래로 묻혀버렸다. 공정하여 사심이 없는 사람이 종횡가로 여겨지고, 공리에 뜻을 두고 사랑하는 이들이 수시로 참소를 받는다. 사사로이 죄인을 벌주지 않건만 무장하고 경계해야 하고, 도덕이 온전히 갖추어졌건만 헐뜯는 말이 빗발친다. 인자는 짓눌려 곤궁하고 오만한 자들이 제멋대로 설친다. 천하가 어둡고 험하니 세상의 영웅을 잃을까 걱정이다. 뿔없는 용은 도마뱀이 되고, 사나운 올빼미가 봉황이 된다. 비간이 가슴을 찢기고 공자는 광 땅에 갇혀버렸다. 너무 빛나서 그 밝음을 알 수 없는데, 아! 그 험악한 세상을 만나시다니! 그 얼마나 예의가 크게 행해지길 바랬는데, 세상은 칠흑같이 어둡기만 하다. 밝은 세상은 회복되지 못하여 시름이 한이 없다. 천년 후엔 반드시 되돌아오는 것이 고래의 법칙이니, 제자들은 열심히 배우라, 하늘은 잊지 않을지니.

## 27. 대략(大略)

君人者, 隆禮尊賢而王, 重法愛民而覇, 好利多詐而危. 欲近四旁, 莫如中央, 故王者必居天下之中, 禮也.

군주가 예를 높이고 현자를 존중하면 왕자가 되고, 법을 중시하고 백성을 사랑하면 패자가 되며, 이익을 좋아하고 술수를 많이 부리면 위태롭게 된다. 사방을 가까이 하고자 하는 것은 중앙에 있는 것만 못하다. 따라서 왕자는 반드시 천하의 가운데에 거처하니, 이것이 예이다.

. . .

水行者表深, 使人無陷, 治民者表亂, 使人無失. 禮者, 其表也. 先王以禮表天下之亂, 今廢禮者, 是去表也. 故民迷惑而陷禍患, 此刑罰之所以繁也.

물길을 가는 사람들이 깊은 곳을 표시하는 것은 사람들이 빠지지 않도록 하기 위함이고, 백성을 다스리는 자가 혼란을 표시하는 것은 사람들이 실수하지 않도록 하기 위함이다. 예란 그 표시이다. 선왕은 예로써 천하의 혼란을 표시한 것이니, 지금 예를 폐지하는 것은 그 표시를 제거하는 것이다. 따라서 백성은 미혹되어 재앙에 빠지게 되니, 이것이 형벌이 번잡하게 된 이유이다.

． ． ．

夫行也者, 行禮之謂也. 禮也者, 貴者敬焉, 老者孝焉, 長者弟焉, 幼者慈
焉, 賤者惠焉.

대저 행한다는 것은 예를 행함을 말한다. 예라고 하는 것은 귀한 이를
공경하고, 노인에게 효도하며, 어른에게 공손하고, 어린이에게 자애로
우며, 천한 이에게 은혜를 베푸는 것이다.

． ． ．

君子之於子, 愛之而勿面, 使之而勿貌, 導之以道而勿彊. 禮以順人心爲
本, 故亡於禮經, 而順人心者, 皆禮也.

군자는 자식에 대해 사랑하더라도 얼굴에 드러내지 않으며, 부리더라
도 달래지 않으며, 도로써 이끌며 억지로 하지 않는다. 예는 인심을 따
르는 것을 근본으로 한다. 따라서 예경에는 없더라도 인심을 따르는 것
은 모두 예이다.

． ． ．

仁義禮樂, 其致一也. 君子處仁以義, 然後仁也, 行義以禮, 然後義也, 制
禮反本成末, 然後禮也. 三者皆通, 然後道也.

인의예악은 그 목적이 하나이다. 군자는 의로써 인을 처리한 후에 인하
다고 할 수 있고, 예로써 의를 행한 후에 의로울 수 있으며, 예를 제정함
에 근본을 돌아보고 말단을 완성한 후에 예라고 칭할 수 있는 것이다.
세 가지에 모두 통달한 후에 도에 부합할 수 있다.

． ． ．

義與利者, 人之所兩有也. 雖堯舜不能去民之欲利, 然而能使其欲利不克

其好義也. 雖傑紂亦不能去民之好義, 然而能使其好義不勝其欲利也. 故義勝利者爲治世, 利克義者爲亂世.

도의와 이익은 사람이 모두 갖고 있는 것이다. 비록 요임금이나 순임금이라 하여도 백성이 이익을 바라는 것을 없앨 수 없지만, 그 이익을 바라는 것이 도의를 좋아하는 것을 이기지 못하게 할 수는 있다. 비록 걸왕이나 주왕이라 하여도 백성들이 도의를 좋아하는 것을 없앨 수 없지만, 그 도의를 좋아하는 것이 이익을 좋아하는 것을 이길 수 없게 할 수는 있다. 따라서 도의가 이익을 이기면 치세가 되고, 이익이 도의를 이기면 난세가 된다.

• • •

天之生民, 非爲君也, 天之立君, 以爲民也. 故古者列地建國, 非以貴諸侯而已, 列官職差爵祿, 非以尊大夫而已.

하늘이 백성을 낳은 것은 군주를 위함이 아니요, 하늘이 군주를 세운 것은 백성을 위함이다. 따라서 옛날에 땅을 나누어 나라를 세운 것은 제후를 귀히 여겨서가 아니요, 관직을 나누고 작록에 차등을 둔 것은 대부를 높이기 위한 것이 아니었다.

• • •

善學者盡其理, 善行者究其難. 君子立志如窮, 雖天子三公問正, 以是非對. 君子隘窮而不失, 勞倦而不苟, 臨患難而不忘細席之言. 歲不寒, 無以知松柏, 事不難, 無以知君子無日不在是.

학문을 잘하는 사람은 그 이치를 다하고, 행동을 잘하는 사람은 그 어려움을 궁구한다. 군자는 곤궁하듯이 뜻을 세우니 비록 천자나 삼공이 묻더라도 옳고 그른 것으로써 대답한다. 군자는 궁색하더라도 뜻을 잃지 않고 피곤하더라도 구차하지 않으며 환란에 임해도 평소의 말을 잊지 않는다. 날씨가 추워지지 않으면 소나무나 잣나무를 알 도리가 없고 일이 어렵지 않으면 군자는 하루도 여기에 뜻을 두고 있지 않음을 알 도리가 없다.

・・・

國將興, 必貴師而重傅, 貴師而重傅, 則法度存. 國將衰, 必賤師而輕傅, 賤師而輕傅, 則人有快, 人有快則法度壞.
나라가 장차 흥하려면 반드시 스승을 귀중히 여기는데, 스승을 귀중하게 여기면 법도가 존재한다. 나라가 장차 쇠하려면 반드시 스승을 천시하는데, 스승을 천시하면 사람들이 방종하고, 사람들이 방종하면 법도가 파괴된다.

・・・

仁義禮善之於人也, 辟之若貨財粟米之於家也, 多有之者富, 少有之者貧, 至無有者窮. 故大者不能, 小者不爲, 是棄國捐身之道也.
사람에게 있어서 인・의・예・선은 비유컨대 집에서의 재화나 쌀 등의 곡식과 같아서, 많으면 부유하고, 적으면 가난하며, 아무 것도 없으면 궁색하게 된다. 따라서 큰 일은 할 수 없고 작은 일은 하지 않게 되는데, 이것이 나라를 버리고 몸을 망치는 방법이다.

・・・

君子能爲可貴, 不能使人必貴己, 能爲可用, 不能使人必用己.
군자는 귀해질 수 있지만 남으로 하여금 반드시 자신을 귀하게 할 수는

없고, 등용될 수 있지만 남으로 하여금 반드시 자신을 등용하게 할 수
는 없다.


## 28. 유좌(宥坐)

子路曰, 敢問持滿有道乎. 孔子曰, 聰明聖知, 守之以愚, 功被天下, 守
之以讓, 勇力撫世, 守之以怯, 富有四海, 守之以謙. 此所謂挹而損之之
道也.
자로가 말하였다. "감히 묻건대 가득 참을 지키는 도가 있습니까?" 공
자가 대답하였다. "총명과 성지는 어리석음으로 지키고, 공이 천하를
덮을 때는 겸양으로 지키며, 용맹이 세상을 어루만질 때는 두려움으로
지키고, 부유함이 사해를 소유할 때는 겸손으로 지킨다. 이것이 이른바
굽히면서 덜어내는 도이다."


. . .


故先王旣陳之以道, 上先服之. 若不可, 尙賢以綦之, 若不可, 廢不能以單
之. 綦三年而百姓從風矣. 邪民不從, 然後俟之以刑, 則民知罪矣.
따라서 선왕은 도를 진술하고 나서, 위에서 먼저 따르고, 만일 불가하
면 현자를 높임으로써 백성을 유도하고 무능한 이를 파면함으로써 경
계시킨다. 삼 년을 유도하면 백성이 교화된다. 사악한 백성이 따르지
않은 연후에 형벌을 고려한다면 백성들은 죄를 알 것이다.


. . .


孔子曰, 夫水, 大徧與諸生而無爲也, 似德. 其流也埤下, 裾拘必循其理,

似義. 其洸洸乎不淈盡, 似道. 若有決行之, 其應佚若聲響, 其赴百仞之谷
不懼, 似勇. (……) 是故君子見大水必觀焉.

공자가 말하였다. "대저 물은 널리 뭇 생명들에 관여하면서도 억지로
하지 않음은 덕(德)과 비슷하다. 그 흐름이 낮은 곳으로 향하고 구부러
질 때는 반드시 그 이치를 따름은 의(義)와 비슷하다. 그 힘차고 끝이
없음은 도(道)와 비슷하다. 만일 둑이 터졌을 때 그 신속한 반응은 메아
리와 같고 백 길이나 되는 계곡으로 떨어져도 두려워하지 않음은 용
(勇)과 비슷하다. (……) 따라서 군자는 큰 물을 보면 반드시 살핀다."

. . .

孔子曰, 吾有恥也, 吾有鄙也, 吾有殆也. 幼不能彊學, 老無以敎之, 吾恥
之. 去其故鄕, 事君而達, 卒遇故人, 曾無舊言, 吾鄙之. 與小人處者, 吾殆
之也.

공자가 말하였다. "나에게 부끄럽게 여기는 것이 있고, 비루하게 여기
는 것이 있으며, 위태롭게 여기는 것이 있다. 어려서 열심히 배우지 않
고 늙어서 가르치지 못하는 것을 나는 부끄럽게 여긴다. 고향을 떠나
군주를 섬기고 영달하여 우연히 옛친구를 만나서는 일찍이 교훈을 주
지 못하는 사람을 나는 비루하게 여긴다. 소인과 더불어 거처하는 것을
나는 위태롭게 여긴다."

. . .

孔子曰, 如垤而進, 吾與之, 如丘而止, 吾已矣, 今學曾未如肬贅, 則具然
欲爲人師.

공자가 말하기를, "개미 둑만큼 쌓았더라도 계속한다면 나는 그와 함께
하겠지만 언덕만큼 쌓았더라도 그친다면 나는 그와 그만두겠다"고 하

였다. 지금 학자들은 아직 사마귀나 혹만큼도 쌓지 못했는데도 만족하면서 남의 스승이 되고자 한다.

. . .

夫芷蘭生於深林, 非以無人而不芳. 君子之學, 非爲通也, 爲窮而不困, 憂而意不衰也. 知禍福終始而心不惑也.

지초와 난초는 깊은 산 속에서 자라면서 사람이 없다고 하여 향내 풍기는 것을 그만두지 않는다. 군자의 학문은 출세하기 위함이 아니기에 가난해도 괴로워하지 않고 근심해도 의지는 꺾이지 않는다. 화와 복의 처음과 끝을 알아서 마음이 미혹되지 않기 때문이다.

## 29. 자도(子道)

入孝出弟, 人之小行也. 上順下篤, 人之中行也. 從道不從君, 從義不從父, 人之大行也. 若夫志以禮安, 言以類使, 則儒道畢矣, 雖舜不能加毫末於是矣.

집에 들어와서 효도하고 밖에 나가서는 공손한 것은 사람의 작은 실천이다. 윗사람에게 순종하고 아랫사람에게 돈독한 것은 사람의 일반적 실천이다. 도를 따르고 군주를 따르지 않으며, 의를 따르고 부모를 따르지 않는 것은 사람의 큰 실천이다. 만일 뜻하는 것이 예에 따라서 편안하고 말하는 것이 법도에 따라 쓰여진다면 유자의 도를 다하였다고 할 것이니, 비록 순임금이라 하여도 여기에 터럭만큼도 더할 수 없을 것이다.

. . .

孝子所以不從命有三, 從命則親危, 不從命則親安, 孝子不從命乃衷. 從命則親辱, 不從命則親榮, 孝子不從命乃義. 從命則禽獸, 不從命則脩飾, 孝子不從命乃敬.

효자가 명령을 따르지 않는 경우가 세 가지 있다. 명령을 따르면 부모가 위태롭고, 명령을 따르지 않으면 부모가 편하면, 효자는 명을 따르지 않는데, 이것이 충(衷)이다. 명령을 따르면 부모가 욕되고, 명령을 따르지 않으면 부모가 명예로우면, 효자는 명령을 따르지 않는데, 이것이 의(義)이다. 명령을 따르면 금수가 되고 명령을 따르지 않으면 예의를 갖출 수 있다면, 효자는 명령을 따르지 않는데, 이것이 경(敬)이다.

· · ·

明於從不從之義, 而能致恭敬忠信, 端愨以愼行之, 則可謂大孝矣. 傳曰, 從道不從君, 從義不從父, 此之謂也.

따라야 할 것과 따르지 않아야 할 대의를 밝혀서 공경과 충신을 다하고 단정하고 신중하게 행동한다면 '큰 효'라고 할 만하다. 전하는 말에 "도를 따르는 것이지 임금을 따르는 것이 아니며, 의를 따르는 것이지 부모를 따르는 것이 아니다"라고 한 것이 바로 이 뜻이다.

· · ·

君子知之曰知之, 不知曰不知, 言之要也, 能之曰能之, 不能曰不能, 行之至也. 言要則知, 行至則仁. 旣知且仁, 夫惡有不足矣哉.

군자는 아는 것을 안다고 하고 모르는 것을 모른다고 하니 말의 요체가 되며, 능한 것을 능하다 하고 능하지 못한 것을 능하지 못하다 하니 행동의 기준이 된다. 말의 요체가 되는 것이 지(智)이며, 행동의 기준이 되는 것이 인(仁)이다. 이미 지혜롭고 어질다면 저 어찌 부족한 점이 있겠는가?

. . .

君子, 其未得也, 則樂其意, 旣已得之, 又樂其治. 是以有終身之樂, 無一日之憂. 小人者, 其未得也, 則憂不得, 旣已得之, 又恐失之. 是以有終身之憂, 無一日之樂也.
군자는 그 얻지 못했을 때는 그 뜻을 즐기며, 이미 그것을 얻었다면 그 다스림을 즐긴다. 따라서 종신토록 즐거우며, 하루의 근심도 없다. 소인은 그 얻지 못했을 때는 얻지 못함을 근심하고, 이미 얻었다면 또한 그것을 잃을까 두려워한다. 따라서 종신토록 근심하며 하루의 즐거움도 없다.


## 30. 법행(法行)

公輸不能加於繩, 聖人莫能加於禮. 禮者, 衆人法而不知, 聖人法而知之.
(훌륭한 기술자인) 공수반이라 하여도 먹줄보다 더 정확할 수 없고, 성인이라 하여도 예보다 더할 수 없다. 예란 중인들은 본받으면서도 모르지만, 성인은 본받으면서 아는 것이다.

. . .

曾子曰, 無內人之疏而外人之親, 無身不善而怨人, 無刑已至而呼天. 內人之疏而外人之親, 不亦遠乎. 身不善而怨人, 不亦反乎. 刑已至而呼天, 不亦晚乎.

증자가 말하였다. "집안 사람을 멀리하면서 바깥 사람을 가까이 하지 말고, 자신이 잘못하면서 남을 원망하지 말며, 형벌이 이미 이르렀다면 하늘을 탓하지 말라. 집안 사람을 멀리하면서 바깥 사람을 가까이 하는 것은 또한 거리가 먼 것이 아닌가? 자신이 잘못하면서 남을 원망하는 것은 또한 반대되는 것이 아닌가? 형벌이 이미 이르렀다면 하늘을 탓하는 것 또한 늦은 것이 아닌가?"

· · ·

南郭惠子問於子貢曰, 夫子之門何其雜也. 子貢曰, 君子正身以俟, 欲來者不距, 欲去者不止. 且夫良醫之門多病人, 檃栝之側多枉木, 是以雜也.
남곽혜자가 자공에게 물었다. "선생의 문하는 어째서 다양한 사람이 모입니까?" 자공이 말하였다. "군자는 자신을 바로잡음으로써 기다리니, 오고 싶은 사람을 막지 않으며, 가고자 하는 사람을 말리지 않는다. 저 훌륭한 의사의 문 앞에는 환자가 많고, 도지개 근처에는 굽은 나무가 많은 것과 같으니, 그래서 다양한 사람이 모여드는 것이다."

· · ·

孔子曰, 君子有三恕, 有君不能事, 有臣而求其使, 非恕也, 有親不能報, 有子而求其孝, 非恕也, 有兄不能敬, 有弟而求其聽令, 非恕也. 士明於此三恕, 則可以端身矣.
공자가 말하였다. "군자에게 서(恕 : 남을 배려하는 덕목)가 셋 있다. 군주가 있는데 섬기지 못하면서 신하를 두고 부리려고 하는 것은 서가 아니다. 어버이가 계신데 보답하지 못하면서 자식을 두고 효도를 바라는 것은 서가 아니다. 형이 있는데 공경하지 못하면서 아우를 두고 순종하기를 바라는 것은 서가 아니다. 선비가 세 가지의 서에 밝다면 자신을 단정하게 할 수 있을 것이다."

. . .

孔子曰, 君子有三思, 而不可不思也. 少而不學, 長無能也. 老而不敎, 死
無思也. 有而不施, 窮無與也. 是故君子少思長則學, 老思死則敎, 有思窮
則施也.
공자가 말하였다. "군자에게 세 가지 생각할 것이 있으니 생각하지 않
을 수 없다. 어려서 배우지 않으면 커서 무능하고, 늙어서 가르치지 않
으면 죽어서 그리워하는 이가 없으며, 재물이 있을 때 베풀지 않으면
곤궁할 때 함께 할 사람이 없는 것이다. 그러므로 군자는 어려서는 늙
었을 때를 생각하여 배우고, 늙어서는 죽었을 때를 생각하여 가르치며,
있을 때는 곤궁할 때를 생각해서 베푸는 것이다."


## 31. 애공(哀公)

所謂士者, 雖不能盡道術, 必有率也, 雖不能徧美善, 必有處也. 是故知不
務多, 務審其所知, 言不務多, 務審其所謂, 行不務多, 務審其所由.
이른바 선비는 비록 도술을 다하지 못하더라도 반드시 그것을 따르고
비록 아름다움과 선함을 두루 하지 못해도 반드시 거기에 처한다. 따라
서 많이 아는 데 힘쓰지 않고 그 아는 것을 살피는 것에 힘쓰며, 많이 말
하는 데 힘쓰지 않고 그 일컫는 바를 살피는 데 힘쓰며, 많이 행하는 데
힘쓰지 않고 그 연유를 살피는 데 힘쓴다.


. . .


所謂君子者, 言忠信而心不德. 仁義在身而色不伐, 思慮明通而辭不爭.

이른바 군자는 말이 진실하지만 마음으로 덕이 있다 하지 않으며, 인의가 몸에 배어 있지만 얼굴빛으로 자랑하지 않으며, 사려가 명통하지만 말로 다투지 않는다.

. . .

所謂賢人者, 行中規繩而不傷於本, 言足法於天下而不傷於身, 富有天下而無怨財, 布施天下而不病貧.
이른바 현인은 행동이 절도에 맞으면서도 근본을 상하는 일이 없고, 말은 천하의 모범이 될 만하지만 자신을 해치는 일은 없으며, 부유하기론 천하를 소유하더라도 재물을 축적하는 일이 없고, 천하에 두루 베풀면서도 가난을 염려하지 않는다.

. . .

所謂大聖者, 知通乎大道, 應變而不窮, 辨乎萬物之情性者也. 大道者, 所以變化遂成萬物也, 情性者, 所以理然不取舍也.
이른바 '대성'이란 지혜가 대도에 통달하여 변화에 응하여 막힘이 없고 만물의 성정을 변별하는 사람이다. '대도'란 만물을 변화시키고 완성하는 근거이다. 성정이란 그러한 것과 그렇지 않은 것, 취할 것과 버릴 것을 다스리는 근거이다.

. . .

明主任計不信怒, 闇主信怒不任計. 計勝怒則彊, 怒勝計則亡.
현명한 군주는 계획에 따르고 일시적인 감정을 믿지 않으며, 어두운 군주는 일시적인 감정을 믿고 계획에 따르지 않는다. 계획이 일시적인 감

정을 이기면 강한 나라가 되지만 일시적인 감정이 계획을 이기면 나라
가 망하게 된다.

• • •

鳥窮則啄, 獸窮則攫, 人窮則詐. 自古及今, 未有窮其下而能無危者也.
새가 몰리면 마구 쪼아대고, 짐승이 몰리면 마구 대들며, 사람이 곤궁
하면 속인다. 예로부터 지금까지 백성들을 곤궁하게 하고서 위태롭지
않은 경우가 없었다.


## 32. 요문(堯問)

堯問於舜曰, 我欲致天下, 爲之奈何. 對曰, 執一無失, 行微無怠, 忠信無
倦. 而天下自來.
요임금이 순에게 말하였다. "내가 천하를 얻고자 하는데 어떻게 하면
되겠습니까?" 대답해서 말하였다. "하나를 잡아서 잃지 않고, 사소한
것을 실천하면서 게을리하지 않으며, 성심성의를 다하여 짜증내지 않
는다면 천하는 저절로 다가올 것입니다."

• • •

夫仰祿之士猶可驕也, 正身之士不可驕也. 彼正身之士, 舍貴而爲賤, 舍富而
爲貧, 舍佚而爲勞, 顏色黎黑而不失其所. 是以天下之紀不息, 文章不廢也.
저 이록을 바라는 선비에게는 오히려 교만할 수 있지만, 바르게 처신하
는 선비에게는 교만해서는 안 된다. 저 바르게 처신하는 선비는 귀한
것을 버리고 천한 것을 위하며, 부한 것을 버리고 가난한 것을 위하며,

편안함을 버리고 수고로움을 위하며, 안색이 검게 변하더라도 자신의 지조를 버리지 않는다. 따라서 천하의 기강이 멈추지 않고 문화가 없어지지 않는다.

. . .

爲人下者乎, 其猶土也. 深抇之而得甘泉焉, 樹之而五穀蕃焉, 草木殖焉, 禽獸育焉. 生則立焉, 死則入焉, 多其功而不息. 爲人下者其猶土也.
남에게 자신을 낮추는 것은 마치 흙과 같다. 깊이 파면 단 물을 얻게 되고, 어떤 것을 심으면 오곡이 무성해지고 초목이 번식하며 금수가 자란다. 살아 있을 때는 그 위에 서 있고 죽어서는 그 속으로 들어가는데 그 공덕이 많은데도 쉬지 않으니 남에게 자신을 낮추는 것은 마치 흙과 같다.

. . .

繒丘之封人見楚相孫叔敖曰, 吾聞之也, 處官久者士妒之, 祿厚者民怨之, 位尊者君恨之. 今相國有此三者而不得罪楚之士民, 何也. 孫叔敖曰, 吾三相楚而心瘉卑, 每益祿而施瘉博, 位滋尊而禮瘉恭, 是以不得罪於楚之士民也.
증구의 봉인이 초나라 재상 손숙오를 만나서 말하였다. "내가 듣기에, 관직에 오래 처하면 선비들이 질투하고, 봉록이 후하면 백성들이 원망하며, 지위가 높으면 군주가 싫어한다고 합니다. 지금 나라의 재상을 세 번이나 하면서도 초나라 선비와 백성에게 죄를 얻지 않은 것은 무엇 때문입니까?" 손숙오가 말하였다. "나는 초나라 재상을 세 번 지내면서 마음을 더욱 낮추어, 봉록이 늘어날수록 베푸는 것을 늘렸으며, 지위가 높아질수록 예를 더욱 공경하게 하였습니다. 이렇게 해서 초나라 선비와 백성에게 죄를 얻지 않았습니다."

# 부 록

| 기원전 | 제왕 연대 | 나이 | 당시 주요 사건 | 순자의 사적 |
|---|---|---|---|---|
| 335 | 위왕 23년 | 1 | | 순자가 조나라에서 출생 |
| 321 | 위왕 37년 | 15 | | 위왕 때 직하가 번성함.<br>순자가 조나라에서 제나라로 유학 |
| 319 | 선왕 원년 | 17 | 양혜왕이 죽음,<br>맹자가 제나라에 두번째 감 | 순자의 청소년기 |
| 316 | 선왕 4년 | 20 | 연왕 쾌(噲)가 재상 자지(子之)<br>에게 양위함 | |
| 315 | 선왕 5년 | 21 | 제나라가 연나라를 정벌함,<br>이듬해 쾌와 자지가 죽고,<br>연나라가 제나라에 저항함 | 순자가 연나라에 갔으나 등용되지<br>못함. 『한비자』「난삼(難三)」에는,<br>연왕 쾌는 자지를 현자로 믿고, 순<br>자를 배척했기 때문에 참혹하게 죽<br>었다고 되어 있음 |
| 301 | 선왕 19년 | 35 | 제 선왕 죽음 | 순자는 이를 전후하여 20여 년간<br>직하에 머무름 |
| 298 | 민왕 3년 | 38 | 맹상군이 진나라에서 제나라로<br>돌아와 재상이 됨 | |
| 286 | 민왕 15년 | 50 | 제나라가 송나라를 멸함 | 순자가 이 무렵 초나라에 감 |
| 284 | 민왕 17년 | 52 | 악의가 제나라를 치자, 민왕은<br>거땅으로 달아나 죽음 | 순자가 이 무렵 난릉령이 됨 |
| 279 | 양왕 5년 | 57 | 연 소왕 죽음 | |
| 277 | 양왕 7년 | 59 | 양왕 6년에 직하가 회복됨 | 순자가 제나라로 돌아옴.<br>좨주를 세 번 역임함 |
| 265 | 양왕 19년 | 71 | 제 양왕이 죽음, 조 효성왕이<br>즉위하고 평원군이 재상이 됨 | |
| 264 | 왕건 원년 | 72 | | 순자가 진나라에 감. 진나라 소왕과<br>응후와 문답하고 조나라로 되돌아 옴 |
| 257 | 왕건 8년 | 79 | 신릉군이 조나라를 구함 | 조나라 왕 앞에서 병법에 대해 토론함 |
| 255 | 왕건 10년 | 81 | | 『사기』에는 춘신군이 난릉령으로 임<br>명하였다고 함 |
| 247 | 왕건 18년 | 89 | 이사가 진나라에 감<br>진왕 정이 즉위함 | |
| 238 | 왕건 27년 | 98 | 춘신군이 죽음 | 『사기』에는 순자가 이때<br>파면되었다고 함 |
| 221 | 왕건 44년 | | 진나라가 천하를 통일함 | |

■ 이 표는 蔡仁厚의 『孔孟荀哲學』을 참고한 것으로
본서 제1장의 「순자의 시대와 생애」의 내용과 약간의 차이가 있음을 밝혀 둔다.

## 1. 註解書

※無求備齋 『荀子集成』에 수록된 주
해서, 절요본, 찰기류 등의 목록은
다음과 같다.

| | 권수 | 시대, 저자 | 판본 |
|---|---|---|---|
| 荀子註 | 20 | 唐, 楊倞 | 宋熙寧元年刊本 |
| 纂圖分門類題註荀子 | 20 | 宋, 劉旦 | 宋紹興間建陽書坊刊本 |
| 纂圖互註荀子 | 20 | 宋, 龔士卨 | 宋景定元年刊「六子」本 |
| 校刻楊注荀子 | 20 | 明, 顧春 | 明嘉靖9年世德堂刊「六子」本 |
| 荀子註訂正 | | 明, 虞九章<br>王震亨 | 明萬曆間間刊本 |
| 荀子批點 | 20 | 明, 未詳 | 明刊本 |
| 荀子評點 | 4 | 明, 孫鑛,<br>鍾惺 | 明天啓間刊「六子全書」本 |
| 荀子箋釋 | 20 | 清, 郝墉 | 清乾隆55年刊「抱經堂叢書」本 |
| | 10 | | 清嘉慶9年姑蘇聚文堂刊「十子」本 |
| | 20 | | 民國19年上海中華書局「袖珍古書讀本」排印本 |
| 荀子集解 | 20 | 清, 王先謙 | 清光緒17年刊本 |
| | 20 | | 民國25年上海世界書局「諸子集成」排印本 |
| 荀子點勘 | 20 | 清, 吳汝綸 | 清宣統6年衍星社排印本 |
| 荀子簡釋 | 20 | 梁啓雄 | 民國45年古籍出版社修正排印本 |
| 荀子簡註 | 32 | 章詩同 | 民國66年排印本 |

## 2. 節要本

| | | | |
|---|---|---|---|
| 明, 陳深 | 1 | 明, 陳深 | 明, 陳深 |
| 明, 陳深 | 2 | 明, 陳深 | 明萬曆19年刊「諸子品節」本 |
| 荀子品彙釋評 | | 明, 焦竑, 翁正春, 朱之蕃 | 明萬曆44年刊「十九子品彙釋評」本 |
| 荀子玄言評苑 | | 明, 陸可教, 李廷機 | 明光裕堂刊「諸子玄言評苑」本 |
| 荀子彙函 | | | 明天啓5年達古堂刊「諸子彙函」本 |
| 刪定荀子 | 1 | 明, 歸有光, 文震孟 | 清乾隆元年刊「抗希堂十六種」本 |
| 荀子節錄 | | 清, 方苞 | 清乾隆39年「武英殿聚珍叢書」本 |
| | | 唐, 馬總 | 清道光間刊「指海」本 |
| 荀子述記 | | | 清乾隆52年遂古堂刊「述記」本 |
| | | 清, 任兆麟 | 清光緒10年間雲精舍刊本 |
| 荀子治要 | | 唐, 魏徵 | 日本天明7年尾張國校刊本 |
| | | | 日本昭和16年宮內省排印本 |
| 荀子選 | 2 | 清, 張道緒 | 清嘉慶16年人境軒刊「諸子文萃」本 |
| 荀子著書 | | 清, 馬驌 | 清同治7年姑蘇亦西齋刊本 |
| 荀子文粹 | 5 | 清, 李寶詮 | 民國6年排印本 |
| 荀子清華錄 | 1 | 張之純 | 民國7年排印本 |
| 荀子選註 | | 葉紹鈞 | 民國19年排印本 |
| 荀子精華 | | 未詳 | 民國25年排印本 |
| 白話譯解荀子 | | 葉玉麟 | 民國36年排印本 |
| 荀子讀本 | | 譚正璧 | 民國38年排印本 |
| 荀子選 | | 方孝博 | 民國48年排印本 |
| 荀子譯註 | | 吳則虞 | 民國53年排印本 |

## 3. 札記類

| | | | |
|---|---|---|---|
| 荀子補註 | 1 | 清, 劉台拱 | 清嘉慶11年揚州阮常生「劉端臨先生遺書」刊本 |
| | | | 清光緒15年「廣雅書局」刊本 |
| 荀子補註 | | 清, 郝懿行 | 清嘉慶間刊「齊魯先喆遺書」本 |
| 荀子叢錄 | | 清, 洪頤煊 | 清道光2年刊「讀書叢錄」本 |
| 荀子雜志 | 9 | 清, 王念孫 | 清道光12年刊「讀書雜誌」本 |
| 荀子存校 | | 清, 王懋竑 | 清同治12年刊「白田草堂續集」本 |
| 荀子札記 | | 清, 朱亦棟 | 清光緒4年刊「群書札記」本 |
| 荀子校正 | | 清, 顧廣圻 | 清光緒9年「斠補隅錄」刊本 |
| 荀子札迻 | | 清, 孫詒讓 | 清光緒20年刊「札迻」本 |
| 荀子詩說 | | 清, 俞樾 | 清光緒25年「春在堂全書」本 |
| 荀子考異 | | 宋, 錢佃 | 清光緒間刊「對雨樓叢書」本 |
| 荀子平議 | 4 | 清, 俞樾 | 民國11年念劬堂刊「諸子評議」本 |
| 荀子勘補 | 4 | 劉師培 | 民國25年排印本 |
| 荀子補釋 | | 劉師培 | 民國25年排印本 |
| 荀子詞例舉要 | | 劉師培 | 民國25年排印本 |
| 荀註訂補 | | 鍾泰 | 民國25年排印本 |
| 荀註新證 | 4 | 于省吾 | 民國27年排印本 |
| 荀子管見 | | 金其源 | 民國37年排印本 |
| 荀子新箋 | | 高亨 | 民國50年排印本 |
| 讀荀子小箋 | | 楊樹達 | 民國51年排印本 |
| 荀子校書 | | 清, 于鬯 | 民國52年排印本 |
| 荀子讀記 | | 嚴靈峯 | 民國66年排印本 |

## 4. 雜著

| | | | |
|---|---|---|---|
| 荀子韻讀 | | 清, 江有誥 | 清嘉慶19年刊「江氏音學十書」本 |
| 荀卿別傳 | | 清, 胡元儀 | 王先謙의「荀子集解」에 수록 |
| 荀卿子通論 | | 清, 汪中 | 王先謙의「荀子集解」에 수록 |
| 荀子性善證 | | 姜忠奎 | 民國9年排印本 |
| 荀子性惡篇平議 | | 馮振 | 民國12年排印本 |
| 荀子學說 | | 胡韞玉 | 民國12年排印本 |
| 荀子正名篇詁釋 | | 劉念親 | 民國13年排印本 |
| 荀子研究 | | 陶師承 | 民國15年排印本 |
| 荀子非十二子篇釋 | | 方光 | 民國17年排印本 |
| 闡荀 | | 陳柱 | 民國24年北流陳氏十萬卷樓刊本 |
| 荀子學說研究 | | 陳對膺 | 民國25年排印本 |
| 荀子要詮 | | 王遽常 | 民國25年排印本 |
| 荀子評諸子語彙釋 | | 梁啓超 | 民國25年排印本 |
| 荀子正名篇 | | 梁啓超 | 民國25年排印本 |
| 荀子樂論 | | 吉聯抗 | 民國66年排印本 |

## 5. 日本漢文著述

| | | | |
|---|---|---|---|
| 讀荀子 | 4 | 物雙松 | 手稿本 |
| | | | 日本寶曆14年京師水玉堂刊本 |
| 荀子斷 | 4 | 冢田虎 | 日本寬政7年京師水玉堂刊本 |
| 荀子增註 | 20 | 久保愛 | 日本寬政8年京師水玉堂刊本 |
| 荀子遺秉 | 2 | 桃井盛 | 日本寬政12年京師水玉堂刊本 |
| 荀子增註補遺 | 1 | 豬飼彦博 | 日本寬政13年京師水玉堂刊本 |
| 校定荀子箋釋 | 20 | 朝川鼎 | 日本寬政13年江戶和泉屋刊本 |
| 荀子述 | 1 | 朝川鼎 | 日本昭和8年排印本 |
| 增評荀子箋釋 | 21 | 村岡良弼 | 日本明治17年東京報告堂排印本 |
| 荀子標註 | 1 | 帆足萬里 | 日本昭和2年排印本 |
| 荀子補註 | 1 | 宇野哲人 | 日本昭和5年排印本 |
| 荀子略說 | 1 | 安積信 | 日本昭和8年排印本 |

## 저서류

具本明, 『中國思想의 源流體系』, 大旺社, 1982.

金勝惠, 『原始儒敎』, 民音社, 1990.

金永植, 『中國傳統文化와 科學』, 創作社, 1986.

金俊燮, 『哲學과 論理의 硏究』, 서울대出版部, 1975.

김하태, 『東西哲學의 만남』, 鐘路書籍, 1985.

柳承國, 『東洋哲學硏究』, 槿域書齋, 1983.

柳正東, 『東洋哲學의 基礎的 探究』, 成大出版部, 1986.

朴異汶, 『老莊思想』, 文學과 知性社, 1983.

朴鍾鴻, 『一般論理學』, 博英社, 1979年版.

　　　, 『認識論理』, 博英社, 1977年版.

宋榮培, 『中國社會思想史』, 한길사, 1986.

宋恒龍, 『東洋哲學의 問題들』, 驪江出版社, 1987.

安炳周, 『儒敎의 民本思想』, 成大 大東文化硏究院, 1987.

　　　, 『儒學原論』, 成大出版部, 1987.

梁再赫, 『莊子와 毛澤東의 辨證法』, 이론과 실천, 1989.

　　　, 『東洋思想과 마르크시즘』, 일월서각, 1987.

劉明鍾, 『中國思想史』, 古代篇, 以文出版社, 1987.

尹乃鉉, 『商周史』, 民音社, 1988.

李康洙, 『道家思想의 硏究』, 高大 民族文化硏究所, 1986.

李相殷, 『儒學과 東洋文化』, 汎學圖書, 1976.

李雲九, 『中國의 批判思想』, 驪江出版社, 1987.

尹武學, 『中國哲學方法論』, 도서출판 한울, 1999.

李雲九·尹武學, 『墨家哲學硏究』, 成大 大東文化硏究院, 1995.

김태길, 『유교적 전통과 현대 한국』, 철학과 현실사, 2001.

김태길, 『윤리학』(증보개정판), 박영사, 2000.

함재봉 외, 『유교민주주의, 왜 & 어떻게』, 전통과 현대, 2000.

이영찬, 『유교사회학』, 예문서원, 2001.

이필우, 『유교의 경제학』, 시공아카데미, 2001.

이하천,『나는 제사가 싫다』, 이프, 2000.

함재봉,『유교자본주의, 민주주의』, 전통과 현대, 2000.

프랜시스 후쿠야마(Francis Fukuyama),『트러스트Trust』, 한국경제신문사, 1996.

프랜시스 후쿠야마,『대붕괴 신질서The Great Disruption』, 한국경제신문사, 2001

새뮤얼 헌팅턴(Samuel P. Huntington),『문명의 충돌The Clash of Civilizations』, 김영사, 1997.

蔡仁厚, 천병돈 역,『순자의 철학』, 예문서원, 2000.

楊適, 정병섭 역,『인륜과 자유』, 소강, 1999.

加地伸行, 尹武學 譯,『中國論理學史』, 法仁文化社, 1994.

金谷治 외, 조성을 譯,『中國思想史』, 이론과 실천, 1988.

勞思光, 鄭仁在 譯,『中國哲學史』古代篇, 探究堂, 1986.

大濱晧, 尹武學 譯,『中國古代의 論理』, 동녘, 1993.

牟宗三, 鄭仁在 譯,『中國哲學十九講』, 螢雪出版社, 1991.

武內義雄, 李東熙 譯,『中國思想史』, 驪江出版社, 1987.

狩野直喜, 吳二煥 譯,『中國哲學史』, 乙酉文化社, 1988.

王處輝, 沈貴得 譯,『中國社會思想史』上, 까치, 1992.

宇野精一, 김진욱 譯,『中國의 思想』, 열음사, 1986.

任繼愈, 李文周 譯,『中國哲學史』Ⅰ, 靑年社, 1989.

任繼愈, 全擇元 譯,『中國哲學史』, 까치, 1990.

張起鈞, 宋河璟 譯,『中國哲學史』, 一志社, 1987.

藏原惟人, 金敎斌 譯,『中國 古代哲學의 世界』, 竹山, 1990.

馮友蘭, 鄭仁在 譯,『中國哲學史』, 螢雪出版社, 1981.

胡適, 宋兢燮 譯,『中國古代哲學史』, 大韓敎科書株式會社, 1983.

Joseph Needham, 李錫浩 譯,『中國의 科學과 文明』, 乙酉文化社, 1988.

李澤厚, 김형종 역,『중국현대사상사의 굴절』, 지식산업사, 1998.

張曙光,『外王之學』(荀子與中國文化), 河南大學出版社 1997.

劉志軒·劉如心,『荀子傳』, 花山文藝出版社 1995.

唐淑雲,『治國名儒, 荀子』, 中國華僑出版社 1996.

曹增節,『荀子, 一日一語』, 浙江人民出版社 2000.

加地伸行,『中國論理學史研究』, 研文出版, 1983.

　　　　　　,『中國人の論理學』, 中央出版社, 1977.

葛榮晉,『中國哲學範疇史』, 黑龍江人民出版社, 1987.

葛兆光,『中國思想史』, 復旦大學出版社 1997.

姜國柱,『中國認識論史』, 河南人民出版社, 1989.

姜國柱·朱葵菊,『中國人性論史』, 河南人民出版社, 1997.

顧詰剛 外,『古史辯』(1926~1941), 上海古籍出版社.

郭湛波,『先秦辯學史』, 上海書店, 1992(中華書局 1932년 판본 영인).

郭沫若,『十批判書』, 古楓出版社, 1986年版.

　　　　,『中國古代社會研究』, 三聯書店, 1976年版.

郭志坤,『先秦諸子宣傳思想論稿』, 福建人民出版社, 1985.

瞿同祖,『中國封建社會』, 里仁書局, 1984.

宮哲兵,『晚周辨證法史研究』, 上海古籍出版社, 1988.

金春峰,『漢代思想史』, 中國社會科學出版社, 1987.

內山俊彦,『中國古代思想史における 自然認識』, 創文社, 1987.

大濱晧,『中國古代の論理』, 東京大出版會, 1959.

童 浩,『哲學範疇史』上·下, 河南人民出版社, 1987.

鄧啓耀,『中國神話的思惟結構』, 重慶出版社, 1992.

鄧公玄,『中國先秦思惟方法論』, 商務印書館, 1969.

牟鍾鑒,『呂氏春秋與淮南子思想研究』, 齊魯書社, 1987.

牟宗三,『中國哲學的特質』, 臺灣學生書局, 1980.

木村英一,『中國哲學の探究』, 創文社, 1981.

方授楚,『墨學源流』, 中華書局香港分局, 1989年版.

裵大洋 主編,『中國哲學史便覽』, 青海人民出版社, 1988.

范文瀾,『中國通史簡編』, 南國出版社, 1965.

本田濟,『東洋思想研究』, 創文社, 1987.

謝雲飛,『管子析論』, 臺灣學生書局, 1982.

上野直明,『中國古代思想史論』, 成文堂, 1981.

徐復觀,『公孫龍子講疏』.

　　　　　，『先秦名學與名家』.

　　　　　，『中國人性論史』(以上『徐復冠先生文集』, 所收).

西順藏,『中國思想論集』, 筑摩書房, 1979.

西田太一郎,『中國刑法史研究』, 岩波書店, 1975.

徐 超,『九流十家』, 山東人民出版社, 1992.

緒形暢夫,『春秋時代各地における思想的傾向』, 汲古書店, 1987.

小島祐馬,『中國思想史』, 創文社, 1968.

蘇 輿,『春秋繁露義證』, 中華書局, 1992.

蘇志宏,『秦漢禮樂敎化論』, 四川人民出版社, 1991.

小創芳彦,『中國古代政治思想研究』, 青木書店, 1970.

孫叔平,『中國哲學史稿』上, 上海人民出版社, 1980.

孫中原,『詭辯和邏輯名篇賞析』, 中國人民大學出版社, 1992.

　　　　　，『墨子及其後學』, 新華出版社, 1991.

　　　　　，『墨子的智慧』(墨子說粹), 三聯書店, 1995.

　　　　　，『中國邏輯史』, 先秦, 中國人民大學出版社, 1987.

松本雅明,『中國古代における自然思想の展開』, 松本雅明博士還曆記念出版會,
　　　　1973.

辛冠潔,『中國古代佚名哲學名著評述』, 齊魯書社, 1985.

沈善洪・王風賢,『中國倫理學說史』上卷, 浙江人民出版社, 1985.

牙含章・王友三,『中國無神論史』上, 中國社會科學出版社, 1992.

梁啓超,『飮氷室專集』, 臺灣中華書局(影印本).

楊 寬,『戰國史』, 上海人民出版社, 1983.

楊芾蓀,『中國邏輯思想史教程』, 甘肅人民出版社, 1988.

楊愛國,『墨學與當代經濟』, 中國書店, 1997.

楊榮國,『中國古代思想史』, 三聯書店, 1973.

楊 適,『中西人論的衝突』, 人民大學出版社, 1991.

楊俊光,『惠施公孫龍評傳』, 南京大學出版社, 1992.

楊向圭,『墨經數理研究』, 山東大學出版社, 1993.

　　　　　，『中國古代社會與古代思想研究』, 上海人民出版社, 1962.

呂振羽,『中國政治思想史』, 人民出版社, 1949.

溫公頤,『邏輯學基礎敎程』, 天津人民出版社, 1987.

　　　　,『先秦邏輯史』, 上海人民出版社, 1983.

　　　　,『中國中古邏輯史』, 上海人民出版社, 1989.

窪德忠,『道敎史』, 山川出版社, 1977.

王範之,『呂氏春秋硏究』, 內蒙古大學出版社, 1993.

王永祥,『中國古代同一思想史』, 齊魯書社, 1991.

汪子嵩 外,『中國哲學史方法論 討論集』, 中國社會科學出版社, 1980.

汪奠基,『中國邏輯思想論文選』(1948~1979), 三聯書店, 1980.

　　　　,『中國邏輯思想史』, 上海人民出版社, 1979.

　　　　,『中國邏輯思想史料分析』第1輯, 中華書局, 1961.

宇野精一 外,『講座東洋思想』第4卷, 東京大出版會, 1980.

虞　愚,『中國名學』, 正中書局, 1983年版.

劉蔚華 · 苗潤田,『稷下學史』, 中國廣播電視出版社, 1992.

劉元彦,『雜家帝王學』(呂氏春秋), 三聯書店, 1992.

劉澤華,『先秦政治思想史』, 南開大學出版社. 1984.

栗田直躬,『中國上代思想の硏究』, 岩波書店, 1986.

李匡武 主編,『中國邏輯史』全5卷(先秦~現代), 甘肅人民出版社, 1989.

李德永 主編,『中國辨證法史稿』第1卷, 武漢大學出版社, 1990.

李　申,『中國古代哲學和自然科學』, 中國社會科學出版社, 1989.

李殿仁,『墨學與當代軍事』, 中國書店, 1997.

李澤厚,『中國古代思想史論』, 人民出版社, 1986.

日原利國,『春秋繁露』, 明德出版社, 1977.

　　　　,『漢代思想の硏究』, 硏文出版, 1986.

任繼愈,『中國哲學發展史』, 人民出版社, 1985.

張岱年,『中國倫理思想硏究』, 上海人民出版社, 1989.

　　　　,『中國哲學史方法論發凡』, 中華書局, 1983.

　　　　,『中國哲學史史料學』, 三聯書店, 1982.

張立文,『道』, 中國人民大學出版社, 1989.

　　　　,『中國哲學範疇發展史』天道篇, 中國人民大學出版社, 1986.

張秉楠,『稷下鉤沈』, 上海古籍出版社, 1991.

張世英,『天人之際』, 人民出版社, 1995.

張舜徽,『周秦道論發微』, 中華書局, 1982.

張知寒,『墨子里籍考論』, 山東人民出版社, 1996.

莊春波,『墨學與思惟方式的發展』, 中國書店, 1997.

張忠義,『中國邏輯史研究』, 黑龍江敎育出版社, 1995.

張恒壽,『莊子新探』, 湖北人民出版社, 1983.

張曉芒,『先秦辯學法則史論』, 中國人民大學出版社, 1996.

赤塚忠,『中國古代思想史研究』, 硏文社, 1987.

錢 穆,『先秦諸子繫年』, 中華書局, 1985年版.

田中麻紗巳,『兩漢思想の研究』, 硏文出版, 1986.

鄭杰文,『能辯善鬪』(中國古代縱橫家論), 山東人民出版社, 1995.

趙紀彬,『論語新探』, 人民出版社, 1976.

        ,『趙紀彬文集』第1卷, 河南人民出版社, 1985.

趙書兼,『中國人思想之源』, 吉林文史出版社, 1992.

趙紹鴻,『公孫龍子』, 中國華僑出版社, 1996.

趙宗正 外,『孔孟荀比較研究』, 山東大學出版社, 1989.

左言東,『中國政治制度史』, 浙江古籍出版社, 1986.

周桂鈿,『董學探微』, 北京師範大學出版社, 1989.

        ,『虛實之辯』, 人民出版社, 1994.

周谷城,『中國政治史』, 中華書局, 1982.

周文英,『中國邏輯思想史稿』, 人民出版社, 1979.

朱伯崑,『先秦倫理學概論』, 北京大學出版社, 1984.

周 山,『智慧的歡歌』(先秦名辯思潮), 三聯書店, 1994.

周云之·劉培育,『先秦邏輯史』, 中國社會科學出版社, 1984.

周立升 主編,『春秋哲學』, 山東大學出版社, 1989.

周長耀,『墨子思想之研究』, 正中書局, 1973.

朱志凱,『墨經中的邏輯學說』, 四川人民出版社, 1988.

陳江風,『天人合一』(觀念與華夏文化傳統), 三聯書店, 1996.

陳奇猷,『呂氏春秋校釋』, 學林出版社, 1984.

陳奇猷·張覺,『韓非子導讀』, 巴蜀書社, 1990.

陳孟麟, 『墨辯邏輯學』 修正增補板, 齊魯書社, 1983.

秦彦士, 『墨學的當代價値』, 中國書店, 1997.

津田左右吉, 『道家の思想とその展開』, 岩波書店, 1987.

        , 『儒敎の硏究』, 岩波書店, 1987.

蔡尙思, 『中國思想硏究法』, 湖南人民出版社, 1988.

        , 『中國禮敎思想史』, 中華書局, 1991.

        , 『中國傳統思想總批判』, 棠?出版社, 1950.

蔡仁厚, 『墨家哲學』, 東大圖書公司, 1983.

詹劍峰, 『墨家的形式邏輯』, 湖北人民出版社, 1979年版.

彭漪漣, 『中國近代邏輯思想史論』, 上海人民出版社, 1991.

馮 契, 『邏輯思惟的辯證法』, 華東師範大學出版社, 1996.

        , 『中國古代哲學的邏輯發展』 上 · 中, 上海人民出版社, 1985.

馮友蘭, 『中國哲學史』, 商務印書館, 1933.

        , 『中國哲學史新編』, 人民出版社, 1984.

夏甄陶, 『中國認識論思想史稿』 上, 中國人民大學出版社, 1992.

穴澤辰雄, 『中國古代思想論考』, 汲古書院, 1982.

嵇 哲, 『先秦諸子學』, 洪氏出版社, 1974.

胡 適, 『先秦名學史』, 學林出版社, 1983年版.

        , 『中國古代哲學史』, 商務印書館, 1974年版.

戶川芳郞 外, 『儒敎史』, 山川出版社, 1987.

華友根, 『董仲舒思想硏究』, 上海社會科學出版社, 1992.

黃 劍, 『道家思想史綱』, 湖北師範大學出版社, 1991.

侯外廬, 『中國思想通史』, 人民出版社, 1957.

淺野裕一, 『古代中國の言語哲學』, 岩波書店, 2003.

## 논문류

강인철, 「한국 무종교인에 대한 연구」, 『사회와 역사』, 문학과지성사, 1997.

김비환, 「유교민주주의에 있어서 유교, 자유주의, 그리고 가치다원주의」, 『유교
문화연구』 제1집, 유교문화연구소, 2000.

이재룡, 「표층적 법질서와 심층적 유교문화의식」, 『유교문화연구』 제1집, 유교문화연구소 2000.

이승환, 「반유교적 자본주의에서 유교적 자본주의로」, 『동아시아 문화와 사상』 제2호, 열화당, 1999.

이승환, 「아시아적 가치의 담론 분석」, 함재봉 외, 『유교민주주의, 왜 & 어떻게』, 전통과현대, 2000.

최석만, 「현대사회학과 동양사상의 만남」, 『유교문화연구』 제1집, 유교문화연구소, 2000.

최영진, 「한국사회의 유교담론 분석」, 『유교문화연구』 제1집, 유교문화연구소, 2000.

加地伸行, 「名學の哲學史的意味」, 『中國哲學史研究論集』, 葦書房, 1981.

______, 「中國古代論理學史における荀子」, 『東洋學』 第41輯, 東方學會, 1971.

姜鐵軍, 「論公孫龍子中的‘指’」, 『中國哲學史研究』, 1987 第2期.

江顯芸, 「自然言語邏輯研究對象試議」, 『邏輯語言寫作論叢』 第2輯, 1986.

高田淳, 「墨經の思想」, 『論集』 第15卷, 東京女子大學學會, 1965.

久保田知敏, 「白馬をめぐる對話的思考」, 『中國哲學研究』 創刊號, 1990.

盧 楓, 「論墨子的歷史觀及其合理因素」, 『中國哲學史研究』, 1986 第4期.

梅榮照, 「墨經中關于‘端’的概念」, 『哲學研究』, 1984 第9期.

苗楓林, 「給墨子以應有的學術地位」, 『文史哲』, 1991 第5期.

傅建增, 「試論墨辯邏輯立辭的三物基礎」, 『南開學報』(哲學社會科學版), 1990. 3.

孫中原, 「孔子的邏輯思想」, 『孔子研究』, 1986 第3期, 齊魯書社.

______, 「墨經的邏輯成就」, 『中國人民大學報』, 1990. 3.

______, 「墨經的無窮說」, 『中國哲學史研究』, 1987 第1期, 中國社會科學出版社.

______, 「中國古代的言語邏輯」, 『邏輯語言寫作論叢』 第2輯, 南開大學出版社, 1986.

辛 旗, 「鄒衍思想的轉變及其陰陽五行說的意義發微」, 『中國哲學史研究』, 1988 第3期.

楊百順, 「三大邏輯發祥的‘同步’現象」, 『邏輯語言寫作論叢』 第2輯, 1986.

楊茚蓀, 「公孫龍子’非僞作辨」, 『哲學研究』, 1981 第4期, 人民出版社.

楊俊光, 「墨辯辨正」, 『中國哲學史研究』, 1987 第1期.

楊向奎,「談談墨經的研究」,『文史哲』, 1991 第5期.

吳志雄,「中國傳統文化對邏輯的包容與排斥」,『廣東社會科學』, 1990 第4期.

王 杰,「荀子歷史觀基本特徵新探」,『中國哲學史研究』, 1989 第1期.

王士偉,「試論老子的否定思惟方式」,『中國哲學史研究』, 1989 第2期.

王 仲,「'白馬非馬'是辨證命題」,『哲學研究』, 1984 第12期.

魏朴輝,「哲學語言與哲學思惟的歷史性」,『中國人民大學學報』, 1990 第4期.

劉邦富・劉樹勛,「從墨子思想研究看哲學史方法論的一個問題」,『中國哲學史方
　　　法論討論集』, 中國社會科學出版社, 1980.

劉榮榮,「老子認識論思想新探」,『中國哲學史研究』, 1988 第2期.

陸 欽,「'莊子・逍遙遊'新探」,『中國哲學史研究』, 1988 第2期.

殷南根,「五行本義索解」,『中國哲學史研究』, 1988 第3期.

張吉良,「戰國名家的哲學思想」,『中國哲學史研究』, 1984 第2期.

張岱年,「論墨子的救世精神與'摹物論言'之學」,『文史哲』, 1991 第5期, 山東大學.

張春波・張家龍,「中國哲學中的邏輯和語言」,『吉林大學社會科學學報』, 1990 第3期.

趙紀彬(遺作),「從孔子的'仁'到墨子的'兼'」,『孔子研究』, 1986 第4期.

周 山,「關于名家的兩個問題」,『中國哲學史研究』, 1988 第2期.

周云之,「對先秦名家分爲兩個詭辯學派的異議」,『哲學研究』, 1983 第2期.

　　　,「白馬非馬決不是詭辯命題」,『中國哲學史研究』, 1987 第2期.

朱志凱,「墨經中邏輯學說的特徵」,『哲學研究』, 1984 第7期.

漬田知久,「墨子の經・經說と十論」,『中哲文學會報』第10號, 中哲文學會, 1984.

陳孟麟,「墨辯邏輯範疇三題議」,『哲學研究』, 1987 第11期.

陳之安,「關于墨子的兩個問題」,『文史哲』, 1991 第5期.

詹劍峰(遺作),「老子爲什麼提出'道'與'名'」,『哲學研究』, 1983 第5期.

崔清田,「關于認識墨辯邏輯的幾個問題」,『中國哲學史研究』, 1983 第4期.

　　　,「三支作法與三段論辨析」,『南開學報』(哲學社會科學版) 1990. 3.

馮友蘭,「魏晉之際關于名實・才性的辯論」,『中國哲學史研究』, 1983 第4期.

馮必揚,「類概念, 亞里士多德邏輯和墨家邏輯的鎖鑰」,『中國哲學史研究』, 1989
　　　第2期.

지은이 | **윤무학**
성균관대 철학과 졸업
성균관대 대학원 동양철학과(철학박사)
퇴계학연구원 상임연구원 역임
성균관대학교 동아시아학술원 연구교수
현재 동방대학원 대학교 문화정보학과 교수
저서 『묵가철학연구』, 『중국철학방법론』, 『동양사상의 이해』 外
역서 『중국논리학사』, 『중국고대의 논리』, 『명심보감』 外


통일제국을 위한 비판철학자

# 순자(荀子)

1판 1쇄 발행 2004년 11월 25일
1판 3쇄 발행 2010년  3월 20일

지은이  |  윤무학
표지제자  |  路石 이준호

펴낸이  |  서정돈
펴낸곳  |  성균관대학교 출판부
등   록  |  1975년 5월 21일 제 1975-9호
주   소  |  110-745 서울특별시 종로구 명륜동 3가 53
대표전화 | (02) 760-1252~4
팩시밀리 | (02) 762-7452
Homepage | www7.skku.ac.kr/skkupress

ⓒ 2004, 윤무학

값 19,000원

ISBN  89-7986-578-3  04150
       89-7986-481-7(세트)


* 잘못된 책은 구입한 곳에서 교환해 드립니다.
* 저작권자와의 협의에 따라 인지는 생략합니다.